S. Yishar Auftakte Roman

Rowohlt   Aus dem Hebräischen von Ruth Achlama

Redaktion Thomas Überhoff
Umschlag- und Einbandgestaltung
Susanne Heeder (Foto: Tel Aviv, 1924;
Archiv für Kunst und Geschichte, Berlin)

1. Auflage März 1996

Die Originalausgabe erschien 1992 unter dem Titel
«Mikdamot» bei Zmora-Bitan, Tel Aviv

Gesetzt aus der Caslon 540 (Linotronic 500)
Gesamtherstellung Clausen & Bosse, Leck
Printed in Germany
ISBN 3 498 07641 8

Vorbemerkung der Übersetzerin:

Einige der im folgenden vorkommenden Begriffe bedürfen näherer Erläuterung, die der interessierte Leser am Schluß des Buches in einem kleinen alphabetischen Glossar findet.

Auftakt

Ortsbesichtigung

Und wo war der erste Ort? Der allererste? Also der erste Ort, wenngleich ohne jeden Beleg, war orangefarben, orange durch und durch, goldorange, tieforange.

Von seidiger Glätte, und dann so ein lässiges Flappen sattoranger Stoffbahnen, orange bis tieforange, die offenbar, anders läßt es sich nicht erklären, eine Zeltbahn gewesen sein müssen, von einem sehr großen Zelt, und dessen Inneres strotzte vor tieforangem Seidenrascheln und sich üppig bauschender Fülle, in trägen Wellen dahinrollend, durch und durch orange, mit sanftem Wellenschlag, sonniges Orange und schattiges Orange, in allen Schattierungen orangen Lichts und mit spielenden Reflexen drauf, ganz seidig, in jenem großen Zelt, vielleicht in einem Militärlager, wahrscheinlich sogar (englisch? türkisch?), und wohl nicht weit von dem Ort, aus dem Mutter kam, das Baby auf den Armen (wo ist Vater?), oder womöglich hatte man sie dorthin gerufen, in dieses Militärzeltlager, in das Zelt, dieses indische Zelt (warum indisch? Aber wohl doch indisch – ein indisches Zelt in einem britischen Lager?), dieses große, aufgeblähte Zelt, das sich in der fast völligen Windstille jenes heißen Tages träge bauscht, mit leisem Wispern seidigen Oranges jedes Lüftchen erwidert, so ein seidenglattes, leuchtendes Orange, das in das Bewußtsein jenes Sehenden fließt, der eben jetzt zum erstenmal gesehen und erkannt hat, daß er erkennt, und der all dieses Orange tief in sich aufnimmt, all die orangeseidigen Kräuselwellen, die unablässig dahinrollen, heiter und leicht über den zarten, wehenden Seidenstoff, der ganz und gar mit orangem Glanz angefüllt ist, orange durch und durch, matt hier und strahlend da, als habe Goldstaub den Raum jenes großen Zelts erfüllt, und wie hätte das Gedächtnis das so genau behalten können, wenn es nicht wirklich so gewesen wäre, und daher hat er auch diesen orange wehenden Staub gesehen, der da lautlos, ungemein sanft, in leichten Wellen, leichten Falten wehte, im Innern jenes großen Zelts, von einem Lüftchen getrieben, und wie hätte er dort sein können, wenn ihn Mutter nicht auf den Armen getragen und im Schoß geborgen hätte? Vielleicht zwei Jahre alt? Auf ihren Armen und in ihrem Schoß. Damals hatte er plötzlich das Sehen gelernt. Dieses vollkommene Orange erkannt, einzig und allgemein und vollkommen und weltumspannend, alles mit einem gewiß vorhandenen Orangeschimmer überglänzt und von einem leisen, leichten, glatten Seidenlüftchen bewegt, greifbar, vielleicht auch riechbar, auf der ein wenig schlaffen Bahn jenes indischen Zelts, ja und wenn das wirklich die richtige Erklärung für jene vollkommene, schimmernde Orangebewegung ist, und wenn wirklich alles stimmt, und wenn es wirklich dort war, dann war da der Ort. Und das war der Ort, der allererste. Und dort war aller Anfang, vor alldem, was danach kam, der Beginn des Himmels und der Erde, der Hitze und des Tages und des Winds, und von Mutter, die ihn auf dem Schoß hält und nach Mutter riecht, das war der erste Ort.

Die Hügelkette

Und dann? Dann kamen die Hügel.

Nicht das eigentliche Hügelmassiv, sondern die Kammlinie, die die Hügelrücken in jenem stummen, zwingenden Ablauf nachzeichnet und zwischen der Festigkeit des Erdbodens und der Leere des Himmels scheidet, der sich sofort darüber aufschwingt, hoch hinaus, zu hoch sogar. Eine sehr exakt, sehr entschieden, sehr scharf gezeichnete Linie, ohne Zögern und ohne ein zweites Mal anzusetzen, eine geschwungene Kontur auf- und absteigender Bogen, die mit völliger Sicherheit über den gesamten Horizont der weiten Erde verläuft, mit solch äußerster Einfachheit, daß es einfacher nicht geht, fein und dünn und einzig und scharf und bestimmt, und dabei doch zart und fusselig, als bestehe sie aus sanft schwingendem Nebelhauch, der sich in welligem Schwung über die Wölbungen jener Hügelkuppen hinzieht und sie alle in eine durchgehende Silhouette verwandelt, leicht abfallend und leicht ansteigend, weder mächtige Höhen noch fruchtbare Schluchten, nur stille Ackerbodenwellen, leicht an- und abschwellend, in all dem friedlichen, reinen, unendlichen Reichtum, der auf dem flachen Rücken der Ebene ausgebreitet liegt, eine zielstrebige Linie, wie mit sehr spitzem Bleistift gezogen, folgt den Rundungen der Akkerböden, scheidet sie von der Höhe dieses stolzen Himmels, der sich augenblicklich darüber erhebt und den gesamten Raum über allem ausfüllt, während die Erde tief unten niedergewalzt bleibt, nur bis an die Knöchel reicht, verloren unter all dieser Größe, die sich um nichts schert, weder um die Erde noch um ihr Wohlergehen, jener leeren, warmen Höhe, selbstbezogen, weit über der niedrigen Erdkruste, die wie stets verloren unten liegenbleibt. Doch diese Linie, eine wunderschöne, gleichgültige Linie, die mal sehr dünn, mal sehr fasrig ist, verläuft über die ganze Hügelkontur, leicht ansteigend und leicht abfallend wie die Silhouette eines Pferdes vielleicht, oder etwa wie die Kontur eines auf der Seite liegenden Mädchens, jene reizvolle Linie von der Taille zu den Schenkeln, ja sie streichelt in demselben einen vollkommenen Schwung zärtlich eben diese Wölbung, dort in jenen weichen Wellen, die unablässig fallen und steigen, in luftiger Verträumtheit und doch auch realer, entschiedener, unbeirrter Körperlichkeit, rundum von Rand zu Rand, so weit sich diese atmende Erde erstreckt. Gibt es Pfade hindurch? Sind die Felder eingesät oder gemäht oder schon abgeerntet? Nichts, alles im Dunst ausgelöscht und verloren, die ganze Schwere dieser antiken Erde in Dunstpartikel aufgelöst, nichtig und nebelhaft, aber doch real, voll, dunkelblau, an eben dieser Linie endend, über der die ganze Leere dieses Himmels ist, dieses von allem entleerten, im Dunst verlorenen Riesengewölbes, und allein diese dünne Linie scheidet endgültig zwischen der Leere des Himmels und der Härte der Erde – und plötzlich erwacht die Hand, möchte ganz, ganz leicht und sehnlich langsam über die Kette dieser Rundungen fahren, mit begehrlicher Liebkosung darüber hinstreichen, lustvoll, als sei es der Rücken eines Fohlens oder der Körper eines Mädchens – bis zu jener Linie verlaufen die Felder mit dichter Fülle und dichter Härte, und dort werden sie mit dem Peitschenhieb dieser einen Linie abgetrennt, die von Osten nach Westen über alle Fernen des weiten Südens verläuft, das Land vom Himmel scheidet, der sich augenblicklich nach oben schwingt, zu hoch, sorglos, sommerlich leer und gleichgültig, so daß einem nichts anderes übrig bleibt, als wieder unter die Linie herabzusteigen, auf die Fülle dieser atmenden, sommerversengten Erde, auf der eben jetzt nichts ist und nichts geschieht, kein trabendes Pferd, kein vorbeiziehender Esel, kein im Gehen eingeschlafenes Kamel, weder Mann noch Frau, gänzlich abgeschorene Erde von spätsommerlicher Leere, kein Gras darauf, kein Halm, oder vielleicht doch, nur von Ziegen abgefressen, oder vielleicht doch und vom Dunst verschluckt, lange nach der Sommerernte, lange vor dem Herbstpflügen, ein trockenes Getreidefeld, die Ähren abgeknickt, gänzlich nackt, wie sie ist, diese Erde, gänzlich eben hingestreckt, entblößt und flach auf dem Rücken, nichts auf ihr, bis hin zu dem niedrigen Horizont, der noch nichts trägt, weder Pflanzen noch Baumspitzen noch Häuser oder sonst etwas, nur der Hügelkamm verläuft dort kahl und glatt, vollkommen und präzise, völlig bloß und unschuldig von einem Ende zum andern, gänzlich nacktes, heißes Begehren, dünn, klar und stumpf vor lauter Licht und gänzlich in Dunststaub gehüllt, eine auserwählte Linie, glühend geradezu, sehr entschieden, furchtbar trostlos in ihrer Endlichkeit, nur immer leicht ansteigend und leicht abfallend, wie ein Pferderücken, wie die Silhouette eines liegenden Mädchens, wie unendlich.

Regungen

Linien? Eher Farben. Und wieder Bewegung. Unablässig. Durch nichts gespeist als durch das Lichtspiel auf einem Blatt. Und alles furchtbar aufregend, unendlich spannend. Menschen weniger. Und Vater. Auch Mutter? Oder diese Kurven dort, diese unermeßliche Ausdehnung. Und unablässig entdeckt man mehr. Und Schmerz. Ja. Weil eben. Und ganz ganz viel will nicht. Und zwar plötzlich.

Ständig mehr Wellen. Dauernde Wellenbewegung, in ewigem Atem auf und ab. Aber es gibt noch mehr dort. Und immer: Wieso gibt's das dort? Und immer noch und noch mehr sehen. Bis das ganz Ferne hier in allen Einzelheiten ganz nah ist. Und wieder allein. Immer. Schwach, schmächtig. Ja wenn ihr wüßtet, noch schmächtiger, als ihr denkt. Wie im Innern verschanzt. Bloß mal rauslugen. In nichts sicher. Und das plötzlich.

Was gibt's Bedrohliches hier? Oder warum atmet es sich plötzlich so anders, und kann denn so was möglich sein? Neugierig distanziert dort. Nicht so sehr im Hier. Und schließlich allein. Und zwar plötzlich.

EINS - Hornisse

Auf dieser großen Welt mit den beiden Polen, mit dem Äquator, mit den fünf großen Erdteilen, die bekanntlich nur ein Viertel der Erdoberfläche ausmachen, während der Rest ständig von Wasser bedeckt ist, in den Ackerkrumen des nahen Felds, an einem belanglosen Punkt zwischen diesen Hügeln, hier an diesem Ackerrain, im Schatten des alten Johannisbrotbaums, eines der wenigen, die, obwohl staubgepeitscht, kugelrund geblieben sind, während all seine Artgenossen neu gepflanzt wurden und erst vor kurzem behutsam in der klumpigen Erde Fuß gefaßt haben, noch mit der Mulde ringsum, in der man das zarte Pflänzchen einmal, vielleicht auch zweimal bewässert hat, für mehr reichte das Wasser nicht, das man auch noch vom Fuß des Hügels herschleppen muß, nachdem man es mit Seil und Eimer aus dem unergründlich tiefen Brunnen dort geschöpft hat, in dem es trotz seiner geheimnisvollen Tiefe vor emsigen Egeln wimmelt und wuselt, dreckig und eklig, wie sie nun mal sind, so daß man das Wasser nicht trinken kann, ohne es vorher durch ein Stück Gaze zu seihen, in der immer so abgründig schleimige, grüne Lappen zurückbleiben, völlig kraftlos, vielleicht wie ein an Land geworfener Fisch, an diesem Feldstück also, das nicht mehr als ein paar Dunam mißt, an der Grenze zwischen dem eben frisch gepflügten und dem seit Urzeiten harten Boden saß vorerst still dieser kleine Junge, dem sein Vater aufgetragen hatte, noch ein bißchen dort zu bleiben, bis er die letzten ein, zwei Furchen beendet haben würde, wobei er im Gehen mit aller Kraft die Griffe des eisernen Pflugs niederdrückt, der sich ebenso schwertut wie Maultier und Mensch, ohne recht zu entscheiden, ob es schwer ist, weil die hartgebrannte Kruste dieser unnachgiebigen Erde schon Tausende Jahre nicht angerührt wurde, wenn überhaupt je, weil kein Mensch sie angetastet, weder ihre Unschuld befleckt noch sie schnuppernd befühlt hat, oder schwer, weil der Maulesel die kalte Schulter zeigt, nicht Partner des Beschlusses ist, hier ein Feld anzulegen, aber es gibt keinen Grund und Boden, den man als der Mühe nicht wert ablehnen dürfte, nachdem diese zweitausend Dunam endlich nach zähem Ringen von der Anglo-Palestine Company erworben worden sind und nun der Versuch unternommen wird, hier eine Farm zu gründen, als weiteren Schritt zur «Eroberung der hebräischen Arbeit», unter großen Schwierigkeiten geht das vonstatten, und Vater muß nur noch das rechteckige Stück fertigpflügen zur endgültigen Bestätigung des Besitzrechts am Boden, die Furche als letzte Unterschrift unter die Eigentumsurkunde, nach all der Plakkerei mit den türkischen Beamten und der Knauserei der zionistischen Stellen, die wirklich keinen einzigen Bischlik übrig haben, und nach der Rennerei der Käufer, Makler, Schatzmeister und des Hapoel Hazair und wessen nicht sonst noch alles wird hier nun der erste Pflock in den Boden gerammt, wie es so schön heißt, erlöst man jetzt tatkräftig noch einen Streifen Land, der sich vorerst nicht abhebt, kaum zu unterscheiden ist von all dem unendlichen Flachland, das da der trägen Hitze ausgeliefert liegt und sich leicht gewellt und abflachend bis zu jenen Hügeln erstreckt, und plötzlich doch etwas, da beginnt etwas, das die Weltordnung verändert – trotz allem.

So klitzeklein ist er auf der Welt, daß man ohne besondere Aufmerksamkeit leicht ihn und seine Winzigkeit übersieht, den winzigen Raum, den er auf der Welt ausfüllt, ignoriert – lächerlich überhaupt, von ihm und der Welt in einem Atemzug zu reden –, leicht und gleichgültig den Blick weiterschweifen läßt, ohne daß er irgendwo hängenbliebe, weil es wirklich nichts gibt, an dem man hängenbleiben könnte, gewiß nicht an seiner Nichtigkeit, und in der Tat gleitet der Blick sofort weiter, verharrt nicht einmal bei dem eben unter den Pflug genommenen Feld, das ebenfalls keinen Anhaltspunkt bietet, nichts darstellt als so etwas wie ein nichtiges Fältchen am Hang eines felsigen Hügels mit nichtigen Sträuchern hier und da, von denen nicht sicher ist, was sie sind oder wie sie heißen, ob man sie überhaupt jemals benannt hat, dazu die eher zu vermutende als greifbare Existenz eines Wadis da am Fuß des Hangs, bevor dieser die Richtung wechselt und sich den nächsten Hügel hinaufzieht, nur leicht geneigt, ohne den Blick aufzuhalten, einfach langsam ansteigt im staubigen Mittagslicht, während ein winziges, kaum merkliches Lüftchen geht, und wer nicht wissen muß, daß er dort im Schatten des verstaubten Johannisbrotbaums sitzt, des einzigen ausgewachsenen, alten Vertreters seiner Art, würde über ihn hinwegtreten wie über die Hunderte Setzlinge, die man fast nicht sieht und die kaum von den zahlreich verstreuten Mesquitebäumchen zu unterscheiden sind, derart verstaubt, daß man sie unwissend für etwas stämmig geratene kleine Akazien halten könnte, während er dort mit untergeschlagenen Beinchen sitzt, ganz in Weiß, Hemd, Hose und Hut aus Leinwand, alles von Mutter genäht, die vor niemandem damit prahlten konnte, denn außer ihr gibt es hier nur noch eine andere Frau, und die steckt den ganzen Tag unter einem riesigen Strohhut, müht sich im Gemüsegarten, meint stur, auch ohne Wasser würden ihr Tomaten und Gurken und Mais sprießen, unendliches Auflockern des Bodens könne die Rolle des Wassers übernehmen, unbeirrt durch die verzweifelten Reden anderer Kolonisten, daß ohne Wasser hier nichts wachsen wird, und wenn sie ihren Teint unter Kopftuch und Strohhut vor der Sonne gerettet haben mag, so gilt das nicht für die Haut ihrer Hände, die sie gar nicht zu schützen versucht hat, weder vor Schwielen noch vor Rauheit, und auch ihren Rücken hat sie nicht geschont, doch aus des Kleinen Hemdsärmeln und Hosenbeinen kann nichts hervorlugen als dünne, zerbrechliche Bleistiftfinger und winzige Zehen, bloße Puppenfüßchen und stöbernde kleine Hände.

Und in denen hält er nun einen Holzspan, der glatte Streifen auf der warmen Ackerkrume zieht, in diesen Puppenhändchen, die aus dem Hemd ragen, das Mutter so eng nach Maß nähen mag, wie sie will, es wird doch immer zu weit für ihn sein, wie eine große Höhle für eine kleine Maus, und so muß Vater jetzt mehr als ab und zu mal hinhorchen, um sicherzugehen, daß er noch da ist, noch nicht weint, auch nicht etwa in dem leichten Luftzug weggeweht ist, mitsamt den dünnen Beinchen und den bloßen Puppenfüßen auf den mittäglich warmen Ackerschollen, und weder Durst noch Hunger hat, obwohl dieser Junge noch nie hungrig gewesen ist und alle Lebensmittel, die Mutter mit ihrer ganzen Einfallsgabe, Klugheit und Findigkeit auf dem von selbstgesammelten trockenen Reisern und Disteln genährten Herd zubereitet, nie eine kau- oder löffelbare Speise ergeben haben, die dem Kind irgendwelche Eßlust gemacht hätte, und gewiß nicht ohne eine Geschichte, bei der er, auch wenn er sie zum hundertsten Mal hört, selbstvergessen den Mund aufsperrt, um etwas hineingestopft zu bekommen, das er aber längst noch nicht schluckt, wobei auch die mehr oder weniger ärgerliche Aufforderung, nun iß doch, schluck's endlich runter, nichts fruchtet, während Vater nun seine ganze Aufmerksamkeit auf die Griffe des Pfluges richtet, die man mit Macht hinunterdrücken muß, damit der Eisenpflug nicht nur oberflächlich hinwegkratzt über diese hartgebrannte alte Erdkrume, die widerspenstig ist vor lauter Nichtnutzung, gut ein paar tausend Jahre lang, genau wie dieser verfluchte Maulesel, der von sich aus bis ans Ende aller Tage so weitertrotten oder aber in eben diesem Moment stehenbleiben und bis ans Ende aller Tage nichts tun könnte, wenn du ihn nur läßt, und wenn man es recht betrachtet, ist das die Natur aller Dinge auf der Welt, wenn du sie nur läßt, auch dieser Abhang und jene Anhöhe würden bis in alle Zeiten so bleiben, wie sie von

Urzeiten an gewesen sind, wenn der Mensch sich nicht ganz und gar gegen sie ins Zeug legte, Gegenmaßnahmen einleitete, und erst recht der neue Jude im neuen Land.

Keinerlei Gewicht hat ein Kind, das so dasitzt am Rand einer Furche, die sein Vater soeben zieht, genausowenig wie eine flinke Eidechse oder eine durch die Tageshitze schwirrende Fliege oder eine Biene oder eine Hornisse, und nur ein einziges, verschwommenes, gleichbleibendes Gebrummel breitet sich von oben über alles und erfüllt auch sein ganzes Inneres, alles ein großes Gleiches ringsum, und die Welt schert sich nicht darum, etwas über sie alle zu erfahren, und sie alle scheren sich nicht um ein Wissen über die Welt, scheinbar einer im andern und doch gewissermaßen einer außerhalb des andern, als sei er alles, was überhaupt existiert, und doch auch nichts von alldem, und was bleibt dann? Es bleibt, daß da ein Kind ist und ein heißer Tag und eine Biene oder Fliege oder Hornisse, und Vater ist da, der ein Feld pflügt, und ein Feld, das nach und nach umgepflügt wird und so bewirkt, daß ein solches gepflügtes Feld auf der Welt existiert, die nicht gewußt hat, daß derart viel möglich ist, wie das eben jetzt tatsächlich geschieht.

Kann er schon ein paar Sätze sprechen? Nur sind sie seiner Mutter immer verständlicher als jedem andern, obwohl er bereits zwei Jahre alt ist, wenn nicht doch etwas weniger, denn jetzt ist erst das Ende des Monats Tammus, und was weiß er schon, wo er noch kein bewußtes Erleben im Gedächtnis verankert hat und alles offenbar nur aus den Geschichten hinterher stammt, aus teils nur wenig und teils viel späteren Geschichten, aber wohl nichts aufgrund der konkreten Dinge, deren Geschehensablauf man mitbekommt, denn was konnte er schon von den Ereignissen wissen und behalten, selbst wenn sie seinen Körper betrafen, bis hin zum Schmerz, zu unerträglichem Schmerz, nein sie stammten wohl auch dann aus den Geschichten, die zu Familienlegenden wurden, obwohl er irgendwas damals doch gewußt haben muß und seit damals in Erinnerung hat, ohne zu wissen, was im Kind es war, das wissen oder erinnern konnte, wenn nicht die Sache selbst, so doch gewissermaßen deren Abdruck, wie die Spuren, die bleiben, nachdem die Gehenden gegangen sind, und so muß man nun auf derart losem, unstetem Grund anfangen zu erzählen, wie es gewesen ist, die Wirklichkeit der gewesenen Dinge erstehen lassen, völlig präzise, nichts weniger, natürlich, soweit wie möglich.

Der weiße Leinenhut ist fast bis auf die Augen herabgezogen, und nur sie lugen wie aus einer Höhle hervor, und auch die Hände lugen aus den Höhlen der zu weiten Ärmel, mühen sich im Erdreich, es zu betasten und zu befühlen und zu befummeln, seine immer kühler werdende Krümeligkeit zu spüren, wenn man ein bißchen tiefer gräbt, und halb in der Sonne zu sein, die unablässig eine solche gleichbleibende Hitze verströmt, die man auch ertasten und fühlen und spüren kann, ohne noch zu wissen, daß er Herr über allen Erdboden in Reichweite seiner schmalen Hand ist, die er in ihrer ganzen geringen Länge spreizt, während ihm eine Ladung Erdstaub durch die bleistiftdünnen Finger rinnt, und plötzlich flieht da eine kleine Spinne und ist mir nichts, dir nichts verschwunden, oder eine Ameise schleppt in vielfüßigem, gar nicht geschwindem Lauf einen ganzen Strohhalm so groß wie die Hitze des Tages, oder ein Vogelklecks kommt ihm plötzlich unter die Augen, von dem man besser nicht probiert, oder auch ein ganzer kugelrunder Knödel von einem Schaf, das mal vorübergekommen ist, und auch eine weißlich klebrige Schleimspur, gewiß von einer Schnecke, die hier vorbeigekrochen ist, und weg war sie, und vielleicht auch mal in eine runde Vertiefung greifen, die da ein bißchen offen klafft, wobei nicht klar ist, wie weit sie hinabgeht, und was ist das da im unsichtbaren Innern, und nicht, was kann da noch draus hervorschießen, und nur obendrauf ein eiförmiges, fast grünes Blatt, von dem Johannisbrotbaum offenbar, und noch ein gleiches, weniger grün, das man sowohl knicken als von sich werfen kann, ohne daß es überhaupt fliegt, und dann wieder den Holzscheit führen, der einen glatten Streifen über die Erde zieht, wobei es allerdings noch zu früh ist, ihn mit einer Straße zu vergleichen, denn wer hat hier jemals eine Straße gesehen, hier oder überhaupt irgendwo auf der Welt.

Natürlich horcht Vater unablässig und wendet auch dauernd den Blick, um festzustellen, wie es dem Kleinen dort geht, und bei aller Anstrengung des Pflügens und Verwirklichens guckt er doch ständig und ist wahrlich auch in Gedanken bei dem Kind, aus all dem Abstand von dreiundvierzig Jahren, die zwischen ihm und diesem kleinen Leichtgewicht liegen, das in weiten weißen Kleidern und fast bis auf die Augen herabgezogenem weißem Hütchen dasitzt, derselbe Boden zu ihrer beider Füßen, in stetiger Veränderung begriffen, während er fast lächelt unter seinem immer ein bißchen traurig herabhängenden grauen Schnurrbart, und horcht, ob bei dem Kleinen noch alles ruhig ist, und sobald er nur noch ein oder zwei Furchen fertiggezogen hat, wird er ihn auf den Rücken des Maulesels setzen, ihn stützen und sanft ermuntern: Na? Fein da oben? Wer ist denn jetzt der Größte? Und auch: Hab keine Angst, Vater beschützt dich, immer, und noch mehr solcher kleinen Sprüche, und damit kehrt er zu dem Maulesel zurück, der sich weder um die Alija der Juden noch um die Erlösung des Bodens schert, sondern in einem gleichgültigen, durch nichts veränderbaren Trott verharrt, und so bleibt nur die Stille, die jetzt die ganze Welt erfüllt, solche Stille, daß du dich schon anstrengen mußt, um sie wahrzunehmen und nicht etwa zu denken, ringsum läge nur ein vollkommenes Nichts über allem ausgebreitet, von hier bis zum westlichen Horizont, der scheinbar feucht bebend flimmert, und von hier bis an den Höcker des nahen Hügels, der glühend den eigentlichen Horizont an den unsichtbaren Bergen versperrt, und mit einiger Anstrengung würdest du auch das Summen wahrnehmen, das ständig in diesem leeren Raum zugegen ist, ausgehend von allerlei Dingen, die leise vor sich hin brummeln, darunter das anhaltende Knarren des Pfluggeschirrs, wenn die Zügel sich spannen, darunter ein Rumpeln der Grundfesten der Erde, während sie groß im All kreist, und noch das eine oder andere hier und da, wenn man aufmerksam hinhört, und immer ist da auch so ein Tschilpen, vogelhaft offenbar, doch nicht mit einem erkennbaren Zwitscherer verbunden, es setzt ein und verklingt, hier und da, nicht viel anders als sich das leichte Gewicht der über alles gebreiteten Hitze lüftet und legt, wie ein dünner, seidiger Stoff, über alles gebreitet, als sei das die wahre Luftsubstanz, als läge über der harten Erde ein Flirren, das nichts so sehr ähnele wie dem Grund des tiefen Meeres, und so auch sein Äußeres, als wär's eine kristallen schimmernde Hülle, eine Unterwasserwirklichkeit, völlig real, nur dünnflüssiger, angefüllt mit allerlei Wesenhaftigkeit, leicht und nichtig, aber von vollem Eigengewicht.

Wird er nicht die Geduld verlieren? Er steckt voller Neugier an diesem entstehenden Ort, und da er weder irgendwelchen Raum einnimmt noch den Ort belastet, hält sich auch die Welt nicht bei ihm auf, sondern dreht sich weiter im eigenen Trott, ebenso wie sie nicht bei der Ameise oder dem abgefallenen Blatt des Johannisbrotbaums innehält, oder bei denen, für die schon ein Hauch genügt, um sie trocken über die Erde zu treiben, über die ganze große Erde, die seit jeher so hart und grau gewesen ist und über deren Oberfläche alles, was treiben kann, schon vor Jahren getrieben ist, vor Hunderten, wenn nicht Tausenden Jahren, und die neuen welken Blätter, die etwas gewölbt sind, wie eine halbgeöffnete Menschenhand, ziemlich krumpelig, scheinen nur mit dem ebenfalls immer leicht gekrümmten abgebrochenen Stengelstumpf gezielt auf etwas hinzudeuten, vielleicht auf ein anderes Zeitalter, als hier alles noch mehr verbunden war, es vielleicht noch mehr Grün gab, von dem nichts geblieben ist als diese Verdorrtheit und die vergilbten Flecke, die im ringsum herrschenden Grau verstreut liegen, vielleicht auf etwas verweisend, von damals her, in eine Richtung weisend, die vielleicht irgendwo hinführt oder auf etwas hindeutet, das hier noch geschehen wird, ohne daß man bisher weiß, was.

Vater und Kind und Erde und ringsum Hitze. Ein schmales Körperchen in zu weiten Kleidern, selbstgemacht von Mutter, die beim Nähen sang und sang und Hemd und Hose zum Anschauen hochhielt, aber niemanden hatte, dem sie sie hätte zeigen können, und so wurde es immer zu weit, und man mußte warten, bis der Junge größer wurde und die bisher leere Weite ausfüllte, während er vorerst noch mit dünnen Streichholzbeinchen und schmalen Armen Dinge über den Erdboden führte und das dorre Grau in sein Innerstes einsog, vielleicht, damit all diese Dinge, die zwar da sind, aber keine Wirklichkeit besitzen, außer daß sie die Welt hier in der Nähe ausmachen, auch mal etwas bewirken und er sie eines Tages einmal genauestens erzählen oder jemandem zeigen konnte, einem Geduldigen, denn vorerst wußte er weder noch konnte er wissen, wo er in Wahrheit saß und was wirklich in seinem Potential steckte, das noch kein Mensch geprüft hatte, und ja, wie hätte er also wissen können, daß er in Wahrheit im Theater saß, in jenem kleinen Theater, in dem eben jetzt die größte Aufführung der Welt lief, das Schauspiel von der Geburt des neuen Juden im neuen Land, in der Hauptrolle der jüdische Landarbeiter als freier, selbständiger Mensch, der weder ausbeutet noch sich ausbeuten läßt, vielmehr das Programm des Hapoel Hazair am eigenen Leib verwirklicht, schlicht und einfach, eine derart aufrüttelnde, befeuernde, atemberaubende Tat, daß Menschen in weiter Ferne davon hören und sich aufmachen, Heimat, Elternhaus, Studium und Gelderwerb aufgeben, einen mäßig schweren Rucksack packen, beschwert nur durch die beiden gewichtigen Bücher, die Bibel und Tolstoi, hineingestopft zwischen Kleidung, die weder für das Klima noch zur Arbeit taugt, und Abschied nehmen, fast gewaltsam ihre weinenden Angehörigen von sich stoßen, um nun mit Pferdewagen, Bahnen und Schiffen über

Land und Meer zu fahren, bis sie mit Gesang an der Küste Jaffas landen, das sie mit einem Eimervoll Hitze, Elend und Arbeitslosigkeit empfängt, so daß sie bald nach Petach Tikva und Rischon Lezion flüchten, ja hungrig gehen sie und singen doch «Auf nach Galiläa», als plötzlich das Gerücht umgeht, daß Arbeiterfarmen im Lande aufgebaut werden, in Kinneret, in Ben-Schemen und auch hier, die Zionistische Organisation wird den Grundstock bezahlen, und sie werden sich durch eigene Arbeit in der Kooperative ernähren, und schon hebt sich der Vorhang, und das grandiose Schauspiel beginnt.

Der Landarbeiter – «Ein echter Bauer ist sein eigener Herr», «Leuchtendes Vorbild für alle Bauern» – braucht nur all die bekannten Sorgen hinter sich zu lassen, und schon nimmt er sein Schicksal in die Hände und zeigt, daß es im Lande weder schlechten Boden noch ungünstiges Klima noch mißliche Umstände gibt, sondern daß man nur jeden Morgen aufstehen und dafür sorgen muß, daß es Johannisbrotbäume im Lande gibt und Obstbäume und Ackerbau und leistungsfähige Kühe und Hühner und einen imponierenden Gemüsegarten und dazu Kiefern und Kasuarinen und Eukalyptusbäume, die zwar keine Frucht geben, aber einen schönen Platz zum Wohnen, und eine gerechte Gesellschaft gilt es aufzubauen, und selbst wenn man bisher erst ein Steinhaus für Familien errichtet hat und ein paar Baracken drumherum und Zelte für die Ledigen und sie bisher nur dreißig Genossen und zwei Genossinnen sind, dauern die stürmischen Debatten doch bis nach Mitternacht, trotz des schweren Tagewerks, das morgens in aller Frühe wartet, wo mit welchem Pflug gepflügt werden soll, und wohin jedes einzelne Maultier geht, und wer es treibt, und was man mit dem Sesamfeld machen soll, das nicht recht angegangen ist, und was der Agronom A. Zioni aus Ben-Schemen sagt, und was darüber in dem deutschen Buch steht, das Vater mitgebracht hat, um etwas über die Geschichte der Bauernwirtschaft zu lernen (abgesehen von Einhorns Buch *Torat Awodat Ha'adama*, verfaßt von Isser Josef Ben Mosche Einhorn, London 1910, mit deutscher und französischer Übersetzung der Pflanzennamen), und was man nach alldem auch von der Erfahrung des arabischen Fellachen lernen kann – doch von dem wird man hier nichts lernen, er ist der Sklave des Bodens, und wir sind natürlich Freunde des Bodens, Freunde auf Lebenszeit, in alle Zukunft.

Ende der Furche und noch eine, höchstens zwei. Der Maulesel wendet, und Vater ermuntert ihn auch und sagt, dreh bitte, umdrehen. Vater hat den Maulesel noch nie angebrüllt, selbst dann nicht, wenn er störrisch war, und gewiß hat er niemals die Peitsche gegen ihn erhoben oder ihm mit zusammengelegten Zügelenden eins auf Rücken oder Fesseln gegeben, um ihm eine Lektion zu erteilen, er redet nur manchmal auf ihn ein, na, sagt Vater zu ihm, oder geh, oder auch gelegentlich, wenn seine Geduld zu Ende ist, na geh, geh schon, was ist denn? Worauf dieser plumpe Maulesel unter Stampfen seiner schweren, haarigen Läufe, die nichts von der tänzerischen Anmut eines Pferdes haben, und mit hämmerndem Hufschlag langsam, langsam kehrtmacht, daß die Zügel knistern und knarren, beinah hätte er sich darin verheddert, wenn Vater ihn nicht gütig zurechtgewiesen und auch mit Mühe den schweren Pflug nach hinten gezerrt hätte, wobei er wieder einen flüchtigen Blick auf den Jungen warf, ob auch alles in Ordnung war dort im Schatten des Johannisbrotbaums, und schon setzt er die neue Furche an, rammt die Pflugschar in die harte Kruste der widerspenstigen Erde, noch eine Furche würde er ziehen, höchstens zwei. Im Winter, nach dem ersten Regen, würden sie hier ein zweites Mal pflügen und Linsen oder Pferdebohnen säen, sowohl um ihrer selbst willen als auch zur Anreicherung des Bodens mit Stickstoff, wie es in dem deutschen Buch hieß. Dann würde alles schon ganz anders aussehen. Plötzlich würde dieses Feld üppig grünen, der grüne Anfang völliger Erneuerung, und selbst der Junge würde spüren, daß etwas Neues auf der Welt geschehen war. Was weiß er denn heute, was kann er wissen?

Zweitausend Dunam zionistischer Erneuerung hier vor einem. Jüdisches Land. Eine kleine Insel üppigen, wissenschaftlich gezüchteten, neuen Grüns in einem Meer von Unwissen, Rückständigkeit und Versagen, mit monotoner Fruchtfolge, die den Boden auslaugt, Weizen nach Weizen und Gerste nach Gerste. Und was ist mit Dünger? Organischem und chemischem? Mit Stickstoffanreicherung? Und mit dem Sabbat- und Brachejahr? Plötzlich hätte man neues Grün vor Augen. Das allerdings auch feindliche Augen träfe, die weder die Neuerungen noch die Neuerer lieben würden. Ringsum nichts als Feindseligkeit. Mehr oder weniger artikulierte Fremdheit. Abu Shusha, Mansura, Agir, Wadi Sarar im Westen, und im Süden Beit Jiz, Dir Muhzin, und Na'ana da unten, dann die Beduinen von Satariya nicht zu vergessen. Das jüdische Kastina dagegen liegt drei Gehstunden weiter südlich, die nächstgelegene Kolonie zwei bis drei Stunden weit im Westen, abgesehen von dem verschlafenen Ekron etwa eine Stunde in nordwestlicher Richtung, und auch zur Schwesternfarm in Ben-Schemen sind es drei Stunden gen Norden. Und so ist das.

Wie ist es, ein Siedlerkind zu sein? Der kleine Sohn von jemandem, der beschlossen hat, die Idee am eigenen Leib zu verwirklichen? Oder wie ist es, ein ewig beschäftigter, ewig müder, bis zum Hals in Arbeit steckender Vater zu sein und Mutter ständig zu versichern, daß nur die Anfangszeit so schwer sei, sich später aber alles zum Guten wandeln werde, worauf Mutter unbeeindruckt erwidert, wer nicht versucht habe, zwei Jungen von sieben und zwei Jahren an diesem entlegenen Ort großzuziehen, wisse gar nicht, wie man es aushalte, ohne die Flucht zu ergreifen, den Brei auf dem Reisigfeuer im Hof, das Brot im Lehmofen, das Wasser aus dem Brunnen mit Egeln und die Stube trotzdem immer blitzblank, gebügelte Deckchen in jeder Ecke, ein mustergültiges Zimmer, und als eines Tages Chaim Weizmann zu Besuch kam, wohin hatte man ihn da geführt, wenn nicht zu ihr, einer Perle in der Wüste.

Und wenn alle schon schlafen, beginnt die Nachtarbeit, das heilige Werk, beim Licht der Petroleumlampe mit dem blauen Schirm, von Mutter gemacht natürlich, wie alles andere. Dann sitzt er da und schreibt, taucht die feine Feder ein und schreibt in feinen Buchstaben mit gestochener Schrift bis tief in die Nacht über die Möglichkeiten zur Erweiterung der jüdischen Hilfswirtschaft neben der Heimindustrie, die in vielen orientalischen Ländern verbreitet ist, wie zum Beispiel die Teppichherstellung in Persien und in der Türkei, die mit der ganzen Welt schwungvollen Handel treiben. Bücher und Zeitschriften, die per Schiff ankommen und von Hand zu Hand gehen, landen schließlich bei ihm, in Russisch und Deutsch, und auch in französischer und englischer Sprache, die er zwar nicht spricht, aber versteht, ohne sie je gelernt zu haben, einfach weil er im Frühling 1891 mit nur sechzehneinhalb Jahren im Lande eingewandert ist und sich nach dem Cheder lediglich durch Privatstunden und die ebenso wissensdurstige wie wahllose Lektüre aller Druckerzeugnisse, die ihm in die Hände fielen, weitergebildet hat, wobei der einzige Haken ist, daß er alles Gelesene genau behält, so daß er im Kopf wohlgeordnete Kenntnisse auf allen möglichen Gebieten besitzt, darunter in Chemie, Biologie, Geschichte und vor allem in Ökonomie und im Aufbau einer in Entwicklung befindlichen Wirtschaft, man ihn also bloß zu fragen braucht nach dem Schicksal des englischen, französischen oder deutschen Kolonialismus in Afrika, Asien oder auch Amerika oder danach, was man aus diesem Vorstoß des europäischen Menschen in die rückständigen Erdteile lernen könne, und was wir daraus lernen müssen, wenn wir unser altes Land wieder erneuern und beleben wollen, das nicht nur uns gehört, worüber erst kürzlich Jizchak Epstein im *Haschiloach* einen großen, aufsehenerregenden Aufsatz mit dem Titel «Die verborgene Frage» veröffentlicht hat, in dem er die zionistische Blindheit beklagt, die da übersieht, daß hier zwei Völker dasselbe Stück Land beanspruchen, worauf Vater im *Haolam* mit einem langen Aufsatz in Fortsetzungen unter der hochfliegenden Überschrift «Von der Phantasie zur Wirklichkeit» reagierte und alle Leser daran erinnerte, daß die Araber keineswegs ein einziges Volk bildeten, nur zum Teil schon seit Generationen hier ansässig seien und auch untereinander nicht in Frieden lebten, vielmehr jede Volks- oder Regionalgruppe die andere hasse und das Land überwiegend gar nicht besiedelt sei, so daß man niemanden enteigne, wenn man sich in den leeren Regionen ansiedele, wie jetzt hier in diesem leeren Gebiet, das, soweit bekannt, seit Jahrhunderten, gar Jahrtausenden nicht bebaut gewesen sei, ja im Gegenteil, der Bodenerwerb werde nur erstens die Leistungsfähigkeit der arabischen Landwirtschaft und zweitens die Übersiedlung von Arabern in die Städte fördern, und schließlich müsse man auch wissen, daß es keine absolute Gerechtigkeit auf der Welt gibt und daß es nicht unsere Aufgabe ist, den Arabern ihr Problem der nationalen Identität zu lösen. So hat er nachts für den *Haolam* geschrieben.

Was nun die Teppichherstellung betrifft, in Heimindustrie zur Aufstockung des Einkommens aus der Landwirtschaft, solle man zuallererst nicht das gebräuchliche hebräische Wort *Schatiach* benutzen, sondern es vielmehr konsequent durch das biblische Wort *Kewir* ersetzen (wobei er in einer Fußnote auch sämtliche möglichen sinn- und sachverwandten Ausdrücke aufführte), so in einem in mehreren Folgen erschienenen Aufsatz im *Hapoel Hazair* unter dem Titel «Zum Schicksal der Teppichfabrikation», in dem er der Frage nachgeht, was wir aus der Erfahrung anderer lernen können, etwa der von Kurmann & Rauscher oder der Erfahrung des Sandschak Seruhan im Iran oder, mehr in der Nähe, des türkischen Izmirs, wo mit einfachen Werkstoffen, aber meisterhaftem Handwerksgeschick die besten Teppiche der Welt hergestellt werden, nur daß dies eben nicht für uns taugt, weil dort

Mädchen und Frauen von acht bis achtzig Jahren unter schändlich ausbeuterischen Bedingungen an den Webstuhl gefesselt und gezwungen werden, über ihre Kräfte hinaus zu arbeiten, nämlich elf- bis fünfzehntausend Knoten pro Quadratpik (entspricht 0,68 qm) für 15 Grusch (1,20 Rubel) zu knüpfen, während die Erfahrung der Bezalelschule in Jerusalem gelehrt hat, daß man dort einen Monat zur Herstellung eines Stückes braucht, das im Iran in einer Woche produziert wird, und wer sich weiter informieren möchte, sei auf *Rustenik Finansow*, 1902, Nummern 14 und 18, oder auf die Veröffentlichungen der *Persia Carpet Manufactory* verwiesen, deren eingetragenes Kapital zehn Millionen Francs betrage! Kurz gesagt, die Sache lasse sich treffender nicht zusammenfassen als mit den Worten Rabbi Chisdas (Schabb. 140 b), der da sagte: Wo Kräuter hineinkommen, mögen lieber Fleisch und Fisch kommen.

Bis wann? schrak Mutter dann aus dem Schlaf hoch. Wie spät ist es denn? Sie drehte sich murrend auf die andere Seite. Dein Licht stört, die Kinder schlafen, doch schade um die Augen, du bist nie müde, wann willst du dich noch hinlegen, es wird ja schon Morgen, und so weiter. Und tatsächlich war es fast Morgen, Zeit zum Aufstehen, Zeit hinauszugehen, zu machen und zu bringen und zu stellen und zu nehmen und zu ordnen, und alles ganz still, immer mit solch einem dumpfen Schuldgefühl, ständig, daß du unrecht getan und keine Rücksicht genommen hast, und daß es schwerfällt, den Erwartungen zu genügen, zumal es beim *Hapoel Hazair* kein Honorar gibt, und bis vom *Haschiloach* oder vom *Haolam* was kommt, hat er dafür schon Bücher und Zeitungen bestellt. Was bleibt dann? Immer ist jemand unzufrieden mit ihm. Immer Zweifel, was du eigentlich bist, ein Bauer, der das Land bestellt, oder ein Gelehrter im stillen Kämmerlein, einer, der mit der Hacke in den Händen das Land aufbaut, oder einer, der mit der Feder in der Hand die Wege des Menschen und der Gesellschaft studiert, und ob dies schon die Endstation ist, an der er Ruhe finden wird, oder nur eine Zwischenstation auf dem Wege, weil es, nach Mutters Rat, nun genug damit ist, Kinder in der Ödnis aufzuziehen, und man in die Stadt übersiedeln und endlich ein menschenwürdiges Leben beginnen sollte. Der Mensch bleibt nicht ewig jung. Und die Kräfte sind nicht unerschöpflich wie aus einem Jungbrunnen erneuerbar. Wie lange willst du denn noch Held sein? So hält ihm Mutter entgegen. Du hast leicht reden mit Pioniertum und alldem, aber kleine Kinder hier aufziehen, was soll denn hier aus ihnen werden, es gibt ja nicht mal einen Menschen, mit dem man sich vernünftig unterhalten könnte, und was ist, wenn, Gott behüte, hier einem Kind etwas zustößt – was willst du dann tun?

Jetzt ziehen Vater und der Maulesel die Furche am nahen Ende herauf, und Vater folgt dem Maulesel mit schnalzender Zunge, die seit Urzeiten die vereinbarte Sprache zwischen Mensch und Maultier ist, ntz, tz, z, sagt Vater zu dem Maulesel, geh, zieh dahin, übersetzt er dem Maulesel, und der hört es und versteht und schwenkt auch seinen plumpen Schwanz, wedelt seine Eselsohren und wiegt zaumklirrend den Kopf auf und ab und trottet weiter seines Weges, nicht schneller und nicht langsamer, einfach gemächlich dahin, ohne sich die Bohne um den ungeduldigen Zionismus oder die Tatsache zu scheren, daß es Zeit ist, das Kind zur Mutter nach Hause zu bringen, es bleibt ja nur noch diese eine Furche zu beackern, und so tappt er ebenso gleichgültig gegenüber allem vor sich hin, wie die Erde sich dreht, mit einer Gleichgültigkeit, an der nichts auf der Welt etwas ändern wird und mit der er den ganzen Tag und das ganze Jahr so weitermachen kann, egal, ob du ihn vor einen Eisenpflug oder einen Leiterkarren spannst, er wird, ohne seine Gewohnheit oder Kraftanstrengung zu ändern, weiterziehen, gleich, ob es gilt, eine steinharte Bodenkruste aufzubrechen oder einen Karren voll schwerem Mist zur Verbesserung der Felder zu ziehen, und gewiß kann ihn nichts weniger interessieren als die Schönheit der Ackerschollen beispielsweise, wenn sie, von der Pflugschar aus unergründlichem Verlies emporgehoben und umgewälzt, plötzlich im Sonnenlicht glitzern, mit solch frischem Duft und solch klarem Schimmer, wie du es dir nie vorgestellt hättest, so daß du nicht aufhören kannst, staunend nach Vergleichen zu suchen, denn es scheint doch kaum möglich, dieses Nebeneinander von gleichgültigem Pflügen und dessen faszinierenden Ergebnissen, vom Widerstand der Erde gegen ihre Aufbrechung und ihrem sich neuer Schönheit Öffnen, und auch, um beim Thema zu bleiben, von Bauer und Gelehrtem, doch wäre diese unmögliche Möglichkeit nie von sich aus Wirklichkeit geworden und das Werk des Pfluges nie vollbracht, wenn Vaters Hände nicht die Griffe des Pflugs drückten, den Rücken gebeugt, die Muskeln angespannt, die vom ständigen Drükken schmerzenden Fäuste fest um die Griffe geklammert, gegen jegliche Anwandlung von Müdigkeit ankämpfend, denn die ist hier fehl am Platz, ist keine Ausrede, wenn man diese Erde hier pflügt und sich dauernd auch nach dem Jungen umschaut, was dort mit ihm ist, mit einem Blick, der ein Lächeln auslöst, gerade so, wie wenn man sich zwischendurch schnell mit dem Handrücken den Schweiß abwischt oder wenn man sich erlaubt, einen Augenblick innezuhalten und einen Krug Wasser an die ausgedörrte Kehle zu setzen, was er sich jedoch erst ganz zum Schluß gestatten wird, wenn alles wirklich fix und fertig vollbracht ist.

Wer hätte das geglaubt? Aber es glaubt auch tatsächlich niemand. Eine hebräische Arbeiterfarm. Ein neues Wirtschaftssystem und neue zwischenmenschliche Beziehungen. Kühne Gedanken über Kooperation und Kommune. Wie diese Gründergruppe in Kinneret, acht Burschen und Sara Malchin. Oder dieses ganze Projekt Herzl-Wald. Jeder Jude würde Geld für die Pflanzung eines Baumes zum Gedenken an den in der Mitte seines Lebens hinweggerafften großen Mann spenden. Wie viele Juden gibt es auf der Welt? Jeder spendet einen Baum, ungefähr zehn Mark, wobei sich allerdings schnell herausstellte, daß die Pflanzung eines Baumes in der Praxis nicht unter dreißig Mark kostete, und die Zahl der Spender, ach, die mag man vor Scham gar nicht nennen, statt elftausend jüdischer Olivenbäume bis zum letzten Winter hat man nur zweitausend geschafft, und die sind auch kein prächtiger Anblick: es war offenbar nicht der richtige Boden, nicht die richtige Sorte und nicht der richtige Anfang. Und dasselbe mit den Kiefern. So forstet man nicht auf. Und die Johannisbrotbäume, bei denen man hätte meinen können, es genüge, gesundes Samengut auszuwählen, und schon gehe alles gut an. Und dann die Truppen, erst die türkischen und später die britischen, mit ihren großen Pferden und feisten Maultieren und mit all ihren Karren und Wagen und Kanonen und Zelten und mit den trampelnden Soldaten, die jedes gute Fleckchen verwüsten und mit Stumpf und Stiel jedes jüdische Hälmchen oder Pflänzchen vertilgen, das nach der Erlösung des Landes schreit, und man hätte wohl auch Mandelbäume pflanzen sollen, laut Programm, und Reben an den Hängen und fünfzehnhundert verschiedene Obstbäume auf Empfehlung des Agronomen A. Zioni aus Ben-Schemen, und bis sie groß waren, vorläufig etwas anderes dazwischen säen, eine Arbeitergruppe ohne Patron, das war die Idee. Bauern, die nicht die Arbeit anderer ausnutzen, und gewiß keine fremde, das heißt arabische Arbeit. Echte Bauern sind ihr eigener Herr, als lebendes Vorbild für das Volk Israel. Das war die Idee.

Vater hat viel über dieses Thema geschrieben. Wer denn nicht? Jeder, der tagsüber Bauer war, schrieb bei Nacht. Und besonders zum Thema: Hier wird eine Siedlung entstehen, mit fünfzig Familien, je achtzig Dunam Land pro Familie, mit gemeinsamem Anbau und genossenschaftlicher Vermarktung der Erträge und umfassender Solidaritätshilfe, mit allerbesten Kühen, vor allem seit Salman, der erstklassige Hackenschwinger, nach Latrun gegangen ist, bei den Mönchen die Kunst des Käsens erlernt hat und nun sein meisterliches Hacken zugunsten ebenso meisterlichen Melkens aufgeben wird, und die mageren Kühe der Araber werden sie durch Damaszener und Beiruter ersetzen, und auch einen Stier werden sie anschaffen, o ja, einen mächtigen ostfriesischen Zuchtstier, der wird uns mit seiner Zeugungskraft eine allseits gerühmte Rasse erstehen lassen, da werden die hochmütigen Bauern in den Kolonien mal sehen, wie man einen Landwirtschaftsbetrieb aufzieht, wie man üppige Erträge erzielt, wie man das Vorhandene verbessert, aufgrund moderner wissenschaftlicher Erkenntnisse, mit Hilfe der neuesten Agrotechnik, und wie man sich ehrlich von dieser guten Erde ernährt – und das alles ohne Ausbeutung, ohne billige Arbeit, ohne Knauserei und ohne die Philanthropie irgendeines Barons. Schluß mit dem primitiven Ackerbau, der blind dem arabischen Vorbild folgt, bei dem Hunderte Dunam kaum eine einzige Familie ernähren können. Auch Gemüse wird man hier anbauen, und die Genossinnen werden ebenfalls ein angemessenes Betätigungsfeld finden, neben der Hausarbeit, man wird Bienen züchten und Hühner, bei denen natürlich das Leghorn nach und nach die Stelle dieser gesprenkelten Araberhühner einnehmen wird, doch an vorderster Stelle, das sei erneut gesagt, steht die Rinderzucht, die hebräische Rinderhaltung, und der Futteranbau und die Fruchtfolge, ja zehnmal mehr Ertrag als die private Landwirtschaft, dazu Heim und Arbeit für die jungen Zionisten, die nun verstärkt einwandern werden, ein frisches Lied auf den Lippen, halleluja. Allerdings gab es auch solche, die über die «Schuldenfrage» schrieben, und über die leere Kasse hier, bei der zionistischen Exekutive und auch bei der Histadrut, und über den hohen Preis, den die Araber für Dünger verlangten, ohne den es jedoch keine fortschrittliche Landwirtschaft gibt, und über das Wetter, das dem Zionismus nie wohlgesinnt war, immer von allem zuviel oder zuwenig, und über die ewige Verspätung bei jeder Handlung, sei es beim Säen oder Pflanzen oder

Schuldentilgen, und über die mysteriösen Krankheiten plötzlich bei den Kühen oder in der Baumschule oder im Hühnerstall, und über die Zwietracht, die wie ein unüberwindlicher Fluch war, und damit nicht genug, hatte der Jüdische Nationalfonds die Pflanzarbeiten für den geplanten Herzl-Wald dem Unternehmer Bermann anvertraut, der sie durch Araber ausführen ließ, so daß man streiken und demonstrieren und alle Welt in Aufruhr versetzen mußte, bis der Beschluß rückgängig gemacht und der Auftrag einer Arbeitskolonne aus ihren Reihen übergeben wurde, deren Angehörige nicht nur alles mit jüdischen Händen ausführten, sondern zum Schluß auch alles, was die Araber gepflanzt hatten, mit Stumpf und Stiel herausrissen und neu setzten, ohne zusätzlichen Lohn, damit wir keinen durch Fremdarbeit – ein wahres Sakrileg – entstandenen Herzl-Wald bekamen.

Im Winter wird man dieses Grundstück ein zweites Mal pflügen, dann ist es bereit zum Einsäen, man wird Bewässerungspfannen für eine neue Olivensorte graben, aus Zypern, und für Johannisbrotbäume, wohl aus Kreta, und die Gruppe wird neue Mitglieder aufnehmen, darunter auch Genossinnen, und die Einsamkeit wird nachlassen. Das Palästinabüro wird 45 Francs pro Arbeiter im Monat bezahlen, der Rest kommt aus den Erträgen der Landwirtschaft. Und wird gerecht aufgeteilt. Und den Waldbäumen könnte man auch Kasuarinen hinzufügen und Zypressen, vielleicht auch eine Palmenallee, warum nicht. Damit es hier schön wird. Damit sie nicht wegziehen müssen. Damit nicht alles auseinanderläuft und in Mißerfolg endet. Und jetzt bleibt der Maulesel plötzlich stehen, macht einen Hohlrücken, spreizt die Hinterläufe und beginnt mit starkem gelbem Strahl sein entsprechend riechendes Wasser zu lassen, durch dessen Wucht eine kleine Mulde unter ihm entsteht, die sich zusehends mit üppiger, gelbschäumender Jauche füllt, bis ihm schließlich ein Schauder übers Rückenfell läuft, er sein Werk mit ein paar schwächeren Schüben vollendet, sich abschließend schüttelt, ein

Bein nach dem anderen einholt, sich gerade aufrichtet und wartet, was nun, ob es im alten Trott weitergeht oder ob es nun genug ist, man ihn vom Zaum und Zügel befreit und in seinen Stall an Wassertonne und Hafertrog zurückführt, ja ihm womöglich auch diesen dummen Packsattel nebst Halfter abnimmt, so daß er sich nackt auf der Erde wälzen, seinen massigen Körper im Sand rollen lassen kann, um sich nach Herzenslust den Rücken zu kratzen und dann die kräftigen Zähne zu fletschen und weiter zu kratzen und zu schaben und diesem dummen Leben das größtmögliche Vergnügen abzugewinnen. Unterdessen hat auch Vater Pause, obwohl er keinerlei Zeit für Pausen hat, man muß hier fertig werden, und es wird auch heiß, und dann das Kind, er hustet verlegen und wirft ihm einen Blick zu, begleitet von ein, zwei Sätzen, die den Jungen nicht erreichen werden, etwas Tröstendes wie: Gleich sind wir fertig, oder: Ich komm schon, oder ein ähnliches Trostwort.

Und plötzlich ein Moment des Aufhorchens, als werde hier gleich etwas geschehen, aber nein, es war nichts. Man hört nur auf einmal das Tschilpen eines Vogels, war es eine Lerche? Oder eine Wildtaube? Drei Töne und Pause, drei Töne und Pause. Eine Lerche? Gestern ist ein Wiedehopf auf dem Hof gewesen – ein oder eine? Ist das hebräische Wort maskulin oder feminin? Mit einer Federhaube und schwarzweißen Streifen. So ein Hod-hod-hod aus langem Schnabel, mit Verbeugung. Es steht auch im Talmud etwas über den Wiedehopf und König Salomo, wer dem Wiedehopf die Federhaube aufgesetzt hat oder so was, die Geschichte von einem Wiedehopf, der ein Nest auf einem Baumstumpf im Zitrushain gebaut hatte, oder so ähnlich – woher denn plötzlich dieses Angstgefühl, als ob was nicht in Ordnung sei, wie Gewissensbisse, oder vielleicht nur Müdigkeit, oder als ob etwas hätte getan werden müssen, das nicht getan worden ist, oder sonst was? Der große Strohhut beschattet die grünen Augen und den Schnurrbart, natürlich ohne etwas von einem gewissen

Vincent zu wissen oder zu ahnen, der mal in der Provence gemalt hat, vor dreißig Jahren (dem Jahr, in dem er selbst hier im Land angekommen ist), und zwar einen einzelnen Mann, der genau wie er pflügt, mit genau dem gleichen Strohhut auf dem Kopf, genauso seine grünen Augen beschattet und genauso mit seinen großen Händen die Griffe des Pflugs herunterdrückt, auf jenem fernen Feld dort, mit genau demselben, fast asketischen Ernst, nur daß er hier von Zeit zu Zeit den Kopf zu dem Kind hinwendet, bei dessen Anblick ihm ein Lächeln aufs Gesicht tritt, so klein dort, unschuldig naiv, und bald geht's nach Hause, diese Müdigkeit nach dem späten Zubettgehen und frühen Aufstehen, aber nur nicht schlappmachen, nicht nachgeben, ein Landarbeiter braucht nicht zum Arbeitstier abzusinken, man darf gar nicht erst anfangen nachzugeben, sonst wird es leicht zur Gewohnheit, damit das Leben im Land sich nicht als unmöglich erweist, wo er doch zu aller Zeit, an jedem Ort, ja wo denn nicht – als er in Chedera Malaria bekam, in Rechovot die Hacke schwang, in Rischon Reben beschnitt, in Petach Tikva Unterricht gab und als Schmied arbeitete, dann im Herzl-Wald Bäume pflanzte und wiederum in Rechovot Zitrusbäume beschnitt, und pflügte und Getreide mähte und Reben las und traubengefüllte Wagen zur Weinkellerei fuhr – immer doch auch studiert und geschrieben hat, für den *Hapoel Hazair* und den *Haschiloach*, für *Haolam*, *Ha'arez*, *Ha'awoda* und *Ha'adama* und für Brenners *Rewiwim*, wobei er, ebenso wie die andern, nie mit seinem vollen Namen zeichnete, vielmehr stets alle möglichen Pseudonyme, Initialen oder Kürzel verwendete, Ben Israel oder B. I. oder Sass, damit nicht etwa gegen die Anstandsregeln Achad Ha'ams und das Gebot der Bescheidenheit verstoßen werde. Das eben war ein Rabe, das ist sicher, zweifelsfrei, einfach ein grauer Rabe.

Stich

Hat es geschrien? Hat er einen Schrei gehört? – weiß er nicht, aber schon ist er beim Kind und das schon in seinen Armen, alles hat er stehen- und liegengelassen, alles, und ist gerannt, stolpernd gerannt, zu ihm hin, während der Maulesel weiterzog, den auf die Seite gekippten Pflug holpernd über den Boden schürfend, das Kind, was Kind, was, und schon weiß er, erschrocken, will's nicht glauben – Skorpion? Schlange? Nein, Hornissen? Ein wütender goldgelber Schwarm mit aufgebrachtem, sägendem Gesumme um ihn her, und er wedelt mit seinem großen Hut, was man nicht tun darf, tritt in der Luft nach ihnen, um sie zu verscheuchen und zu treffen, verfluchte Hornissen, Wespen, starrt grauenerfüllt das Kind in seinen Armen an, was Kind, was Kind, es röchelt vor Luftmangel und Schreck über den beißenden Schmerz, schnappt nach Luft, nur nicht ersticken, an seinen Händchen, am Hals, großer Gott, am Hals, es schreit nicht, weil es nicht kann, wird schon ohnmächtig, Kind, Kind, seine Hände wehren etwas ab oder erklären etwas, wie fordernd, schnell schnell, etwas, das über seine Kräfte geht, verkrampfen und öffnen sich, als versuchten sie etwas wegzustoßen oder, umgekehrt, etwas zu fassen, was Kind, was Kind, unerträglicher Schmerz, tödlicher Schmerz, o nein, o nein, mein Gott, nur laufen, laufen, grauenvoll, wahnsinnig vor Grauen, ein Wille ohne Vermögen, und dieser unmögliche Schmerz, Vater fuchtelt mit den Armen und kickt in die Luft, um sie zu verscheuchen, und jetzt sind sie beide eins, der Kleine ganz an sein Herz gedrückt, was Kind, was Kind, er vertreibt sie, die ärgerlich Brummelnden, ringsum Brummelnden, in schnellem Lauf heimrennen, und der große Hut rutscht hinunter, während er mit schweren Schuhen rennt, ohne die Füße zu spüren, und er schreit auch um Hilfe, oder schreit nicht, sondern rennt nur, oder schreit und rennt, und jetzt Mutter, o Gott, was Kind, es atmet, schau, was ich dir bringe, er kann atmen, ein paar Stiche hier, und am Hals, und da, rot und ganz vergiftet, was Kind, Gott, was, und manchmal genügt schon einer, mach, daß nicht, großer Gott, er atmet, röchelt ohnmächtig, der Kleine, so klein, warum? Warum?

Was hat er ihnen denn getan, daß sie plötzlich alle auf ihn los sind? Wie kann ein Vater sein Kind auf ein Hornissennest setzen? Hornissen nisten doch immer bei Johannisbrotbäumen, ist es gefährlich, ist es, Gott, ihr Nest in einem Erdloch, und wenn eine zusticht, stürzen sich sofort alle drauf, auf wen, verfluchte Viecher, auf wen, was hat er euch denn getan, was, wer setzt ein Kind auf ein Hornissennest, du Verbrecher, sie umringen, ja, sie umringen mich, sie umschwirren mich wie Bienen, warum, warum, mein Kind, ich wehre sie ab in Gottes Namen, sie umfangen, umringen mich, was passiert jetzt, rennen, zu Mutter, was jetzt, schnell zum Arzt, schnell, so schnell wie möglich, den Wagen anschirren, schnell, es sind drei Stunden zum Arzt, was Kind, so rot, so geschwollen, so ohnmächtig wimmernd, halb erstickt, o nein, Gott, ich wehre sie ab, sie umringen, ja, sie umringen mich, und auch auf diesen kleinen Händchen und auf den Füßen, ein Glück, daß nicht im Gesicht, aber ja, die Augen, o, die Augen, so sehr, so sehr, was wird nur, rennen, Mutter, anschirren, ihn in ein warmes Handtuch hüllen, oder ein kaltes, wieso kalt, wie das denn, schnell schnell, alles flutartig, alles zusammen, auf einmal, wie ein Sturzbach, eins mit dem andern, ans Herz gedrückt, das Kind, der Dauerlauf, der Schreck, schreien, alarmieren, Leute herbeirufen, seht doch, seht, schnell schnell, und sagt, wie gefährlich es ist, soll's jemand sagen, der sich auskennt, wie sehr, richtig denken, nicht die Richtung verlieren, was ist richtig, was weiß man, zu Mutter, sie weiß immer, sie wird wissen, immer, im Namen Gottes, sie umringen, ja sie umringen mich, wie ein Strohfeuer, wie wird sie erschrecken, warum, warum, was hast du ihm angetan, *ich* hab's getan, mein Kleiner, atme, Liebling, atme, rennen, schneller, atme, mein Liebling, er kriegt keine Luft zum Atmen, am Hals hier ein Stich, alles so rot, das ganze Gesicht, der ganze Hals, daß er nicht erstickt, schnell, Kind in Vaters Armen, schnell schnell.

Und dann, er weiß nicht, wie, ist schon Mutter da, er schon auf ihren Armen, schon Menschen ringsum, wie ist das passiert, was war das, und schon zum Anschirren laufen, was tun, was nur tun, und schnell schnell, Ambulanz, schnell, und jenen Maulesel schnappen, vom Pflug an den Wagen mit ihm, nur schnell, Leute, schnell, und wo ist das andere Maultier, Mutter schon da, er schon auf ihren Armen, *mein Kind*, Mutter, *mein Kind*, und etwas um ihn wickeln, und sie küßt und zählt, wo überall, saugt unter innigen Küssen seinen Atemhauch ein, während er matt vor Schmerzen wimmert, ihm was zu trinken geben, alles geschwollen, das Gesicht, wie ist es nur möglich, so sehr, halb erstickt und geschwollen und hier ringsum, und Mutter drückt ihn noch mehr ans Herz, *oi, Gott, Gottenju*, umfängt ihn ganz und drückt ihn ans Herz, *mein Kind*, hüllt ihn ein und knuddelt ihn, und schnell zum Arzt, immer kommt der Sanitäter aus Ekron her, oder ein Pferd nehmen und das Kind darauf, zu ihm, in Vaters Schoß, und losgaloppieren, er und das Kind bis zum Arzt, auf dem Wagen, jetzt schon alle da, mit Ratschlägen, und jemand sagt, Hauptsache das Gesicht, vielleicht gar nicht gefährlich, tut nur furchtbar weh, alle möglichen klugen Köpfe, und er so klein, halb ohnmächtig, aber mit seinem kurzen Atem wimmernd, aufpassen, daß die Zunge draußen ist, damit sie den Rachen nicht verschließt, und ein bißchen Wasser, wie das denn plötzlich, und warum, warum, und schnell schnell.

Der zweite Maulesel, die Mauleselin, ist mit dem zweiten Wagen weg, der zum Wasserholen beim Brunnen an der Bahnstation runtergefahren ist, vielleicht sind sie schon auf dem Rückweg, und das Pferd, wer weiß, wo das Pferd ist, vielleicht sind sie damit nach Ramle zum Gouverneurshaus geritten, sind heute morgen aufgebrochen und kehren irgendwann zurück, jetzt nur schnell die Maulesel und den Wagen, und das Kind einhüllen, kaltes Wasser? Oder warmes? Nur schnell, und schnell heißt, zwei Maultiere und den Wagen und Mutter und Vater, und wer paßt auf den großen Jungen auf, und laufen, und warum ist noch nicht angeschirrt, Vater rennt, Genossen rennen, dieser verdammte Maulesel ist schon zur Stelle, will aber nicht an die Deichsel, dieses Viech, man schiebt ihn, doch er weigert sich, schiebt ihn wieder, aber er rebelliert, behauptet einfach, schon vom Pflügen müde zu sein und nicht mehr die Kraft zu einem weiteren Lauf zu haben, man solle ihn bloß mal Atem holen und ein bißchen Wasser trinken und sich vielleicht auch mal ein wenig im Sand rollen lassen, warum denn nicht, so wirft er nur den Kopf hoch und zu den Seiten, damit man ihn nicht ins Geschirr zwingt, tritt von jeglicher Abmachung zurück, je ein Joch zu tragen, ganz protestierendes Brüllen, in simpelstem Mauleselgrundwortschatz, aber man hat ihn schon angeschirrt, und jemand kommt von unten angerannt, mit seiner Mauleselpartnerin vom Wasserkarren, den man irgendwo unterwegs stehengelassen hat, um die Mauleselin auszuschirren, die nun ebenfalls gegen ihren Willen, trotz all ihres Gebrülls, mit Peitschenhieben im Laufschritt herangeführt wird, und schon ist auch sie angeschirrt, und auch sie will nicht, der Unwillen in Person, voller Beschwerden, und auch der zuerst Angeschirrte will nicht, doch man wirft einen Strohsack herein, zum Draufsitzen, und das Brett für den Kutscher, und hilft Mutter einsteigen, die das Kind in ein Tuch hüllt, den Wasserkrug neben sich, ihm ein Taschentuch auf die Stirn legt, um sein Gesicht zu beschatten, Gott, wie es bis zur Unkenntlichkeit geschwollen ist, und sie weiß nicht, was zuerst, geschwollen, schmerzend, jammernd, und die Augen rotverquollene Klumpen, schauerlich anzusehen, und Vater steht schon auf dem Wagen, schreit, los, und hebt die Peitsche, hebt sie und knallt auch zu, laut brüllt er mit einer Stimme, die nicht die seine ist, lauft, ihr da, nun lauft doch, und schon wenden sie knarrend, bleiben fast hängen, umrunden aber das Hindernis und biegen in den Weg ein, nur schnell, lauft, ihr alten Klepper, lauft, schnell laufen, schnell, Vater, der noch nie die Peitsche benutzt hat, faßt nun auch die Zügelenden zusammen, um damit dreinzuschlagen, peitscht und schlägt, woher kann er das so, wo war das bisher in ihm, und brüllt auch mit unvertrauter Stimme, lauft, ihr Mistviecher, lauft, ihr Ekel, nun lauft doch, verdammt noch mal, lauft, und er peitscht sie, daß sie laufen, schlägt sie, daß sie laufen, und blickt zu Mutter hinunter, auf deren Armen und an deren Herz das ohnmächtige Kind noch Leben atmet, *mein Kind*, sagt sie zu ihm, und schluchzt und läßt ab, schluchzt und stoppt und drückt es ans Herz, *mein Kind*, sagt sie, *mein teire Kind*, sagt sie, und schnell schnell.

Erst mal gerade hinunter, den Weg abkürzend, zum befestigten Pfad, und dann gilt es, Mansura zu umgehen, an seiner Flanke entlangzuflitzen, heute ist Mansura weg und verschwunden, vom Erdboden ausgelöscht, und an seiner Stelle gibt es nur noch eine Straße und Eukalyptusbäume und Trümmerhaufen, doch früher mal mußte man es umgehen, an ihm vorbeisausen, an der Seite die Hunde des Dorfes, und manchmal flogen auch Steine, und danach schon in der staubig braunen Ebene mit staubmattem Gras, immer nur Galopp, Galopp auf das große Dorf zu, durch die rotbraune Erde am gepflügten Rain eines langen abfallenden Sorghumfelds, dann wieder einen sanften Hügel hinauf und von dort auf den leeren Horizont zu, hinter dem nichts als Dunststreifen und klarer Himmel ohne alles liegen. Sie erklimmen den Bahndamm und überqueren die Schienen nach Jerusalem, die glänzen, als seien sie eben frisch geschliffen, knirschen durch den aufgestreuten groben Kies, in dem die Schwellen eine nach der andern versenkt liegen, so weit das Auge reicht, aus großer Ferne kommend und in weiter Kurve wieder in die Ferne entschwindend, wobei alle, Damm, Schwellen und Schienen, völlig künstlich, den Feldern gewaltsam aufgepfropft wirken, aber das ist jetzt gänzlich unwichtig, jetzt erstmal das Wadi, und dazu geht es im Bogen zum Feldweg hinunter, den man entlangfährt, und dann kommt man auf das große Wadi zu, unentrinnbar, und sucht sich die am wenigsten tiefe Seitenrinne, um langsam die Uferböschung hinabzusteuern, ohne alles umzukippen, dann mühsam den mit Steingries vermischten Sandboden entlangtraben und eine weitere sanfte Steigung suchen, um auf der anderen Seite wieder unversehrt aus dem Talgrund herauszukommen, doch sie haben keine Lust, diese verdammten Maulesel, die ganze Zeit zu laufen, und die ganze Zeit schnell, und selbst wenn sie rennen, tun sie eher nur so, als ob, so daß man sie peitschen und laut beschimpfen muß, ja man möchte bloß weinen, und Mutter weint tatsächlich und wickelt das Tuch enger und drückt ihn ans Herz, den Jungen, der noch atmet, aber bewußtlos ist, so daß sein Schmerz jetzt der ihre ist, und zu Vater gewandt, wie war das, wie konntest du ihn denn, aber auch davon nicht viel, denn alle sind jetzt so erschrokken, verwirrt und hilflos wie eben zwei verlassene Menschen in der Wüste mit Kind, und man kann nur peitschen und lauft, rennt, lauft doch, ihr Viecher, rufen, und wie wenig sind sie erst vorangekommen, wie wenig ist der Weg kürzer geworden, und nur sie und der leicht wirbelnde Staub vor der Sonne und schnell schnell.

Dann nähern sie sich dem Dorf, doch zum Teufel, dort täuscht man sich immer in den Gassen und irrt zwischen den Hainen und Höfen und Hunden und Kindern umher, bekommt auch ein paar Steine ab, bis irgendein Erwachsener die Meute verscheucht und auch gütig den Weg aus alldem heraus weist, ja manchmal muß man sogar mit der Peitsche denen drohen, die sich hinten an den Wagen hängen oder die Maultiere durch boshafte Lacher scheu machen, oder sonstwelche Störenfriede, bis man schließlich zwischen den Kaktushecken, dem Rauch der Lehmbacköfen und dem fauligen Geruch des Ziegendungs wieder hervorkommt, bereit, im

Sand jenen Hügel zu erklimmen, jenseits dessen man schon die Dächer sieht, während man im Sand einsinkt, so daß die Maulesel nicht rennen können, und wenn du sie umbringst, doch vorerst noch in dieser Erde, in diesem Staub, in dieser Sonne, und er wimmert plötzlich, großer Gott, und seine Mutter über ihm, *mein Kind*, benetzt ihm die Lippen mit Wasser und streicht ihm mit der Hand übers Gesicht, geschwollen ist es, die Augen sind in der furchtbaren Schwellung versunken, und nur kurze Atemzüge, fast kein Puls, und sie, du hast Wehweh, furchbares Wehweh, und er stöhnt nur, und sie, Mutter ist da, *mein Kind*, und er krümmt sich, und sie, bald, bald schon, und er versucht zu schlucken, vielleicht, und sie, Wehweh hast du, furchtbares Wehweh, und er ist wie plötzlich abgetaucht, und sie, bald, mein Junge, bald, und noch mehr solche Dinge, und schnell schnell.

Doch plötzlich Krämpfe, als dränge etwas aus ihm hinaus, oder als könne er nicht mehr, verweigere sich etwas in ihm, als versage sich sein gesamtes kleines Wesen, und Mutter über ihm, Vater über ihm, die Zügel in den Händen, das Gesicht in Falten, das Haar staubig, unrasiert, das Hemd verschwitzt, mit großen, knotigen Händen, auf deren Rücken Spreu klebt, die Zügel haltend, während er sich dem Jungen zuwendet, ganz über ihn gebeugt, sind sie hier nun drei zusammen oder jeder für sich allein, ohne zu wissen, was zu tun, ohne einen Halt, an den man sich klammern könnte, und Schauder überlaufen plötzlich das Kind, sein Blut ist vergiftet, seine Adern führen ätzende Last, ob schon bis ans Herz, wird er's durchstehen können, wo steckt das Gift, und dieser furchtbare Schmerz, vorerst von der Ohnmacht verschluckt, zu matt zum Schreien, Schluchzen, Kicken, Boxen, sich vor unerträglichem Schmerz Winden, woher kommt dieser Schmerz, was löst ihn aus, er ist nun mal da, Vater weiß es nicht, Vater, der immer mehr weiß als andere, sich immer auskennt, weil er immer schon mal was gelesen hat und niemals etwas von dem Gelesenen vergißt, nein, Vater weiß nicht, was dieser Schmerz ist oder was in einem Menschen vorgeht, der Wehweh hat, wird plötzlich abgelenkt von seiner direkten Beschäftigung mit dem Kind und schweift in zeitweiser Flucht ab in jenes Mehrwissen, das die Wissenden besitzen. Was wissen sie über den Stich, über das Gift, was es beim Menschen bewirkt und was bei einem Winzling von zwei Jahren, so klein, so schwächlich und dünn und mager, was mag der ihnen schon angetan haben, daß sie so wild wurden, warum sind sie plötzlich alle über ihn hergefallen, haben sich auf ihn gestürzt und ihm Gift eingespritzt, entweder hat er ihnen seinen kleinen Finger ins Loch gesteckt, oder er hat ein Stöckchen hineingebohrt, in das Erdloch, in dem sie ihr Nest und ihre Kinder haben, geschützt von einer Wache gegen jeden Eindringling, was ist denn diese Hornisse, was weiß man von ihr, schon in der Tora steht, und ich werde die Hornisse vor dir hersenden, und es heißt auch, nicht von deinem Dorn und nicht von deinem Honig, im Midrasch Rabba, scheint mir, wer weiß mehr über die Hornisse, diesen goldgelben *Sibbur*, wie er auf aramäisch heißt, die große Wespe, die Bienen frißt, ihr Nest im Boden hat, und darin die Königin, die Arbeiterinnen und die Wächterinnen, und diese letzteren sind nun schleunigst alarmiert worden und dann ausgeschwirrt, um mit ganzer Kraft den Eindringling anzugreifen, was hat er ihnen denn getan, was konnte er ihnen schon antun, das Kleinkind streckt seine Hand ins Loch, und noch etwas fällt ihm plötzlich ein, die Geschichte von jener Jungfrau aus Sodom, die einem Armen Brot gebracht hatte, und als die Sache herauskam, schmierten sie sie mit Honig ein und legten sie auf das Dach der Mauer; da kamen die Hornissen und fraßen sie auf, so steht es geschrieben – im Traktat Sanhedrin? –, und so geht es offenbar, Vater vergißt nichts, großer Gott, und da kamen die Hornissen und fraßen sie auf, einfach so, was weiß der Mensch noch von der Hornisse, die auf hebräisch *Zir'a*, auf arabisch *Dabur* und auf aramäisch auch *Ar'ita* heißt, die Geschichte von den je zwei Hornissen, die der Heilige, gelobt sei er, jedem einzelnen der zu vertreibenden Völker zuordnete, damit sie ihm ihr Gift in je ein Auge schütteten, worauf das Auge aufbrach und der Betreffende in ganzer Länge hinfiel und starb. Ihm fällt nicht ein, woher das stammt, vielleicht aus dem Midrasch Tanchuma, mit dem beschädigten, gesprenkelten Einband, unwichtig, was ist jetzt wichtig, gar nichts, nur schnell schnell, lauft, ihr Mistviecher, lauft, los, lauft, schnell schnell.

Und es geht da weiter, daß man eine Hornisse sogar am Sabbat töten darf, fünf dürfen am Sabbat getötet werden, die Fliege in Ägypten und die Hornisse in Ninive und der tolle Hund überall, und auch der Skorpion ist dort aufgeführt, ein Glück, daß es kein Skorpion gewesen ist, und keine Schlange, keine Viper, ein öder, wimmelnder Ort, und der Skorpion in Adjabene, scheint mir, und die Schlange im Land Israel, die ist überall, ein Ort der Schlangen, immer schon, und der Skorpione, so ein Ort auf der Welt, ein Ort ohne Ort, ein Ort ohne Gott, und ein Kind, das an einem ortlosen, an einem gottlosen Ort aufgewachsen ist, ein kleines Kind an einem ortlosen Ort aufziehen, Mutter wird ihm nicht verzeihen, Mutter hätte ein Kind nicht auf ein Hornissennest setzen können, im Traktat Schabbat? Vielleicht. Und es sieht schon so aus, als ob wir hier nicht bleiben können. Nur noch die Furche fertigpflügen und nach Hause gehen, und dabei hat er so ruhig dagesessen, die ganze Zeit, und wie rot er ist, glüht vor Fieber, daß ihm bloß nicht die Atemröhre zuschwillt, so klein, und so viele haben sich alle zusammen auf ihn gestürzt, warum nicht auf mich, hätten soviel zustechen können, wie sie wollten, und die Hornisse in Ninive, und da geht es weiter über alle möglichen anderen Plagen, die Feldheuschrecke und die Fliege, scheint mir, und die Hornisse und die Mücken, vor denen man nicht Alarm schlug, sondern durch Rufe warnte, wenn ich mich nicht täusche, ja, hier ist ein Mensch vor dir, mein Gott, zu dir rufe ich, bereit, alles zu geben, möchte doch ich an deiner Stelle sein, mein Sohn, zu dir rufe ich, ja ich, so ein kleines

Kind, schau, in dieser Sonne, dieser Hitze, diesem Galopp, dieser Entfernung, es ist noch keine Stunde vergangen, und alles ist jetzt nur unendliche Ebene, völlig leer, bis zum Dorfrand, und daß dort bloß nicht die Kinder und Hunde und das Durcheinander und alles anfangen, ein ferner, abgelegener Ort, der Sanitäter kommt einmal die Woche, und was weiß der schon, Chinin, Aspirin und Verbände, und einen tiefen Dorn herausziehen oder einen eingewachsenen Nagel, was tut dem Menschen weh, wenn er Schmerzen hat, was passiert im Körper, wenn er von dem Gift angegriffen wird, mit dem die Hornissen ihre Beute lähmen, um danach ihre Eier in dem Paralysierten abzulegen, damit die schlüpfenden Larven gleich verwesendes Fleisch mundgerecht vor sich haben, und die Hornisse in Ninive, der *Dabur*, diese orientalische Wespe, *Vespa orientalis*, und es gibt auch eine deutsche, wenn ich mich recht erinnere, an den Brehm und auch an den Schmeil, mit den Zeichnungen, die goldgelbe orientalische Wespe, und die deutsche, so eine wunderhübsche Königin, mit goldenen Streifen und schmaler Taille, die in einem Loch, das sie in der Erde gefunden hat, anfängt und es mit einem papierähnlichen Material auskleidet, mit ihrem Speichel, vermengt mit allen möglichen Pflanzenresten, und wenn es dann fertig ist, beschäftigt sie sich nur noch mit Eierlegen, während die Arbeiterinnen sich schon um alles kümmern und für Nahrung sorgen, die Männchen aber nur dem Augenblick der Befruchtung dienen, auf dem Hochzeitsflug, oder findet der nur bei den Bienen statt, jener Hochzeitsflug, bei dem nur einer von allen sie erreicht und dann tot vom Himmel fällt, aber nicht die Hornissen mit ihren goldenen Gürteln, die fressen die Bienen, um ihre kleinen Hornissen damit zu füttern. Lauft, ihr Klepper, lauft, schnell schnell.

Barhäuptig, kurzes aschblondes Haar, eigentlich schon graumeliert, und alles staubbedeckt, die halb zugekniffenen Augen, der Schnurrbart, die zusammengepreßten Lippen, er treibt die Maulesel an, die nicht mehr und nicht anders rennen können und wollen, als sie es tun, in schnaufendem Trab, mit schauderndem Fell die Peitschenhiebe abschüttelnd, ungerührt durch die Schimpfworte, nur so laufen sie, können nicht anders, und so werden sie den ganzen Tag, den ganzen Abend und die ganze Nacht durch laufen, wenn es sein muß, nicht schneller und nicht langsamer, das ist das ganze Maultiervermögen, das in ihnen steckt, da ist nichts zu machen. Was kann man machen, mein Junge, sagt Mutter zu ihrem Küken, das ganz von ihr eingehüllt, von ihr umschlossen ist, vor der Sonne geschützt, und lautlos wimmert, und Mutter, Wasser? Ein bißchen Wasser? Doch er ist irgendwie abwesend, und sie, leg dich ein bißchen so hin, ist es so gut? Er krümmt sich nur, und sie, wo tut es weh, *mein Kind*, wo tut's weh, doch er ist gewissermaßen nicht da, und sie, tut es meinem Kindchen sehr weh? Und weiter sie, Mutter ist da, leg den Kopf hierher, und zu Vater, wie rot und geschwollen, und dann fast schreiend, das Kind glüht, warum fahren wir denn nicht, warum so langsam, das Kind glüht doch, das Kind... Sind sie drei zusammen, oder verzehrt sich jeder für sich, und einer von allen ist fast nicht mehr da, und Vater peitscht jetzt und schreit, doch die Maulesel laufen genau, wie sie vor seinem Schreien und Peitschen gelaufen sind, und diese kahle Ebene ringsum, nur von Staubpartikeln gesprenkelt, über die die Sonne hinzieht, die sich bereits leicht zu senken beginnt, und der Horizont voll wäßriger Flimmer, als sei wer weiß was los, Fingerzeige oder sonstwas, aber nur laufen, ihr da, lauft, schnell schnell.

Wie Brennesselverbrennungen, und grauenhaft verquollen, und fast kein Pulsschlag, nur dieses schmerzliche Wimmern jenseits der Ohnmacht, ja keinen einzigen Schrei hat er von sich gegeben seit jenem ersten, furchtbaren, der die Welt, die Luft, das Sonnenlicht zerriß, und sofort hat es ihm die Stimme verschlagen vor Schmerz und Schwellung, und schon ist Vater bei ihm, hebt ihn auf, was Kind, was, fuchtelt mit der Hand, um sie wegzujagen, kickt auch mit dem Fuß, um sie zu vertreiben, wedelt den Hut, ohne sich vor ihnen zu fürchten, und schon rennt er, wo tut's weh, und schließt Skorpion und Schlange aus, wohl wissend, daß sie es waren, die verfluchten Hornissen, aus dem Loch in der Erde, auf das er seinen Kleinen gesetzt hat, damit er dort spielte, bis er diese Furche, diese letzte, fertig haben würde, oh, die Furche des Pfluges auf dem Feld dieses noch nicht existierenden Ortes, der Arbeiterkooperative dieser Farm Herzl-Wald, des Hapoel Hazair. Sind sie jetzt drei zusammen (oder vier mit dem großen Siebenjährigen, der dort geblieben ist) oder drei, von denen einer Schuld trägt und Erklärungen, Entschuldigungen und auch Versprechen abgeben muß? Daß nur nicht, ja daß bloß nicht, großer Gott, daß nur nicht, ich hebe meine Augen auf, woher mir Hilfe, aus der Tiefe rufe ich zu dir, o Ewiger, Herr, erhöre meine Stimme, wende dein Ohr mir zu, achte auf mein lautes Flehen, und plötzlich mit lauter Mörderstimme, lauft, ja lauft, lauft, ihr Mistviecher, schnell schnell.

Ohne Zuschlagen werden wir nie ankommen, doch mit Schlagen rennen sie nicht schneller, und der Wagen rüttelt die ganze Zeit ungleichmäßig, über kleine Löcher, mit mäßig großen Sprüngen, und alle Latten knarren. Ein zwanzigjähriger Vater wird nie wissen, was ein Vater von fünfundvierzig weiß, und zwischen ihm und Mutter liegen geschlagene fünfzehn Jahre, und derart geht ihm das Kindchen zu Herzen, daß er die Maultiere im Galopp zum Arzt treibt, dieser schwache Kleine, so zerbrechlich, den ein Hornissenschwarm, wütend wie die Hitze des Tages, mit allem wilden Zorn angegriffen hat, was weiß man schon, abgesehen von ein paar Gedanken oder Schriftversen oder Binsenwahrheiten, und wie plötzlich so allein, ganz allein, allein und verlassen in dieser fürchterlichen Weite, allein, und nur von unerinnerlicher, aber doch erinnerter Stelle murmelt er, verbirg dein Antlitz nicht vor mir, wenn ich in Not bin, verbirg dein Antlitz nicht, wenn nicht um meinetwillen – um seinetwillen, mit einer Ergebenheit, die nur der kennt, der sie erreicht hat, mit solch überbordender Hingabe, auf dem allein verbleibenden Weg, auf dem nur noch eins zu tun bleibt und darüber hinaus nichts mehr, und auch diesmal handelt er nicht so, wie man es erwartet hätte, wie alle andern immer handeln, er, der nicht rebellieren, nicht aufmüpfig mit Gegenständen werfen kann, er, der nicht einfach aufsteht und weggeht, wie andere Menschen es tun, er, bei dem jede letztendliche Ergebung immer zu spät kommt und zu gering ausfällt, so daß sie ihm nicht angerechnet wird und sich zum Herzstocken still noch ein weiterer Schmerz einschleicht, irgendwo ein enges Versteck findet, verbirg dein Antlitz nicht, wenn nicht um meinetwillen – um seinetwillen, jetzt sinkt er zusammen, ausgelöscht sei euer Name, lauft, lauft, ihr Klepper, los endlich, lauft, schnell schnell.

Ein Wagen saust mitten durch die leere Senke, ein wenig Staub flirrt in der Hitze, die Sorghumfelder sind schon abgeerntet und abgeweidet, die Stoppelfelder bis auf den Erdboden abgefressen, und es gibt weder Schatten noch Baum, vielleicht erst am Dorfrand werden ein paar große, runde, schwarzschattige Feigenbäume stehen und überreifen, süßfauligen Duft verbreiten, der die verfluchten Hornissen anzieht, allein im Herzen dieses großen, leeren Meeres, wo man doch schon einen Ort erreichen möchte, *Jingele meins*, sagt Mutter und hält ihr Ohr ganz, ganz nah an die Brust des Kindes, um seine flachen Atemzüge zu hören, zupft ihm das feuchte Taschentuch auf der Stirn zurecht und hält ihn eng umschlungen, was kann man noch tun, jetzt singt sie ihm fast tonlos *Oif dem Weg steht ein Boim*, und Vater wischt mit dem Finger eine Träne weg, damit man nicht merkt, wie niedergeschlagen er ist, ja er hat gar keine Stimme mehr, um die Maultiere anzuschreien. Aber seitlich, tief am nördlichen Horizont, schimmert hitzeflimmernd, mal im Dunst aufgelöst, dann wieder zusammenhängend, die Häuserreihe dieser verschlafenen Kolonie, hitzematt, wie in Dauerschlaf versunken, und sie folgen dem pudrigen Weg und erinnern sich plötzlich, wie schwer alles ist, wie schwer, standzuhalten, wirklich, aber warum haben sie denn die Disteln am Tor nicht abgemäht, wieso das Loch im Zaun daneben nicht geflickt, warum noch keinen Abfluß für das Abwasser da unten geschaffen, alles längst getroffene Entscheidungen, nur noch nicht umgesetzt, und so traut sich die Verwahrlosung einen Fußbreit hinein, und nach ein, zwei weiteren Schritten wird sie auch die Wüste wieder mitbringen, die man mit Mühe vertrieben hat, zumindest bis vor den Zaun, und auch die trockenen Zweige hätten längst beschnitten gehört, da lugt die Schuld von allen Seiten heraus, neben Machtlosigkeit und dem drohenden Versagen, das hier ständig ganz nahe glotzt, schwillt an zu ausdrücklichem Vorwurf, der sich von selbst zu der Furcht gesellt, die hier immer nah am Tor hockt, und die Wüste steht schon bereit einzudringen, tonlos und wie selbstverständlich, als nähme sie ihren angestammten Platz wieder ein.

Die dauernde Furcht hat sich bewahrheitet, ist schon nicht mehr Furcht vor dem Kommenden, weil es bereits eingetroffen, schon da ist, ist jetzt ganz Furcht vor dem, was der Arzt sagen wird, nur müßte man endlich hinkommen, großer Gott, nur hinkommen, und alle Angst ist begründet gewesen, das tritt jetzt klar zutage, wird offenkundige Wahrheit, kommt und seht, ganz und gar wirklich, ganz und gar Realität, derart bloßgelegt jetzt, und der Schlag trifft uns nackt und schutzlos, alles entgleitet der Hand, was könnte es aufhalten? Die Hand ist zu schwach zum Halten, die Hand eines kleinen Kindes, zart ist sie Muttes Hand entglitten, und eine von Mutters Händen nimmt sie, nimmt sie wieder, zärtlicher als zärtlich, und Vaters Hände halten jetzt schlaff die Zügel der stur gleichmäßig laufenden Maultiere, halten auch die unbenutzte Peitsche, und er fühlt sich wie ein Stürzender, der die harte Erde unten auf sich zueilen sieht, um ihm den tödlichen Aufprall zu verpassen. Mühsam redet er sich ein, genug, genug jetzt, genug Vater genug, du Vater bist hier, um nicht die

Fassung zu verlieren, hier, im Lande, und alles, und überhaupt. Du bist der Vater, der immer gelehrt hat, allein nach dem Verstand soll der Mensch entscheiden, und nun plötzlich diese Psalmverse, als gäbe es tatsächlich einen dort oben, der auf dich aufpaßt, und vielleicht hast du dich vor lauter Stolz geirrt und hast verworfen, was man nicht verwerfen darf, ganz durcheinander. Als wäre diese ganze Ebene nun ringsum offen, eine saubere Sommerfläche, und der Horizont ein sauberer, vollkommener Kreis, mit scharf gespitztem Bleistift völlig akkurat gezogen, und mittendrin sause ein verschwindend kleiner Wagen, der kaum Staub macht.

Staubwehen, Staubwehen, hier und da erheben sie sich grundlos, ohne Wind, und fallen auch ohne Grund wieder zusammen. Plötzlich fliegen sie übers Feld, und plötzlich legen sie sich. Erheben sich voller Nichts und fallen ins Nichts zurück. Ohne eines Grunds zu bedürfen. Als seien sie nur eine Art Schauder der Erde, an- und abschwellend. Und plötzlich schimmert jetzt inmitten der Ebene eine blaue Tiefe, blauestes Blau, flirrt noch trügerisch einen Augenblick, glitzert und verliert sich flackernd, alles so riesig, so unendlich, als sei es das Meer, und ohne jede Anstrengung, ohne daß etwas darüber wäre, auch keinerlei Wolken, nur unendliche Größe über die Welt ausgebreitet, als sei sie eine Welt der Mineralien, Himmel und Erde und Staubwehen, ohne Pflanzen und Tiere, die es auch nicht geben muß, nur diesen kleinen Wagen, der verloren über die Mineralienweite rollt, in dieser Größe, die die Kraft des Beobachters aus dem Wagen übersteigt, der soviel laufen kann, wie er will, es ändert sich nichts, er kommt nichts näher, keinem Ort, Größe an sich, ohne jede Anstrengung, nicht eigens dazu erschaffen, nur aus ihrem eigenen unendlichen Wesen, in einer ganzen Fläche, einer vollkommenen Gottessenke, sauber, und leer, auf der man schwerlich Halt oder den Ansatz eines Halts findet, auf der ständig wichtige Dinge geschehen, die keinerlei Bedeutung haben und auf der solche glasigen

Lichter flirren, wie wäßrig, scheinbar wäßrig, plötzlich treiben herdenweise Sandwehen dahin, dann plötzlich Leere, was eben Leere heißt, oder eine momentane Bläue, tief wie unermeßliche Meerestiefe, die in nebulöse Dunstigkeit umschlägt, mit all den Truglichtern und Flimmerscheinen, jenen Phänomenen der Physik des Lichts über der Physik der Ebene, oder als veranstalte da tatsächlich jemand etwas in bestimmter Absicht, während in Wirklichkeit alles, von einer Seite zur andern, nichts ist in dieser stummen, gleichmäßigen Hitze, der im Dunst flirrenden Ebene und der Erde, die sich nur als Erde offenbart, die keiner bebaut, als gäbe es zuviel Erde, als sei das Erdreich zuviel für das menschliche Vermögen, und nur ein Wagen rollt jetzt darüber, müßig und belanglos, wird bis ans Ende aller Tage so weiterrollen, gleichmäßig, geradeaus, auf der Ebene, unter der Sonne im Herzen dieser Riesenweite, nur in diesem Nichts, unablässig nur in diesem Nichts.

Und der Mensch, muß der seinen Ort nicht kennen? Alles, auch die Hornissen? Angefangen damit, wie sie sich ein vorhandenes Loch in der Erde suchen, immer ein bereits vorhandenes, um dort drinnen ihr Nest zu bauen, nahe an Johannisbrotbäumen, die ihnen offenbar Baumaterial zur Herrichtung des Nests liefern. Und bis hin zu ihrem Gift, inwiefern es gefährlich ist, und was es dem Gestochenen antut, wenn er noch so klein ist, ach Gott, ein derart kleines Kind, was tut das Hornissengift einem Kind, das von fünfen gestochen wurde? Von zehn? Von hundert? Denn die Erde um das Loch gehört ihnen, bis man hier bauen wird und alles bebaut ist, erst dann wird es hier vielleicht keine Hornissen mehr geben, und keine Schlangen, noch all die Plagegeister der Wüste, denn ehrlich gesagt gibt es hier ja noch gar keinen Ort. Alles sind nur Versuche. Und der bestehende Ort ist nun eben die große offene Leere ohne alles. Es ist noch nicht mal entschieden, ob hier eine Versuchsfarm entstehen soll oder ein festes Dorf, oder eine Station im Wald, oder nach anderer

Meinung ein Moschaw oder nach Meinung wieder anderer eine Kwuza, alles in unschlüssigen Worten, alles noch unklar, auch wenn man in Kinneret schon was angefangen hat, doch hier ist alles noch vorläufig, immer nur zeitweilig, immer nur zwischen zwei Entscheidungen schwebend, nur in Richtung auf, nur unterwegs zu, nur einstweilen, ja einstweilen auch das zweistöckige Haus und ein paar Verschläge und einige Pferche für die Maulesel, das Pferd, die zwei Kühe und die freilaufenden Hühner, alles nur ein provisorisches Lager, das man morgen abbricht, und weg ist es, und keinem Menschen ist klar, ob die Olivenbäume hier gedeihen werden, die Kiefern oder die Kasuarinen, man weiß nur, daß sich ständig etwas im Entstehen, im Wandel befindet, und daß die Wüste draußen stärker als alle ist, ebenso wie die Gleichgültigkeit der jüdischen Institutionen. Und daß es kein Budget gibt, kein langfristiges Denken, keinerlei Sicherheit, und daß man von allem immer nur ein bißchen und zuwenig weiß, und wer weiß auch, was der Arzt weiß, wenn wir ihn erreichen, was weiß der Arzt, und was wird werden?

Was tut das Gift den Körperzellen, den Blutkörperchen, den Nerven, oder dem Gehirn, oder vielleicht dem Herzen? Was hat die Hornisse in ihrem Gift, nur schmerzerregende oder auch tödliche Stoffe, genug, um Insekten wie sie zu lähmen, aber nicht genug für größere Geschöpfe? Was bedeutet die Schwellung, was ist diese Bewußtlosigkeit, die Ohnmacht, der schwache Puls, dieses Zappeln – ein Ringen des Körpers, das Gift abzustoßen, oder ein Abebben des Widerstands und Zerstörung des Gewebes? Jetzt wird man ihm was spritzen, oder was abzapfen, ich muß ihm das Gift aussaugen – das ganze Gift, muß sein Blut sauber hinterlassen, und ein Vater darf nie überrascht sein, darf niemals ein Baby auf ein Hornissenloch setzen und hinterher behaupten, ich habe nichts gewußt. Das Kind kann überrascht sein und behaupten, nichts gewußt zu haben. Jeder auf der Welt darf das. Aber kein Vater. Übrigens, was wissen die Ärzte, die in Wien studiert haben, über die orientalische Wespe hier? Was wissen sie über die Krankheiten hier, was hat man früher über die Malaria gewußt, und wer hat noch vor kurzem gewußt, daß die Mücke diese Krankheit überträgt, nicht die muffige Luft, die aus den Sümpfen aufsteigt? Macht die Fenster auf, lüftet, atmet reine Luft ein, hat man uns damals in Chedera gesagt, und die Mücken kamen zu Millionen angeschwirrt, oder wer wußte etwas vom Trachom, der Körnerkrankheit, oder über Keuchhusten und Tuberkulose, alles ist so schwach, so labil, zerbrechlich, und ein kleines Kind tappt zwischen alldem, so nackt und schutzlos, und nur unsere glückstaumelnde Blindheit läßt uns nicht sehen, wie sehr. Chaim Chissin, Hillel Joffe – mitten in der Nacht hat man sie oft geweckt, und dann sind sie auf dem Rücken eines Esels oder Pferdes losgetrabt, die schwarze Tasche in den Händen, was hat ein Arzt in seiner schwarzen Tasche? Auch Dr. Moskowitz hat man mitten in der Nacht zu einem Typhuskranken gerufen, fern jenseits des Wadis in strömendem Regen, und als er zurückritt, führte das Wadi schon tosendes Wasser, das Wagen und Pferde und den Arzt mitriß, und am Morgen fand man seine Leiche unweit im Flußschlick.

Mutter jetzt plötzlich, wann kommen wir denn endlich an, und Vater deutet mit der Peitsche, dort ist schon das Dorf, und danach ist es nahe, beruhigend, aber ohne ausdrückliches Versprechen, und nun steht er auf und schwingt die Peitsche und schlägt zu, legt auch die Zügelenden zusammen, peitscht damit nieder und brüllt auf die Tiere ein, nuuu, los, lauft lauft, ihr Klepper, schnell schnell, und sie erschrecken tatsächlich, scheuen auf und brechen verstört in unregelmäßigen Galopp aus, rennen ein Stück Wegs, bis sie wieder in ihren alten Trott verfallen, der wie Trab aussieht, aber keiner ist, und mit dem man sich begnügen muß, da ist nichts zu machen. Vielleicht war das Peitschen auch mehr für Mutters Augen als für die Rücken hart arbeitender Tiere gedacht, schwer, das genau zu sagen. Jedenfalls baut man hier ja jetzt eine neue Welt auf. Etwas noch nie Dagewesenes. Etwas, für das man, wenn man nur daran glaubt, keinerlei Bestätigung seiner Machbarkeit braucht. Etwas, bei dem die Bäume, die noch gar nicht vorhanden sind, schon wachsen, die Setzlinge, die noch kaum von den Wildgräsern zu unterscheiden sind, bereits mächtig sprießen, um einen Wald zu bilden, der das Aussehen des Ortes verändern wird. Schößlingsarten, von denen der Ort sich nie hätte träumen lassen, daß er sie einmal kennenlernen würde, verleihen ihm nun ihre Farbe. Kiefer, Zypresse, Akazie, Peruanischer Pfefferbaum und auch Eukalyptus. Und ihr Jahreszyklus wird sich den natürlichen Jahreszeiten des Ortes anpassen, den man auch nach ihnen benennen wird, Tel Ha'oren, Newe Habrosch, Bet Haschita – Kiefernhügel, Zypressenoase, Akazienheim, während man die angestammten Bürger des Orts, den Mesquitebaum, das Hundszahngras, die Disteln und all diese andern verstaubten Exemplare, ja auch die Hornisse, nicht mehr kennen wird, gänzlich verschwinden werden sie hier, so daß man nur noch in Naturkundebüchern von ihnen liest, in Naturkundesälen, und wenn es dann noch Wasser gibt, wenn man hier Wasser findet, und man wird es finden, wenn man sucht, und man wird suchen, wenn man glaubt, und man wird glauben, wenn... Und die hochfliegenden Ideen sind so groß, daß sie alle Taten verwirren, und der Übergang zum Möglichen verwirrt das Mögliche, und der Glaube verwirrt den Erdboden, und der Erdboden verwirrt den Menschen, und wenn es plötzlich keine Verwirrung mehr gibt – erschrickt man. Als sei plötzlich eine alles gefährdende Bedrohung über uns gekommen. Was geht hier vor? Wie hält man stand? Es sind doch wirklich alles nur illusionäre Spielereien. All die Berechnungen, all die Gedankengänge, alles vager Schein, und all die Experten, was wissen sie eigentlich, was ist wirklich, was ist in Wirklichkeit, und plötzlich, plötzlich, auf einmal... lauft, ihr Klepper, lauft.

Mutter sagt, er ist furchtbar still, ich hab Angst, und Vater sagt, da ist schon das Dorf, und Mutter sagt, er glüht vor Fieber, und träufelt mit dem Tuchzipfel Wasser in seinen aufgesperrten Mund, aus dem jetzt auch so ein leichtes Stöhnen dringt, so ein wimmerndes Schluchzen, von einem Kind, das nicht weinen kann, und Vater sagt, jetzt ist es schon nahe, und steht wieder auf, um auf die Maulesel einzupeitschen, das männliche und das weibliche Tier, doch was haben die Maultiere schon mit ihrem Geschlecht zu tun, diese haarigen übergroßen Esel mit den großen, reichlich häßlichen Köpfen. Dann schon im Dorf, und zurück bleibt die große, offene, unendliche Senke, die weite Ebene, auf der nicht einmal das bißchen Staub eine Inschrift hinterläßt, ganz und gar der Sonne ausgesetzt, ohne einen einzigen Schattenpunkt, an dem die entzündeten Augen Halt suchen könnten, so daß man verrückt sein muß, um zu erkennen, daß es doch schön ist, wirklich schön, und daß man diese ganze weit offene Schönheit jetzt zurückläßt, gewissermaßen übereilt, ohne gebührenden Abschied, denn schon rollt man mäandernd zwischen den Lehmhütten, Höfen und Gerüchen des Dorfs hindurch, mitten zu schläfriger Mittagszeit, scheinbar keine Menschenseele, nur eine wiederkäuende Kuh, den Kopf im Schatten des Zauns, der ganze glänzende Rumpf in der Sonne sengend, und die dichten, schwarzschattigen Feigenbäume mit ihrem leicht fauligen Duft, und die Tamarisken auf dem Dorfplatz, dort, wo noch vor kurzem die Tenne gewesen ist, und ein alter Mann sitzt da, den Stock in der Hand, und dann die Kinder von irgendwoher, sämtliche mit Trompetenstimme, beruhigen sich jedoch bald wieder, und eine Frau ist herausgekommen, hält die Hand über die Augen, um besser zu sehen, und da plötzlich bietet sich ihren erstaunten Augen das Bild dieses Wagens, der ein krankes Kind zum Arzt fährt, was ist bei euch geschehen, steht ihr ins Gesicht geschrieben, dazu Neugier und vielleicht auch Mitgefühl, soweit sich aus ihren nicht mehr jungen, teils von einem Kopftuch bedeckten Zügen schließen läßt, und dann verfahren sie sich in eine

Sackgasse, wo es doch keinerlei Zeit für Fehler gibt, und jemand erbietet sich, ihnen den Weg zu zeigen, als kenne er das Ziel der Reise, sei entsprechend eingeweiht, und es hat wohl auch etwas Mitleiderregendes an sich, das einem plötzlich Tränen in die Augen treibt, für einen Moment, und dann das große, festgefügte Haus mit den bunten Scheiben, viele Pferde am Zaun angebunden, als finde hier irgendeine Ratsversammlung statt, und die Kaktushecke mit vereinzelten überreifen roten Früchten, ein übertriebenes, kränkliches Rot, und mitten in der Kurve steht ein Kamel und versperrt den Weg, während sein Besitzer es wie zur Rechtfertigung mit Flüchen überschüttet und es mit einer Entschuldigung am Zaum zerrt, damit es den Weg frei macht, *sach be'ednu*, sagt Vater zu ihm, *be'ednu jessalmo*, sagt Vater zu dem Kameltreiber, und ein Rudel Hunde läuft jetzt aufgeregt um den Wagen zusammen, unter grauenvollem Bellen, als werde man sie nie wieder loswerden, und das ist schon die Ausfahrt, mit einem ganzen Trupp, der träge in der Hocke sitzt, um träge zu reden und träge zuzuhören, mit Mühe auf das bißchen Schatten unter dem Karnies aus Fenchelkrautbündeln zusammengedrängt, die so in die Decke des Lehmhauses eingelassen sind, daß die Stengel herausragen, um einen Streifen Schatten zu werfen, und die Leute verfolgen nun mit den Augen das Näherkommen des Wagens und dann sein Davonfahren, und nachdem er ein Stück vorbei ist, rafft jemand seinen Saum, erhebt sich und sagt, *esch ma lo*, was hat es, das Kind, und Vater erwidert ihm, *el sunburiat akluhu*, die Hornissen haben ihn gefressen, *inalabuhu el nachs*, sagt der Mann, beim Urahn dieses widerlichen *Dabur*, *ma techafis*, sagt der Mann, sorgt Euch nicht, das ist nichts weiter, *wa'allah jishal alekum*.

Und nun endlich auf dem Pfad, der zu der Anhöhe aus Sand und Rotlehm hinaufführt, von dessen Kuppe man bereits die Wipfel der hohen Eukalyptusbäume am Zugang zur Kolonie sehen kann. Und jetzt, sagt Mutter, jetzt aber laufen, jetzt schnell schnell, jetzt laufen, und umfaßt den Jungen und küßt ihn auf die Stirn, um seine Temperatur zu fühlen, und Vater springt sofort auf, steht auf dem Wagen und schilt sie, die schwitzenden Maulesel, die angesichts seiner Schreie und Peitschenhiebe aus der Ruhe geraten, obwohl sie ja wissen, daß er wieder aufhören wird und sie in ihren Trott zurückverfallen werden, der nach Trab aussieht. Bei alldem weiß Mutter jedoch gar nicht, daß an der Seitenlatte des Wagens ständig, wie harmlos, ein ziemlich dicker Knüppel verborgen liegt, weil man nie weiß, was geschehen kann, wenn man dieses Dorf passieren muß, wobei allerdings auch schwer vorstellbar ist, wie dieser Vater aufspringen und diesen Prügel schwingen sollte, um die Köpfe potentieller Angreifer zu zerschmettern. Verborgene Frage. Die Araberfrage, und jene alte Debatte zwischen ihm und Jizchak Epstein ist noch nicht entschieden. Die unbequeme Wahrheit lautet, daß man daran verzweifelt ist, daß die Realität eines Tages alle Debatten mit Gewalt wird entscheiden müssen. Wie wird dieser Ort in zehn Jahren aussehen, und wenn der Junge erst groß ist und in diesem Dorf arbeiten muß – was wird er da sehen? Nur ist dieses Land halt eine Gegend, in der es immer Skorpione, Schlangen und Hornissen gibt, man muß darin zu leben wissen, sich eingewöhnen, muß die Kinder hier großziehen. Und so ist das. Vorerst.

Und was die Verzweiflung anbelangt, die ist schwer zu überwinden. Man kann sie nur ignorieren. Dieses Land ist den Verzweifelnden gegeben worden, hat Gordon gesagt, den wirklich Verzweifelnden. Und alle wetteifern darum, wer wirklich am verzweifeltsten ist. Ahron David Gordon wetteifert mit Josef Chaim Brenner, der wieder mit Josef Ahronowicz und der mit Jakob Rabinowicz, wer wirklich verzweifelter ist. Denn allein für die wirklich Verzweifelnden besteht Hoffnung. Aber das jüdische Volk ist nicht zur Verzweiflung begabt, behauptet Brenner, und ferner erklärt er in seiner Wut, daß er das ganze jüdische Volk nicht akzeptiert. Das jüdische Volk hat keine Zukunft, behauptet er, ich bin Pessimist, ruft Brenner, Pessimist bis an die Wurzel, ohne jegliche Abstriche, und sein erster und letzter Ruf lautet – eine andere Basis! Eine andere Basis! Doch Gordon will nicht hören. Eine andere Basis ja, aber ohne Selbstquälerei, sagt er, und im Land Israel erbaut man nichts mit Leichtsinn oder naiver Romantik, vielmehr alles nur aus dem verzweifelten Stand auf der letzten Grenzlinie: dem Standort des verbleibenden Lagers, was für ein schöner Ausdruck, das verbleibende Lager, das Lager der wirklich Verzweifelnden. Die, die sich nicht mit beruhigenden Worten verlocken, sich keine Illusionen für Wirklichkeit andrehen lassen. Denn Brenner hat, nach aller Verzweiflung, noch ein Zauberwort – das Geheimnis, sagt er, etwas, das der Verstand nicht begreift, etwas, das über den Verstand hinausgeht, ja die Chance jenseits der Vernunft, außerhalb der Gesetze der Geschichte, denn nach den Regeln der Vernunft gibt es keine Zukunft, sagt er, nur wegen des Geheimnisses, nur wegen des Unklaren und Unsicheren ist die ganze Rechnung noch nicht abgeschlossen, und nur mit dem Geheimnis wird sie auch künftig nicht abgeschlossen werden. Und der Name des Geheimnisses lautet natürlich – Trotzdem. O Gott. Leicht zu sagen. Sogar die Verzweiflung ist bei uns zum Motto geworden. Und was bleibt? Nur Traurigkeit. Daß es traurig ist.

Gebt uns einzelne, gebt uns verzweifelnde einzelne, denn es gibt keine größeren Kämpfer als die großen Verzweifelnden. Diejenigen, die auf keinerlei Erlösung von außen warten, sondern selbst die Erlöser sind. Und hier im Sand eilen Mutter und Vater mit dem Kind zum Arzt, beten, daß es noch leben möge, wenn sie ankommen, und Vater spricht auch Psalmverse, die ihm in Erinnerung geblieben sind und ihm nun von allein kommen, ohne daß er sie gerufen hätte, aber auch ohne zu wissen, warum nicht, und Mutter macht dem Kind mit dem Tuch Schatten gegen die Sonne und singt ihm tonlos Auf dem Hügel steht ein Baum, aus der fernen

Heimat, in der einst ein jüdisches Mädchen noch mit seinen Eltern und Geschwistern zusammenlebte und alles noch stabil und festgefügt war, umgeben von Wäldern und Waldbeeren und Walddüften und Zionsliedern, streichelt beim Singen den fiebermatten kleinen Kopf, der mühsam atmet, das Gesicht so aufgedunsen, daß man die Augen nicht sieht, und nur ein schwaches Wimmern entringt sich mühsam seinen trockenen Lippen, und es ist auch nicht sicher, was der Arzt wissen wird, nicht weil er kein guter Arzt wäre, sondern weil es fraglich ist, was Ärzte eben von Hornissen und ihrem Gift wissen und davon, was dem Menschen passiert, wenn sie ihm ihren wilden Stachel ins Fleisch bohren und ihm boshaft ihr Gift einspritzen, und dann noch in diesen winzigen Körper, am Hals, an den Schläfen, in die Augen und in die kleinen Arme und Beine, so weit sie dabei aus den Kleidern hervorragten, und wer weiß die Stiche zu zählen, ein ganzer aufgebrachter Hornissenschwarm, der wütend über seinen Körper hergefallen ist, der nur mit Mühe nicht erstickt, gänzlich geschwollen und vergiftet – wann kommen wir an?

Was weiß man über den Hornissenstich, abgesehen davon, daß er furchtbar weh tut und gefährlich ist, manchmal, besonders für Kinder, für Asthmatiker und Herzleidende, und für Lungenkranke. Was kann man machen, um zu lindern, wenn nicht zu retten? Kalte oder warme Umschläge? Ein bißchen Alkohol? Cognac trinken? Was weiß man mehr über den Stich als alle möglichen Volksmärchen, oder als all die Hausmittelexperten und Wunderheiler und herzensguten Menschen, die gern helfen möchten? Was weiß der Toxikologe von den Giften, außer daß sie Schmerzen verursachen und manchmal auch gefährlich sind? Und der Erforscher des menschlichen Körpers, was weiß der über die Folgen des Stichs und das Wirken des Gifts im Körper? Und was ist überhaupt Schmerz? Was ist Schmerz? Was läßt den Schmerz schmerzen? Was tut dem Menschen weh, wenn er Schmerzen hat? Die Nerven, das Blut, die Muskeln, die Flüssigkeiten in seinem Innern, die weiße, die schwarze, die rote, die grüne? Oder ist es die Seele, tut ihm die eigene Seele weh? Vielleicht ist dieser ganze Schmerz nichts anderes als ein Aufschrei des Körpers, man solle ihm zu Hilfe kommen, denn es sei eben etwas passiert, mit dem er nicht fertig wird? Da sind die Hornissen in ihrem Erdnest in Panik geraten, die erste hat die andern alarmiert, und sofort stürmen alle in wohlgeübter Ordnung auf den Bedroher los, wissen auch, wo zuzustechen, damit es wirklich weh tut, und von Stich zu Stich wächst ihre Kraft, während die des Opfers nachläßt – und wer weiß, was gewesen wäre, wenn Vater nicht augenblicklich herbeigeeilt wäre, den Jungen gepackt und die ganze ihn umsummende Schar verscheucht hätte, und die Flucht, die er danach mit dem Kind auf den Armen eingeschlagen hat, Kindchen, mein Kind. Schon erklimmen sie die sandige Anhöhe, und der Pseudotrab ist nun einfach ein Gehen im Schritt, der immer schwerer wird, immer öfter steckenbleibt.

Hätte Vater gelesen, was der Urheber dieser Zeilen gefunden und gelesen hat, allerlei medizinische Aufsätze über die Hornisse und ihren Stich (zum Beispiel M. Seifers, *Harefua*, Band 56, Heft 12, Juni 1959: «Allgemeine Reaktion auf Bienen und Hornissenstiche»; oder A. Kessler, *Harefua*, Band 89, Heft 12, Dezember 1975: «Stiche von Bienen und Hornissen»; oder auch derselbe Dr. Kessler in *Rofe Hamischpacha*, Band 7, Heft 1, 1977: «Bienen-, Hornissen-, Bremsen- und Ameisenstiche»), wäre er baß erstaunt gewesen und hätte auch nicht viel von alldem verstanden. Nämlich, daß der Stich eine Sensibilisierung gegen ein bestimmtes Antigen hervorruft, eine Allergie vom Soforttyp bis hin zum anaphylaktischen Schock auslösen kann, und zwar durch Kinine, Phospholipase, Hyaluronidase, Histamin und Serotonin, und daß die Eiweißbestandteile des Gifts nicht die allergische, sondern die toxische Reaktion hervorrufen, und daß die von Insekten der Ordnung Hautflügler (Hymonepteren) ausgelöste Hymonepterenallergie die Form von fleckweisen Hautausschlägen, quaddelartigen Rötungen, auch Urtikaria oder Nesselsucht genannt, annimmt, hinzu kommen Schwellungen des Halses und der Lymphdrüsen in den Achselhöhlen, Würgen im Hals, Heiserkeit, Schluckauf, Kurzatmigkeit, Schwindelgefühl, Übelkeit, Erbrechen, Magenkrämpfe, beschleunigter Herzschlag, verminderter Blutdruck, Schweißausbruch, Benommenheit, Bewußtlosigkeit und anderes mehr, in schweren Fällen eben bis zum anaphylaktischen Schock, dazu Fieber bis über 40 Grad und krampfartige Bewegungen, vor allem bei Kindern. Und am schlimmsten sind die Stiche im Gesicht, rund um die Augen (ein grauenhafter Anblick, schreibt der Arzt unverblümt), und am allergefährlichsten ist der Stich im Mund, im Rachen, auf der Zunge, im Gaumenraum – schnell zur Behandlung ins Krankenhaus, eine subkutane Spritze geben und den Stachel aus dem Gewebe ziehen, ohne das restliche Gift hineinzuschütten, einen antiphlogistischen (sic?) Umschlag auflegen, eine antineurologische Tablette verabreichen oder zum Lutschen eine Isoprenalintablette oder Ephedrin oder wahlweise ein ähnliches Medikament, obwohl es manchmal besser ist, die betroffene Ader abzubinden und ein Antihistaminpräparat in den Muskel zu spritzen, oder eine Steroidlösung, oder vielleicht auch Calcium intravenös spritzen und – wenn die erste oder zweite Spritze womöglich keine schnelle Wirkung zeigt – sofortige Behandlung mit Sauerstoff und intravenöse Zufuhr von Flüssigkeit mit Noradrenalin! Was heißt all das? Wer versteht hier ein Wort? Wer hat so was im Sommer 1918? Wer hat von solchen Empfehlungen und Maßnahmen gehört? Man macht sich über uns lächerlich. Und wieso sind wir alle nicht längst gestorben?

Gibt es hier im Umkreis von tausend Kilometern einen Arzt, der etwas von alldem weiß oder versteht, was er da machen soll? Vater liest viel deutsch und russisch und behält alles, was er liest, aber hat er je etwas von diesen Dingen gehört oder verstanden? Gibt es hier einen Arzt, der gehört hat, daß die Gesamtreaktion auf das Gift Ausdruck der Sensibilisierung gegenüber Eiweiß ist und daß man jemanden, der zu allergischen Reaktionen neigt, besser vorbeugend durch entsprechende Impfung behandelt? Und wenn die Lymphknoten nicht geschwollen sind und die Eiweißstoffe des Gifts keine stürmischen anaphylaktischen Reaktionen ausgelöst haben und das Bewußtsein nicht verlorengegangen ist – darf man dann schon schließen, daß der Patient gerettet ist? Soweit der Stich, Gott behüte, nicht die Atemwege blockiert hat. Oder wäre es ihm leichter ums Herz geworden, wenn er gewußt hätte, daß auch die Reaktion dessen, der zwanzig Stiche abbekommen hat, noch als «erweiterte örtliche Wirkung» gilt, also nicht so schlimm ist, und auch dann, wenn das Allgemeinbefinden ziemlich schlecht ist, mit Erbrechen und hohem Fieber, noch kein «ernstes therapeutisches Problem» vorliegt, und daß alle möglichen Arten von Nesselfieber, Schwellungen und Schwindelgefühlen irgendwann von allein abklingen werden, Gott sei Dank. Alles unter der Voraussetzung, daß die Erscheinungen auf der Haut nicht mit Begleiterscheinungen in Atmung und Kreislauf, dem Verdauungsapparat und den Harnwegen, im Nervensystem und in der Muskulatur einhergehen, denn falls doch – unverzüglich ins nächste Krankenhaus, und zwar schnell, und das erprobteste aller Medikamente – Adrenalin – anwenden beziehungsweise in schwereren Fällen Flüssigkeitszufuhr und Infusion mit ACTH sowie Calciumlösung intravenös, und stets empfiehlt sich natürlich Vorbeugeimpfung für Allergiker, wobei indes gilt, daß jeder, der einmal gestochen worden ist, mit einer schwereren Reaktion zu rechnen hat, denn ein früherer Stich verstärkt stets die negative Wirkung. Seht also, o ihr Gestochenen, ihr seid hiermit gewarnt.

Großer Gott. Ein reines Glück, daß die Menschen noch leben. Horror ringsum. Und vielleicht auch ein Glück, daß sie nicht so viel wissen. Und wenn Vater es nicht weiß, Vater, zu dem alle immer hingehen, wenn sie ein Geschichtsdatum nicht wissen oder einen geographischen Ort oder wie man *Ha'adama* vokalisiert, oder was das «Bruttosozialprodukt» ist, worauf er nachdenkt, sich erinnert und präzise Auskunft gibt, und wenn er es nicht weiß, bittet er um Aufschub, sucht die ganze Nacht in Büchern und weiß es dann, ja wenn auch er nichts weiß, wer soll es dann wissen? Manche lachen vielleicht, wenn Vater *Knessiot Habrit* statt *Arzot Habrit* für die Vereinigten Staaten von Amerika schreibt, oder *Aluntit* statt *Magewet* für Handtuch oder *Charoschet* statt *Ta'assia* für Industrie, aber selbst das Wörterbuch von Ben Jehuda war noch nicht fertig, auch nicht das von Gur und gewiß nicht der Ewen Schoschan, doch Alexander Kohuts *Aruch Completum* lag vor, allerdings nicht alle Bände, und der Ozean des Talmuds war da, soweit er ihn im Gedächtnis hatte, und viel entnahm er der Bibel, vor allem dem Buch Jesaja, und am Ende eines jeden Aufsatzes aus seiner Feder setzte er eine Fußnote mit Sternchen hinzu, in Petit, in der er seine Leser an seinen Zweifeln teilhaben ließ, ob man so oder so sagen könne, oder sich zumindest entschuldigte, je nach den Umständen. Aber jetzt hat sich der Pfad in loses Sandmehl verwandelt, die Räder sinken immer tiefer ein, und die Maulesel spannen die Muskeln und wölben das Rückgrat durch vor lauter Anstrengung, bis Vater zur Erleichterung an der Seite des Wagens drückt, um zu helfen, so daß es vorbei ist mit dem Trab, ja man wird bald einen Augenblick anhalten müssen, damit die Tiere zu Atem kommen, mal schnaubend ihre schweren, übergroßen Eselsköpfe auf und ab wiegen und kettenklirrend ihr Zaumzeug schütteln können, während der tiefe Sand ruhig wartet, der hier offenbar tiefer ist durch die Erosion des dürren Lehmbodens, durch die Lockerung der Kolloide, die seine Teilchen wie Leim zusammenhalten, zum Teufel mit den Teilchen, zum Teufel mit den Kolloiden, zum Teufel mit der ganzen Rotlehmerde. Genug, brüllt Vater, vorwärts, schreit er und läßt die Peitsche über ihnen knallen, damit der Laut ihnen Beine macht und auch Mutter das Peitschenknallen hört, und sofort sammeln sie unter heftigem Schütteln Kraft, spannen die Muskeln, wölben die Rücken durch und ziehen, ohne Vater zu bemerken, der abgestiegen ist zum Mithelfen, zusammen, brüllt Vater sie an und bohrt die Absätze in den Sand, spannt die Muskeln und macht ein Hohlkreuz, um zu schieben, zusammen, brüllt er sie an, mit der Geduld bald am Ende, zusammen, vorwärts, zusammen, er drückt an der Seite des Wagens, ganz außer Atem, schiebt wirklich und brüllt wirklich furchtbar und fuchtelt dabei noch mit der Peitsche, doch einen Moment später bleiben wieder alle stehen, haben keine Seele mehr im Leib, müssen noch einen Augenblick ausruhen und Luft schöpfen. Was kann man machen? Und jetzt kommt ihnen natürlich auch das Bedürfnis, die Beine zu spreizen, den Rücken durchzuwölben und ihr Wasser zu lassen, ausgerechnet jetzt, der Maulesel auf seine Art und die Mauleselin auf ihre. Was kann man machen. Ein Loch bildet sich unter ihnen im Sand, gefüllt mit schäumendem Gelb. Aber nun haben sie mehr Kraft zum Ziehen, und bald würden sie auch herauskommen aus diesem losen, sauberen, sonnengoldglänzenden Mehl. Noch zwanzig, dreißig Schritte, und der feste Lehmboden wird wieder frei, so daß man auf ihm hinaufgaloppieren kann bis zu jenem Hügel, der ganz kahl, ganz glühend, ganz von mit Trockenheit geschlagenem Liebesgras bedeckt ist, auf dem dicht gedrängt weiße Schnecken sitzen, als wären sie seine Blüten. Und das ist doch wirklich erstklassiger Boden für Zitruspflanzungen, wie geschaffen für Zitrusbäume, wunderschön für die Jaffaer Schamuti-Orangen, denn weder Weinreben noch Mandelbäume werden hier Erlösung bringen, und auch nicht

Tabakanbau, von dem man neuerdings redet, als werde der Tabak Zion erlösen und Jehuda Sicherheit gewähren, Zitrus sollte man hier anpflanzen, und Brunnen bohren, wilde Orangenbäume setzen und ihnen nach einem Jahr edle Jaffaer Reiser aufpfropfen, um feine, saftige, dünnschalige Früchte zu ernten. Und nun nur noch einmal angestrengt, erklärt Vater der Mutter und auch den Maultieren, noch einmal ins Zeug gelegt, und wir kommen aus dem Sand frei, vorwärts, brüllt Vater, los, ihr da, schreit er und ruht auch nicht, bis sie wirklich freikommen und der Boden wieder hart und schrundig ist, feuert sie dann noch einmal an und steigt auf und blickt aufmunternd zu dem Kind unter Mutters Tuch hinüber und sieht nun, wie sie dasitzt und wortlos weint.

Was heißt Aufmunterung. Alles ist plötzlich so eng. Aussichtslos. Nicht weinen, Mutter, möchte man sagen, oder die Maultiere anschreien. Doch man hat keine Kraft, kann die Dinge nur so laufen lassen, wie sie laufen. Wer hat versprochen, daß es Zitruspflanzungen geben wird, wer hat versprochen, daß sie heil ankommen werden, wer hat überhaupt irgendwas versprochen? Nur alles weit offen ringsum, alles matt und von der Sonne versengt, und nur im Westen, am westlichen Horizont, flirren ein paar Glitzer, wie feucht, tun einem gut, irgendwie tröstlich, oder so was, wenn es denn Trost gibt. Bloß darf Vater jetzt nicht schwach werden, wenn er nur einen Augenblick nachläßt, wenn auch er der Schwäche verfällt, schwemmt alles ab. Als hätte es nur darauf gewartet. In einem Moment würden sie die Eukalyptusse am Rand der Kolonie sehen, und noch vorher, seitlich, im Osten, die große alte Sykomore, Maulbeerfeigenbaum heißt sie in der Bibel, und wer in ihren Schatten kommt, schreckt sofort vor dem modrig-süßen Geruch ihrer Früchte zurück, die in Massen verfaulen, ein gänzlich sonderbarer Baum, und gleich am Abhang hinter dem Eukalyptushain kann man schon die Häuser der Kolonie erkennen, da wird Mutter mit Sicherheit einsehen, daß alles getan wird, was getan werden kann, um schnell hinzukommen, was soll man mehr tun? Sind er und Mutter zusammen oder jeder für sich allein? Mutter weiß immer längst vor ihm Bescheid. Sie hat ein Gespür dafür. Und wenn du dich noch so anstrengst, du wirst keine Dinge vor ihr wissen, die sie von sich aus weiß, wie direkt aus dem Weltenmund. Sie und er sind also zwei, die die Dinge nicht auf die gleiche Weise regeln. Und vielleicht denkt auch ein Mann so und eine Frau so? Er so und sie anders? Wer weiß?

Da zum Beispiel, die Hornissenkönigin ist die Mutter von allen. Am Anfang ist sie einzig und allein. Und eines Frühlingstages wacht sie auf und findet den fertigen Anfang eines Erdlochs, und sofort macht sie sich eifrig daran, es ein wenig zu vertiefen, und schon knetet sie aus Speichel und Pflanzenresten eine papierartige Masse, aus der sie die erste Zelle des Nests baut, legt ein Ei hinein und baut noch eine Zelle und legt wieder ein Ei, und sobald genug Zellen und genug Eier vorhanden sind, wartet sie auf das Ausschlüpfen und füttert die Larven mit allem, was sie erbeuten kann, Spinnen, Fliegen und vor allem Bienen, denen sie gleich am Stock auflauert, mit diesen zerstückelten, vorgekauten Kadavern päppelt sie die verborgenen Larven, damit sie zum Sommer schnell wachsen, und sobald sie ausgewachsen sind, fangen sie an, Waben zu bauen und Beute für die nächstschlüpfenden Larven zu fangen, und später, wenn sie größer sind, ernähren sie sie mit Blütennektar und gestohlenem Honig, während die Königin sich nun ganz dem Legen widmen kann. Sie ist die Mutter von allen, dazu Jägerin, Räuberin, Mörderin, Baumeisterin, Amme, barmherzige Ernährerin ihrer Larven, sie ist eine Glucke, ohne zu brüten, denn der warme Boden brütet für sie, und es gibt auch Hornissenarten, bei denen die Königin ihr Ei in den Kadaver einer Spinne legt, die sie erjagt und mit ihrem Gift gelähmt hat, und wenn die Larve dann schlüpft, hat sie einen saftigen Kadaver mundgerecht vor sich, und es gibt Sorten, bei denen sie ihr Ei listig in ein fremdes Ei legt, und nachdem die Wirtslarve schlüpft, schlüpft auch der Eindringling und frißt sie auf. Eine sechseckige Zelle neben der andern in den Spalten des warmen Bodens, in grauer, vielzelliger Wabe, und die Arbeiterinnen sind zugleich Wächterinnen, und da sie nicht zum Legen geboren sind, ist ihre Legeröhre zur Stechröhre und Giftspritze umgebildet, und gleich beim Zustechen verdunstet ein wenig Gift in der Luft, was bereits genügt, aus dem Nest weitere Wächterinnen herbeizurufen, geradewegs zum Ort des aufreizenden Dufts. Und sie sind nicht so gebaut wie die Biene, deren Stachel beim Stechen abbricht und aus ihrem Körper gerissen wird, so daß sie stirbt. Schön, stürmisch, grauenvoll summend und mit eleganten Goldgürteln gegürtet, wie sie sind, lassen sie aus dem siebten Glied ihres violetten Bauches ihren Giftstachel unversehrt hervorschnellen und stechen wieder und wieder mit ihm zu, zielen genau wieder auf dieselbe Stelle, in die sie vorher gestochen haben, um ihn mit mehr und konzentrierterem Gift zu laden, immer weiter, bis zur Lähmung oder gar Tötung des Gestochenen, der Barmherzige sei uns gnädig, diese Schurkinnen, diese Ekel, ein Heer von Idiotinnen, die nicht sehen und erkennen, wen sie da gestochen haben.

Ja was denn? Packt dich da plötzlich eine Ahnung, die allerdings von Grund auf falsch sein mag – daß dieses Land uns womöglich gar nicht haben will, nicht wirklich. Weil wir nämlich gekommen sind, um es zu verändern, Dinge mit ihm anzustellen, die es nicht will. Vielleicht will es keinen Herzl-Wald haben. Will keine Zitruspflanzungen auf dem Lehmsandhügel, will nicht, daß der Lehmsand sich im geringsten verändert, will, daß man ihn so beläßt, wie er ist, und daß man auch dieses armselige Liebesgras in Ruhe läßt, daß das von Dürre geschlagene und mit weißen Schnecken beladene Liebesgras weiterhin den Hang bedecken soll, zusammen mit allen möglichen armseligen Dornenarten, die vielleicht die Disteln der Bibel sind, und daß es genau das hier schön findet, das Liebesgras und die Distel, daß man sie so belassen soll, und daß das eben gerade das Schöne ist, das unser kurzer Verstand nicht begreift, denn was hier in tausend und vielleicht zweitausend Jahren entstanden ist, mag weiser und richtiger und echter und auch schöner sein als das, was all den Kurzsichtigen einfällt, die jetzt daherkommen und hier alles verändern wollen, nur weil sie Kraft haben, viel Kraft, und kurzen Verstand oder auch gar keinen, obwohl sie alle möglichen Bücher auf der Welt gelesen haben, und daß die kurze Tagesweisheit nichts anderes kann, als die langsame Jahrtausendweisheit zu zerstören, daß auch die weite Ebene dahinten groß und leer bleiben muß, ohne etwas darauf, kaum auch nur Staubwehen, nur sie allein, riesig, offen und leer, und nichts darauf, kein Baum und kein Schatten und kein Weg, nur vielleicht ein paar verlassene Schafherden hier oder Ziegen dort, die man gar nicht wahrnimmt, weil sie in dieser völligen Unendlichkeit verschwinden, oder vielleicht auch ein niedriges arabisches Dorf, das nichts an ihr verändert, sie zu keiner Veränderung zwingt, und daß die Zeit vergeht, ohne irgendwelche Spuren auf ihr zu hinterlassen, so daß sie immer eine weit offene Ebene bleibt, ganz der Sonne ausgesetzt, ganz und gar, und sich nichts an ihr wandelt, sie will nicht, daß man ankommt und anfängt, etwas zu verändern, denn eine Veränderung zieht die andere nach sich, bis nichts mehr übrig bleibt von dem, was hier ist, und daß das hier wunderbar geschaffen ist und gern so bleiben sollte, ohne jede Veränderung, weil das Vorhandene nämlich schon vollkommen ebenmäßig ist, und daß man hier nicht anfangen sollte, auf Wegen herumzufahren, Wagen rollen zu lassen, und daß man nicht aus Unwissen etwas stört und Dinge tut, um den Ort zu zwingen, etwas zu werden, was schade für ihn wäre.

Wer hat von euch verlangt, daß ihr meine Vorhöfe zertrampelt, spricht der Ewige, der da auch heißt *Hamakom* – der Ort, aus Jesaja ist das. Die Dreistigkeit von Fremden, anzukommen und zu stören, was hier schon tausend oder zweitausend oder dreitausend Jahre in Vollkommenheit hingebreitet liegt, eine große, vollkommene, leere Erde, so schön in ihrer ebenmäßigen und vollkommenen Leere, ganz und gar, und nur sie und er, die Erde und Gott, sie zu ihm in Schweigen durch all die Leere und die Hitze und die kleinen Staubwehen, und er zu ihr in Schweigen durch all die glühenden, leeren, vor lauter trockenem Licht grauen Himmel, bis die Vollkommenheit des Nichts der Himmel droben herabreicht und die Vollkommenheit des Nichts der Erde hienieden berührt, auf der nichts ist. Und nur das Schweigen zwischen ihnen, von dem wir lediglich in unserer hochmütigen Taubheit nicht hören, daß es gar kein Schweigen ist. Und wenn man anfängt, das von jeher bestehende Gleichgewicht, das Jahrtausende unangetastet geblieben ist, zu stören, weiß man nie, wohin das noch führt, doch zunächst einmal zerstört man alles, was Tausende von Jahren präzise hat bestehen können, nachdem man Tausende Jahre haargenau diese perfekte Vollkommenheit ausgeformt hat, Stück für Stück, um schließlich diese große, ebenmäßige, endliche Vollkommenheit zu erreichen, in der es nichts gibt als solch ein einfaches, perfektes Nichts, heiß und vollständig. In dieser einfachen, vollkommenen Leere, diesem völlig in sich Abgeschlossenen, in dem feinen Gleichgewicht, von dem man kaum ausdrücken kann, welch ein Wunder es ist, und in dieser bis an ihr Ende vollständigen Leere – und nun die Zerschlagung des Vollkommenen durch ungeduldige, anmaßende Störenfriede, zwecks aller möglichen Anfänge, begleitet von allen möglichen Wunden, die sie reißen, unablässig, und allen möglichen Fummeleien und Schürfereien und dem Herbeischleifen aller möglichen Dinge, die nicht hergehören, und ihrer gewaltsamen Aufnötigung, damit sie hier wachsen und bauen und den Ort durch alles mögliche Nichthergehörige verändern und den Ort, den *Makom*, zwingen, aufzuhören und zu gehen oder nachzugeben, ohne überhaupt zu wissen, wieso sie hier nicht mehr das vollkommene Schweigen werden hören können, wie sie für immer diese vollkommene Leere verlieren, ohne auf eines der Protestzeichen zu achten, die diversen Dürrezeiten, oder umgekehrt Überschwemmungen, und die Nichtannahme der neuen Bäume und alle möglichen anderen Widrigkeiten, allerlei Stiche und Skorpione und Schlangen und alle möglichen Widerstände gegen Fremde, die gekommen sind, um zu verändern, mit solchem Hochmut und solcher Dreistigkeit, und das unvermeidliche Stechen eines jeden, der versucht, in etwas einzudringen, in das einzudringen er hier keinerlei Recht hat, und sei dieser Fremde auch noch so klein und frei von jeder Bosheit und ganz und gar unschuldig, und mag sein Vater auch vertrauensvoll pflügen und sein unschuldiges Kind auf die stille Erde setzen, die ihre Verwundung scheinbar widerspruchslos erduldet, ein unschuldiger Vater und ein unschuldiges Kind, gekleidet in weiße Sachen, die die Mutter ihm genäht hat, ein wenig zu groß für sein Maß.

Ja, aber andererseits. Andererseits? Andererseits sind wir da. Und wir eilen hier zum Arzt. Und es bleibt nur noch eine halbe Stunde oder weniger zu fahren. Das dort ist schon der Eukalyptushain, und wir sind bald da, sagt Vater zu Mutter, und Mutter hebt die Augen, beschattet sie mit der Hand und glaubt noch nicht, zu oft hat man ihr gesagt, hat sie zu trösten versucht mit dem Satz, wir sind gleich da, und sie sieht es noch nicht. Nur traurig ist es jetzt. Und jeder allein für sich. Und warum beispielsweise hat man hier Eukalyptusse gepflanzt, gerade hier, das hier ist doch weder Sumpf noch minderwertiger Boden, und so ist nicht klar, was man sich beim Anpflanzen gedacht hat, denn es gibt hier ja keinen Baum, von dem man nicht gemeint hätte, daß er hier stehen muß, und ohne ihm ein Loch zu graben und ihn heranzuschaffen und einzupflanzen und ihm eine Bewässerungspfanne anzulegen und ihn zu bewässern, von alleine gibt es hier keine Bäume, vielmehr muß immer jemand sich auf jeden einzelnen Baum versteifen, bis er dasteht und wächst, und für jeden Baum rackert sich immer jemand unermüdlich ab, bis er steht und wächst. Müde ist der kleine Junge. Völlig erschöpft, atmet kaum, mit solch schwachen Zügen, daß man sie nur wahrnimmt, wenn man sich niederbeugt und ihm das Ohr auflegt, und diese kleine Hand und dieser kleine Fuß, wie ein Puppenfüßchen. So traurig.

Zusammen, los ihr, ruft Vater und schwingt die Peitsche. Recht spärlich ist der Hain. Nicht übermäßig viel Schatten. Nicht übermäßig viel Hain. Aber Eukalyptusgeruch hat immer etwas Tröstliches an sich, ebenso wie die flammenförmigen trockenen Blätter, die welk den Sand polstern. Die hier gehören nicht zu den Helden, die David Schimoni in seinen Idyllen «Im Walde zu Chedera» und «Jubiläum der Fuhrleute» besungen hat, armselige, müde und schwächliche Eukalyptusse sind es. Vielleicht wird man Streben aus ihnen machen, zum Stützen. Vielleicht markieren sie eine Grundstücksgrenze. Nur hier und da glatte, schöne Stämme. Wie ein schöner Akt. Oh, ja. Erschrocken lenkt er schnell ab. Warum eigentlich immer nur Eukalyptusse. Es gibt ja noch andere Bäume auf der Welt. Jetzt, da der Krieg vorüber ist, wird sich alles verändern, und zwar schnell. Nach Abzug der Türken wird man was machen können. Und Mutter wird wohl nicht lockerlassen, so daß wir umziehen müssen. Sie hat genug davon, Kinder in der Ödnis aufzuziehen, sagt sie, genug davon, auf dem Distelfeuer im Ofen draußen zu backen. Genug von zwei Eimern Wasser mit Egeln pro Tag. Genug von der Langeweile. Genug von dem einzigen Zimmer im festen Haus. In dem sich alle vier zusammendrängen. Neben weiteren Familien in dem Steinbau. Und nachts sitzt er noch auf zum Schreiben und macht das Licht nicht aus. Und sein Schweigen ist keine starke Seite in der Debatte, in der er fast schon von vornherein unterlegen ist. Ein kleiner Junge. Solange er noch Leben in sich hat. Wie hat er ihn aus Unverantwortlichkeit auf ein Hornissenloch setzen können? Und dann die Debatten, ob man von hier zum Hof Kinneret, zur Kwuza, gehen soll oder aber geradewegs von hier ins Herz des Emek, um einen Moschaw aufzubauen. Ihm selbst sagt der Moschaw mehr zu, wegen der Privatsphäre, die dort besser erhalten bleibt, und weil der, der mehr einsetzt, auch mehr erntet, und mit den beiden Söhnen zur Seite könnte man es versuchen, sicher müßten sie alle zwei, drei Jahre von Ort zu Ort weiterziehen, zu einem neuen Versuch, eine Arbeiterkooperative für Landarbeit.

Zwischen Alt-Jaffa und dem neuen Achusat Bait, in Newe Schalom wohl, oder in Newe Zedek. Dahin vermutlich. Traurig, traurig für den Menschen. Wird mehr gezogen, als daß er geht. Du bist kein Jüngling mehr, sagt Mutter zu ihm, genug mit dem Vagabundieren. Du bist nicht mehr der namenlose Held, der dem Volk stets zu Diensten steht, von Front zu Front zieht und seine Familie von Provisorium zu Provisorium mitschleift, wie Koffer. Und plötzlich, für einen Moment, befällt einen Schwäche und das Gefühl, daß alles schon müde ist und man zu nichts mehr Kraft hat. Einen ganzen Moment lang. Und danach, erst langsam, dann mehr, hebt man wieder die Augen und weiß, ohne etwas zu verändern, daß der Moment vorbei ist und ein neuer noch nicht da. Und danach ertappt er sich zuweilen dabei, daß er tonlos eine Weise vor sich hin summt, lautlos schluchzend, so ein altes chassidisches Ja-bam-bim-bam, Vater ist schon sechsundzwanzig Jahre hier, mit einer Unterbrechung, und doch ist er immer noch dort, am Ort seiner sechzehn ersten Lebensjahre, mit diesem alten, herzzerreißenden Bim-bam, so dumm und überholt es auch sein mag, doch sobald man erfaßt, daß es so weit ist, hört man beschämt auf und späht um sich, ob es etwa jemand aufgeschnappt hat, und vergegenwärtigt sich, wie unzeitgemäß es ist, wie unpassend für diese Stunde, eine Schande, obwohl dieses Stückchen Singsang überhaupt nie abgebrochen und verklungen ist, sondern lautlos weiterschwingt, unendlich schluchzend in seinem Innern fortklingt, er rührt nicht daran, und kein anderer wird an dem da in seinem innersten Innern rühren, an diesem Ja-bim-bam oi-joi-joi-oi. Das Ohr schnappt ein Lied für Vater auf, und er singt nicht falsch, auch dann nicht, wenn er unwillkürlich seine Kehle anstrengt und allein für sich eine Melodie aus Aida oder Carmen schluchzt, ohne jemals in der Oper gewesen zu sein, denn mit sechzehneinhalb Jahren hat er das kleine Rotmystriwka in der Ukraine, Gouvernement Cherson, verlassen, Tolstoi in der einen, die Bibel in der andern Hand und im Herzen die Begeisterung der Wiedergeburt, und geradewegs in die Sümpfe von Chedera, die anfangs als gute, schwere, immergrüne Erde galten, und selbst nach Ausbruch der Malaria wußte man deren Schrecken nicht mit den Stichen kleiner Fliegen in Verbindung zu bringen. Immer waren die Stiche klein, und die Stunde war groß, ja, groß waren auch die Folgen, über alle Maßen hinaus, veränderten das ganze Leben, und von Chedera mit Entsetzen ins hochgelegene Sichron und von Sichron für ein Weilchen nach Jaffa und von Jaffa, nachdem die Malaria ihn mit immer neuen Anfällen beinah überwältigt hätte und nur noch ein fieberheißes Klapperskelett von ihm übrig war, bis nach Rußland zurück, voll Schmach und Entschuldigungen, daß es nur sei, um das Blut von der Malaria zu reinigen und auch um einiges über Metalle, das Schmiedehandwerk und das Beschlagen von Pferden zu lernen, natürlich um dem Land zu nützen, und zwar so schnell wie möglich, dann von Jekaterinoslaw, Gouvernement Cherson, im Jahr 1903/4 wieder nach Jaffa und zur dortigen Volkszählung, eine Heldentat, die er ganz allein vollbrachte, und zurück zu den Weingärten Rechovots, und von Rechovot als Metallarbeiter in eine Schmiede in Petach Tikva, auch mal aushilfsweise Lehrer oder Helfer in einem Kindergarten, dann wieder in die Weingärten, immer mit der Hacke, immer mit dem Winzermesser und nachts an den provisorischen Tisch zum Schreiben bis tief in die Nacht, wenn der schwarze Himmel draußen groß und offen für den Menschen wird und alles so offen vor ihm liegt.

Hätte man ihn gefragt, hätte er ohne jedes Zögern gesagt, laßt mich alle und gebt mir nur einen Tisch zum Schreiben bei Nacht, oder laßt mich alle und gebt mir nur bei Tag Arbeit auf dem Feld, aber wollte man ihn wirklich fragen, würde er doch zögern, derart viel zu antworten. Wer war er denn, daß er so viel für sich forderte oder sich derart in den Mittelpunkt rückte? Für sich selbst würde er ein andermal, irgendwann später suchen, wenn alle schlafen gegangen waren vielleicht, auf dem Hof, wenn es im Zimmer schwer ging, oder in der Hundehütte am Gurkenfeld, oder auf den Knien, wenn es keinen Tisch gab, bei Kerzenschein, im frühen Morgenlicht, oder bei Sonnenuntergang, wenn es nicht anders ging. Aber auch das Laßt-mich oder Laßt-mich-gewähren stand ihm nicht zu. Wer konnte denn heiraten und dermaßen für sich selber fordern? Das verbietet sich ja, Vater ist nicht dazu da, für sich selbst zu bitten, sondern dazu, den vor ihm Gekommenen nachzueifern, und Vater ist nicht dazu da, zu klagen, zu wünschen oder aufzumucken. Vater ist dazu da, das zu tun, was allen schwerfällt. Gewiß jetzt, lauft, ihr da, ruft er, lauft, ihr Klepper, oder ich peitsche, sagt es und knallt die Peitsche in der Luft. Und wer ist denn eigentlich jetzt Arzt in der Kolonie, nachdem Dr. Moskowitz im Winter in jenem Bach ertrunken ist und ein neuer Arzt seine Stelle eingenommen hat, der unweigerlich wieder Internist, Chirurg, Geburtshelfer, Zähnezieher und Sanitäter für jedes niedergeschlagene Herz in einem sein wird, und auch, wenn er nicht recht weiß, woher genau der Schmerz da rührt oder was genau die Proteine und die Enzyme und die Toxine im Körper des Gebissenen oder Gestochenen anrichten, hat er doch schon viel in seinem Leben gesehen und viele Gebissene, Gestochene und Verletzte behandelt, und selbst wenn er nicht alles über Proteinketten und Enzyme zu erklären weiß und nicht all jene Spritzen und Infusionen zur Hand hat, vermag er doch zu lindern, oder falls er sieht, wie ernst der Zustand ist, mag er entscheiden, bis zum Morgen abzuwarten, bis der Zug aus Ägypten unterwegs nach Ludd und Jerusalem durchkommt, und dann direkt zum Bikkur-Cholim- oder zum

Misgav-Ladach-Krankenhaus oder zum Hospital der Schotten oder dem des französischen Klosters, also schnell machen und schleunigst mit dem Kind losfahren, und dort würde man schon tun, was es braucht für dieses arme, kleine, magere Kind, den gebissenen, gestochenen, vergifteten, wehen Kleinen, der sich bis zur Ohnmacht quält, und vielleicht ist diese Ohnmacht sein Glück, damit er jetzt nicht von Schmerzen zerrissen wird.

Bald kommen sie an, gleich sind sie schon im Viertel der Jemeniten, dieser armen, ausgebeuteten Menschen in ihren eng gedrängten, armseligen Häusern am Rand der Kolonie, und bald werden sie schon die breite Straße entlangtraben, sehr bald, und nun plötzlich auch Mutter, schau, er schlägt die Augen auf, sagt Mutter auf einmal, schau her, was mein Kind, was mein Kind, er macht die Augen auf, sagt sie, und das Kind auf ihrem Schoß windet sich jetzt und stöhnt elendig, wälzt sich und findet keinen Platz, und schluchzt plötzlich auf, für eine halbe Sekunde, ein offenes, zerrissenes, haltloses Weinen nun, und wieder windet er sich wimmernd und birgt sich in Mutters Schoß, in anderer Stellung, sich scheinbar neu anschmiegend, oder als suche er ihre Brust, klammert sich blind fest, in primärem Drang gewissermaßen, und wimmert und wimmert, ohne daß man seine Augen sieht, nur die schmalen Schultern, die ständig zucken, wie bei jemandem, der alles von sich stößt und lediglich zum Notwendigsten hingedrängt wird, vielleicht wie der Kopf des Kindes bei der Geburt, der in das Unvermeidliche vor sich hinausgedrängt wird, so schwer es auch sein mag, zu seiner unabwendbaren Geburt, von der es nun kein Zurück mehr gibt. Mutter ist jetzt ganz bei ihm, ganz eins mit ihm und er Teil von ihr, und sie, vollkommen mit ihm, drückt mit einer Hand seinen Kopf richtig an sich, mit unendlicher Zärtlichkeit und Bestimmtheit, als sei dies jetzt das Notwendigste von allem, und mit der anderen Hand macht sie sich gewissermaßen für ihn bereit, für seinen suchenden Kopf, wendet sich dem sein einziges Begehren fordernden Wimmern zu, und es wäre keineswegs verwunderlich gewesen, wenn sie einen Moment später auch das Richtige und Notwendige getan hätte, nämlich ihre Bluse aufzuknöpfen, die Schnüre dessen, was sie darunter trug, herabzudrücken, um Raum für ihre Hand zu machen, sie einzuschieben und mit ihren weichen Fingern auf eine Weise, wie nur eine Frau es kann, in voller Fülle jenes verborgene Weiße hervorzuholen, das schon längst dem Blick verboten war, abgestillt und entwöhnt seit langem, doch von frischer Weiße, Duftfülle und Üppigkeit, und es ihm mit magnetischem Zwang darzureichen, dem wimmernd an sie Geschmiegten, erstickt und verloren in all seinen Giften, doch mit der eindeutigen Forderung, verknüpft zu sein mit ihr und ihrem Leben, ihren lebenspendenden Kräften und der Erinnerung an das warme, weiße, süße Sprudeln, dem Richtigsten und Heilsamsten und Lebenspendendsten auf der Welt.

Vernimm mein Gebet von meinen Lippen, sagt Vater nun tonlos, nur mit den Lippen, sogar ohne Lippenbewegung, denn kein Muskel regt sich jetzt auf seinen von der Sonne versengten Zügen, dem bloßen Van-Gogh-Haupt, die Zügel in der großen, fest zupackenden, strohgrauen Hand, wende dein Ohr mir zu, sagt Vater, ohne eine Silbe vernehmen zu lassen, behüte ihn wie den Augapfel, sagt Vater, aus gegebenen Anlaß den Wortlaut des 17. Psalms abwandelnd, birg ihn im Schatten deiner Flügel, variiert er weiter, denn das kommt ihm vom Herzen, ein Gebet Davids, sagt Vater, und höre, Ewiger, achte auf mein Flehen, sagt Vater und wischt sich nicht mit dem Finger die Tränen ab, der Wind trocknet sie und die Sonne, und der Weg öffnet sich schon, und bald, wirklich bald, gleich schon werden sie zwischen den Mauern aus Bruchstein sein, der nichts anderes ist als spröde, löchrige, weißbraune Kurkarsteine in rötlich-weißen Lehm eingelassen, schulterhoch, so daß ein Nachbar Kopf an Kopf mit dem andern sprechen kann, und dahinter hervor lugen die kleinen Häuser mit den spitzen Hüten aus roten Ziegeln und den kugelförmig beschnittenen Maulbeerbäumen, manche ockerfarben verputzt und getüncht, andere mit nackten Mauern aus eben jenem rohen braunen Bruchstein, und stets mit je einer Washington-Palme zu beiden Seiten des Tors und mit grünen Holzläden, deren Sprossen sich verstellen lassen, um dieses grelle Nachmittagslicht zu dämpfen, und immer gibt es im Vorgarten ein junges Mädchen, das plötzlich dasteht und mit dem Gummischlauch leichthändig und frei sprühend allerlei Sommerblumen bewässert, die da sprießen, ihre offene, reiche gelb-braune Blütenpracht entfalten, wasserdurstig, wasserprall, wasserlustig, und auf dem breiten Schotterweg zwischen den Häusern kommen sie jetzt wie Ankömmlinge aus der großen Wüste, traben plump mit ihren ungeschlachten Dorfmulis herein, geradewegs aus der großen, heißen Wüste, aus der sie kommen und die noch in ihnen steckt, und Menschen bleiben hier und da stehen und fragen besorgt, was ist passiert, und Menschen zeigen ihnen, wo das Haus des Arztes ist, ein paar gehen mit ihnen, ein paar folgen ihnen nur mit den Augen, und da ist schon das Haus des Arztes, und er ist zu Hause und tritt schon heraus, ihnen entgegen, und Mutter ist schon in Tränen, und Vater würgt es in der Kehle, und er nimmt das kleine Kind, drückt es ans Herz, und das verschwollene Kind mit den geschlossenen Augen wimmert nur noch, ist am Ende seiner Kraft, und Vater reicht Mutter die Hand zum Absteigen vom Wagen, und einen Moment jetzt beim Aussteigenhelfen sind sie alle in diesem einen Arm umschlungen, Mutter und das Kind auf seinem umfassenden Arm, und dann rafft Vater sich auf und sagt im festesten Ton, den er zuwege bringt, dem Arzt, der ihnen da entgegenkommt, Hornissen, sagt Vater mit fremder Stimme, Hornissen, faßt Vater alles zusammen und begreift gewissermaßen erst jetzt die Größe des Unheils – ein ganzes Hornissennest, schildert er tonlos, die Stimme versagt ihm, und alle stehen hier vor dem Arzt so bloß, so armselig, Mutter und Kind, Vater und Mutter, Vater und Mutter und beider Kind, allesamt vor ihm.

Und der Arzt nimmt das Kind, mit seinen behaarten Händen, diesen Bärenpranken, mit denen er einen tiefsitzenden Dorn herausziehen, Jod oder Ichthyol auftragen und auch verflixte eingewachsene Nägel ziehen kann, und immer mit freundlichem Gesicht und der Versicherung, daß alles gut und besser werden wird, und dieser Arzt läßt kein einziges Anzeichen von Schreck erkennen – wenn er bisher nicht gestorben ist, sagt da der Doktor zu ihnen und dem gesamten Publikum ringsum, dann wird er am Leben bleiben. So sagt der Arzt voller Wissen und schiebt sich mit seiner breiten Bärenpranke die Brille auf die Stirn, sei es sie alle anlächelnd, sei es in Gedanken verloren.

ZWEI - Eisenstange

Da ist ein Unbehagen. Unbehagen von allen Seiten. Man kann es fühlen. Dauernd stecken Leute die Köpfe zusammen. Sprechen nicht laut. Und ein Schatten ist über allem, unklar was, aber Schatten über allem. Und Unbehagen.

Dies ist ein großer, quadratischer Hof, umgeben von einem Bogengang mit den Wohnungstüren, und mitten auf dem Hof der runde Brunnen, in den er, als sie gerade erst hergezogen waren, seine Mütze geworfen hatte, hinunter in eine beängstigende, dunkle Tiefe, und vorn ist das große braune Holztor geschlossen, nur manchmal kommt jemand durch die kleine Pforte herein, man öffnet ihm und schließt schnell wieder hinter ihm ab, und wieder Stille. Und nichts. Man horcht nur. Und nichts ist klar. Nur unbehaglich.

Oder als hinge dünner Rauch über allem, kröche langsam weiter und hülle einen in Unbehagen, oder als wabere ständig ein stiller Gestank, der einen nicht husten macht, nur nicht gut atmen läßt und die ganze Zeit horchen. Und noch unbehaglicher werden läßt.

Keiner sagt was. Aber klar, daß es aus Richtung Jaffa kommt. Und daß Jaffa jetzt ein großer schwarzer Wald ist, der ständig näherrückt, tatsächlich schon bis hierher reicht. Ob das Tor wohl stark genug ist? Schon rumort es draußen, wer kann's aufhalten? Und wo sich verstecken? Keiner sagt was.

Es ist heute nicht Schabbat, und doch ist keiner arbeiten gegangen. Vater ist gegangen, aber schnell zurückgekommen, und eben ist er wieder losgezogen. Milch für die Kinder holen, hat er gesagt. Der Milchmann hat heute keine Milch für die Kinder gebracht, hatte Mutter ihm erklärt. Da hat Vater die hohe Milchkanne mit dem Deckel in die eine Hand genommen, eine Eisenstange gesucht und gefunden und mit der andern Hand gepackt und ist weggegangen, um Milch für die Kinder zu holen. In der dritten Straße von hier, Richtung Meer, im Molkereihof mit dem großen Maulbeerbaum und den beiden dreckigen Kühen und den vielen Hühnern, und mit dem Esel, mit dem der Mann jeden Morgen Milch verkaufen geht, aus zwei großen Kannen mißt er die Milch ab mit einem Meßbecher, auf dem die Eichstriche eingeritzt sind, füllt ihn randvoll, und die Milch duftet so und blubbert und schäumt, wie frisch vom Melken, und noch ist er nicht zurück.

Zusammengekauert zu einem kleinen Bündel, in der Ecke zwischen Wohnungstür und Bogenwand, scheinbar in seine Spielsachen vertieft, aber in Wirklichkeit mit dem ganzen Rücken aufs Tor lauschend, und nur einen grummelnden Drang im Bauch, das möge alles bald vorbei sein. Im letzten Moment könnte man immer noch in den Brunnen springen und sich auf seinem Grund verstecken, sich wie ein Frosch an die runde feuchte Schachtwand pressen und abwarten, bis es vorüber wäre. Und oben gibt es auch einen Holzdeckel, mit dem sich die Brunnenöffnung verschließen läßt. Dann wäre es dort dunkel und abgeschieden und sicher, und kein Mensch wüßte, wo er ist, nur bloß nicht im Wasser ertrinken. Das es einem plötzlich am Bauch kalt werden läßt und an den Beinen, besonders wenn man bedenkt, daß alle Brunnenwände mit so einem eklig glatten grünen Schleim bedeckt sind, und daß damals, als er die Mütze reingeworfen hatte, der Mann mit dem Seil kam, an dessen Ende ein Haken befestigt war, und damit im Wasser angelte, um die abgetauchte Mütze herauszufischen, und als er sie endlich am Haken hatte und triumphierend heraufzog, war das, was da zum Vorschein kam, nichts als ein völlig verfaulter Sack.

Was haben wir ihnen denn getan? Warum sind sie böse auf uns? Haben wir ihnen was weggenommen? Schwer zu wissen. Keiner sagt was. Warten nur ab. Und nichts ist sicher.

Nichts. Was furchtbar Starkes und Wildes läuft da draußen jetzt frei herum. Wir warten hier eingeschlossen, und das da draußen ist frei und laut und allmächtig stark, und es kommt und geht. Vater ist noch nicht zurückgekehrt. Ist weggegangen, um Milch für die Kinder zu holen, die Eisenstange in der Hand. Und Unbehagen, von allen Seiten Unbehagen.

Manchmal am Strand, nicht weit entfernt, nur ein paar Straßen runter, bloß an den großen Häusern vorbei und an jenen Höfen von den Arabern, mit den kleinen Häuschen, unterhalb der großen Häuser von Jaffa, da kommt man schon an den feuchten Sand und an den Meeressaum, und das Meer liegt gänzlich in der Sonne, die weißen Wellenkämme rollen einem reihenweise entgegen, gebrochen oder ganz, und der gesamte Himmel glüht, und die schwarzen Felsbrocken mit den flatternden Möwenschwärmen, mit dem Algengeruch, und mit der beängstigend anziehenden Tiefe, und du kniest nieder und streifst die Sandalen ab, um zu bauen und im Sand zu buddeln und einen Tunnel zu graben und einen Wall und große und kleine Häuser zu errichten und alles mit Muscheln und Festklopfen zu verstärken, bis plötzlich eine Welle vom Meer aufwallt und alles mit einem Schleck abschwemmt, so daß es einstürzt und zusammenfällt, und dann kehrt das Wasser mit flachem Lecken zurück, schwappt an den Strand und fließt murmelnd ab und reißt beim Zurückfließen sämtliche Mauern und Wälle und Häuser aller Größen samt den Kanälen mit, und nichts kann es aufhalten oder ihm widerstehen und standhalten, selbst wenn du's so hoch bauen würdest, wie du selber bist, und es mit aller Kraft festklopfen und verstärken würdest, mit Muscheln, Stöckchen und Steinen – alles würde mit Leichtigkeit wieder vom Meer mitgerissen und abgeschwemmt und dem Erdboden gleichgemacht, flach und ausgelöscht wie nichts, und es gibt anscheinend nichts auf der Welt, das irgendein Übel aufhalten könnte.

Was tut man hier? Unbehaglich zwischen den Pfeilern des Bogengangs, der den Hof rings umgibt und mit seiner Decke den Wohnungen darunter Schatten spendet, eine Tür zu den beiden Zimmern und eine zu der kleinen Küche mit den Petroleumkochern und den Töpfen und dem großen Krug, der *Dscharrah*, die immer mit Brunnenwasser gefüllt ist, und Mutters blitzblank poliertem Messingmörser und dem Tisch mit der geblümten Wachstuchdecke, an dem Mutter bei der Arbeit singt, so was wie: Mein Herze sieht einen blütenfrisch strahlenden Frühling, und alle möglichen jiddischen Herzensergüsse, von denen man nichts versteht als die Sehnsucht darin. Wenige Möbel in den beiden Zimmern, aber viel Sauberkeit und Ordnung, und das Bett mit Kissen übersät, kleinen auf großen, und an den Wänden Bilder ihres Vaters und ihrer Mutter und ihrer Geschwister (Duwid, Hinde und Dwoirenju) und von ihrem Großvater und ihrem Urgroßvater, alle ruhig dasitzend und hinter ihnen der Wald, dieser bewußte, ein echter, friedlicher Wald, ein dichter schwarzer Wald, dessen Ausmaße sich nur darstellen lassen, indem man «der Wahald» sagt, statt sich mit «der Wald» zu begnügen, wobei die Respektspersonen natürlich in der ersten Reihe sitzen und die andern, ebenfalls tränenreich geliebt, hinter ihnen stehen, erstere mit Kopfbedeckung und wallenden Bärten, letztere barhäuptig und geschmackvoll gekleidet, die eine Hand in den zugeknöpften Rockschoß geschoben, und jetzt sind alle draußen in diesem Bogengang, warten, stecken unbehaglich die Köpfe zusammen und tuscheln, und man weiß nicht, was. Jede zweite Tür eine Wohnung, das ganze Hofquadrat Türen, und alle warten auf etwas, man weiß nicht, und es ist gar nicht behaglich, und Vater ist auch noch nicht zurück.

In dem Winkel zwischen Wohnungstür und Bogenwand, dort setzt er an, und sofort ist auch er auf und davon, braucht dazu nur einen Gegenstand in der Hand, als festen Anhaltspunkt im Spiel, etwas Ganzes oder einen Scherben, einen Teil von etwas, das zerbrochen ist, oder etwas zufällig Aufgelesenes, Hauptsache, man hat was Greifbares in der Hand, das sich in eine Lokomotive verwandeln läßt, und schon verschwinden sie von hier und reisen in die Ferne, zu Orten, die er bis ins einzelne kennt, vielleicht aus den Büchern, die er liest, weil er nämlich schon liest, von Geburt an liest, alles, was ihm in die Hände fällt, ohne zu fragen, ob er es versteht oder nicht, er liest, liest ein zweites und sogar drittes Mal, und zwar alles, bis hin zum Namen der Druckerei, die er bereits an der Form der Buchstaben erkennt (Druckerei A. Etan Was Schoschane Tel Aviv las er, wo es eigentlich hieß: A. Itin und S[aadja] Schoschani), nicht nur die Jugendzeitschrift *Moledet*, redigiert von Jakob Fichmann, sondern auch alles, was Vater auf dem Tisch liegen hatte, einschließlich des *Haschiloach* unter der Redaktion von Josef Klausner, *Haolam*, redigiert von Moses Kleinmann, sowie *Ma'awarot* und *Rewiwim* unter der Redaktion Josef Chaim Brenners, ferner Achad Haams *Am Scheidewege* und M. L. Lilienblums *Derech la'awor golim*, ohne sich zu versichern, daß er das Geschriebene verstand, aber sehr wohl, daß seine Augen kein Wort ausließen und daß er einige Worte auch behielt, während er andere in sein Inneres einsinken ließ, wo sie auf kommende Zeiten warteten, in denen er sie aus dem angesammelten Fundus erneut schöpfen würde, und bei wieder andern brach er überraschend in Lachen aus, das Lachen eines einsamen Kindes, das plötzlich über seinem Schrottspielzeug in der Arkadenecke auflacht, ein Lachen ohne Partner, ja er überging auch nicht die grünen Hefte der Landwirtschaftszeitschrift *Hassade*, redigiert von Elieser Lipa Joffe, oder das dicke Heft des *Haomer*, unter der Redaktion von S. Ben-Zion, und gewiß nicht die Teile des *Sefer Ha'aggada*, herausgegeben von Chaim Nachman Bialik und Jehoschua Chana Rawnitzki, die in ziemlich zerfledderten Bündeln im Haus herumlagen, und man brauchte ihm bloß den Anfangssatz zu sagen, und schon sprudelte er weiter, es wird erzählt von Rabbi Schimon Ben-Schetach, der einen Esel von einem Jischmaeliten genommen, oder einmal war der Monat Adar fast vorüber, ohne daß Regen gefallen wäre, oder es wird erzählt von zwei Menschen, die eine Wette abgeschlossen hatten, wer hingehen und Hillel ärgern werde – wie eine Perlenkette, der der Faden gerissen ist. Ja es besteht sogar Anlaß zu der Vermutung, daß er bereits, als Mutter ihn noch stillte, «Die Wahrheit aus Palästina» von Achad Haam gelesen hat, aber jetzt ist er schon kein kleines Kind mehr, wie sein mageres Fleisch und seine schmale Gestalt vielleicht nahelegen würden, jetzt ist es nach Pessach, und nach den hohen Feiertagen wird er schon fünf, und wenn man ihn läßt, kauert er sich sofort mit untergeschlagenen Beinen auf die Bettkante, den Kopf in die Hände gestützt, und die Augen flitzen von Zeile zu Zeile, und wenn man ihn anspricht, ist es, als hätte man nichts gesagt, nur die geschriebenen Worte erheben sich und schaffen Dinge, die realer sind als alles Bestehende.

Am schönsten waren jene Buchstaben in einigen Büchern – aus dem Stybel-Verlag zum Beispiel oder im Gebetbuch –, die sich in die Breite zogen, um das Zeilenende auszufüllen, breite Alefs oder Taws oder Lameds mit gestreckten Hälsen, langen Gliedern und geschliffenen Spitzen, oder das Zadi oder das End-Mem, die alles schöner machten, wenn auch nicht verständlicher, und dann verbargen sich die Worte wie Zwiebeln in einiger Tiefe und warteten auf ihr Erwachen zu gegebener Zeit, und wenn man ihn plötzlich vom Buch aufrüttelte, starrte er einen an und wußte nicht, was man von ihm wollte und warum man ihn zwang, zu der Langeweile zurückzukehren, die in allem steckt, was da ist.

Jemand ist durch die Pforte gekommen. Nicht Vater. Man wartet, etwas zu erfahren, und es wird einem noch unbehaglicher. Warum Vater noch nicht. Man weiß hier nicht recht, ob man jetzt in die Zimmer zurückkehren oder weiter so dastehen soll, oder vielleicht was zusammenpacken und hier weggehen. Weiter weg, denn das Aushalten wird schwer. Der Hof ist kein Bollwerk, das Holztor hält keinem Druck stand. Und sie haben weder Waffen noch Schlagstöcke, nur Vater ist heute morgen mit einer Eisenstange in der Hand ausgegangen, um Milch für die Kinder zu holen. Und vielleicht ist wirklich was los, nicht klar, was, oder doch klar, aber man will's mangels Mut lieber nicht wissen. Manchmal, wenn sie ihn nicht zur festen Stunde vom Kindergarten abholten beziehungsweise sein großer Bruder seine diesbezügliche Pflicht vergessen hatte und er es dann wagte, allein nach Hause zu gehen, bloß drei, vier Gassen weit, war das seine große Stunde, da wurde der Weg von selbst länger, auch ohne daß er von der gewohnten Strecke abwich, denn nun konnte man alles ganz langsam und genau betrachten, wie der Putz von diesem Haus da blättert und die Bruchsteine der Mauern bloßlegt, was wiederum konkrete Furcht vor deren Bröckeln mitbringt, aber auch die Erkenntnis, daß selbst der Schwache sich durchschlagen kann, ohne zu fallen, und wie sich auf der blätternden Wand große Farbflecken ansammeln, als sei sie ein enormes, prächtiges Bild, oder wie auf diesem Staubweg ein kleines Schmutzwasserbächlein dahinkriecht, aus diesem Hof hier, und wenn man nicht schnell noch einen Eimervoll nachkippt, wird das Bächlein enden und versiegen, wie eine durstige Zunge in der Wüste verdorrt, und wie in dem leeren Hof ein einziger Rizinusstrauch mit seinem Grün und Rot prahlt, auch ein Vogel sitzt darauf und pickt an seinen großen, gekrümmten Samen, und dort tritt eine Frau aus dem Tor, erst steigt der eine Fuß über die erhöhte Schwelle, dann der andere, gefolgt schließlich von all ihren schweren, raschelnden Röcken, und dann kommt sie seufzend zum Vorschein, rafft sich zusammen, mit dem schönen Hut auf dem Kopf und der gewichtigen Kette um den Hals, spannt nun auch einen geblümten Sonnenschirm über dem Kopf auf und rauscht mit allem ab, wobei die baumelnde große schwarze Handtasche im Takt mitschwingt, und wie das alles etwas Komisches an sich hat, so daß man loslacht, ohne erklären zu können, warum, und ohne jede Notwendigkeit, ein Warum zu erklären, und am meisten lockte dann natürlich diese Mauer, die Mauer aus löchrigem Kurkarstein, bei der man den kleinen

Fuß samt Sandale in eines der Löcher schieben und sich hochschwingen und aufrichten konnte, bis der Kopf schon über die Mauer ragte, und dort, oh, dort unten auf diesem Grabenbett verliefen ja die Schienen, dort ging die Eisenbahn durch, und wenn er Glück hatte, kam sie vielleicht eben jetzt vorbei, und das Wunderbarste von allem spielte sich fast in greifbarer Nähe vor seinen Augen ab.

Denn was auf der Welt sollte schöner sein als die Fahrt der Eisenbahn? Und gerade hier fängt sie an, ihren Lauf zu verlangsamen in Anfahrt auf ihre Endstation in Jaffa, oder sie beendet umgekehrt gerade hier das schwere Anfangsstück aus Jaffa heraus und kann nun zügig auf ihre nächste Station in Tel Aviv zuflitzen, schnaufend und paffend, jeder Schnaufer und Paffer ein Dampfstoß, und der ganze Qualm aus dem Schornstein, den Vater Kamin nennt, quillt schwarz hervor und produziert Rauchkrawatten, für die der Mensch nicht genug Augen hat, ihnen bis zur Auflösung zu folgen, und der Dampf steigt auf und umwallt dich einen Moment, hüllt dich ein, und zieht dann nach rechts und links, Bausch auf Bausch, Rauchwolke auf Rauchwolke, die, ehe sie rund werden, schon feucht zerfließen und abtreiben, während stärkere Kugelpaffs, die einen Augenblick aufquellen, hochgestoßen werden, platzen und sich auflösen, und mittlerweile fährt ein Waggon nach dem andern vorbei, fällt zwischen jedem ein Lichtstrahl hindurch, der Schienenstrang gegenüber blitzt im Nu auf und verschwindet wieder hinter dem Aufbau des nächsten Waggons, und im letzten kleinen Wagen schließlich steht auf der hinteren Plattform ein Mann mit einer grünen und einer roten Fahne in der Hand, bereit, diese oder jene zu schwenken, winkt jedoch vorerst nur dir zum Gruß, und lächelt dich auch an, unglaublich, meint wirklich dich.

Man kann nichts allein vom Hören einer Geschichte erfassen, und sei's die allerschönste. Wie sie kraftvoll und kraftschnaubend mit Macht den ganzen Wagenschwanz hinter sich herzieht, diese schwarze Lokomotive, mit dem Kopf des

Lokführers in der Fensterluke und dem Schwung des Heizers, der Kohlen einwirft, Schippe auf Schippe, erleuchtet von rotem Höllenschein, und vielleicht mußt du so dastehen, die Sandalen in den Mauerritzen, die Eisenbahn wie greifbar vor dir, wobei du mit ihr quietschst und schnaufst und Dampf ausstößt und ihr gemeinsam heiß und begeistert und stark und großartig seid, um zu begreifen, wie wunderbar all das ist, und wie aufregend, alle Einzelheiten genauestens aufzunehmen, wie zum Beispiel die Pleuelstange der Lokomotive im Innern verschwindet und wieder aus diesem Metallmantel hervorstößt, von dem noch keinem in den Sinn kam, daß er *Buchna* (Kolben) heißen könnte, und wenn wir ihn so nennen wollten, würden wir den Dingen vorgreifen, nämlich ein hebräisches Wort erfinden, das damals noch nicht auf der Welt war, und es einem Vierjährigen in den Mund legen, bei dem auch das, was er zu sagen weiß, noch seine Ausdrucksfähigkeit übersteigt, und diese Stange schießt heraus und verschwindet und schießt erneut hervor. Und der ganze Dampfkessel, der schier explodiert vor lauter Kraft, dient nur dazu, diese Stange auszustoßen und zu verschlingen, die das große Rad antreibt und damit die drei andern Räder, die alle wie zu einem verbunden sind, gemeinsam auf und ab gehen, und die ganze Zeit läuft die gerade Linie der Pleuelstange hin und her, wird zu einer auf und ab steigenden Kreislinie – begreifst du das? Nein, denn du bist noch klein, weißt aber schon, daß genau dies das Geheimnis der Lokomotive ist und auch deines, denn wenn jener George Stephenson, über den du in dem Heft *La'am*, das als Preis an die Abonnenten des *Hapoel Hazair* verteilt wurde, gelesen hast, seinerzeit nicht die Lokomotive erfunden hätte, hättest du sie erfunden, daran besteht kein Zweifel, so daß du beinah in Triumphgeheul ausgebrochen wärst – da, seht selbst. Schade, ein Kind kann nicht richtig erklären und sich nicht richtig ausdrücken, aber es zweifelt kein bißchen daran, daß das, was es jetzt sieht, der Kern alles Schönen auf der Welt ist – die Art, wie die Bewegung der geraden Linie in Kreisbewegung übergeht –, so daß, würden alle empfinden, was es eben jetzt empfindet, sie sich gewiß die Hände reichen und im Reigen singen würden.

Es ist schwierig, alles zu erzählen, immer denkt man, später, wenn ich mal groß bin, kann ich vielleicht so erzählen, wie es sich gehört, und vielleicht ist dies nun tatsächlich die aufgeschobene Gelegenheit, und man muß tief Atem holen und alles vollständig erzählen, ohne das Geringste auszulassen, die ganze glanzvolle Geschichte von der geraden Schubstange, die in Kreisbewegung überleitet, was wiederum der Grund für das Räderdrehen der Lokomotive ist, die den gesamten Eisenbahnzug zieht, bis man sie in Jaffa abbremst – nicht bevor sie gepfiffen und zwei-, dreimal getutet hat, was keiner auf der Welt so echt nachahmen kann wie er – und dort auf dem Bahnhof in Jaffa alles zum Halten und Stehen kommt, wo man für alle Fälle am Schienenende noch einen Prellbock aus schweren Bohlen, gestützt von weiteren schweren Bohlen, errichtet hat, um den anzuhalten, der das Anhalten vergessen sollte, damit der donnernde Zug nicht außer Rand und Band weiterrast, ins Meer hinein, mit Volldampf und Hochdruck direkt ins Wasser, in wildem, tollem Lauf, denn gnade Gott, was dann wäre, wenn dieses glühende, schnelle Etwas tief in die wütenden dunklen Fluten führe, die an der Oberfläche immer nur still und klar aussehen, ohne daß man wüßte, was in ihnen steckt, und plötzlich würde alles explodieren und eine Springflut aufwallen lassen, so daß nichts von der Welt übrig bliebe – nein, er würde niemals alles erzählen können, was er erzählen müßte, zum Beispiel die wunderbare Geschichte von der Umstellung der Eisenbahngleise mittels des schweren Hebels, den ein Mann nur mit Mühe umlegen kann, obwohl man oben am Hebel einen schweren Metallknauf angebracht hat, selbst wenn der Mann das eine Bein weit nach hinten ausstemmt und dann mit ganzer verbliebener Kraft nach vorn drückt, bis es ihm, fast schon im Sprung, gelingt, den Hebel herumzuwerfen, so daß die Schienen sich von hier lösen und dort anschließen, damit der Zug nun von einem Schienenstrang zum andern überwechseln kann, oder beispielsweise die Geschichte von der Umleitung der Lokomotive vom Haupt- aufs Nebengleis, an dessen Ende eine riesige Scheibe auf einem tieferliegenden Drehwerk ruht, und sobald die Lokomotive, nichts ahnend, was man mit ihr vorhat, auf die Scheibe gefahren ist, steigt der Lokführer aus, und von der andern Seite kommt ihm ein zweiter Mann entgegen, und die beiden ganz allein drehen nun mit Leichtigkeit die Scheibe, auf der die schwere, dampfende Lokomotive steht, hören nicht auf, locker zu drehen, bis die Lok ihre Nase von Jaffa nach Jerusalem gewandt hat, und dann steigt der Führer wieder ein, oh, großer Gott, in sein schnaufendes Gefährt, pfeift einmal, dreht mit Leichtigkeit irgendein Rad und drückt ebenso mühelos einen Hebel nach vorn, und schon setzt sich die Lokomotive mit starker Kraft in Bewegung, rollt lammfromm von der Scheibe direkt auf den Schienenstrang, fix und fertig bereit für die Fahrt nach Jerusalem.

Was anfangen mit all den Geschichten, die einem den Bauch füllen, aber keinen Menschen interessieren, für die niemand die Geduld aufbringt, wie zum Beispiel die Geschichte von diesen Eisenpuffern zwischen den Waggons, eine Art Trommeln, und wie sie durch die Spannung irgendeiner Riesenfeder, die in ihren Röhren versteckt liegt, die Aufprallstöße abfangen, oder die detaillierte Geschichte über den Moment der Anfahrt der Lokomotive, wie sie sich in Bewegung setzt, mal mit leisem, glattem Übergang vom Stehen zum Fahren, mal laut aufbrausend mit jähem Ruck und überschüssiger Kraft, hundertmal mehr als nötig, so daß sich die Räder mit ohrenbetäubendem Quietschen auf der Stelle drehen, als wolle sie sich ihrer Kraft versichern und deren Größe in Erinnerung bringen, und der Zug sich mit scheppernden Kupplungen und unnötigem Lärm von der Stelle löst, und nie wird wohl auch die Stunde kommen, in voller Ausführlichkeit die Geschichte von der Herrlichkeit der Eisenbahn zu erzählen, wenn der Zug sich in die Kurve legt, die eine Seite höher als die andere und scheinbar verloren, und niemals wird auch die Zeit sein, gebührend von der großartigen Schönheit zu berichten, die er einmal gesehen und in sich aufgesogen hat, kein Mensch will zuhören, und keiner schert sich drum, und du fällst nur zur Last, solltest lieber schweigen, es gibt niemanden auf der Welt, dem man was erzählen könnte. Und so ist das.

Nur noch dies, wie einmal unter der Schlusch-Brücke, als du oben standst und hinunter blicktest, plötzlich die Bahn angesaust kam und die Lokomotive schon genau unter dir war und der Dampf in dich fuhr und dich aufblähte und dir unter die Hose fuhr und dich aufblähte, dich aufblähte und erfüllte und überströmte und erfüllte mit solcher Hitze und Erregung aus dem vollen Druckschwall des hervorschießenden Dampfes, und du wurdst plötzlich so voll und aufgebläht und feuchtheiß und schwellend, und unter dir bebte die Brücke im stampfenden Takt der Eisenbahn, die vorbei und dahin flitzte und sich eilte auf ihrem Weg nach Jaffa, mit Dampf- und Rauchschwallen all die stillen kleinen Häuser diesseits und jenseits der Gleise erfüllte, so daß sie plötzlich in Erregung gerieten und sich aufblähten mit diesem tosenden, stürmenden, wallenden Weiß, und du auf der Brücke oben frohlocktest wie der Kapitän auf seiner Kommandobrücke, weil jetzt alles dir gehörte und du dieses wunderbare Dahinflitzen sahst, und dann dieser Zauber, daß das alles wirklich und möglich war, selbst wenn kein Mensch auf der Welt je ein Wort davon würde hören wollen.

Man merkt, daß Mutter verängstigt ist. Jetzt rückt sie beiseite, ist schon nicht mehr mitten unter allen, sagt und weiß schon nichts mehr und fällt niemandem mehr ins Wort. Vater ist noch nicht zurück, und es kursieren nur dauernd Gerüchte, daß sich irgendwo da draußen eine aufgebrachte Menge sammelt, wo ist denn die Polizei, fragt jemand, wo bleibt das britische Militär, möchte er wissen, und es heißt, die arabischen Polizisten seien ebenfalls unter den Aufrührern, weiß jemand zu berichten, und der Bezirksgouverneur, sagt einer, der sich mit der öffentlichen Ordnung auskennt, und der Hochkommissar, erbost er sich, unser Bruder Sir Herbert, schimpft er, doch man hat keine Geduld für ihn und seine Beschwerden, und keiner antwortet ihm, nicht weil das alles schon alt und abgedroschen wäre, sondern weil klar ist, daß keiner uns zur Seite steht. Und wo ist der *Haschomer*, wo ist die *Hagana*, was haben wir denn in der Hand, sagt einer zuviel. Und man merkt, daß Mutter schon wirklich in Angst ist. Und vielleicht lieber hier abhauen, sagt keiner, aber man spürt, daß schon daran gedacht wird, geradewegs zum Herzlia-Gymnasium nach Tel Aviv laufen, in seine geräumigen Keller nicht weit von hier, in einer knappen halben Stunde wäre man dort – warum warten sie denn, es ist doch gleich da, und außerdem hat Mutter Jaffa schließlich nie gemocht, gleich seit ihrer Ankunft im Tammus 5668 (1908) mit ihrem Bruder Josef, als sie noch erregt aus dem Boot kletterten, das sie vom Schiff aufgenommen hatte, unter all dem Lärm und Geschrei und Geschubse und den vom Hinterdeck ins Boot hinuntergeworfenen Gepäckstücken, und zwischen all den großen, dräuend schwarzen Felsen dort, und dann am Strand, noch ehe sie recht begriffen hatten, daß sie angelangt waren und dies schon das Land unserer Väter war, das liebliche Heimatland, Ziel unseres Strebens, und jenes schon unsere Brüder – seid starken Armes, der Heimat Boden zu heben, ward euer Teil –, da waren sie bereits mitten im Gedränge und Geschrei und Dreck und Gestank, gleich schon am Tor der Herberge von Chaim-Baruch, und gleich hatten sie es eilig zu fliehen und eine Kutsche zu suchen, die sie noch bei hellichtem Tag direkt in die Weingärten Rechovots und zur guten Luft seiner Zitrushaine bringen würde, befreit von all diesen erschreckenden Arabern, von ihren Massen, ihrem Lärm und ihrem Dreck, auch wenn sie Morgen für Morgen die junge

Kolonie mit ihren Höfen, Weingärten und Zitrusplantagen bevölkern und erst abends in ihre Ortschaften draußen, weit weg von hier, verschwinden, so daß wir keinen Kontakt mit ihnen haben, bis zum Morgen dann, wenn sie zurückkehren und wieder in Massen auf den Markt und in die Höfe der Häuser strömen und in arabisch klingendem Jiddisch ihr Obst und ihr Gemüse und ihre Eier anpreisen, da muß man nach Strich und Faden mit ihnen feilschen, mit fester Hand und einem Schwall von Worten, unter denen «geh weg» die häufigsten sind, muß den Preis kräftig drücken, auf ein Viertel, wenn nicht ein Achtel des ursprünglich genannten, denn den Arabern darf man kein Wort glauben, und besonders nicht ihren Schwüren, sie verstehen nur die Sprache des Trugs, und das, nachdem sie sich hereindrängen und dem jüdischen Arbeiter keinen Platz zum Arbeiten lassen, und eines schönen Tages sammeln sie sich plötzlich massenweise und ziehen in wild schreiendem Mob gegen die Kolonie, samt kreischenden Frauen, die auf Schmähen und Plündern aus sind, eine furchtbare, wilde, unkultivierte, mörderische Rotte, bis sie schließlich nach Schüssen und Rufen und der Intervention von Vermittlern in ihre Orte zurückkehren und die Welt gerettet ist, ja wie eine kleine Insel ist die Kolonie, inmitten eines Meers von Arabern, oder es ist wie eine Welt des Dunkels rund um ein kleines Licht.

Denn wer hatte bei ihr zu Hause schon von Arabern gewußt. Kein Mensch hatte je von ihnen gesprochen. In all der Fülle von Reden, Vorträgen und Debatten dort in den wolhynischen Wäldern an den Ufern des Styr, der träge in satter, dämmriger Unbekümmertheit dahinfloß und sich in fast apathischer Ruhe die kühnsten Heimatlieder und die stichhaltigsten Beweise, daß wir nur in unserem eigenen Lande Heimat finden würden, mit anhörte, waren sie, die Araber, nirgends vorgekommen, in keiner Diskussion, bei keinen Erwägungen und gewiß nicht in den Liedern, sie existierten einfach nicht – ebensowenig wie in ihren Wäldern dort Kamele, Esel oder all die dornigen Wildsträucher existierten, welch letztere nun aber doch in den Liedern vorkamen, denn die Wildsträucher, genau die, so sangen sie, werden wir nach der Rückkehr in unser Land ausrotten, wir werden uns ein Stück Acker urbar machen, ganz bewässert, ganz Zionismus, werden neue Bäume pflanzen, aus Übersee eingeführt, doch nun nicht mehr, denn seit Kriegsende sinnt Mutter darauf, ihren Bruder, den Duwid, und ihre Schwestern, die Hinde und die Dwoirenju, ins Land zu holen, und auch ihre Mutter, die die Großmutter sein und «Babbe» genannt werden würde, wenn sie denn kam, und dann würden sie hier ein Restaurant oder eine Näherei eröffnen und ein richtiges Leben in unserem Land beginnen, denn wir sind doch auf Frieden aus, behauptet Mutter, nur bestrebt, unsere Heimat aufzubauen, was wollen sie also von uns, all diese Wüstenaraber, was haben wir ihnen denn getan, abgesehen davon, daß wir ihnen Gesundheitspflege, Bildung und Hygiene gebracht haben. Dieses Holztor ist alles, was uns von ihnen trennt. Großer Gott.

Jetzt breitet sich ein Gerücht aus. Jemand, der eben erst zur Pforte hereingekommen ist, die man ihm geöffnet und gleich hinter ihm wieder geschlossen hat. Die Leute hören es, und ihre Mienen verändern sich. Hören es und verfallen in Schweigen. Die Mundwinkel gehen nach unten. Die Menschen wissen nicht, was man tun könnte. Hören hin und verstehen nicht recht. Und auch nachdem alle verstehen, bleibt nichts zu sagen. Nur dieser Satz macht weiter die Runde, «Sie haben den Schuhmacher abgeschlachtet», unwidersprochen und unverständlich, abgesehen davon, daß es ganz furchtbar ist. Den Schuhmacher, jenen Gurdschi, der an der nächsten Straßenecke Richtung Meer gesessen hat. Was bedeutet «Gurdschi» und was «abgeschlachtet». Er hat immer Nägel im Mund gehabt und sie dann mit dem Hammer in die Sohle geklopft, die über den Leisten zwischen den Knien gespannt war. Was haben sie ihm angetan? In einem Buch – *Baron Münchhausen*? – gibt es ein eigenartiges Bild von Menschen, die ihre abgehackten Köpfe unterm Arm tragen, und ihr Hals ist glatt, ohne Kopf. Ist das so, wenn man abgeschlachtet ist? Und hinterher wird der Kopf wieder aufgesetzt und angenäht? Oder wie das Huhn, nachdem Mutter es gerupft hat, das man nicht angucken kann? Und wie ist das, «verwundet» zu sein? Was passiert den «Verwundeten»? Liegen auf dem Boden, und das Blut rinnt ihnen raus wie Wasser aus dem Hahn, und man versorgt sie und bringt ihnen Essen aus den Häusern und geht von Haus zu Haus Brot für sie sammeln, und gestern war auch ein innen ausgehöhltes dabei, als ob Kanten, die man nicht ißt, gut für Verwundete wären. Und wo ist Vater? Der große Bruder kommt gerade, und Mutter ranzt ihn an, wo warst du, wo treibst du dich jetzt bloß rum, denn er und seine Altersgenossen, alle neun oder zehn Jahre alt, allesamt zerlumpt und barfüßig, in jeder Lage dicke Marmeladenstullen in der Hand, mochten wer weiß wohin ausgeschwirrt sein, hatten womöglich mit einem gewandten Sprung den geschlossenen Hof mitsamt seinem großen, verrammelten – und trügerischen – braunen Tor verlassen und waren schon auf der Straße gewesen, von Gasse zu Gasse gerannt, hatten vielleicht sogar den abgeschlachteten Schuhmacher gesehen, und einen Moment später würden sie wieder verschwunden sein, wer weiß, wohin sie dann entschwirrten, diese barfüßige Lausbubenbande, mein großer Bruder und seine sämtlichen zerlumpten Gefährten sind wie ein Vogelschwarm, wenn sie nicht gerade auf der Straße mit einem Lumpenball herumkicken, spielen sie mit zwei Stöcken, wobei man mit dem größeren auf den kleinen, spitzendigen eindrischt, und wenn sie nicht Murmeln spielen, da ist mein Bruder der Beste, spielen sie mit fünf Steinen, was ziemlich Mädchensache ist, darin ist mein Bruder Zweitbester, und gegenwärtig schwirren sie bloß ohne jede Furcht und Sorge oder Vorsicht von Hausdach zu Trennmauer zwischen Häusern und von Gassenecke zu Torpfosten und sehen alles, und manchmal werfen sie sogar ein paar Steine und fliehen wie aufflatternde Vögel.

Sein großer Bruder war nie von der Fahrt der Eisenbahn in ihrem Grabenbett fasziniert, eine Eisenbahn ist halt eine Eisenbahn, doch manchmal schmuggelten er und sein Vogelschwarm sich in Tel Aviv in einen Waggon und stiegen johlend in Jaffa aus, ohne einen Kupferling zu bezahlen, und am Strand gab er sich niemals mit dem Bau von Burgen aus feuchtem Sand ab, sondern sprang ins Meer und schwamm weit hinaus wie ein junger Delphin, und nie wurde er auch dabei ertappt, daß er den *Haschiloach* bis hin zu Druckerei und Erscheinungsjahr gelesen hätte, auch nicht das zerfledderte *Sefer Ha'aggada* oder den *Baron Münchhausen*, sein großer Bruder war ein wieherndes Fohlen im Freien, niemals einsam und allein, immer rannte er mit allen anderen herum, schwirrte aus, und eine schöne Mähne hatte er auch. Niemals verschmähte er Mutters Essen, schleckte sich nur immer die Lippen und bat um mehr, zur sichtlichen Freude von Mutter, die mit den Augen ihren wohlgeratenen Sohn liebkoste, während sie ein bißchen süßen Wein und viel Zucker an den Griesbrei des Kleinen gab, damit er den nicht auch noch mit «Hab keinen Hunger» verweigerte, wo er doch ganz mager und verschrumpelt und gänzlich unbedeutend aussah, nur aus einem ständig staunenden Augenpaar bestand und Mutters Kummer war. Immer wieder erzählte Mutter ihm, in Momenten der Verzweiflung, die Geschichte, wie sie im letzten Sommer, als das Kind schwer krank war (Ruhr?) und der Arzt hier nicht mehr wußte, was er sagen sollte, und nichts mehr von ihm übrig war als ein bißchen Gestank seines dünnen Durchfalls, wie sie da mit ihm per Eisenbahn nach Jerusalem gefahren waren, beide darum besorgt, in welches Krankenhaus am besten, und er fasziniert von der Zugfahrt, bis sie an der Station in Ramla hielten, wo die Lokomotive abgekoppelt wurde, um Wasser aufzutanken, aus einem großen Stoffschlauch, der aus einem großen Eisenschlauch mit einem großen Drehhahn daran kam, und der eine Mann drehte an dem Rad zum Öffnen, und der zweite Mann am Hals der Lok steckte den Schlauch tief in den Kesselschlund, der trank und trank ohne Ende, in Fülle versorgt mit dem, was sich später in mächtigen weißen Dampf verwandeln würde, und da nun mitten auf dem Ramlaer Bahnhof, in all dem Gedränge der Aus- und Einsteigenden mit Sack und Pack, unter schreienden Arabern und schwarzgekleideten Araberinnen mit baumelnden Münzenketten überm Gesicht und weinenden Kindern am Rockschoß, in dem übelerregenden Duftschwall von abgestandenem Tabak und ungewaschenen Leibern, in alldem war ihnen das Kind abhanden gekommen, dieser Strich von einem Jungen, der vor lauter Magerkeit und Schwäche beinah eingegangen wäre, und die Bahn würde bald tuten und anrollen und abfahren, und das Kind war weg, bis Vater in jähem Geistesblitz erschrocken losrannte, dorthin, wo man gerade die Lok tränkte aus dem Eisenschlauch, der in einem Stoffschlauch steckte, dessen Ende wiederum tief in den Eingeweiden der Lokomotive stak, zu deren Füßen unbemerkt und mit weit aufgerissenen Augen der Kleine stand, der auf nichts reagierte, weder auf «Wohin bist du denn verschwunden» noch auf «Warum hast du nichts gesagt» oder «Wir haben dich überall gesucht» oder «Beinah wäre die Bahn ohne dich weitergefahren», nur als Vater verstummte und ihn umarmte, antwortete er mit einer kleinen Umarmung seinerseits, und zwischen all dem Gepäck und in dem Gedränge und dem Tabakgestank bahnte Vater ihnen einen Weg zur weinenden Mutter, und eng umschlungen zwängten sie sich durch und stiegen ein und gingen an ihren Platz im Waggon, und dort stellte man ihn auf die Bank, und ohne überhaupt Platz zu nehmen, stand er da und starrte unverwandt hinaus auf die Strecke, bloß würde es nie jemanden geben, dem er erzählen könnte, was er da sah, und keiner würde auch je Interesse haben, es zu hören. Und als sie dann im Hadassa-Hospital in Jerusalem ankamen, erzählte ihm Mutter weiter, wußten die Ärzte nicht, was sie Mutter sagen sollten, und die Schwestern nickten ihr nur zu, kamen aber nicht, um den

Jungen zu streicheln, weil er so schmal und kümmerlich war und so Durchfall hatte und nur aus Augen bestand, und dann kam eines Tages der große Arzt und sagte zu Mutter, so erzählte sie, gnädige Frau, sagte er, Sie sind noch jung, Sie werden noch mehr Kinder haben, gesunde und kräftige, aber dieser Schwächling da..., sagte der Arzt und deutete auf das Kind, und sie kann nicht fertig erzählen, was der Arzt ihr gesagt hat, denn sie schluchzt schon und stammelt unter Tränen, und so endet die Geschichte nie. Mutter ist sehr gefühlvoll, und wenn sie ihn jetzt teelöffelweise mit «was Neuem, wirklich Gutem» füttert, das sie eigens für ihn zubereitet hat, und er nur den Löffelvoll im Mund behält, ohne ihn hinunterzuschlucken, sagt sie, nun schluck doch, mein kleiner Kümmerling, und bedauert, daß sie ihn Kümmerling genannt hat, und sagt, schluck, mein kleiner *Kwatschuch*, und bereut, ihn *Kwatschuch* genannt zu haben, und obwohl sie bedauert und bereut, sinken beide in sein Inneres ein, und dann bringt sie zuweilen einen noch feuchten Brief, den sie eben erst verfaßt hat, und ist so aufgeregt, während sie ihm vorliest, was sie da geschrieben hat, in einem Ton, der anfangs fast singend klingt und zum Schluß fast weinend, «flieg dahin, mein Briefelein», las Mutter von den Zeilen, «sing denen, die ich hab im Herzen mein», so schrieb man damals, und so las sie ihm mit zwitschernder Stimme vor und schickte weiter all ihren Herzgeliebten sehnliche Grüße, Umarmungen und Küsse, aus einem Herzen so voll wie ein Krug voller Blumen – und damit dieser Kleine nicht von dem abgeschnitten war, was sie verloren hatte, als sie dort weggegangen war aus dem Wald (dem Wahald) und vom Fluß (dem Fluhuß), malte sie ihm auf die Wachstuchdecke in der Küche, wo er immer noch nichts essen und nichts schlucken wollte, drei klare Punkte, die das Dreieck im Herzen der Welt bildeten: hier Bromel, da Luzk und dort Berestetschko, Gouvernement Wolhynien, erklärte sie ihm, alle am Styr und seinen Nebenflüssen, alle in den dunklen Wäldern, in allen hatte sie Angehörige, und all ihre

Lieben fanden ihren Lebensunterhalt dank dieser herrlichen, friedlichen Wälder, so süß und hold, daß sie nun gar nicht anders konnte als das Kind nehmen und hochschwingen, zumal es gar kein Gewicht hatte, und es liebkosen und fest und zärtlich ans Herz drücken und auch saftig abküssen.

Glas

Plötzlich ging die Pforte auf, mit einemmal drängten viele Menschen panikartig herein, auch Vater kam, in der einen Hand die Milchkanne, in der andern die Eisenstange. Sie waren am Eingang zum Viertel aufgehalten worden und hatten nicht zurückkehren können. Schlimme Dinge geschehen unablässig, und es sind nicht nur die Massen aus Jaffa, sondern auch die arabischen Polizisten und die britischen Reitereinheiten, und Zeugen haben gesehen, daß die Polizisten, statt auf den wildgewordenen Mob zu schießen, ihn hierher lenkten, also direkt zum Überfall ermunterten, ja nicht einmal ein paar Flüchtende hätten sie entkommen lassen, und es gäbe schon zahlreiche Opfer, Tote und Verwundete, die man in die Stadt, ins Herzlia-Gymnasium verbringe, und die Ladengeschäfte am Eingang nach Jaffa würden jetzt schon bei hellichtem Tag geplündert und ausgeraubt, und nach Süden zu, in den Zitruspflanzungen, habe man massenweise Dörfler herbeiströmen gesehen, mit Flinten und Äxten und Stöcken und Prügeln und unter Singen und Stoßen, ein enggedrängter Menschenpulk, vielleicht Hunderte, darunter auch trillernde und kreischende Frauen, und nichts stehe ihnen im Wege, nur ein Trupp britische Soldaten, die in die Luft geschossen und sie einen Augenblick aufgehalten hätten, aber jeden Moment könnten sie durchbrechen, und es sei nicht klar, was sie aufhalten könne. Und das sei nicht nur ein kleiner örtlicher Tumult, hier an der Grenze zu Jaffa, sondern es gebe Unruhen im ganzen Land, als sei alles von langer Hand angestrengt und als habe die britische Regierung noch keine Entscheidung getroffen, allerdings formiere sich wohl auch irgendeine Gegenwehr oder Wache in Tel Aviv, und bald würden sie zu Hilfe kommen oder was, aber es sei noch nicht sicher, es sähe nach einem allumfassenden Krieg aus, bei dem die Araber beschlossen hätten, mit den Juden und ihrem ganzen Zionismus Schluß zu machen, ständig würden sie mit aller Macht aufgehetzt, und wenn die britischen Polizeiwagen oder Reiterstreifen oder unsere Genossen von der Hagana nicht schnell kämen – dann wäre nicht klar, was werden würde. Und so ist das.

Es seien auch Schüsse vom Meer her gefallen, erzählt man hier, und vorm Gouverneurshaus, der Saraiya, in Jaffa hätten sich schon Hunderte von Arabern mit nagelbewehrten Stökken zusammengerottet, heißt es weiter, die schrien, die Juden hätten angefangen, die Kommunisten hätten angefangen, die Zionisten hätten angefangen, und die Regierung unternähme nichts gegen die Juden, aber nun würden sie auf Tel Aviv zumarschieren, und es heißt auch, jenseits des deutschen Viertels sähe man viele geplünderten Hausrat schleppen, und vom Suq a-Dir her steige Rauch von den ausgebrannten Läden auf, all die großen Geschäfte in der Bustros-Straße seien schon verrammelt, keiner käme rein oder raus, und es herrsche große Angst, und einer hier steht da und erzählt, wie er sich mit knapper Not dort gerettet habe, indem er ins Gouverneursgebäude geflohen sei, und wie man Verwundete dorthin gebracht habe, und drinnen habe er Frauen und Kinder gesehen, alle schreiend und schluchzend, und dann sei er ins französische Krankenhaus gegangen, in dem schon Verwundete waren, und die Lage wird immer ernster, sagt jetzt ein anderer Mann, und schon nicht mehr flüsternd, es wird von Minute zu Minute schlimmer, sagt der Mann, und es stimmt auch das Gerücht, daß man den Schuhmacher mit dem Messer abgeschlachtet hat, und es stimmt, daß, sofort nachdem die Polizei die Juden aus den Straßen evakuiert hat, dort Araber eingefallen sind und praktisch gemeinsame Sache mit ihr gemacht haben, und es stimmt, daß arabische Polizisten auf Juden geschossen haben, ebenso wie es stimme, daß ein einziger britischer Polizist bloß in die Luft zu schießen brauche, und schon käme der Mob zum Stehen, und es stimmt auch, daß vielleicht Hilfe kommt und daß man hofft, daß sie schnell eintrifft, und daß man unter Lebensgefahr Boten ausgesandt hat – alles richtig.

Die Bustros-Straße kennt er, die breite, ruhige, ehrwürdige Straße, aus soliden Steinen gebaut, mit jenen unermeßlich tiefen Ladengeschäften, in denen sich unermeßlicher Reichtum häuft, eine Überfülle an erstklassigen Waren bis in diese unermeßlichen Tiefen, was bewirkt, daß alles, was es in Übersee gibt, auch hier zu haben ist, in stabilen Fässern, in metallbeschlagenen Kisten, in duftenden, neuen Säcken, und in solch exquisiter Üppigkeit, daß man auch im Vorbeigehen draußen ihre Gediegenheit spürt, und wenn man in das bißchen erleuchteten Raum vorn lugt, seine sorglos gewichtige Atmosphäre, sieht man den ehrwürdigen Tisch mit viel poliertem Messing und gewichtige, ehrwürdige Menschen mit Wasserpfeife und ohne, mit Fezen und ohne, so daß man sich schutzsuchend an Vater drängt und fortstrebt von diesem Zuviel, das da in dieser ruhigen Stabilität lagert, bis in die dämmrige Tiefe hinein, mit der behäbigen Gelassenheit des Großhandels in Importwaren, die aus dem Bauch schwerer Schiffe kommen und auf die Höcker starker Kamele verladen werden, in Kisten, die trotz ihres Gewichts auch etwas Geheimnisvolles an sich haben, das ihnen vielleicht von den dunklen Hinterdecks anhaftet, in denen sie verstaut waren, und plötzlich ist die Bustros-Straße wirklich das Zentrum der Welt und vielleicht sogar der Tempel der realen Schätze, derer, die er nie erlangen würde, und die nicht seinetwegen hier sind, auch nicht Vaters wegen, denn sie beide sind hier nur ungebetene Zeugen dieses behäbigen Vorhandenseins, das nicht für sie da ist, nicht ihretwegen, ja das sie überhaupt nicht wahrnimmt, auch wenn hier einer von all der unbekannten Schönheit fasziniert ist, die nicht für ihn ausersehen ist, nicht die Ruhe, nicht die Sicherheit, nicht die feste Stabilität und nicht die völlige Sorglosigkeit dieser Menschen, die durch nichts auf der Welt zu erschüttern ist, von keiner Umwälzung – obwohl, geh hin und sieh, wer hätte ermessen können, wohin es mit dieser Bustros-Straße noch kommen sollte und was heute von ihr übrig ist.

Vater ruft Mutter ins Zimmer, wo sie gleich russisch sprechen, damit die Kinder es nicht verstehen, sogar die Tür machen sie hinter sich zu. Und das Kind in seiner Ecke, mit dem Stück Abfallholz, das es herumschiebt, sieht und hört im Rücken alles, das, was es versteht, und erst recht das, was es nicht versteht. Da ist etwas, was die Großen bei all ihrer Größe nicht zu erkennen wagen. Aber er ist ganz und gar von der klaren Erkenntnis durchpulst, daß alles wacklig ist und einstürzen wird. Und daß nichts und niemand helfen wird, weder Mutter noch Vater noch sonst ein Mensch, weil es so ist, da kann man nichts machen. Obwohl er noch so klein ist und erst nächstes Jahr in die erste Klasse kommt, weiß er, daß es so ist. Und wenn er auch ein federleichtes Kind ist, das mühelos hier davonschwirren könnte, wird man ihn nicht täuschen und ihm nichts erzählen, obgleich man ihn dauernd täuscht und ihm was erzählt, vor allem, um seinen Widerstand auszuschalten und ihm noch einen Teelöffelvoll in den Mund zu schieben. Irgendwas in seinem Innern merkt sofort, wann man die Erkenntnis zu umgehen versucht, daß die Sache verloren ist, und so tut, als ob nicht, um einen glauben zu machen, daß nicht. Dinge, die er nicht erklären kann. Auch wenn Vater und Mutter sich manchmal streiten, nämlich Vater nur schweigt und Mutter ihn attackiert, und sie ihm danach erzählen, es sei nichts gewesen, alles nur Spaß, oder wenn Mutter ihm streng erzählt, wer nicht äße, dessen Seele klettere nachts herab, um bei den Töpfen zu suchen, was so erschreckend klingt, daß er den Mund aufsperrt und alles hinunterschluckt und erst später wieder erbricht, weiß irgendwas in ihm, obwohl er noch so gern hätte, daß alles gut ausgehen möge, daß es nicht stimmt, daß man ihn nur beruhigen will, daß in Wirklichkeit nichts so ist, und daß es so was nicht gibt. Und daß wirklich alles verloren ist. Auch wenn er weder das Wort «verloren» noch ein anderes an seiner Stelle kennt. Und daß Gott die letzte Hoffnung ist. Nur er.

Aber Gott war nicht im Haus. Vater sprach nicht von ihm, Mutter erwähnte seinen Namen häufig, aber nicht wirklich, und der große Bruder hatte auch noch nicht angefangen, über ihn nachzudenken. Vater wußte Gebete und summte auch ganz, ganz leise solche schluchzenden Ja-ba-bim-bams vor sich hin, und Mutter sang, ziemlich unmusikalisch, allerlei überbordende Weisen von sich zu Hause, die bald in herzzerreißende russische Lieder überleiteten, starke blumenreiche Worte, die auf die Tränendrüsen drückten, aber auch dann war Gott nicht im Haus. Und dabei ist er doch die letzte Hoffnung. Wenn man schwer einschlafen kann, oder wenn man mitten in der Nacht aufwacht und alles so beängstigend ist, daß man kaum zu atmen wagt, und die Zimmerdecke sich biegt, und du nicht sicher bist, ob nicht alle weggegangen sind und dich hier allein und verloren auf der Welt zurückgelassen haben, und du nur angestrengt horchst, ob man Atemzüge aus dem Zimmer hört (einmal hat er auch schnelle, fast stöhnende Atemzüge von Vater gehört, wohl, als Mutter schschsch, Ruhe, flüsterte, das Kind wird's hören), und sich momentan so was wie ein tiefes Loch auftut, in das man abstürzt, und man nichts machen kann als zu schreien, wenn das Würgen nicht wäre, dann bleibt nichts anderes mehr übrig, und er wendet sich an Gott und redet zu ihm, sagt ihm, er sei die letzte Hoffnung, und wenn er jetzt nicht eingreife – sei alles verloren. Buchstäblich in diesen Worten. Alles verloren. Bloß, daß Gott nicht reagiert, nicht antwortet, nicht spricht, nicht tröstet, nicht sagt, schlaf jetzt, mein Kind, oder, schlaf ein, das ist nur ein böser Traum, und daß er auch nicht herabsteigt und die Decke zurechtstreicht und ihm nicht mit der Hand übers Haar fährt. Aber er hört. Das ist sicher. Denn, wenn du, Gott, nicht hörst, pflegte er in solch hoffnungslosem Moment zu sagen, dann ist doch alles verloren. Wenn die Menschen mit all ihrem Wissen und Tun am Ende sind und man an den Punkt kommt, an dem keiner mehr weiter weiß und die Hände völlig leer sind – wer bleibt dann noch übrig als nur du, Gott, du allein bist die letzte Hoffnung.

Tam teidl, tam teidl, tam tam – sang Vater manchmal schüchtern eine seiner chassidischen Weisen, und zwar ausdauernd, in seinen Schnurrbart, der vieles verbarg, auch viel Schüchternheit, aber nicht sein trauriges Lächeln und nicht seine Erregung, er sang und fabulierte aus reiner Seele, wenn er sich allein und unbeobachtet glaubte, brach aber sofort ab, wenn man ihn dabei ertappte, und an den hohen Feiertagen nahm Vater ihn in die Synagoge des Viertels mit, Hand in Hand, beide schön angezogen, und dort hüllte er sich in seinen zerschlissenen Gebetsmantel und zeigte auch den Umsitzenden, wo man jetzt im Gebetbuch las, aber alles dort war ermüdend und langwierig und langweilig und nicht wirklich, und Vater las in richtigem Hebräisch, was die andern ringsum in irgendwie verzerrtem Tonfall rezitierten, verstellt, wie verkleidet, und zum Schluß gingen sie ganz langsam nach Hause, als hätten sie nur ihre Zeit vergeudet, weil es schöne Sitte ist, aber Gott war nicht dort. Er als kleines Kind, das nichts versteht, wußte, da stimmt was nicht. Nicht beim Gang zur Synagoge und auch nicht bei dem, was zwischen dem Viertel und Jaffa los ist. Und daß selbst, wenn nichts zwischen Juden und Arabern passiert, doch die ganze Zeit was passiert, das man zu verbergen sucht, von dem man nicht richtig spricht, bei dem man nicht eingestehen will, daß da was nicht richtig klappt. Gehört dieser Ort uns nicht? Gehört er ihnen nicht? Haben wir uns zwischen sie gedrängt? Drängen sie sich zwischen uns?

Jemand kommt durch die kurzatmig knarrende Pforte herein und erzählt, er sei in der Stadt gewesen und habe Araber mit Stöcken rennen sehen, und beinah hätten sie ihn erwischt, mit knapper Not sei er davongekommen, und er habe gesehen, wie Verwundete ins Gouverneursgebäude gebracht wurden, der Gouverneur persönlich sei neben ihnen niedergekniet, um sie zu versorgen und zu verbinden, und dann sei er weggegangen, mit einem Major John, der ein Gewehr mitgenommen habe, und gemeinsam seien sie zum Haus der Pioniere gegangen, und dort hätten schon elf Tote gelegen, ja, elf, mit eigenen Augen habe er's gesehen, allesamt Neueinwanderer, direkt vom Schiff weg, und dazu viele Verwundete, erzählt er, und man gibt ihm was zu trinken, aber er kann nicht, mit Mühe hätten sie einen Arzt gefunden und ein paar Verwundete ins französische Krankenhaus gebracht, wo aber auch kein Arzt war, und der Gouverneur habe ihnen einen Militärlaster gegeben, um sie nach Tel Aviv zu überführen, und es heiße, auch in Tel Aviv herrsche Tumult, aber kein Mensch wisse das, und es seien angeblich viele Soldaten aus Sarafand herbeibeordert worden, vielleicht würden die der Lage Herr, wenn sie wollten, denn es sei noch nicht klar, was die Engländer wirklich wollten, und man erzähle auch von arabischen Polizisten, die die Messingmarke mit ihrer Dienstnummer abgemacht hätten, damit man sie nicht identifizieren konnte, an der Spitze ein dicker Polizist, der mit den zwei Streifen am Ärmel, und alle Eingeweihten sagten, auch die Hafenarbeiter und Küstenschiffer seien schon vorher organisiert worden, und weiter heiße es, ein paar Pioniere aus Ungarn, die am Strand Steine klopften, hätten den Angriff von der Dschamal-Pascha-Straße abgewehrt, und ferner sage man, auch in den Kolonien herrsche Angst wegen des moslemischen Feiertags Nebi Salah in Ramla, und bei Abu Kabir in den Zitrushainen säßen ein paar Juden fest, zu denen man schwer durchkäme.

Vater und Mutter traten aus dem Zimmer, und Mutter nahm Wasser mit selbstgemachtem Zitronensirup und ging zwischen allen umher und schenkte Glas auf Glas aus, schweigend. Und alle blicken nur auf das große, verschlossene braune Holztor. Schon zwei Uhr nachmittags. Und ebenso ist es sicher auch im zweiten Hof, neben uns, und in den Höfen des ganzen Viertels. Die Tore sind geschlossen, und auch dort sehen sie, daß es jetzt zwei Uhr ist, und auch dort wissen sie nicht recht, was man nun machen soll. Wieder öffnet man die Pforte und läßt einen Mann ein, der zu erzählen weiß, was genau im Haus der Pioniere passiert ist, denn er ist eben erst von dort geflohen und um sein Leben gerannt. Um halb eins, erzählt er, habe man Grüppchen von Arabern vorm Haus zusammenlaufen sehen. Daraufhin habe man das große Tor geschlossen, aber die Araber hätten angefangen, den Hof mit Steinen zu bombardieren. Und da habe man beschlossen, die Eisenstangen vom Tor abzumontieren und sie gegen den anrückenden Mob einzusetzen. Und schon war das Haus umringt und das Geschrei grauenhaft, aber die ersten Araber, die einzufallen versuchten, konnten abgewehrt werden, die drinnen schlugen und prügelten mit den Eisenstangen, worauf die Angreifer vor Schmerz brüllten, stehenblieben und der ganze Mob einen Augenblick innehielt, und dann flogen die Steine von beiden Seiten, und ein paar kühne Burschen stürmten aus dem Hof nach draußen, um die Randalierer mit den Eisenstangen zu attackieren, und wieder hielten die Araber einen Moment überrascht inne, es blieb ein Abstand zwischen den beiden Parteien, und nur Schreie flogen hin und rüber. Zu diesem Zeitpunkt trafen ein paar arabische Polizisten ein, und man dachte, jetzt würden sie Ordnung schaffen, bisher hatte es auch noch keine Verwundeten gegeben, doch da betraten die Polizisten den Hof und verteilten Sprengkörper an die Araber, und sie selbst schossen aus der Nähe und warfen auch einen Sprengsatz ins Innere des Hauses, wobei zwei getötet und mehrere verwundet wurden, und nun fiel die Menge ein und fing an zu plündern und zu raffen und zu wüten und zu metzeln, und sie alle drinnen flohen in den zweiten Stock hinauf und verbarrikadierten sich dort, man wußte nicht, was jetzt werden würde, und da endlich erschien eine britische Polizeistreife und vertrieb den Mob mit Schüssen, und danach seien sie hinuntergegangen und hätten die Toten und die Verwundeten geborgen, es sei zu schwer zum Tragen, sagte der eben Angekommene und begann zu schluchzen.

Höfe über Höfe im Viertel und alle mit verschlossenem Tor. Die Gassen zwischen den Höfen sind menschenleer, und wer doch hinaus muß, rennt wie wahnsinnig. Also wenn das hier Newe Schalom und Newe Zedek (das heißt Oase des Friedens und Oase der Gerechtigkeit) sind, wo ist dann die Oase, wo der Frieden und wo die Gerechtigkeit. Die schönen Namen gucken das Viertel an und das Viertel sie. Aber wenn es mal vorkommt, daß man ihn nicht rechtzeitig vom Kindergarten abholt, oder wenn man wieder mal den großen Bruder gebeten hat, seinen kleinen Bruder abzuholen, und er es vor lauter dringenderen Beschäftigungen vergißt, kann der Kleine wie ein Schatten davongleiten, auf eigene Faust hinausschleichen und allein heimgehen, denn Frau Jehudit, die Kindergärtnerin, ist zu beschäftigt, um zu merken, daß ihr ein Jüngelchen aus dem Nest gehüpft ist, und er freut sich still an der geschenkten Freiheit, schlendert langsam in Freiheit durch die Gassen und betrachtet sich in Freiheit Dinge, ohne jede Eile. Nicht die Bewohner der Häuser interessieren ihn, auch nicht, wem sie gehören, sondern das wahrhaft Wichtige, wie jedes einzelne Haus so dasteht, mit verblichenem, blätterndem ockerfarbenem Putz, oder wie die bloßgelegten, trübseligen Kurkarsteine, die scheinbar absichtlich dazu geschaffen sind, Trübsinn zu speichern, dahinter hervorlugen, und dann diese wunderbar geheimnisvolle Trauer, die zwischen der blätternden Wand und den staubmüden, geschlossenen Fensterläden verborgen liegt, und auch die Straßenkatzen kennt er, vor ein paar Hunden nimmt er sich in acht, und einmal hat er gesehen, wohin eine Maus flüchtete, um sich zu verstecken, ein andermal ist er auf seine mageren Schenkel niedergegangen, um aus niedriger Stellung das Was und Wohin der Ameisenkolonne zu beobachten, und im Gegensatz zu seinem Bruder springt er niemals hoch, um einen verwirrt mit seinen dünnen Fühlern tastenden braunen Kakerlak unter sich zu zermalmen, herangeschwemmt von weißem Waschwasser, das nach arabischer Seife riecht, und selbst wenn er draufgesprungen wäre, um ihn zu zermalmen – was wäre diesem Ungeziefer, das man *Dschuk* nennt, schon passiert?

Der Kindergarten beherbergt auch das Seminar für Lehrerinnen und Kindergärtnerinnen, dessen Sekretär Vater ist, ein großes Haus mit unendlich vielen Zimmern und unendlich vielen Stockwerken, vielleicht dreien, und einem Ziegeldach, davor ein paar Palmen und Zitronenbäume, und immer gehen junge Mädchen und junge Burschen aus und ein, und Lehrer mit schön gestutzten Kinnbärten und mit Strohhut, Krawatte und Stock, allesamt ehrwürdig und auch gewichtig, allesamt Turmfesten der Kultur, und plötzlich kommt dir da der Herr Nissan Turow entgegen oder der Herr Jischai Adler oder der Herr Jechiel Jechieli, ganz in Schale und honorig, und du machst ihnen Platz in der Gasse, drückst dich respektvoll mit dem Rücken an die Wand und bleibst völlig stumm, bis sie vorbei sind. Und manchmal kannst du auch den Dr. Matmon-Cohen sehen, der eines Tages einen Anschlag an die Synagogenwand geheftet hat, er werde eine Mittelschule für Knaben und Mädchen eröffnen, und so wurde das Herzlia-Gymnasium gegründet, auch ihn kannst du vorbeigehen sehen, Arm in Arm mit der Frau Matmon, die einen hübschen Sonnenschirm mit Sonnenblumen in der Hand hält, und auch die stets schwarz gekleideten Lehrer der Tachkemoni-Schule kannst du im Vorbeigehen sehen, und dann die Jungen und Mädchen, die erst in gebührendem Abstand zu rennen und zu johlen anfangen, und hinter dem Seminar zur einen Seite ist schon die Brücke über die Eisenbahn und zur andern die große stillgelegte Fabrik und die Eisengießerei und Maschinenfabrik des Deutschen Wagner, und von dort weiter geht schon die große Straße, auf der es gefährlich ist, sogar mit Vater, und die auch Vater meidet.

Es ist leicht, das verlassene Fabrikgebäude zu umgehen, aber nicht leicht, von ihm loszukommen, weil es nämlich furchtbar ist. Früher war es mal eine Fabrik und dann nicht mehr, und seither steht es leer und verlassen. Drei Stockwerke und viele Fenster und alle zerbrochen, vielleicht von den Steinen des großen Bruders und seiner Lausbubenbande oder vielleicht von den Steinen arabischer Lausbuben oder vielleicht nicht von Steinen, sondern von selbst und aus Verzweiflung. Dabei gibt es doch nichts Furchtbareres als die Fenster verlassener Häuser mit ihrem zersplitterten Glas. Glasscheiben, die einst in ihren breiten Rahmen leuchteten, tragen scharfzackige Wunden, spitz wie Raubtierkrallen, schiefe, bedrohliche Schnittlinien, und was von ihnen übrig ist, steht verstaubt und mit Moder überzogen da, als hätten sämtliche Spinnen schon sämtliche Fliegen gefangen und lediglich ein schmieriges Gespinst von Spinnendreck hinterlassen, hingeschmiert wie eine furchtbare und häßliche Krankheit, schwer zu sagen, was genau, so was Ödes und Trübes und Zertrümmertes, böse zertrümmert, häßlich zertrümmert, ohne jede Chance, hingreifen bedeutet sich schneiden, und sich schneiden ist unheilbar, so daß es einen drängt, loszulaufen und zu entfliehen, sogar zu vergessen, daß du diese kranken Scheiben gesehen hast, nur daß du halt gefangen bist und unmöglich fliehen kannst und es auch irgendwie unanständig ist zu fliehen, und selbst wenn du fliehst und nicht hinguckst, siehst du's doch nachher im Traum.

Niemals würde er diesen Scheiben entfliehen können, dem Anblick ihrer Splitter, der heulenden Öde zwischen den Scheiben, der entkräfteten Spröde, den hoffnungslos zerbrochenen Trümmern, verwahrlost, apathisch, von trüb gelbem Staub wie mit Talg verschmiert, oder wie eine Verwünschung, wie ein Fluch, diese modrigen Glasscheiben, denen du zum Schluß nicht wirst entfliehen können, die böse gekrümmten Glaszacken werden dich einholen, krumm und staubig und spitz, werden dich finden und fangen und verwunden und dir eine Blutvergiftung beibringen, gefährliche, elende Splitter, furchtbar und langweilig zugleich, so was Verendetes, das hartnäckig bleibt, unbekümmert darüber, daß es am Ende ist und nervt, derart, daß selbst ein Kind dies als Sinnbild des Versagens erkennen muß, diese üblen, vergifteten alten Scheiben und diese Rahmen, hinter denen nichts ist, wo hier doch vor nicht allzu langer Zeit eine große Fabrik gelebt hat, Menschen sind darin herumgelaufen, haben Fenster auf- und zugemacht, die Scheiben geputzt und poliert, bis eines Tages der Mißerfolg hereinbrach, vielleicht haben sich die Erzeugnisse nicht verkauft, vielleicht ist es nicht gelungen, billig zu produzieren, denn eines Tages sind alle weggegangen und nicht wiedergekommen, und es blieb niemand, der weitergemacht hätte, so vergingen Tage und Jahre, keiner kehrte zurück, um es von neuem zu versuchen, und alles begann herabzufallen, einzustürzen und zu zerspringen, von innen her und auch von außen, sämtliche Türen wurden aufgebrochen, was da war, wurde mitgenommen, und was zurückblieb, ging kaputt, und es blieb nur noch ein Denkmal des Scheiterns, die Glasplatten oder Scheiben oder wie sie heißen mochten, barsten in den Fenstern, wurden zu trüben, krankmachenden Scherben, wie aussätzig, von drinnen her wehte unerträgliche öde Leere, die klagend aus den Glassplittern gähnte, und die Trostlosigkeit kratzte wie trübsinniger Wind auf den geborstenen Scheiben.

Wenn Vater mal erzählte, was war und wie es war, sprach er oft von solchen Dingen, die begonnen, aber nicht beendet worden waren, und von Mißerfolgen, immer, von der Fabrik Stein zum Beispiel, hier jenseits der Brücke, Pumpenwerk und Eisengießerei, die dafür sorgte, daß es in den Zitruspflanzungen Wasser gab, und von Dizengoffs Flaschenfabrik in Tantura bei Atlit etwa, die dafür sorgte, daß Behälter für die Ströme von Wein bereitstanden, die in Sichron und Rischon hergestellt werden würden, und von der Korkenfabrik hier in Newe Zedek beispielsweise, die dafür sorgte, daß man alles gut verkorken konnte, den Wein, der das Herz des Juden erfreut, und das Öl, das sie in Wilboschitz' Fabrik *He'atid* (Die Zukunft) in Ben Schemen produzieren würden, die wiederum dafür sorgen sollte, daß es Freudenöl für die Juden gäbe, und Seife und Kosmetika aus all der Fülle der Olivenbäume in den üppigen Herzl-Wäldern, allesamt große, wohlfundierte Ideen, allesamt erfüllt von lebendigem, tätigem Zionismus, allesamt große Hoffnungsträger für ein armes Volk, das sich endlich eine reale Basis und eine stabile Wirtschaft schaffen wollte – und sie alle scheiterten, jede für sich, jede aus ihren Gründen, sie alle schlossen, ohne je wieder aufzumachen, wurden zu verödeten Ruinen, die Fabrik *He'atid* in Ben Schemen eine Ruine, die Flaschenfabrik in Tantura eine Ruine, die Eisenfabrik eine Ödnis, alle Arbeiter wurden entlassen, alle Direktoren packten ihre Sachen und suchten das Weite, ja nicht wenige von ihnen bestiegen jene Schiffe, die hier gleich hinter den Felsen einlaufen, und die Schiffe tuteten, ließen Rauch ab und verschwanden am Horizont auf geradem Kurs nach Westen, und als letztes entschwanden die Masten, da die Erde bekanntlich kugelrund ist.

Und der Zionismus? Und die Ölbaumwälder? Dafür sollte doch jeder Jude den Gegenwert eines Baumes zahlen, so daß Millionen Bäume gepflanzt würden, die bergeweise Frucht geben und Ströme von Öl liefern müßten, und dafür stände auch schon fix und fertig eine Öl-, Seifen- und Kosmetikfabrik bereit, und verschiedene Rebsorten würde man anbauen, die bergeweise Frucht geben und Ströme von Wein liefern würden, die man nur noch auf Fässer und Flaschen abzufüllen, mit den schon bereitliegenden Korken zu verstöpseln und mit den hübschen Etiketten zu versehen brauchte, die bereits in der Kunstgewerbeschule Bezalel entworfen worden waren, und alles ist hundertprozentig, und schon arbeiten eine Fässerfabrik und eine Flaschenfabrik und auch eine für Korken, und alle siebzehn Millionen Juden, die es schätzungsweise auf der Welt gibt, die meisten in Rußland und Polen und die übrigen über den sieben Meeren, stehen schon sämtlich jeden Freitag Schlange, um hebräischen Wein zum Kiddusch und zionistisches Öl zum Salben heimzubringen, und am Sabbatabend singen sie inbrünstig Am Sabbat aber nimm zwei makellose einjährige Lämmer, und sie singen Zwei Zehntel Feinmehl, das mit Öl vermischt ist, und sie singen Das dazugehörige Trankopfer soll aus einem Viertel Hin je Lamm bestehen (das «Hin» – genau sechs Liter!), und die Kerzen brennen, und die Göttliche Gegenwart vergießt eine lautere Träne – gar nicht erst zu reden vom freitäglichen Bad mit Seife und Kosmetika aus Hod Hascharon –, ja, alles ist so solide und die zionistische Zukunft so wohlfundiert und gesichert, zweifellos bestens fundiert und bis in die letzten Einzelheiten vorberechnet, und die Arbeit ist gänzlich wohlorganisiert und von Hingabe getragen – bloß ist irgendwas plötzlich durchgedreht, weggeweht, umgekippt, ausgeflippt, und auf einmal ist es ein Mißerfolg. Aber völlig. Schluß, aus.

Man muß schon gegen die Verlockung ankämpfen, dort einzudringen in dieses furchtbare Gebäude mit seinem grauenhaften Gähnen, seinem Verlassensein, das eben das Verlockende ist, einen auch reizt, die Hand auszustrecken und eine dieser modrigen Scheiben zu berühren. Außerdem ist anzunehmen, daß eine Hexe sich dort eingenistet hat. Und auch draußen sind hier und da ein paar Glasscherben versprengt, genauso abscheulich krank, liegen da und machen sich nichts draus. Vielleicht sollte man es wagen, eine aufzuheben. Zu hören, wie's ihr geht. Und dieses kratzende Geräusch, das der Wind macht, wenn er zwischen den kranken Glassplittern hindurchweht, denn es gibt auf der ganzen Welt kein trostloseres Schnarren als dieses. Es ist nicht klar, wie man von hier entfliehen könnte, oder glauben, daß es auch eine andere Welt auf der Erde gibt. Ohne das Pfeifen des Winds über schmierige Glassplitter. Mit Gewalt reißt er sich los und läuft davon, wobei das Körbchen mit der gestickten Serviette, die morgens, frisch gebügelt, die beiden Brotscheiben mit viel Butter und viel Halva dazwischen umwickelt hat, die wiederum in geheimer Beziehung zu einem gewissen Hund stehen, der besonders gern Butter und Halva mag, während er selbst darin geübt ist, der Frau Kindergärtnerin Jehudit zu zeigen, wie er sich, vermeintlich genußvoll, den Mund mit der Serviette abwischt, dieses Körbchen also nun leer und leicht mitwippt, bis plötzlich Mutter, die schon in Sorge war, ihm auf der Gasse entgegenrennt, eingehüllt in etwas, das sie ungeduldig vom Bügel gerissen hat, ihm, ganz Rüge und Vorwurf, entgegeneilt, sowohl mit einem Gott sei Dank als auch mit einem Zornausbruch, aber sie wird ihn nicht schlagen, wie sollte sie wohl, nimmt ihn nur in die Arme, hebt ihn mitsamt Sandalen und Körbchen hoch und küßt ihn saftig ab, ohne jede Vorstellung davon, daß sie mit einem Schlag alles kaputtgemacht hat, die ganze Freiheit. Und so ist das.

Nicht nur Mutter ängstigt sich jetzt. Alle Leute im Bogengang haben Angst. Keiner weiß was Richtiges zu sagen. Und Mutter will ihre Küken jetzt bei sich haben. Und daß sie jetzt was essen und trinken. Bloß sorgt der große Bruder, wie üblich, schon für sich selber, mit konzentriertem Ausdruck auf dem schönen Gesicht unter dem vollen braunen Haar, das ihm in die Stirn fällt, und mit dem leisen Pfeifen durch die Zähne, das nur er im Viertel zuwege bringt, schneidet sich eine schöne Scheibe Brot ab, bestreicht sie mit einer schönen Schicht Butter von dem Klumpen, der in Wasser schwimmt, damit er nicht zerfließt, schält mit schönen Fingern eine junge Gurke, schneidet sie der Länge nach in perfekte Scheiben, die er sorgfältig Stück für Stück auf die gebutterte Scheibe plaziert, streut ausreichend Salz darüber, wischt zum

Abschluß die Fingerspitzen an der Hose ab und füllt sich ein sauber gespültes Glas mit der restlichen Milch, die frisch und schäumend geblieben ist, stopft sich nun also aus der einen Hand den Mund mit dem belegten Brot, begießt aus der andern seine Kehle mit Milch, hat es schön, ist schön und macht Mutter Freude, ganz und gar ein schönes, junges Tier, das schön ißt mit jungem Appetit und sich wohl fühlt, und Mutter fährt ihm mit gespreizten Fingern durch sein üppiges Haar, als wolle sie es kämmen. Mutter hat ja so Angst um ihn, daß die Götter nicht etwa neidisch auf ihn werden und ihm etwas antun, eine augenscheinlich völlig unbegründete Sorge, und trotzdem fürchtet sie in tiefster Seele um diesen schönen Jungen. Bedenkt, daß er am 17. Tammus geboren ist, dem Tag, an dem die Mauern Jerusalems durchbrochen wurden (erst kürzlich hat sie ihm den Geburtstagskuchen gebacken), und daß bei diesem Geburtsdatum klar ist, daß die Schwangerschaft am Jom Kippur begonnen hat, und an eben dieser Stelle fing sie dann auch an, Vater was vorzuweinen, sie hätten etwas Verbotenes getan, das die Götter nur ja nicht bestrafen sollten, sie hätten sich nicht hinreißen lassen dürfen, es an jenem heiligen Tag zu tun.

Auf dem runden Brunnenrand, krumm auf der hintersten Pokante, unbehaglich, wie es jetzt wirklich ist, sitzen drei, während zwei, drei vor ihnen stehen, um zuzuhören, denn auf Vater hört man, weil er mehr über Jaffa weiß, obwohl schon über fünfzehn Jahre vergangen sind, seitdem er die Volkszählung durchgeführt hat – mit Hilfe des Schuldieners und eines unserer sephardischen Brüder, der Wege zum Herzen der sephardischen Einwohner zu finden wußte, die sehr den bösen Blick fürchteten, der mit jeder solchen Erhebung verbunden ist, seit der Volkszählung König Davids, zu dessen direkten Abkommen sie gehören – und zum Schluß alles in S. Ben Zions *Haomer* veröffentlicht hat, wonach keiner mehr über Jaffa redet, ohne vorher in «Der hebräische Jischuw in Jaffa», 1904/5, 108 Seiten, nachzulesen, zu lesen und zu staunen, wie ein Mann allein diese ganze Heldentat hat vollbringen können, sitzen also krumm und ungemütlich, wie alles hier ringsum, auf dem Brunnenrand, und das Kind hört und versteht zwar nicht alles, was sie sagen, hört aber klar heraus, daß sie in Angst sind, auch Vater, und die andern noch mehr, und nicht wissen, was zu tun, und daß Vater sich schämt, so zu sein, aber auch nicht weiß, was man tun soll, sitzen krumm auf einem Viertel Hintern und haben für nichts mehr Geduld, ihre großen Hände sind leer, und Hilfe von außen ist nicht in Sicht. Ob sie wohl von Tel Aviv oder von Sarafand anrücken werden, ob der britische Gouverneur eingreifen wird, oder ob man die Dunkelheit abwarten und sich davonmachen sollte, und auf einmal wird irgendwie klar, wie zerbrechlich wir hier alle sind, wie – ja, es sei deutlich gesagt – wirklich fremd hier, wie unerwünscht, und man fragt Vater, wie das seinerzeit in den Kolonien Rechovot und Petach Tikva war, als dort Unruhen ausbrachen, denn es sind doch immer überall Unruhen oder Krawalle oder Überfälle ausgebrochen, um bloß nicht das verhaßte Wort Pogrome wieder hervorzuholen, wie sind jene Zusammenstöße zu Ende gegangen, haben damals Stöcke und Spatenstiele gereicht, oder braucht man auch Feuerwaffen, und nur, wenn man schießt und trifft und einige von ihnen tötet, beginnen sie zurückzuweichen, nicht ohne sich hinterher mit Prozessen, Blutrache, Verhaftungen, Geldstrafen, Bestechung und alldem herumschlagen zu müssen, und zum Schluß mit einer trügerischen Versöhnungszeremonie, und wie es ihnen in den Kolonien gelungen ist, Waffen zu horten, und wieso sie hier nicht mal eine Pistole haben (Vater sagt *Ekdoach*, nicht *Ekdach* wie die andern), und wieso selbst die, die als Freiwillige beim britischen Militär waren, nach ihrer Dienstentlassung keine behalten haben, und wie sie hier so dumm rumhocken, und daß auch nicht klar ist, was in Tel Aviv vor sich geht, und Vater versucht zu antworten, ohne etwas zu beschönigen, aber was weiß er denn schon außer Geschichten aus vergangenen Tagen, wie soll er wissen, was hier jetzt um Viertel vor drei am Nachmittag des 2. Mai passiert, und was hier bis zum Abend geschehen wird oder in einer Viertelstunde, ebenso wie man nicht wissen kann, ob dies nur sporadische Unruhen sind – aus irgendeinem vorübergehenden Anlaß oder infolge glühender Aufhetzung, die wieder abflauen wird, oder wegen der Schwäche der britischen Verwaltung, die noch keinen Beschluß gefällt hat, oder wegen der Feindseligkeit der Polizei, die, statt zu bremsen, sich an die Spitze der Randalierer stellt –, oder aber, ob es sich um Unruhen handelt, die nie mehr aufhören, sondern in unendliche Kriege umschlagen werden, und wenn sie hier Waffen hätten, wäre es gut, nur ein paar Schüsse abzugeben, sogar nur in die Luft, und alles würde sich mit einem Schlag ändern – obwohl alles hier viel ernster ist, weil sich da zwei Stämme, zwei Völker, zwei Nationen gegenüberstehen, entweder die einen oder die andern, und es wird hier nie Ruhe und Frieden geben, es mag ja einer den andern nicht, läßt ihn nicht, erträgt ihn nicht, und nur eine dünne Kruste überdeckt immer mit Mühe den Schlund des glühenden Vulkans. Geht weg, ruft hier die Erde, geht weg von hier, ruft der Ort, geht hier weg, rufen die Straßen, macht euch davon, rufen die Gassen, geht alle weg, und *Allahu akbar*.

Es wird immer klarer, daß etwas getan werden muß, daß man keine Geduld mehr hat und es auch keine sinnvolle Lösung ist, hier weiter krumm auf dem Brunnenrand zu hocken und zu warten, mit Schweigen und Murmeln und Erinnerungen-Hervorkramen und Schamgefühlen und mit So-geht's-nicht-weiter. Man muß hinausgehen und in den Nachbarhöfen fragen, vielleicht nach Tel Aviv laufen, vielleicht mit Eisenstäben zum Gouverneursgebäude ziehen, oder vielleicht einfach mit eben diesen Stäben hinausstürmen, auch die Männer der Nebenhöfe einbeziehen, mit denen wir Zaun an Zaun und Mauer an Mauer aneinandergrenzen und die jetzt alle ihre Holztore verrammelt haben, einige sogar mit mehreren festen Windungen Draht gesichert, also mit ein paar Dutzend oder sogar hundert Mann auf die Menge jenseits des Viertels losstürmen, sie überraschen, und zwar solange sie noch aus unbekanntem Grund zögern und es nicht eilig haben, in das Viertel vorzudringen, oder vielleicht sind sie essen gegangen oder mit Plündern beschäftigt, oder womöglich haben sie die Richtung gewechselt, nur nicht so blind dasitzen und warten, nur nicht gedemütigt und tatenlos herumhocken, sondern sich jetzt aufraffen und hinausgehen und nicht solche Galutjuden sein, sondern ausziehen und was unternehmen, es ist wirklich höchste Zeit, und zuallererst mal feststellen, was vor sich geht.

Deshalb erheben sie sich jetzt vom krummen Sitzen auf dem Brunnenrand, wischen sich mit den Händen über die Hosenböden, und all die andern versammeln sich, Männer, Frauen und Kinder, man bittet um Ruhe und kommt überein, daß drei hinausgehen sollen, um festzustellen, was passiert, darunter auch Vater, weil er sich am besten auskennt und Erfahrung hat, und Vater vergißt auch nicht, die Milchkanne und die Eisenstange mitzunehmen, und die beiden andern nehmen Holzstangen, weil es keine Eisenstangen mehr gibt, und Körbe, weil auch das Brot ausgegangen ist, und zuerst werden sie vorsichtig zum Nachbarhof laufen und dann von dort weiter, unterdessen soll man hier gut das große Tor verrammeln, und alle sollen bitte auf die Zimmer gehen und keine Grüppchen bilden, und die Ausgesandten würden versuchen, so schnell wie möglich mit Nachrichten zurückzukehren. Mutter ist unzufrieden, Mutter meint, Jüngere als Vater müßten loslaufen, aber sie weiß, daß niemand hier sich besser auskennt als Vater, in allem, was es über Jaffa zu wissen gibt, wobei diese Erkenntnis jedoch nicht ihre Tränen zurückhält, sie steht da und hält an sich, steht da und schweigt, steht da und putzt sich nur die Nase mit dem Taschentuch, und umfaßt dann nur mit der einen Hand den großen Bruder, der, wenn man ihn bloß ließe, sofort ausschwirren und einen Moment später mit allen erforderlichen und mehr als erforderlichen Nachrichten zurückkommen würde, und mit der andern den kleinen Bruder, der in seinem kleinen, unwissenden Herzen zu raten versucht, wie all das enden wird. Und so ist das.

Masken

Ins Haus gehen und ein bißchen ausruhen, ins Haus gehen und ein bißchen schlafen, oder hineingehen und was essen oder trinken, alles Vorschläge, die verworfen werden, ehe sie ganz ausgesprochen sind, und man hat zu nichts Geduld und kann nichts tun, um sich die Zeit zu vertreiben, bloß Mutters Angst ist jetzt offenkundig, man kann sie deutlich sehen. Daraufhin steht das Kind auf und geht hinein, klein und barfuß, hat ein wenig Mühe, die Tür aufzumachen, und dann geradewegs zur Fensterbank, auf der immer der feuchtperlende *Liberik* steht, das ist der Schnabelkrug, dessen Wasser stets kühl ist, nicht ohne einen leichten Modergeschmack, und wenn sein Bruder diesen Krug nimmt (über dessen Öffnung eine dünne Serviette liegt, deren Kanten mit angenähten Schneckenhäusern beschwert sind, damit sie über die Öffnung gespannt bleibt, um Fliegen, Ameisen und sonstiges Ungeziefer fernzuhalten), ihn mit beiden Händen umfaßt und hochhebt, zielt er einen dünnen Wasserstrahl direkt in seinen Mund und trinkt wie ein Kamel, doch wenn er selbst nun versucht, dieses mustergültige Vorbild nachzuahmen, zielt er immer daneben, verschüttet um sich her, erstickt beinah und hustet viel im Vergleich zu dem wenigen Wasser, das er schließlich herunterkriegt und das fast alles ist, was er an jenem Tag zu sich nimmt, und nun zerrt er hastig den Schemel heran, den Mutter *Tabouret* nennt, klettert darauf, zuerst ein Knie, dann die beiden nackten Füße, um an den Stapel

Zeitschriften zu gelangen, die Vater dort übereinander anhäuft (wobei Mutter dauernd jammert, das sei nichts als ein Staubfänger und ein Nest für Kakerlaken und gefährde zudem ihren Geranientopf, der da mit seiner einzigen kümmerlichen roten Blüte im Schatten der Hefte auf einem kleinen gebügelten Deckchen steht, und Vater ihr immer verspricht, er werde bald alles ordnen und binden lassen und in das jetzt schon überfüllte Bücherregal zwängen), zieht mit Gewalt ein paar Zeitschriften unten aus dem Stapel heraus, blättert darin und findet rasch ein Heft des *Hapoel Hazair* des Jahrgangs 5673 (1912/13), auf dem unten noch ausdrücklich der Preis mit 4 Metlik, 12 Kop., 30 cent. und 6 cent angegeben ist, gegenüber 8 ägypt. Grusch heute, und findet ebenso rasch auch die Anzeige, die er gesucht hat und die sie vielleicht aus der Notlage retten wird, vor der all die Großen die Arme sinken lassen. Es gibt nämlich einen Mann, der ein großes Magazin voll bester Waren hat, wie in der Anzeige ausgeführt und durch ein Bild dortselbst illustriert, eine Auswahl Wanduhren mit hebräischen Buchstaben als Zahlen, dazu Schmuck und Brillen (auf ärztliche Verschreibung, steht dort) und elektrische Lampen (mit deren Hilfe der Mensch im Verborgenen sieht) und alles zu günstigen Preisen, heißt es dort, ferner Mandolinen, Geigen, Flöten und andere Musikinstrumente – alles in demselben großen Magazin des Herrn Jichak Salzmann in Jaffa, gegenüber dem russischen Konsulat, und er versendet auch in alle Kolonien und Städte des Landes, per Post, und erst kürzlich, steht ganz unten, ist in unserem Magazin ein großer Posten automatische Pistolen eingetroffen, *Browning, Webley* und weitere Systeme (was ist das?), mit passender Munition, sowie Jagdwaffen in reicher Auswahl – warum also gehen sie da nicht hin, warum rennen sie jetzt nicht auf der Stelle zu Herrn Salzmann, geradewegs zu ihm, um aus seinem großen Magazin alle Waffen zu holen, und dann ein paar Schüsse gleichzeitig aus den Pistolen aller Systeme und mit den Jagdflinten direkt auf die Menge und auch in die Luft abgegeben – und schon fliehen die da in alle Winde, und die Sache ist erledigt, und danach bringen sie Herrn Salzmann alles heil zurück und bezahlen ihm auch für die Kugeln, die sie verballert haben.

Der Haken ist nur, daß vielleicht von alldem, was Herr Salzmann im Jahr 5673 in seinem segensreichen Laden gehabt hat, jetzt im Jahr 5681 nichts übrig ist, denn seither gibt es keine solchen Anzeigen mehr, und auch wenn er vielleicht noch Waffen hätte, würde Vater dann schießen und dabei sogar einen lebenden Araber umbringen? Vater kann das nicht ertragen, und auch jetzt mit der Eisenstange wird er ihnen wohl bloß Angst machen und sie nicht töten, nur mit erhobener Stange und *yallah-yallah*-Rufen in die Flucht treiben und nicht wirklich zuschlagen, soweit er diesen Vater kennt. Er selbst hätte nicht mal diese Verwundeten anschauen können. Hätte nicht die Kraft gehabt, mit anzusehen, wie ihr abgehauener Kopf neben ihnen auf dem Kissen liegt, mit all dem offenen Fleisch und all dem entstellten Wabbel, den man mit Grauen beim Metzger sieht, und mit dem furchtbaren Loch, das man ihnen in der Mitte beigebracht hat, und mit diesem geronnenen Blut, mit all dem Weißen und Roten, das einem ganz übel werden läßt, und sie liegen nur da und warten still auf den Arzt, daß er kommt und ihnen den Kopf wieder annäht, ja nicht mal richtig vor Schmerzen schreien können sie, wie sollte er das mit ansehen, da müßte er fliehen oder ohnmächtig umkippen, mit all diesem verkrusteten Schleim und dem geronnenen Blut da so offen, und vielleicht wird es der Arzt auch nicht fertigbringen, und sie sterben, und man begräbt ihren Leib und daneben den Kopf getrennt auf einem Kissen, man mag schon gar nicht mehr daran denken. Und dieser furchtbare Krankenhausgeruch mit all seinen furchtbaren Einzelgerüchen. Und die Angst stinkt hier schon zum Himmel.

Alles in diesem Bogengang stinkt jetzt vor Angst. Die Sehenden und die Gehenden, die Reden und die Schweigepausen und auch die Blicke zum Tor hin. Sie tun schon gar nicht mehr so, als wär's keine Angst. Auch sein Eckchen hier ist nicht mehr geschützt. Und das hat nicht eben erst angefangen. Eines Tages plötzlich. Als diese drei da kamen. Vor nicht allzu langer Zeit. Und die drei plötzlich vor ihm standen. Haushoch. In was Grelles mit viel Rot gekleidet, aber nicht das war das unerträglich Grauenhafte. Ihre Gesichter, diese Fratzen, die gingen über alle Kräfte, diese Fratzen, die es auf der Welt gar nicht gibt, unmöglich geben kann, etwas, das man nicht aushält, bloß schreien und weglaufen, wenn man nicht wie gelähmt wäre. Man kann gar nicht erzählen, wie schlimm, das hat einen mit Blindheit geschlagen, dieses Unerträgliche, wie ihre Gesichter ausgesehen haben, nicht nur die Farbe, auch die ganze Gesichtsscheibe, irgendwie verdreht, verzerrt oder verkehrt, man kann gar nicht sagen, wie, und wie sie plötzlich groß und furchtbar über ihm standen, alle drei, ihn einkreisten, so ein wildes Knurren ausstießen, ein unerträgliches Geräusch, zu dem Menschen nicht fähig sind, etwas, das, wenn es plötzlich über dich kommt, dir nichts mehr übrig läßt, als nicht mehr dazusein, vom Erdboden ausgelöscht.

Nie würde er zu dem zurückkehren können, was vorher war, sich nie erinnern, wie es vorher war, nur von diesem Plötzlich an weiter, wie plötzlich kein Kind mehr still und allein auf seinem Stück Abfallholz dasaß und es ruhig von Jaffa nach Jerusalem steuerte, sondern urplötzlich dieses Plötzlich über ihn herfiel und alles stoppte und von allen Seiten angriff, unter furchtbarem Lärm, der unmöglich möglich sein konnte, unmöglich auf dieser Welt existieren konnte, und wenn so was doch auf der Welt sein kann, ist alles verloren, und wenn solche Ungeheuer möglich sind und über dir stehen und dich anbrüllen, dann ist auch diese Bestie im Meer möglich, die, von der du weißt, daß sie eines Tages lautlos daraus hervorschießen, dich mit ihrem gräßlichen Maul packen, das Gebiß über dir schließen und dich so im Maul gefangen mitnehmen wird, ehe sie anfängt, ihre Raubtierzähne zusammenzudrücken und dich zu knacken, daß du ihr aufgeknackt im Maul hängst, und auch ihren schleimigen Jungen wird sie was von dir abgeben, mit ihren glasigen toten Augen, und das ist das Ende, und möge es nur bald vorbei sein, denn es bleibt für nix mehr Kraft. Hach, Gott.

Drei Schreckgespenster standen über ihm und knurrten, und erst später, als sie ihn, tonlos schreiend und leblos wimmernd, vom Boden auflesen kamen und ihm zu erklären versuchten, es sei doch nichts, das seien nur Masken, es sei doch heute Purim, und sie hätten doch bloß geknurrt, um ihre vertrauten Stimmen zu verbergen und unter Lachen und Clownerien Purimgaben zu erhalten, einfach Freunde seines großen Bruders, Jigeal, Goel und Jigael, mit Sommersprossen im Gesicht und allen möglichen Farben und Cremes von Mutter, mit denen sie sich eingeschmiert, und allen möglichen Großmutterklamotten, die sie sich umgehängt hätten, und auch, als man ihn dann herzte und küßte und ihm sagte, es sei doch nichts, er sei nur erschrocken, man brauche doch vor bloßen Masken nicht so zu erschrecken, müsse kein kleines Dummerchen sein und glauben, daß sie wirklich so seien, und gleich werde man sie rufen, nachdem sie entsetzt die Flucht ergriffen hätten, weil sie dachten, er sei vor Schreck gestorben, dann könne er sehen, daß gar nichts sei, weiter nichts als ein Purimscherz, nur so zum Spaß, hatte er nur nein, nein, nein geschrien, will sie nicht sehen, will nicht, will nicht, hatte sich zwischen die Bettdecken verkrochen und mit den Beinen gestrampelt, da war nichts zu machen, höchstens vielleicht ihm was zu trinken geben und ihn ganz langsam beruhigen, meinte Vater, den man herbeigeholt hatte, so ein sensibles Kind, sagte Vater, ist es nicht furchtbar, so sensibel zu sein, sagte Mutter und sagte auch, nein, mein Kind, nein, mein Liebling, schau doch, Mutter ist da und Vater ist da, und es war doch bloß wegen Purim, aber nichts beruhigte, und die Welt war verloren, eine Welt, in der es solche Ungeheuer gab, in der so was möglich war, einfach möglich, und auch die

Meeresbestie, die angefangen hatte, ihn zu zermalmen, wobei er hörte, daß er langsam aufgeknackt wurde wie eine Nuß in ihrem sabbernden Maul unter den hervorquellenden toten Augen, und wie du da gleichzeitig von außen sehen kannst, wie sie dich knackt, während du in ihrem Maul drinnen bist und geknackt wirst.

Klar, daß das nicht einfach bloß Kinder in Purimverkleidung waren. Klar, daß es echte Kreaturen gewesen waren, zweifellos. Da sollten sie ihm mal nichts erzählen, um ihn beruhigen zu wollen. Es bestand kein Zweifel an dem, was er gesehen hatte, an dem Unmöglichen, das plötzlich möglich geworden war, und wenn er ihnen glauben sollte, mußten sie erst mal ihm glauben. Wie war es denn möglich, daß Unmögliches sich plötzlich in Mögliches verwandelte? Daß Nein zu Ja wurde, Lüge zu Wahrheit? Plötzlich haben sie über dir gestanden, groß und furchtbar in voller Unmöglichkeit, wirklich und wahrhaftig, und alle versuchen bloß zu vertuschen, was du eben fürs ganze Leben gelernt hast, und warum lassen sie dich jetzt nicht alle in Ruhe und gehen weg?

Müde jetzt. Alle sind jetzt müde. Alle bedrückt und ausgelaugt. Vier Wohnungen an der Front des Bogengangs, je drei an den Flügeln und eine neben dem großen Tor, und alle ihre Bewohner sind jetzt draußen, die einen um den Brunnen, die andern hier und da in Grüppchen verstreut, nur die Kinder tollen herum, allerdings etwas gemäßigt, und sie schleifen diesen Jungen nicht aus seiner Ecke mit, weil sie wirkliche Spiele spielen und er welche mit so als ob und, sagen wir mal, mit seinem Holzscheit, bei dem es genügt, ihn von hier nach dort zu schieben, und schon beginnt die Reise von Jaffa nach Jerusalem, und wie weiß man zwischen wahrer Wirklichkeit und nur als solche getarnter zu unterscheiden. Ist Jigeal mit seinen Sommersprossen Wirklichkeit oder die grauenhafte Verkleidung, die er angezogen hat? Ist die Verkleidung außen um Jigeal herum oder steckt Jigeal in ihr drin? Zumal dies keine Verkleidung war. Da sollen sie ihm mal nichts vormachen. Die Wahrheit lautet, daß jeder allein ist. Ein Kind allein. Und auch Vater allein. Und auch das Viertel allein. Und auch alle Juden allein. Auch Gott.

Immer gibt es Gespräche um den Brunnen herum. Immer versuchen einige dort krumm auf dem Brunnenrand zu sitzen, der zum Sitzen zu schmal ist. Sprechen weder laut noch bestimmt, nur mit wiederholten Blicken zum Tor. Mit den einfachen Arabern auf der Straße habe ich keine Probleme, sagt dort einer, sie sind jetzt aufgehetzt, pflichtet ein anderer ihm bei, sie werden die ganze Zeit aufgehetzt, sagt er, und in den Moscheen macht man ihnen angst, wir würden ihnen was wegnehmen und sie verdrängen, erklärt der Mann, ja, wir hegten tückische Pläne, stärker als sie zu werden, stimmt der zweite zu, und gerade jetzt, sagt der Mann, da die ganze Welt sich verändert und die Engländer die Türken ablösen und alles sich wandelt, meinen sie, sie dürften mal, testen unsere Stärke, und wenn man ihnen erlaubt, bei hellichtem Tag zu plündern und Beute zu machen, pflichtet der andere bei, na, man wird nichts gegen sie unternehmen, meint der Mann, und wenn man ihnen sagt, auch der Islam sei in Gefahr, und hetzt sie damit auf, fügt der andere hinzu, und endlich ins Land zu kommen und selbst hier in der Heimat Pogrome, klagt jetzt erregt ein weiterer Mann, der vor ihnen steht, auch hier? Er breitet die Arme aus, und die anderen nicken zustimmend, und dann noch von diesen Dreckskerlen, er kann sich gar nicht beruhigen. Keiner findet Ruhe. Sitzen nur auf dem Brunnenrand, hocken krumm da. Und der Brunnen hat, gleich dem Fluß, immer Worte und Reden an seinem Rand gehört, Reden über Reden und stumme Pausen, ohne je darauf zu antworten, auch nicht, nachdem er all dies schon oft und endlos gehört hat, sowohl die Reden als auch die stummen Pausen, immer krumm auf seinem schmalen Rand, vielleicht, weil er genau mitten im Hof liegt, vielleicht, weil es keine einzige Bank auf dem Hof gibt, und vielleicht, weil weit unten in seiner Tiefe uraltes Wasser ist, wirklich wie am

Ufer eines Flusses, der viel weiß und sich an viele Tage erinnert – der eine sagt, der andere antwortet, der spricht und der schweigt, und doch kommt bei alldem nicht mehr heraus als immer wieder: Was wird? Was soll werden?

Alle draußen, in diesem Bogengang. Keine Geduld, sich im Zimmer aufzuhalten. Allen ist heiß, und das Tor geht nicht auf. Wie eingeschlossen. Und der Magen flattert, allen. Mutter ist mal hier, mal da, redet mit diesen und jenen. Und plötzlich sieht sie das Kind nicht mehr. Der Junge ist nicht in seiner Ecke. Sie geht hinein, und in der Wohnung ist er nicht. Geht hinaus, und auch draußen ist er nicht, nirgends. Sie glaubt es nicht und fragt nicht, hat nur furchtbare Angst. Geht zwischen allen umher, fragt aber noch nicht, denn wieso bloß, und wohin hätte er schon gehen können, der Kleine, das Tor ist die ganze Zeit verschlossen, und er kann ja noch nicht über die Mauern setzen wie sein großer Bruder, der jetzt in der Wohnung den Schlaf der Gerechten schläft, das große Bilderbuch aufgeklappt auf der Nase, wie immer, wenn er anfängt zu lesen, und wieder geht sie hinaus, lehnt sich erneut an die Wand, die nur mühsam unterdrückte Welle des Schluchzens läßt sich nicht länger zurückhalten, und nun geht sie von Gruppe zu Gruppe, fragt noch nicht, lugt nur in die Ecken und zu den Kindern, die zwischen den Ecken herumtollen, doch er ist nicht unter ihnen, und plötzlich denkt sie erschrocken an den Brunnen, aber da sitzen bloß zwei, drei krumm auf dem Steißbein und erklären einander, wie die Araber sind, und was werden soll, und er hätte unmöglich zwischen ihnen in den Brunnen springen können, wieso auch, und wieder in die Wohnung, da ist er nicht, und vielleicht den Schlafenden wecken, alles ist wie ein unmöglicher, furchtbarer Traum, und nun löst sie den Knoten ihrer langen schwarzen Haare, Mutters Haar, dreht den Zopf mit der einen Hand erneut zusammen und steckt ihn mit der andern wieder fest auf, kann das alles mit gewandten Fingern richtig und präzise am Hinterkopf, ohne hinzugucken, wie Mutter immer.

Jetzt fängt sie an, alle abzuklappern, fragt auch, ob sie ihn gesehen hätten. Und von Nervosität gepackt, beginnen alle fieberhaft herumzugucken, sehen auch in allen Wohnungen ringsum nach, ob vielleicht, und sie ringt schon die Hände, hält nur inne, um ruhig nachzudenken und nicht die Fassung zu verlieren. Ein Tuscheln geht durch den Bogengang, aber das Tor ist wie immer nur geschlossen und nur braun und nur heiß und langweilig. Und er hat sich doch immer nur in sein Eckchen gekauert, allein mit einem Stück Abfallholz, das er sich sucht und das offenbar zur Lokomotive wird, nach den Pfiffen und dem Schnaufen wie von Dampf zu urteilen, was hat ihm bloß einfallen können? Und wo war sie denn, seine Mutter, obwohl er andererseits ja in der Fruchtblase geboren wurde, was ein eindeutiges Zeichen für Glück im Leben ist, so daß ihm bekanntlich nichts zustoßen kann, doch auch die herumtollenden Kinder halten erschrocken einen Moment inne und suchen dann auf ihre Weise mit, und auf einmal, doch tatsächlich zwischen die Sitzenden da auf dem Brunnenrand gezwängt, ist noch einer, schmal wie ein Strich, lauscht, ohne zu reden, auf die Worte derer, die mehr wissen als er, lugt zwischen ihnen hervor in die Tiefe des Brunnens, in das Dunkel auf seinem Grund, und einer von denen, die auf seinem Rand sitzen, hört jetzt, lächelt und hält Mutter an, deren Tränen nicht mehr stoppen wollen und deren Schluchzen sich nicht länger unterdrücken läßt, und, die eine Hand auf den Kopf des an ihn gedrängten Kleinen gelegt, der weniger als ein dünner Strich ist, ergreift er mit der andern Mutters Hand, hier, sagt er zu ihr, nimm deinen Sohn, sagt er, und da ist etwas weit, weit zurück, vielleicht aus der biblischen Tiefe des Brunnens, als seien eben diese Worte schon irgendwann einmal gesagt worden.

Mutter umarmt, und Mutter umarmt fest, und Mutter weint laut, und andere wischen sich irgendwo eine Träne weg, und Mutter drückt ans Herz, und nicht, wohin warst du denn verschwunden, und nicht, warum hast du nichts gesagt, und ich hab dich doch überall gesucht, und nicht *mein Kind*, sondern nur fest ans Herz und fest in ihren Armen, versucht nur, die Tränen und Schluchzer zu stoppen, und sagt nur zum Schluß, komm, ich geb dir was zu essen, du hast ja heute noch gar nichts gegessen. Das ist alles, was sie jetzt zu sagen weiß. Und was er jetzt zu sagen weiß, ist nur, genug, Mutter, runter, runter von den Armen jetzt. Und er sagt nicht, daß es war, weil er unbedingt mußte, weil von alldem, was dort am Brunnenrand geredet wurde, nichts im Gedächtnis bliebe, wenn er es nicht aufsog und eines Tages würde wiedererzählen können. Unterdessen gab es jetzt eine Art Erwachen im Hof, den Leuten fiel ein, daß heute noch keiner was zu sich genommen hatte, also vielleicht doch eine Kleinigkeit essen und was trinken. Ein paar Frauen gingen prompt auf die Zimmer, um zu sehen, ob eine Tomate oder eine Gurke oder ein Stück Brot da war, und was zu trinken mit ein bißchen Zitrone oder was, und vielleicht würde bald auch die Nachmittagsbrise vom Meer aufkommen, obwohl das große Tor derzeit das Draußen und den Wind fernhielt, und nun plötzlich hört man auch Stimmen draußen, oder eine Bewegung oder was, und plötzlich ballern Schläge an die Pforte, und man öffnet, und jemand stürmt im Laufschritt herein, außer Atem und blutend, verwundet ist er.

Nicht schlimm, sagt er atemlos, es ist nichts weiter, keucht er, dort am Ende der Straße, gegenüber Schmuelowitz' Haus, von dort haben sie versucht durchzubrechen, aber wir haben sie nicht gelassen, mit Stöcken und Geschrei haben wir uns dort quer über die Straße gestellt, erzählt er außer Atem, und sie haben auch angehalten, und wir alle stehen dort, und es muß jetzt, wer kann, einen Stock oder eine Stange oder was nehmen und schnell mitkommen, wir müssen sie jetzt dort aufhalten, und zwar schnell, diese Wunden hier sind gar nichts, aber sie versuchen jetzt, zur Barnett-Straße durchzubrechen, und wir müssen ihnen dort den Weg verstellen, es ist auch schon jemand um Hilfe nach Tel Aviv losgerannt, also, wer kommt? Er schnauft und trinkt mit Mühe das Wasser, das man ihm gebracht hat, und steht schon wieder am Tor, willigt nur ein, das Blut abzuwaschen, und schon versucht jemand mit einem abgerissenen Streifen Laken ihm nur schnell den Arm zu verbinden, und drei, vier mit Stöcken schließen sich ihm bereits an, und jetzt kommt noch einer dazu, bloß daß seine Frau sich an ihn klammert, du nicht, du bist krank, doch er schüttelt sie ab und duckt sich schon unter der Pforte und rennt hinter ihnen her, und man lugt ihnen durch die Pforte nach, bis sie um die Kurve verschwinden, und schließt wieder ab und bleibt hier allein, wie betrogen.

Ob auch Vater dort an der Barrikade steht? Es wird hier eng und gedrängt und klein und sinnlos und wie eingesperrt. Und es wird langweilig, und alles ist schade und überflüssig und furchtbar sinnlos. Sogar die Angst ist jetzt spürbar, als sei es zu heiß hier, und der Schweiß quillt auf dem Rücken. Kein Mensch sagt was, sollen sie auch nicht, und Mutter läuft immer noch hierhin und dahin, geht ins Zimmer und wieder hinaus, und jetzt lehnt sie sich an einen Arkadenpfeiler und sucht mit den Augen nach dem Kind, folgt seinem gespannten Blick zum Dachfirst hinauf, wo eine Taube auf dem Ziegel landet, wie sie durch Krümmung des Körpers und Schrägung der Flügel gegen den Wind abbremst und durch Spreizung des Schwanzes bremst und die Beine vorstemmt, um auf ihnen zu landen, dann heruntergeht, einen Schritt tut und bereits völlig bodenverbunden ist, als habe der Übergang vom Fliegen zum Laufen nichts Wunderbares an sich, trippelt da entlang, als sei das ihre ganze Natur, und sofort nach ihr landet auch ihr Gefährte, bremst, faltet die Flügel, kommt zum Stehen und gurrt sie begehrlich an.

Wo ist jetzt der georgische Schuhmacher, wo sind jetzt der Mann und die Frau, die tot auf dem Boden des Pionierhauses gelegen haben, wo sind all die elf, die man dort später tot aufgefunden hat, allesamt Neueinwanderer, die erst gestern gekommen sind und von Tuten und Blasen noch keine

Ahnung hatten, und dann plötzlich ermordet. Jetzt tut sich was auf dem Hof, man berät sich, ob man schon mal die Bündel packen soll für den Fall, daß man eilig nach Tel Aviv übersiedeln oder plötzlich fliehen muß. Und ob es nicht angebracht wäre, jetzt jemanden zum Nachbarhof hinüberzuschicken, um zu wissen, was. Und die Kinder haben sich fast alle in jener Ecke versammelt, müde und wissen nicht, was, keiner weiß, was. Die dünnen Wände und dieses Holztor sind derzeit alles, was da ist, um die Kinder zu schützen. Ein Leichtsinn. Diese ganze Idee eines jüdischen Viertels neben dem arabischen Jaffa, wo tagsüber einer vom andern lebt und nachtsüber einer vom andern abgesondert ist – hie die Aufgeklärten, Sauberen und Kultivierten, die das Land aufbauen, da die rückständigen, schmutzigen Eingeborenen, die die Verödung des Landes verursacht haben. Nicht nur Juden (Vater nennt sie «unsere Brüder») gegen Moslems (Vater nennt sie «Mohammedaner»), Immigranten gegen Ortsansässige, Fortschrittliche gegen Rückständige, Europäer gegen Asiaten – sondern als ginge das auch noch einfach so, als würden sie hier von selbst in Frieden miteinander auskommen, ohne Mauern und Eisentore zwischen sich, was ist das denn? Naivität, Dummheit oder Verbrechen? Mutter sucht nach einem Gesprächspartner. Es ist schwer, allein zu sein. Und schwer, zu sprechen. Und tatsächlich, bis es nicht passiert ist, hat kein Mensch daran gedacht. Und wenn er daran gedacht hat, hat er es nicht gesagt, und wenn er es gesagt hat, dann nicht im Ernst. Im Gegenteil, hat Vater gesagt und auch im *Hapoel Hazair* geschrieben, je länger wir zusammenleben, Juden und Araber, desto mehr Wohl wird diese Nachbarschaft bringen, gute Gewohnheiten fördern, denn du findest keinen besseren Zaun als gute Nachbarschaft, zitierte er jemanden, und das klang wunderbar.

Sie, die dort in der Ferne geboren und aufgewachsen ist und nun schon zwölf Jahre hier lebt, während ihr ganzes Herz und all ihre Träume und all ihre Lieben noch dort am Flusse

Styr, Gouvernement Wolhynien, in den dunklen Wäldern sind, und irgendeine ungebildete Araberin, die ebenso hier am Ort geboren ist wie schon ihre Väter und Vätersväter und der Jaffas Gassen seit Generationen die ganze Welt bedeuten – sind sie beide wirklich gleichwertig und gleichberechtigt, und kann all die Angst, die eine vor der andern hat, einfach so in gute Nachbarschaft ohne Zaun umschlagen? Und gibt es Platz für meine Kinder und für ihre Kinder, und können sie zusammen spielen, ohne hohe Mauer zwischen sich? Naivität, Dummheit oder Verbrechen? Und die Schreie, die man jetzt hört, gar nicht weit, und plötzlich, o Gott, auch Schüsse, und weitere Schüsse, was geht da vor sich? In die Zimmer laufen? Damit nicht irgendeine verirrte Kugel herüberfliegt und trifft, und die Angst hat gewissermaßen neue Kräfte gesammelt, und dieses Würgen vor Schreck und Übelkeit. Sie stehen still und horchen, versuchen zu raten, wer da wo schießt und woher, und wer schon verletzt ist. Und keiner weiß was. Blindlings gefangen. Aber jetzt ballern wieder Schläge ans Tor zum Aufmachen, und man öffnet, und zwei zwängen sich herein, einer mit viel Blut, und der zweite – abbinden, ruft er leise, die Schlagader abbinden, schnell, sagt er atemlos, er ist schon ganz blaß, und jemand, dieselbe wissende Frau, hat sich, wieder mit dem Laken, von dem sie Streifen abreißt, über den Verletzten gebeugt und versorgt ihn und sagt, man möge bitte Wasser bringen, ebenfalls schnell, und der zweite kann nun schon besser reden, es ist dort, sagt er, in der Barnett-Straße, sagt er, und die Burschen aus Tel Aviv sind schon da und erwidern jetzt das Feuer, und vielleicht, meint er, wird das schon ein bißchen helfen, und auch eine Schere, sagt die Frau, um das Hosenbein ringsum abzuschneiden, und sie umwickelt mit Gewalt das Bein hoch überm Knie, und das Blut wird schnell aufgesogen, das Rot färbt alles, und mit einem Holzscheit, das sie bereit hat, dreht sie mit aller Kraft, um die Ader abzubinden, und der Mann ist bleich oder ohnmächtig, und man hat bereits erkannt, daß er aus dem dritten Hof von hier stammt, man muß ihn jetzt hinlegen und seine Frau oder jemanden rufen, und was passiert noch dort? Wen hat er noch gesehen, und sind noch weitere verwundet? Ein Glück, daß die Burschen aus Tel Aviv gekommen sind, sagt der zweite Mann, Gott sei Dank, sagt er, endlich, und mit Pistolen, und man sagt, auch britische Soldaten rückten schon an, es heißt, man habe sie aus Richtung Markt gesichtet, habe dort ihre Laster gehört, sie bräuchten ja auch nur ein bißchen mit ihren schweren Maschinengewehren zu schießen, damit alle Angreifer zurückweichen, und es wird auch Zeit, erklärt er, denn schon über zwei Stunden lang, und zwar pausenlos, werden genau auf der andern Straßenseite die Läden aufgebrochen, die rauben und plündern bei hellichtem Tag, und das hat vielleicht auch ihren Angriffsdruck verringert – die Raublust, erklärt er und trinkt ein wenig Wasser. Und wischt sich den Schweiß ab, und den Verwundeten muß man sofort zum Arzt nach Tel Aviv bringen. Und wer hat Vater gesehen? Was passiert in Richtung Markt? Und es heißt auch, weiß der Mann weiter zu erzählen, daß die Unruhen überall gleichzeitig ausgebrochen sind und daß man in Tel Aviv schon nicht mehr weiß, wohin zuerst Hilfe entsenden. Und es heißt, im Viertel Abu-Kabir im Norden, in einem Haus zwischen den Zitruspflanzungen, versuche man jetzt, eine jüdische Familie und ein paar weitere Leute, die dort bei ihnen wohnten, herauszuholen, man sagt, auch Brenner sei dort, aber es ist schwer, eine Militäreskorte und ein Automobil zu bekommen, und von überall ringsum bringt man ständig mehr Verwundete, und es gibt auch schon viele Tote, über dreißig, sagt er, und sie glauben es nicht, über dreißig? Und es sei noch nicht vorbei, er müsse jetzt wieder zurückrennen, man solle einen Arzt für diesen Mann holen, der totenbleich ist und nur noch röchelnd stöhnt.

Es lockt einen, hinzugehen und den Verwundeten anzugucken, macht aber furchtbare Angst. Noch und noch

Schüsse, man horcht, und schwer ist es. Draußen wird es schon richtig Nachmittag. Schon nach vier. Also das wird heute kein guter Tag mehr. Das ist kein x-beliebiger Tag mehr, das ist einer, an den man sich immer erinnern wird. Von dem die Leute unablässig reden werden. Und es ist überhaupt nicht wichtig, daß es heiß ist und daß kein Lüftchen vom Meer weht, nichts ist jetzt wichtig, und von dem Tor, das gestern geschlossen wurde, weiß man nicht, wann es wieder aufgemacht wird und wer heil wieder hereinkommt. Man weiß nicht, weiß nichts, den ganzen Tag weiß man nichts. Wartet nur den ganzen Tag darauf, was zu erfahren. Wohl dem, bei dem jetzt schon Abend ist, der zurückblicken und sehen kann, wie wir am Nachmittag nichts von alldem wissen, was er schon weiß. Während er schon weiß, wie es endet, und auch weiß, was mit Vater ist, und wie und wann er heimkehrt. Wenn der, der schon Bescheid weiß, bloß verraten wollte, was er weiß, und dieser furchtbare Druck vom Magen wiche. Und Gott, der weiß auch Bescheid, denn es geschieht doch alles nach seinem Wort. Aber Vater wird nichts passieren. Der kommt zurück, Vater kommt letzten Endes immer zurück, mit der Milchkanne in der einen Hand und der Eisenstange in der andern, denn Vater ist ein guter Mensch und hat auch keinen Menschen geschlagen, mit keiner Stange und keinem Eisen. Er kommt bald zurück. Das versprech ich euch.

Zu viele Dinge passieren draußen die ganze Zeit. Als müßte man alles an einem Tag erledigen. Man redet schon von Dutzenden Toten, redet von Unmengen Verletzten, redet von allem viel, alle zusammen, erfährt gar nicht erst einen Schmerz für sich, und nicht wer, und wie er heißt, und auf wen man bei ihm zu Hause vergebens wartet. Schläge ballern gegen die Tür, die Kehle ist wie zugeschnürt, und jetzt kommen sie mit einer Bahre, um den Verletzten abzuholen und ihn nach Tel Aviv zu bringen, das Automobil wartet mit weiteren Verletzten, aber sie wissen nicht viel über die Schüsse und die Lage draußen, heben nur mit Mühe den Verletzten auf und schleppen mit Mühe die Bahre hinaus, die ganz voll Blut ist. Wenn hier jemand beten könnte und das richtige Gebet wüßte, müßte man jetzt wirklich anfangen zu beten, aber wenn er von oben sieht, wie hier alles ist, warum muß er dann erst ein Gebet abwarten, um was zu unternehmen, er sieht doch richtig? Vater wird zurückkommen, daran besteht kein Zweifel. Weil es ohne Vater nicht geht. Weil ohne Vater alles zu Ende wäre, und es hätte auch keinen Sinn hierzubleiben, wenn er nicht mehr wäre, und wenn es jemanden gibt, der schon jetzt weiß, was wird und was nach Sonnenuntergang alle wissen werden, dann bitte ich ihn, es zu erzählen, nur mir, ich werd's nicht verraten, wenn jemand jetzt weiß, was Gott beschlossen hat, denn es geschieht doch nichts auf der Welt, ohne daß er es so beschlossen hat, und nur wir wissen nichts, haben aber nicht mehr die Kraft, abzuwarten, was sein wird.

Vater ist so schweigsam. Vater ist so duldsam. Vater läßt sich immer beiseite drängen. Vater meint, alle gingen ihm vor. Daß die Arbeit vorgeht, daß Mutter vorgeht, daß die Kinder vorgehen, daß der Boden vorgeht, und das, nachdem er nachgegeben und den Boden verlassen hat, die Versuchsfarm, und nicht seinen Genossen gefolgt ist, die ins Emek gegangen sind, um Nahalal aufzubauen, über das er so viel gesprochen und geschrieben hat, wo er so gern wollte, daß er und seine zwei Söhne Bauern in diesem neuen Nahalal werden würden, das sie dort jetzt auf dem schweren, teils sumpfigen Boden errichten, und beinah hätten auch sie ein Feld haben können und einen Obstgarten und einen Kuhstall und ein kleines Haus, gemeinsam mit seinen guten Freunden Aharon Ben-Barak und David Jischai und Natan Chofschi, dem Vegetarier, und er müßte nicht mehr alle ein, zwei Jahre einpacken und weiterwandern von Ort zu Ort und von Eroberung zu Eroberung und von Erlösung der Ödnis zu Erlösung der Ödnis, sondern wäre endlich seßhaft geworden, er und seine Söhne auf eigenem Grund und Boden, unter eigenem Dach und unter den riesigen Maulbeerbäumen, die Mutter nicht haben will, weil sie Fliegen und Schmutz bringen, ebenso wie Mutter auch nicht nach Nahalal ziehen wollte, sie hatte genug davon, in der Wüste zu leben und Kinder wie kleine Araber aufzuziehen, ohne Menschen zu sehen und ohne Vorträge zu besuchen und ohne dem Bariton Har-Melech in Begleitung von Mosche Hofenko am Klavier zu lauschen und ohne Ben-Zion Mossinsons Vorträge über die biblischen Propheten oder Natan Bistritzkis Vorträge über die Problematik unserer neuen Kultur zu hören, in der Aula des Herzlia-Gymnasiums, oder Brenners Referate über Mendele Mocher Sforim, die er «Zu unserer Selbsteinschätzung in den drei Bänden» nannte und die A. D. Gordon mißfielen, so daß er eine Gegenschrift verfaßte, in der er erklärte, warum er anderer Meinung sei, und Samstag nachmittags diskutiert man mit Ahronowicz und Rabinowicz, wer recht hatte, und im hebräischen Theater wird das Stück «Chassia, die Waise» aufgeführt, von dem es heißt, es enthalte auch schöne Momente, und in Jaffa, gegenüber dem Hotel Kamnitz, hat eben das Damenmodenhaus der Frau Atlas aufgemacht, ja es ist hier eine echte Stadt im Entstehen, und dazu auch noch ihren Bruder Duwid und ihre Schwestern Hinde und Dwoirenju ins Land holen und die Mutter, die den Kindern Großmutter sein und «Babbe» genannt werden würde, und dann zu den Feiertagen, wenn sie erst alle gemeinsam um einen langen Tisch säßen, mit einer großen weißen Tischdecke und Wein und Fisch und all den andern guten Dingen, könnten sie endlich in völliger Ruhe singen Und reinige unser Herz, dir in Wahrheit zu dienen, in Wahrheit und Frieden, und schon stehen ihr die Tränen in den Augen.

Vater ist duldsam. Geht jeden Morgen in aller Frühe weg, weil er ein Frühaufsteher ist, und bevor er geht, macht er Frühstück, stellt den Wasserkessel auf den Petroleumkocher, sieht nach, daß alle in ihren Betten gut zugedeckt sind, und macht sich leise auf den Weg, immer leise, um nicht zu stören, dieser Vater, zum Seminar für Lehrerinnen und Kindergärtnerinnen, setzt sich dort an den Tisch und führt die Kontobücher, addiert korrekt lange Zahlenreihen, und am Ende des Jahres, wenn alle sich fotografieren lassen, geht er nicht mit, weil er schüchtern ist, und so hängt heute kein einziges Bild von ihm an den Wänden, auf dem er etwa in der zweiten Reihe links stehen würde oder in der dritten an der Seite, vier Reihen über Herrn Turow oder links von Herrn Asarja, die aufrecht in der ersten Reihe sitzen, den Kinnbart wohlgepflegt und das Gesicht vor Kultur und Ehre strahlend, und nur mit vor lauter Unbehagen schiefem Lächeln blickt er aus den Bildern von der Tagung des Hapoel Hazair, auf denen er verschwommen im hintersten Schatten des Bildes steht, auf dem sich so viele Köpfe eng an eng drängen, daß die Herausgeber des Jahrbuchs unten bei den Namen all der abgelichteten historischen Persönlichkeiten diejenigen, deren Namen versehentlich nicht abgedruckt sind, bitten, an die Redaktion zu schreiben und sich zu identifizieren, Postfach soundso, ja sogar seine großen Aufsätze unterzeichnete er nicht mit seinem Namen, sondern stets mit irgendeinem Pseudonym oder Kürzel, und nur S. Ben-Zion, im *Haomer*, zwang ihn fast gewaltsam, mit vollem Namen, und zwar vokalisiert, zu zeichnen, weil das Wissenschaft ist, schnauzte er Vater an, weil das eine grandiose Arbeit ist, die du allein ausgeführt hast, tadelte er ihn, weil das eine Heldentat war, diese Studie zu unternehmen, stritt er mit ihm, und weil künftig kein Mensch etwas über Jaffa wissen kann, ohne zu lesen und zu studieren, was du hier geschrieben hast, und in den Universitäten, sagte er fast schreiend, werden sie dieses Material zum Prüfungsstoff erklären, aber kein Mensch wird eine Arbeit ernst nehmen, die nicht gezeichnet ist, oder nur irgendwie mit Ben Israel oder B. I. oder auch Sass.

Kann man mit jemandem sprechen, der keine Antwort gibt? Sie schweigen alle, weil sie keine haben. Weil keiner eine hat. Alle allein und jeder allein für sich. Nicht nur das kleine Kind. Und keiner hat jemanden, der ihm etwas sagen oder auf ihn hören würde. Ein Kreis des Alleinseins schließt sich gewissermaßen um jeden einzelnen. Bald wird es wieder ans Tor ballern, und wieder werden ein oder zwei Männer hereinstürmen und etwas sagen, das nichts ist, und dann wieder hinauslaufen, und sie hier werden erneut ohne was zurückbleiben. Wer hat es schlimmer, die, die dort inmitten der Schüsse und der Toten und Verletzten stehen, oder die, die hier eingeschlossen warten und von Sorge, Angst und Untätigkeit schier zerrissen werden. Denn was man hier jetzt empfindet, ist nur das Gefühl zu platzen. Jeder steht oder sitzt oder läuft herum und ist kurz vorm Platzen. Als seien wir hier verlassen worden, und sonst gäb's nichts mehr, wir wären der ganze Rest, so klein und verlassen. Schwer zu sagen, auf welche Weise schwer, aber furchtbar schwer. Selbst Mutter, die sonst immer mit allen zusammen ist, ist jetzt allein, nur der große Bruder ist nie allein und wenn er nicht gerade schläft, immer mit allen zusammen, aber auch dieser Hof, der immer ganz mit allen zusammen ist, ist jetzt allein. Und erst viele Jahre später, wenn er selbst schon groß sein und Dinge aus vielen Büchern wissen wird, deren er zu viele liest, wird er vielleicht eines Tages innehalten, da er plötzlich Dinge liest, die er längst gewußt hat, jedoch vor lauter Kleinsein nicht hat ausdrücken können, obwohl er sie wirklich genauestens wußte, als er noch unverdorben war. Als sei eine Puppe blinden Gefühls plötzlich aufgebrochen und habe die längst fertigen Flügel ausgebreitet, findet er nach langer Zeit, vierzig oder mehr Jahre später, plötzlich Dinge, die er damals, als er klein war, nicht zu sagen gewußt hatte, sonst aber haargenau so gesagt hätte, und in direkter Fortsetzung von damals: Unser Vater im Himmel, so fand er eines Tages spät in seinem Leben in einem Buch, in einer Stunde des Schweigens, in der der Mensch einsam und verlassen dasteht, so las er in dem Buch, in der er deine Stimme nicht hört, und es scheint, als habest du ihn verlassen und er sei verlassen – diese Stunde, so las er, ist nichts anderes als ein Moment des Schweigens inmitten einer Unterhaltung. Nur ein Moment des Schweigens in unserem gemeinsamen Gespräch, las er später, was er längst gewußt hatte, vor vielen Jahren, und genauso.

Wieder Schläge ans Tor, und mehrere kommen herein. Draußen verändert sich was, anscheinend steht die Entscheidung bevor, wissen sie zu erzählen, sie sind vom zweiten Hof, dort haben sie einen Dachboden, von dem aus man mehr sehen kann. Bald werden sie aus Tel Aviv herbeikommen, und auch das britische Militär ist im Anzug, sagen sie, diese Soldaten mit den kurzen Hosen bis zu den Knien und den Tropenhelmen und vor allem mit den schönen, dunklen Gewehren und den Patronengürteln aus dickem Leder, die sie diagonal umhängen haben, und mit ihren roten Gesichtern, wie Kinder, die an den falschen Ort geraten sind, denn wie auch immer, so kann es nicht mehr lange weitergehen, sagen sie, und es seien schon viele Geschäfte aufgebrochen und viele Waren geplündert worden, erzählen sie, und zwei Bahren seien eben in das Automobil verbracht worden, das aus der Stadt eingetroffen und dann schleunigst geflüchtet sei. Und noch ein Trupp von der Hagana mit Gewehren formiere sich offen zum Anmarsch, wissen sie zu berichten, und alles klingt so, als müsse man ihnen glauben. Außerdem haben sie zwei Wassermelonen mitgebracht, von denen sie meinten, sie kämen hier vielleicht zur rechten Stunde und müßten wohl rot und gut sein. Das sei vorerst alles. Sie gucken einander an, als gäbe es noch was zu sagen, nicken einander zu, sagen aber nichts, dann ducken sie sich unter der Pforte hindurch, versuchen trotz allem ein breites Grinsen und gehen ihrer Wege. Zurück bleiben die Wassermelonen. Und Mutter rafft sich plötzlich auf, geht ein Messer holen, bindet sich auch eine Schürze um und legt nun eine der beiden auf den Brunnenrand, hält sie mit der einen Hand fest und schneidet mit der andern hinein, es tut ihr gut, draußen zu sein und etwas zu tun, und als sie fast mit dem Aufschneiden fertig ist, bildet sich ein erwartungsvoller Kreis um sie, wie wohl das Rot sein wird, und in allgemeiner Einigkeit geht nun ein gedehntes Stöhnen um, so ein Ahhh im Harren auf die Schönheit des Meloneninnern, das sich eben jetzt wirklich triefend rot offenbart und an etwas erinnert, das man kurz auflachend verwirft, und dann schneidet Mutter ein Segment nach dem andern, spießt es mit der Messerspitze auf und teilt strahlenden Auges aus, bitte schön, sagt sie, sprich den Segen und iß, bis auf dem Brunnenrand schließlich nur noch ein bißchen wäßriges Rot bleibt, das träge dahinrinnt, und die Schalen – die wirft Mutter in den Mülleimer!

Schläge ans Tor, und sie kamen einer nach dem andern herein. Zwei Laster seien angekommen und hätten oben an der Straße gehalten, erzählten sie, und auf dem Dach eines jeden sei ein Maschinengewehr montiert gewesen, Browning, sagte ein Experte, und dank dieser zwei Maschinengewehre mit ihren wunderbaren Ballerserien über die Köpfe hinweg sei plötzlich alles erledigt gewesen, als hätten beide Seiten nur darauf gewartet, Gott, wie leicht, mit welcher Leichtigkeit, erzählten sie, nur zwei bellende Salven, ziemlich dumpf, und alles ist erledigt, wären sie doch bloß zwei, drei Stunden früher gekommen, ja all die Todesopfer im Haus der Pioniere, dieses Blutbad unter den unschuldigen, verängstigten Neueinwanderern, ehe sie sich's recht versahen, waren sie dort schon niedergemetzelt, und all das Rauben und Plündern, als hätten sie wirklich nur mal abgewartet, bis die beiden Seiten ihre Kräfte verbraucht hatten, sagten sie, und dann kamen sie an, gaben einmal bellend Feuer, geradezu beschämend kurz, und alles war beendet. Obwohl noch nicht alles beendet ist, denn sie haben sich noch nicht zerstreut. Aber es heißt, eine berittene Einheit sei im Galopp hierher unterwegs, und die werden schon dafür sorgen, daß sie allesamt in ihre Häuser flüchten, vielleicht auch die Räuber, die Beute noch in der Hand, und diese arabischen Polizisten, die die Randalierer direkt angeführt haben, und wo steckt denn unsere Hagana, sagte einer, warum müssen wir von der Gunst der Engländer abhängig sein, sagte er zu Recht, als ständen die über allen und erst, wenn diese Kinder da sich ausgetobt hätten, kämen sie und scheuchten alle nach Hause, diese Engländer, diese Gojim, diese Herren da, sagte er zu Recht.

Ihr werdet noch sehen, daß sie Araber und Juden über einen Kamm scheren, Ermordete und Mörder, Räuber und Beraubte, Angreifer und Verteidiger, alle eins und egal für sie, sie werden die andern und uns gleichermaßen wie Ganoven vor Gericht schleifen, sagt jetzt ein Mann, der müde hereinschlurft. Und ein anderer, der nach ihm kommt, erklärt wie in Fortführung dessen, was er draußen gesagt hat, wir dürfen uns nie darauf verlassen, daß Fremde uns schützen, mit diesem demütigenden Bemühen, ihnen unser Recht zu beweisen, und Verwundete verbinden muß man können, fällt ein anderer ein, damit sie uns unterwegs nicht sterben, und Waffen, Waffen, sagt der Mann, und das Verhalten der arabischen Polizisten, rufen weitere Stimmen, wie im Anschluß an draußen, und auf einen Mann rennt eine Frau zu, wirft sich ihm an die Brust und umarmt ihn, schmiegt sich an ihn, befummelt seine Kleidung, küßt ihn, und er umarmt sie und sagt, gut, gut, sagt er zu ihr, gut, ist ja gut, sagt es und drückt sie an sich, jetzt wird's gut sein, sagt er und hält sie fest umarmt, und eine Frau läuft suchend zwischen allen umher, fragt, ob sie ihn nicht gesehen hätten, und ein Kind wird plötzlich in die Luft geworfen, und sein Vater fängt es jauchzend auf, wirft es erneut hoch mit noch lauterem Jauchzer, und plötzlich knallt ein Schußhagel los, zerreißt die Luft, daß es einem vor Schreck die Eingeweide zusammenschnürt, anscheinend ist doch noch nicht alles zu Ende, oder sie treiben damit nur die Säumigen an, sich von der ausgeräuberten Straße fortzumachen, der Barnett-Straße, auf dem Weg nach Jaffa, wie der Hirte das säumige Rind zur Herde zurücktreibt, du du du, tadelt der Hirte seine Kuh und läßt die Zaudernde seinen Stab spüren, und sie versteht und springt in groteskem Lauf mit lächerlich schwankenden Eutern davon, um sich ihren folgsamen Gefährtinnen anzuschließen. Jetzt kommen im Laufschritt, offenbar von den Schüssen verfolgt, noch zwei herein, Vater noch nicht, und sie erzählen, die Horde, die aus Richtung Bahngleise gekommen sei und versucht habe, noch in letzter Minute, unbeachtet von den Engländern, in die Lagerräume einzubrechen, sei entdeckt und mit derartigen Gewehrsalven belegt worden, daß sie in wilder Flucht davonstoben, und sie sagen, Mordechai der Bulgare sei bei der Verteidigung des Zugangs zum Viertel umgekommen, ein junger Mann von vielleicht zwanzig Jahren, und auch sein Genosse, der durch Messerstiche verwundet war, sei seinen Verletzungen erlegen, ein junger Mann von dreiundzwanzig Jahren, sagen sie und sagen auch, daß es schon über dreißig Tote gibt, Gott schütze uns, sagen sie.

Nachts werden sie sich alle treffen, die Toten, furchtbar müde, kennen einander nicht, kommen von allen Orten, unendlich traurig, und wissen noch nicht, was sie an diesem Ort hier suchen, alles nur dunkel für sie, angst macht es ihnen, und furchtbar allein fühlen sie sich, und es ist auch noch völlig neu für sie, tot zu sein, so daß sie nicht genau wissen, was sie tun sollen. Und plötzlich kam auch Vater herein, mit der Milchkanne in der einen Hand und der Eisenstange in der andern, offenbar sehr müde, und ohne ein Wort übergab er die Milchkanne Mutter und legte den Arm um sie, ohne ein einziges Wort, aber seine Züge bebten, als unterdrücke er etwas, und wortlos stellte er die Eisenstange ab, lehnte sie an die Wand, nahm das Kind hoch und herzte es, doch seine Kehle zitterte, und kein Wort, und er legte seine große, müde Hand auf den Kopf des großen Bruders, der schon die Eisenstange und seine Kraft daran erprobt hatte, diese Eisenstange – wer weiß, ob Vater sie benutzt hatte, ob es jemanden auf der Welt gab, der sie jemals mit all der in Vater gestauten Kraft auf den Kopf bekommen hatte, als gehe Vater aus, und der Eisenstab haue ihm schädelknackend eine Schneise, um den Kindern Milch zu bringen, und nun stand er mit seinen großen, starken, leeren Händen da, und man sah ihm an, daß er jetzt etwas in Ruhe sagen wollte, sich nur seiner Stimme nicht sicher war, ob er das Unsägliche ruhig würde sagen können – und auch Brenner, sagte Vater jetzt, auch Brenner, sagte Vater mit brechender Stimme, konnte nicht weiter, auch Brenner, sagte er, hoi Brenner, sagte Vater.

DREI - Bein im Eimer

Hier die Nachlat-Benjamin-Straße, da die Montefiore-Straße, das zweite Haus von der Ecke, drei Stockwerke, im zweiten.

Die Montefiore-Straße ist noch nicht ganz fertig gebaut, aber an der Ecke Nachlat-Benjamin gegenüber hat gerade erst ein neues Café aufgemacht, das manche auch Kiosk nennen, ganz funkelnagelneu und in der Mitte eine glitzernde Brausemaschine, und der Mann mit der Schürze greift mit der einen Hand ein schimmerndes hohes Glas und mit der andern eine Zauberflasche, aus der er einen Schuß roten oder grünen oder gelben Sirup hineingibt, und sobald das Maß erreicht ist, hält er das Glas unter den glänzenden Hahn und läßt mit tosendem Sprudeln seinen Brausestrom hineinschießen, hebt und senkt dabei das sich füllende Glas unter fachmännischem Kopfnicken, auf daß das Zauberwerk offenbar werde, und dann läßt der Hohepriester den Schaum einen Augenblick abstehen, ehe er mit neuem Inhalt den Raum auffüllt, den der trügerische Schaum vorher eingenommen hat, und wenn das Glas voll ist, dreht er ab, wartet noch einen Moment, damit das Werk in Vollendung sichtbar werde, ohne jede Augenwischerei, stellt dann mit Meisterhand das volle Glas auf den Marmortresen, schiebt es dem vor gebannter Faszination sprachlosen Kunden hin, der sogar vergißt, den halben Grusch in der Tasche zu suchen, wenn er nicht zu denen gehört, die ihn schon vorher parat halten und, unverwandt starrend, mit der gelochten Münze auf den feuchten Marmor trommeln, auf dem manchmal auch ein *Dabur* einen Moment zögernd das dort hinschmelzende Süße anpeilt, ehe er eins mit dem feuchten Lappen des Zauberers abbekommt, und dann jeder Schluck, den der Glückliche von seiner kalten, süßen, farbigen Brause nimmt, falls er nicht zu den noch Glücklicheren zählt, die auch noch eines Strohhalms teilhaftig werden, um den paradiesischen Trank zu saugen und zu schlürfen, wobei dieser Halm sofort beim Eintauchen diagonal abzuknicken scheint, während die bewundernden Umstehenden, die keinen halben Grusch besitzen, dem Trinkenden geradewegs in den Rachen lugen, um zu sehen, wie das da die Kehle hinabrinnt, und ihn grenzenlos um sein Glück beneiden, obwohl es andererseits auch immer Passanten in der Nachlat-Benjamin-Straße gibt, die zwar ebenfalls eine halbe Sekunde innehalten, verlegen lächeln, vielleicht weil der Gehsteig frisch gesprengt glitzert und glatt ist, sich dann aber gleich wieder fangen und verkünden, daß sie keineswegs glücklich seien, denn hier gehe es schon los, das sei der Beginn des Niedergangs, man werde ja sehen, was hinfort aus unserer Jugend würde, welch mindere, degenerierte Generation uns jetzt heranwüchse, und das in derart messianischer und schwerer Zeit, und schon finden sie Bestätigung durch den lauten Fanfarenstoß, der urplötzlich aus dem Rachen des großen Grammophons schallt, eine flotte, mitreißende Melodie, die, von dem Mann mit der Schürze in Gang gesetzt, in voller Lautstärke die ganze Nachlat-Benjamin-Straße durchflutet und vollends all die zugezogenen Vorhänge an den Fenstern jener Ruheliebenden erschüttert, die hier Wohnung genommen haben, und zwar gerade hier, um nicht mehr unter dem Lärm in Jaffa zu leiden, doch der bunte Grammophontrichter mit einem roten, einem blauen und einem glitzernden Silberstreifen verlacht sie und trompetet lustvoll nie gehörte Melodien, und der Mann wendet sich jetzt vergnügt allen zu und bemerkt, na, was für ein prima Foxtrott, was sagt ihr dazu? Ohne daß die Umstehenden alle kapieren, was er redet oder was sie sagen sollen, und selbst wenn du sie jetzt umgehen und in die bescheidene Montefiore-Straße einbiegen wolltest, würdest du sofort stoppen angesichts des Zauberlehrlings, der sich da über ein messingbeschlagenes Holztönnchen beugt und mit aller Kraft die Kurbel dreht, weiteres zerstoßenes Eis nachfüllt und nun die lekkere Speiseeismasse mahlend rührt, was auch dem größten Asketen den Mund wäßrig machen würde, und das zuschauende Kind ist schon völlig von diesem Zauber gebannt.

Man nennt ihn jetzt «Junge», nicht weil er etwa schon groß wäre, einen volleren Körper hätte und nicht mehr bei jedem gewöhnlichen Wind wie eine Feder davonflöge, denn er ist erst sechs Jahre alt und geht in die erste Klasse, sondern vielleicht, weil er kein Kindergartenkind mehr ist und man ihn nicht zur Schule begleiten muß (obwohl er bei Nacht nicht gern allein bleibt und ein sicheres Versprechen braucht, wann sie wiederkommen, aber selbst dann Angst vorm Dunkeln kriegt, wenn er nachgibt und zustimmt), und auch weil sie schon in der Stadt wohnen und nicht mehr in einem abgelegenen Viertel bei Jaffa, obgleich in der Nachlat-Benjamin-Straße die Welt ruhig und friedlich ist, einschließlich der Montefiore-Straße, zweites Haus rechts, wenn man mit dem Gesicht zum Meer steht, während an der Ecke zur Linken jetzt jenes Kiosk-Café mit seiner glitzerfunkelnden Brausemaschine und all den andern Wunderdingen hervorlugt, vor dem der Zauberlehrling den Gehsteig stets so spiegelblank sprengt, daß sich die schimmernden Sirupflaschen und der Grammophontrichter, der wie eine klingende Riesenmuschel aussieht, verzerrt darin spiegeln und auch zitternd die Beine der Passanten, die kurz anhalten, um von nahem zu sehen, und alles bricht sich in der Nässe des Gehsteigs zu einem Wirrwarr greller Farben, die sich zu Füßen der Leute mit dem Glitzerfunkeln, den Sirupfarben und dem Rot-Weiß der Markisen mischen, die gegen die Sonne aufgespannt werden, damit es hier nur ja schattig und kühl und angenehm und interessant und neu sei, voll neuer Fanfarenklänge, und danket, denn es ist gut.

So läuft er jeden Morgen los mit seinem Körbchen und mit

dem Stoffranzen, den Mutter ihm genäht hat und der überhaupt nicht schwer ist, aber doch in die Schultern schneidet, weil Mutter, der Schmäle seiner Schultern und nicht der Schwere der Last eingedenk, die Bänder zu schmal gemacht hat, erwehrt sich heldenhaft all der neuen Eindrücke in der Allenby-Straße, um nicht zu spät zu kommen, und eilt auf deren Anfang zu, ganz nahe an die Eisenbahnschranke, die einen eigenen Wärter hat, der genau zur richtigen Zeit aus seinem Häuschen heraustritt, bereit, mit einem großen Rad die Hängeschranke herunterzudrehen, mit einer Schirmmütze auf dem Kopf und zwei Fahnen, einer grünen und einer roten, in den Händen, und die Leute bleiben stehen, die Diligence hält an, ein Eselreiter desgleichen und auch Kinder von überall her, vor allem solche, die aus dem Klassenzimmer verbannt worden sind, und alle hängen sie an der herabgelassenen Schranke, deren baumelnde Lamellen noch immer von der Anstrengung des Herabgehens schwanken, und plötzlich kommt die Lokomotive angebraust wie der König aller Könige, voll Kraft und Schwärze und Dampf und Schnelle und Weite und Schwung, und füllt die Welt bis zum letzten aus, zieht den ganzen Wagenschwanz hinter sich her, die Räder stampfen im Dreiertakt, die Erde bebt unter dem Rattern, und immer fängt man für eine Viertelsekunde auch das Gesicht eines Fahrgasts auf, der ebenfalls hingeschaut und für eine Viertelsekunde die Blicke der ihn Anblickenden aufgefangen hat, und irgendein Satz, der nicht gesagt worden ist und nicht mehr gesagt werden wird, bleibt unverwirklicht schweben, bis auch der letzte Waggon vorüberfährt und alles dahin ist, so schnell, als sei auch der Sinn des Lebens dahin, und man bleibt einsam und so furchtbar bodengebunden zurück, und der Mann dreht das Rad und hebt die Schranke, setzt seine Schirmmütze ab, nimmt die Fahnen und wischt sich mit einem großen Taschentuch den Schweiß von der Glatze, und da stellt sich heraus, daß er auch nur ein Mann namens Chaim ist und gar nichts Besonderes.

Vor der Schule steht ein mächtiger Maulbeerfeigenbaum, auf dem alle Klettermaxe und Nichtklettermaxe immer in der einen oder andern Höhe hängenbleiben, doch eines Tages wird er gänzlich fort und verschwunden sein, dieser riesige Baum, und auch die Knabenschule wird wegziehen und in die Achad-Haam-Straße übersiedeln und Knabenschule I heißen, scheint mir, und dieses Gebäude hier heißt fortan, seiner Funktion getreu, *Hawaad Hapoel schel Hahistadrut* (Exekutivrat der Gewerkschaft), was immer wie in einem Wort ausgesprochen wird, und später zieht die Gewerkschaftszeitung *Davar* ein, und Berl Kaznelson geht darin ein und aus, und Salman Ruwschow und viele andere, allesamt ernste Träger schwerer Verantwortung, und von einem verborgenen Zimmer aus befehligt sogar die geheime Hagana über alles, und dann ziehen auch sie alle aus, alles wird abgerissen, und an seine Stelle kommt die Konsumzentrale, meine ich, an der Allenby-Straße, nichts Besonderes, und auch die Eisenbahn ist längst weg und fährt nicht mehr vorbei.

Die Schule war leicht zu erreichen, aber es ist nicht viel in der Erinnerung haftengeblieben von dem, was dort war, und was er dort gemacht hat, und was die Lehrerin gesagt hat, und wer sie genau war, und was sie einem Kind beizubringen wußte, das schon lesen und schreiben konnte, abgesehen vielleicht vom Stillsitzen, was einfach unrecht war, denn es gab keinen Stilleren als ihn, und nicht zu träumen, das schon eher, und auch, daß er Buntstifte nahm und Bogen mit Zeichnungen füllte, auf denen immer eine Lokomotive mit grandiosem Rauch und Dampf dahinbrauste, und in den Pausen konnte man ihn nirgendwo finden, weil er hoch oben auf dem Maulbeerfeigenbaum saß, auf den dünnsten Zweigen, auf den schmalsten und zerbrechlichsten schwankte er, wobei er gar nichts riskierte, denn er war leichter als jeder Zweig, selbst als der allerleichteste, zum einen, um als erster die Eisenbahn kommen zu sehen, zum andern, um von oben die rennenden Kinder zu beobachten, ohne selbst mitzurennen, und es war auch leicht, nach Ende des Unterrichts von der Schule heimzugehen, selbst wenn man sich beherrschen mußte, um nicht bei all den unzähligen Neuheiten stehenzubleiben, die von Tag zu Tag in der Straße hinzukamen. Das galt sogar für seinen großen Bruder, der schon in die sechste Klasse ging, von der Aufsicht über den kleinen Bruder befreit war und sich ganz den wunderbaren Pausen zwischen den öden Schulstunden hingeben konnte, ganz ohne die Drohungen, die Vater auf Mutters dauernde Vorhaltungen aussprach, man müsse den Jungen zurechtweisen, sonst werde das Jahr vorübergehen und er dumm und bar jeder Bildung bleiben und den Zettel nicht bekommen, den er vom Lehrer mitbringen mußte, um zu bezeugen, daß er sich nicht aller Schulpflichten entzogen und einfach geschwänzt hatte, oder aber zum Unterricht erschienen war, die Hausaufgaben jedoch nicht gemacht hatte, und obwohl er wußte, daß zwischen Vaters Vorhaltungen und den angedrohten Maßnahmen kaum ein Zusammenhang bestand, konnte es, wohl wenn sonst gar nichts mehr half, doch urplötzlich passieren, daß sogar Vater aufstand und eine furchtbare Tat beging, noch furchtbarer, weil er sie persönlich ausführte, nicht ohne daß Mutter sie von der Seite mit ansah und ihn dazu drängte, wie beispielsweise in jenem Fall, als mein Bruder beim Murmelspiel eine phantastische Zahl Glasmurmeln gewonnen hatte, vielleicht tausend, aber ausgerechnet da herauskam, daß dieser Großgewinn auf Kosten von Bibelstunden und Heimatkundestunden und Aufsatzstunden gegangen war, und Vater nun den hübschen Sack faßte, den der Bruder aus schönen, starken Stoffresten gemacht und mit Gummizug versehen hatte, mit dem beschlagnahmten Sack in der Hand auf die Toilette rannte (die Vater Thron nannte), dort den ganzen Sack in die Klosettschüssel schleuderte, mit sämtlichen tausend Murmeln, die der Junge gewonnen hatte und Stück für Stück kannte, und so vehement die Wasserspülung zog, daß beinah die Kette abgerissen wäre, worauf der große Bruder zu Boden fiel und wie ein von Gott Geschlagener strampelte. Und hier fährt man besser nicht fort.

Aber wenn der Unterricht dann endlich vorüber war, kam die wunderbare Zeit nach der Schule, wobei man zu Hause immer erzählen konnte, sie hätten noch eine Zusatzstunde gehabt oder eine weitere Stunde im Schulgarten gearbeitet und den Sand gehackt oder aber für das Theaterstück geprobt, das sie auf der Abschlußfeier aufführen würden, Daniel und Belschazzar oder Jiftach und seine Tochter oder Josef Trumpeldor in Tel-Chai, in Galiläa, oder sie seien ausgezogen, die Schilder mit *Hebräer sprich Hebräisch* in den Geschäften aufzuhängen, oder sonst etwas, das als ausreichende Entschuldigung galt, und dann konnte man erleichtert losrennen, der ganze Trupp Kenner und Langbeine, und mit dem Lumpenball kicken, genauso wie sie hier erst vor kurzem die Mannschaft der britischen Artillerie aus Sarafand gegen die der britischen Polizei in Jaffa spielen gesehen hatten, hier auf diesem leeren Sandplatz, mit einem richtigen Ball waren sie zwischen Pfählen gespurtet, die ihr Araber für sie in den Sand gerammt hatte, in Trikots und Socken, Rot gegen Grün, waren in den tiefen Sand gesunken, der gar nicht vorgab, ein Fußballplatz zu sein, und hatten mit aller Kraft den lockeren Sand und den prallen Ball gekickt, einen richtigen Ball, allesamt bald knallrot, auch die Grünen, rot und schweißnaß, glänzend vor Feuchtigkeit, und um sie her, abgesehen von ihrem Araber, viele jüdische Kinder, glühend vor Neid und brennend vor Neugier, und da sie wenig Englisch hörten, nannten sie den Elfmeter *pendel* statt *penalty* und den Außenstürmer *haffbek* statt *halfback*, und das geschossene Tor nannten sie *goool*, und zwar mit Fanfarenstimme, und alles um sie her war so ausländisch, so spannend, so faszinierend, denn es gab noch keinen Makkabi und keinen Makkabi Tel Aviv und kein Spiel Makkabi gegen Hakoach, ja noch keinen einzigen Namen eines Fußballgenies oder leuchtenden Vorbilds, nur die Brüder Assaf und Amihud waren vielleicht fast solche Stars, aber die gaben sich nicht mit Plebs wie uns ab, sie und ihre Genossen spielten nicht im wehenden Sand, sondern wurden eingeladen und fuhren mit dem Automobil zu dem echten Platz in Sarafand, dort fanden sie es schön und angenehm, und dort rauchten sie auch englische Zigaretten mit ihrem typischen Geruch und tranken die bitteren Getränke der Engländer, ja sprachen sogar englisch, auch wenn ihr geehrter Vater Tag und Nacht abgeschieden in seinem Haus in der Grusenberg-Straße saß und das große hebräische Wörterbuch verfaßte. Kein Mensch wäre damals auf die Idee gekommen, daß nicht aus ihnen, sondern nun gerade aus ihm, meinem großen Bruder, ein großer Fußballspieler werden würde, ein grandioser Fußballer, dessen Name in allen Kolonien Jehudas gerühmt werden sollte, als der unübertreffliche rechte Verteidiger von Makkabi Jehuda, dessen Meisterschüsse nicht nur ins gegnerische Tor trafen, sondern gleichzeitig, aber auf andere Weise, auch die Herzen der Mädchen Jehudas und seiner Kolonien in tausend Stücke brachen, mit seinem blau-weißen Trikot, dem kastanienbraunen Haar, seinem geschmeidigen Körper wie ein junger Gott und der unendlichen Freigebigkeit, mit der er sie alle zu Brause und eine von ihnen dann ins Kino einlud, Rivka, Bilha oder Rachele, deren prächtige Bilder mit den Widmungen in schönster, schrägster Mädchenschrift der kleine Bruder lange betrachtete, und nach der Vorstellung, ja, was danach kam, wußte der kleine Bruder nicht, und er hätte auch nicht gedacht, daß sich nachher in den dämmrigen Gärten noch was Besonderes zwischen dem Bruder und einer von ihnen abspielte, er wußte nur, daß die Ehre seines Bruders auch auf ihn überstrahlte, denn wenn er so schmal und leicht und schmächtig vorüberging, deuteten die andern auf ihn und sagten respektvoll, der ist der Bruder seines Bruders, und so wurde er von nichts zu jemandem.

So gelangte der Junge auch mit den kleinen Schritten seiner kleinen Beine von der Schule nach Hause in die Montefiore-Straße, in einem kurzen Weilchen, in dem er allerdings von einer Seite der Welt zur andern überwechselte, und zu Hause war alles noch neu, und im ersten Stock hat der Mensch nun mal nicht alles, was der genießt, der zu ebener Erde wohnt. Vater hatte das arrangiert, auf Empfehlung Onkel Davids, der in der Jehuda-Halevi-Straße wohnte, unmittelbar an den Eisenbahngleisen und an der Schranke in der Herzl-Straße, die zu beiden Seiten, nicht nach oben aufging, welch ein Glück hatte doch der Onkel, an den Gleisen zu wohnen, und wenn der Zug unter den Fenstern vorbeisauste und vor der Schranke tutete, füllte sich plötzlich das ganze Haus mit Engelsschwingen, wobei der Onkel sich allerdings nur die Ohren zuhielt und sagte, oiwawoi, so eine Plage und Dreck noch dazu, und Vater erhielt damals die neue Arbeit, durch Onkel David, der stets ein vertrauensvoller Gefolgsmann Herrn Dizengoffs war, auch nachdem Herr Dizengoff ihm die hübsche runde Summe von zwanzigtausend Francs abgenommen hatte, die er redlich in Rotmystriwka, Gouvernement Cherson, erworben hatte, während all der Jahre unfreiwilligen Exils, nachdem Chedera ihn bis an die Pforte des Todes getrieben hatte und er in der Diaspora examinierter Buchhalter geworden war und einen Batzen Geld, einen veritablen kleinen Schatz, verdient hatte, worauf er, ins Land zurückgekehrt, sogleich zu dem Mann seines Vertrauens, seinem Lehrer und Meister Meir Dizengoff, eilte, um einen vernünftigen Rat einzuholen, wo und wie er das Geld zum Wohl aller Parteien, seines und ihres – der im Aufbau befindlichen Heimat natürlich – anlegen solle, worauf Herr Dizengoff ihn auch prompt dirigierte und ihm sagte, es sei ein wahres Glück, daß er genau zur rechten Zeit gekommen sei, denn er persönlich habe gerade eben eine Flaschenfabrik in Tantura bei Atlit gegründet, zum Wohl des Weins von Sichron und Rischon, während sein noch besserer Freund Leon Stein ihm schon zuvorgekommen sei und hier in Newe Zedek bereits eine Gießerei und Motorenfabrik für Wasserpumpen eröffnet habe, zum Wohl der Jaffaer Zitrushaine, arabischen wie jüdischen, und Onkel David, dessen Kopf glatt wie eine Bohne und blitzsauber war und dessen saubere, gepflegte Hände niemals etwas Unsauberes angefaßt hatten, zumal er immer Mitglied in Vereinigungen braver Menschen, die Gutes tun, gewesen war, stand auf und teilte das in der Diaspora verdiente Geld in zwei Teile, auf daß die eine Hälfte Flaschen in Tantura produziere und die andere Pumpen in Jaffa, zwei notwendige, wohlfundierte und sichere Betriebe, die zum Aufbau des Landes beitrugen, und nun wartete er auf gute Trauben, doch ach, der eine wie der andere brachte nur schlechte, ging in Konkurs, und sein ganzes Geld war für eine miese Sache verloren, und nur mit einem Rest, den er aus Furcht vor schlechten Zeiten beiseite gelegt hatte, ging er, wieder auf Anraten seines Lehrers und Meisters und Vertrauensmanns, Meir Dizengoff, hin und erwarb ein Sandgrundstück in Achusat Bait, und bei der Muschellosziehung des Apothekers Ahron Weiss zog er nun ein Grundstück zwischen Jehuda-Halevi- und Herzl-Straße, das zweite Haus von der Ecke, wie gesagt an der Eisenbahnlinie, o dieser Glückliche, und baute auch ein schönes, geräumiges Haus mit einigermaßen teurer hebräischer Arbeit, das letzten Endes Jehuda-Halevi 30 heißen würde, ins Erdgeschoß zog der Teppichhändler Ben Ahron, und in dem Stock darüber richtete sich der Onkel mit seiner Familie gemütlich ein, bis in ferneren Zeiten das ganze Haus mit seinen zwei Stockwerken abgerissen und an seiner Stelle das prachtvolle Riesengebäude der Bank Leumi Le'israel errichtet wurde.

Als jedoch andererseits Herr Dizengoff den Waad Tel Aviv, nämlich die Stadtverwaltung, gründete, erhielt Onkel David Schreibtisch und Stuhl, um sich hinzusetzen und von dort aus die Abteilung für Wasser und Beleuchtung der Stadt Tel Aviv zu leiten, achtundsechzig Straßenlaternen und siebenhundertsechsundfünfzig Lampen, die zum Teil schon elektrisch leuchteten, bevor noch Herr Ruthenberg Strom erzeugte, die mußte man anzünden und ausschalten und putzen, und das Wasserreservoir mit den beiden schwarzen Wassertanks oben drauf, gleich über dem Rathaus, wirkte so merkwürdig, daß selbst Vater sagte, wie ein Sattel auf einer Kuh, in der Rothschild-Allee, und all die Rohre und die Hähne und die Lecks und der Rost und die Reinheit des Wassers und die Wasseruhren und die Bezahlung des Wassers, das es nicht etwa gratis gab – viel schwierige, drückende Arbeit, die Onkel David emsig verrichtete, allerdings ohne es zu übertreiben, denn man muß auch auf die Gesundheit achten, und Onkel David sorgte dafür, daß Herr Dizengoff auch Vater einen kleineren Tisch und einen kleineren Stuhl in einer etwas ferneren Ecke gab, wo Vater sitzen und seine geliebten Zahlenreihen aufstellen konnte, addieren und subtrahieren und dividieren und multiplizieren und Prozente berechnen bis zum Abend, und bei besagtem Wasserreservoir, genau zu seinen Füßen, gingen schon nach hier und da die Alleen mit den kleinen Bäumchen ab, die wegen des kargen, lockeren, sauberen Sandbodens nur schwer wuchsen, aber gerade wegen dieses kargen, lockeren, sauberen Sands dort gepflanzt worden waren, weil an jener Stelle, bevor es Tel Aviv gab, eine große Senke gewesen war und man die Pioniere mit ihren berühmten Schubkarren gerufen hatte, die dann die goldgelben Sandhügel in diese Senke beförderten und sie derart auffüllten, daß die Grundstückseigentümer zögerten, dort zu bauen, aus Angst, die mit ihrem letzten Geld errichteten Häuser könnten im lockeren Sand versinken, deshalb beschloß man, Bäume zu pflanzen, damit sie den wehenden Sand mit dem festen Boden verankerten. Vater mietete also jene Wohnung im zweiten Stock des Hauses in der Montefiore-Straße, dem zweiten Haus rechts, wenn man mit dem Gesicht zum Meer steht, und noch gab es kaum Häuser in dieser Straße, der Seewind stieß auf keinerlei Hemmnis, und die Sandwehen, die noch salzig waren, fegten frei wie junge Fohlen die Montefiore-Straße entlang, bis an den mit Wasser gesprengten Gehsteig Ecke Nachlat-Benjamin-Straße, vor jenem neuen Café-Kiosk, bis dorthin schwirrten sie ungehindert, durch das ganze Wiegenbett der Straße, die noch nicht fertig gebaut war und von der man noch ohne jede Sichtbehinderung die Rückfront des Herzlia-Gymnasiums sehen konnte, den rückwärtigen Hof mit den rechteckigen Beeten für den Gartenbauunterricht, den Sportplatz für Herrn Neschris Turnstunden, das ungebremste Johlen der wie toll herumrennenden Jungen, die mit Lumpenbällen kickten, Stöcke und Zweige warfen, weil es keine Steine gab, und sprangen und rempelten und Püffe einsteckten, scheinbar schier explodierten vor überschüssiger Kraft, während die Mädchen, diese Backfische mit ihren Zöpfen und gestickten Kleidern, grüppchenweise die Köpfe zusammensteckten, wobei man von uns aus nicht hören konnte, was sie da an Mädchendingen tuschelten und warum sie von Zeit zu Zeit in Mädchenlachen ausbrachen und ob das nicht alles bloß aus purer Jugendlust war.

Gegen Abend wurde das Kiosk-Café zum Mittelpunkt der Welt, zur aufblühenden Blume, zum wimmelnden Bienenstock, zum Zentrum aller Interessen, drei Lux-Lampen leuchteten strahlend, und noch viele bunte Lämpchen hingen hier und da, Frauen und Männer scharten sich davor, bekamen und trugen volle Brausegläser und suchten sich einen Platz, stießen auf Bekannte, unablässig traf man sich, Männlein und Weiblein, und der Mann hatte alle Hände voll zu tun, und abgesehen von dem Lehrling liefen noch zwei Mädchen umher, brachten und nahmen mit, aber vor allem herrschte das Grammophonspiel (Spiel?) über alles, ein brillantes Spiel, das mit nichts Bekanntem Ähnlichkeit hatte, gar kein Spielen oder Musizieren oder Singen war, man wußte ja überhaupt nicht, was da spielte, weil man es noch nie gesehen hatte, aber eine Stimme kam von den Schallplatten des Kioskmanns, der viele Dinge gleichzeitig tat, ausschenken und spülen und Wechselgeld herausgeben und wischen und reden und lachen und Platten wechseln drinnen in seinem Zauberkasten und die Kurbel des Grammophons drehen, dessen Trichterrachen wie eine Riesenmuschel wirkte, aus der sie nur so fluteten und schallten, die Fanfarentöne, die wer weiß wer machte, mit Trompete oder Flöte oder Schofar oder Horn, oder Menschen imitierten was oder sangen selber, so was Glänzendes, das ohne jede Scham losschreit und unverhohlen auch sagt, wenn es weh tut, und auch sagt, daß man Dinge ohne Angst sagen darf, immer nur die ganze Zeit mutig verkündet, daß was da ist, und wenn du Lust hast, darfst du, die Worte versteht man nicht, weil sie englisch sind, aber man weiß, auch ohne zu fragen, daß hier etwas geschieht, bei dem du nicht weißt, was du damit anfangen sollst, aber auf das man vielleicht sogar gewartet hat.

Man kann sich kaum retten vor dieser Musik oder dem Lärm, sagt Vater, ernstlich leidend, wenn sie gemeinsam auf dem Balkon zum Hof sitzen, ein wenig abgeschnitten vom Wind, aber auch etwas abgeschirmt von dem Lärm, und mit den Händen nach den Mücken schlagen, ein Glas Tee mit Zitrone vor sich, Vater und Mutter und ein befreundetes Paar aus vergangenen Tagen, sie heben die Gläser und die Zukkerstücke hoch, halten sie in den Händen und schlürfen mit sanftem Geräusch Schluck auf Schluck, kosten Mutters berühmtes Traubengelee, knacken Sonnenblumenkerne, wobei die Männer die Schalen mit gekonntem Zungenschlag in hohem Bogen über das Balkongeländer spucken, während die Frauen sie wohlanständiger mit den Fingerspitzen aus dem Mund nehmen und auf Teelöffel oder Untertasse ablegen, und hören nicht auf, sich über diesen Lärm zu entrüsten, man müsse hier flüchten oder die Stadt auffordern, etwas zu unternehmen. Doch unwillkürlich merkt der Junge, der zu ihren Füßen auf den Stufen sitzt, scheinbar unbeteiligt nur mit undefinierbaren Dingen beschäftigt, wie Vaters Finger, die sich etwas verändert haben, weil sie seit langem nichts Dickeres oder Schwereres als den dünnen, leichten Stift bei seiner Schreibtischarbeit in der Stadtverwaltung gehalten haben, jetzt auf das Geländer trommeln, in Geistesabwesenheit oder aber in geistiger Präsenz, die bei dieser müßigen Unterhaltung auf dem Balkon kein Betätigungsfeld findet, und plötzlich fangen seine Finger auch an, im richtigen Takt zu trommeln, mitgerissen von dem sonderbaren, neuen Rhythmus, den die Gebäudefront nicht ganz abdämmt, und aufgrund seines feinen Gehörs läßt er unmerklich Kopf und Schultern mitwippen, reglos, nur seine Finger tanzen für ihn in einer nicht erlernten Bewegung, als wüßten sie etwas hier bisher Unerhörtes, bei dem man noch nicht weiß, was man damit machen soll und ob es erlaubt ist, doch sobald er es einen Moment später merkt, rollt er erschrocken die Finger ein, blickt um sich, ob er womöglich ertappt worden ist, seufzt auch auf seine bekannte Weise, ach weh, wobei er so tut, als solle das nur bedeuten, es wird Zeit, daß das Kind schlafen geht, und nicht etwa, oh, laßt mich, eine Bedeutung, die schnell weggewischt werden wird und wie immer in ich geb halt wieder mal nach überleitet. Und Mutter sagt dann, da kommt der Arzt schon wieder zu der Nachbarin gegenüber, die Krankheit ist wohl schlimmer geworden, vielleicht wird man sie ins Krankenhaus bringen, und alle blicken in die betreffende Richtung, im schummrigen Licht der Petroleumlampe.

Neue Zeiten, sagt Mutters und Vaters Freund aus vergangenen Tagen, manchmal fühle ich mich wie Choni der Kreisdreher, sagt er halb lachend, ebenfalls mit Schnurrbart und einem Hemd, dessen Kragen bestickt ist, weil es das schöne Feierabendhemd ist, vielleicht stamme ich noch aus dem vorigen Jahrhundert, bin ja noch darin geboren, sagt er verlegen lächelnd, und man merkt, daß das Gespräch auf dem Balkon plötzlich auf Bereiche überspringt, über die man nicht spricht, die womöglich sogar unschicklich sind, merkt irgendwie, daß etwas, über das man keine Herrschaft hat, eingetroffen ist, bei dem man noch nicht weiß, ob man es akzeptieren oder abweisen soll, wie zum Beispiel das Leiden, dessentwegen der Arzt immer wieder die Nachbarin aufsucht, ohne daß es ihm gelänge, es entweder zu kurieren oder sich mit ihm abzufinden. Was hat denn diese Frau, fragt die langjährige Freundin Mutter, doch sie wissen es nicht, irgendwas im Blut, meint Mutter, oder im Bauch, oder ist es das Herz? Man wird sie wohl ins Krankenhaus bringen, sagt Mutter, spürt, daß sie mehr Schrecken als gewollt auslöst, und es wird klar, daß beim müßigen Sitzen auf dem Balkon, zwischen Tee und Traubengelee, klamm und heimlich noch jemand eingedrungen ist, gegen den es kaum Schutz gibt, weder die Möglichkeit, ihn zu ignorieren, noch die Kraft, es mit ihm aufzunehmen, oder den Wink langsam zu verstehen, oder in weitere Ängste zu verfallen oder noch einen verlorenen Krieg anzufangen, und gewiß nicht jetzt. Ach weh, seufzt Vater. Und wieder so, als meine er, ob es nicht Zeit für den Jungen sei, schlafen zu gehen, und Mutter sagt, eigentlich hätte sie bei ihnen an die Tür klopfen und fragen müssen, ob sie nicht Hilfe bräuchten, aber sie kenne die Leute ja noch nicht, und sie habe auch Angst, sagt sie, wisse nicht warum, oder was. Wir sind hier alle neu im Haus, versucht Vater zu erklären, man begegnet sich nur auf der Treppe, und auf der Straße kennt man sich nicht. Und jede Wohnung schweigt über das, was hinter verschlossener Tür vorgeht, sagt Vater. So ist das in diesem Quadrat neuer Häuser, die teils an der Nachlat-Benjamin-, teils an der Montefiore-Straße liegen, und in der Mitte ein Innenhof mit Büschen und ein paar Gräsern und auch mit Mülleimern und einer Hintertreppe zu jedem Flügel, auf der Menschen schweigend auf und ab gehen und die Tür schließen.

Schließlich springen die Gäste auf und machen Anstalten, den Heimweg zu ihrem neuen Wohnviertel anzutreten, das ausgerechnet Obdachlosenviertel heißt, so daß man sich wundert, wo einer, der kein Obdach hat, wohl wohnt. Vater weiß, wo dieses Viertel liegt, und sagt auch, oho, das ist ein gutes Stück zu laufen, worauf der Freund sagt, ja, aber das erhält gesund, und alle lachen sie freundschaftlich, Vater gehört zum Hapoel Hazair und der Freund zu den Poale Zion, und doch sind sie Freunde und gern zusammen, auch Mutter mit ihrer Freundin, wobei Mutter aber doch das Gefühl hegt, besser dran zu sein, da sie nicht obdachlos ist und die Wüste, so meint sie, schon hinter sich hat und sie als nächsten Schritt ein eigenes Haus bauen werden, weiter nördlich, in den Dünen, an einem Ort, der Tel Nordau heißt, obwohl dort noch gar nichts ist und man recht beschwerlich bis dorthin stapfen muß durch diese große Sandwüste mit den Maulbeerfeigenbäumen, den Weingärten, den Füchsen und Schakalen, mit Sand in den Schuhen und dem Schweiß und der Hitze und allem, Vaters Arbeit bei der Stadt indessen wird die Formalitäten nur erleichtern, auch bezüglich des Kredits, den die Bauunternehmerzentrale ihnen gewähren wird, eben die Zentrale, bei denen der gute Freund arbeitet, als Baufacharbeiter, und er weiß schon, daß diese Bauunternehmerzentrale sich in die Firma Solel Boneh verwandeln wird, ebenso wie Mutter weiß, daß das eine Wohngegend für Lehrer, Schriftsteller und Beamte werden wird, so daß die Kultur dort blühen und die Dünen zu einer Hochburg der Bildung und Kunst machen wird, mit Volkshaus und Kulturverein und arbeitenden Müttern und Arbeitertheater, ohne die Seele der Kinder diesem billigen Kiosk zu verschreiben oder etwa dem Kino, das da Lichtspiele aufführt, wie sie gehört hat, in einem Saal, den Abarbanel und Weisser gebaut und *Eden* genannt haben, eine Sache von höchst zweifelhaftem kulturellem Wert, die wer weiß wozu erzieht. Mutter bleibt, um das Geschirr abzuräumen, während Vater und der Junge die Gäste hinunterbegleiten.

Das ist die Nachlat-Benjamin-Straße, erklärt Vater, im Dunkeln sieht man's nicht, aber man hat schon über vierzig Häuser hier gebaut, die Eigentümer alles wohlhabende Leute aus Polen, die Geschäfte und Handelshäuser eröffnet haben, nicht so wie wir, sagt Ja'akow, der Freund, die wir geradewegs zu Hacke und Pflug gegangen sind, ja, die Zeiten haben sich geändert, sagt Vater und fügt, seiner Gewohnheit entsprechend, genaue Einzelheiten über die Anwohner der Nachlat-Benjamin-Straße und ihre gesichert erscheinende Zukunft an, bloß ist jetzt nicht genug Licht, weil es nur wenige Laternen gibt, und auch die vorhandenen sind nur da, weil Onkel David dafür gesorgt hat, obwohl sie viel kosten, und im Licht der wenigen Laternen wird das leuchtende, glitzernde, laut dudelnde Kiosk-Café zum Leuchtturm in finstrer Bucht. Haus und Hof und Zaun, ein Lattenzaun und ein Eisenstrebenzaun und ein gestufter Backsteinzaun, und kleine Gärtchen, in denen man so viel gießen kann, wie man will, der Sand schluckt es alles, und plötzlich sieht alles so friedlich aus, daß man es förmlich riechen kann, vor allem hier, vor diesem Hof, den eine weiß blühende Kletterpflanze gänzlich eingehüllt hat, und diese Kletterpflanze ist einfach die weiße Kletterrose, Polyantha, weiß Vater, eine üppig weiß blühende Kletterrosenart, und welch ein Duft, sagt Zippora, die Freundin, und sie bleiben dort stehen, und es ist, als erfülle sich hier eine Verheißung über alle Erwartungen hinaus, sie stehen im Schatten vor der weiß blühenden Hecke, sogar höher als Vater, der Freund ist schon ziemlich gebeugt und die Freundin gar nicht groß, und der Junge ist noch ein Kind, und diese Rosensträucher wachsen hoch hinaus mit ihrer dichtweißen Wolke, duftend, echt, üppig, aus vielen kleinen Einzelblüten zusammengestzt, die sich zu einem schönen Ganzen verbinden, und während sie da so stumm stehen, kann man spüren, daß Vater etwas hinunterschluckt, und vielleicht, wenn Licht gewesen wäre, hätte man gesehen, wie sehr.

Dann verabschieden sich der Freund, den die Arbeit etwas gebeugt hat, und die Freundin, die nicht besonders groß ist, wobei sie Vater bewegt die Hand drückt und einen Dank murmelt, der nur erregte Wärme ist, ohne Worte, und Vater sagt gute Nacht und auf Wiedersehen und Schalom, Schalom, und auch der Junge sagt Schalom, und sie erwidern Schalom, und dann machen sich alle auf den Weg, die Freunde Richtung Obdachlosenviertel, weit in der Sandwüste, hoffentlich verlaufen sie sich nicht, sondern gehen immer gen Norden, vielleicht nach den Sternen, Vater vertraut auf seinen Freund, weil er seit langem im Land ist und hier schon viel durchgemacht hat, und sie beide, Vater und der Junge, machen kehrt und gehen die Nachlat-Benjamin-Straße nach Hause, Vater streckt die Hand nicht nach der des Jungen aus und der Junge seine Hand nicht nach der des Vaters, sondern die Hände beider greifen und halten einander, schweigend im Dunkeln, und der Rosenstrauch aus der Familie Polyantha bleibt mit all seinem blendenden Weiß zurück, sein Duft kriecht noch ein bißchen mit ihnen, und überall, wo es vom abendlichen Sprengen noch feucht ist, weht er gewissermaßen neu auf, und ruhig ist es in der Nachlat-Benjamin-Straße, bis das grelle Licht und die gellenden Fanfarenklänge plötzlich wie mit fremder Trommel in die stille Nacht schlagen und sich plötzlich alles anfüllt mit Bewegung und mehr Lärm und Rhythmus und mehr Licht und Menschen, die nicht gleich nach Hause gehen, sondern sich hier anscheinend wohler fühlen.

Hand in Hand kommen Vater und der Junge an die Ecke Nachlat-Benjamin- und Montefiore-Straße, halten am Rand des Gehsteigs gegenüber inne, nicht am blank gewaschenen mit den Stühlen und Tischen und den quirligen Gästen, sondern am andern, und Vater bleibt stehen und guckt und sieht, und der Junge steht und guckt und sieht, und Vater guckt und denkt etwas, und der Junge guckt und errät etwas, und als es danach aussieht, daß Vater genug gesehen hat und jetzt sanft die kleine Hand in seiner großen, trockenen, von früher arbeitserprobten Hand drücken und meinen wird, es sei wohl genug und sie sollten jetzt heimkehren und schlafen gehen, sagt Vater etwas, das kaum zu glauben ist, obwohl er schon so was erraten hat: Vielleicht möchtest du ein Glas Brause? Großer Gott, was sagt er da jetzt, der Vater? Aber genau so hat er plötzlich gesagt, und schon überqueren sie die Straße, betreten den gewaschenen Gehsteig gegenüber, und schon sind sie mittendrin, sehen schon alles ganz aus der Nähe, und keiner regt sich darüber auf, daß sie kommen und nähertreten, vielmehr macht man ihnen mit Leichtigkeit Platz, dem Jungen, dessen Hand in Vaters ruht, und dem Vater, dessen Hand in der des Jungen ruht, und da stehen sie schon an der Theke, die Lichter sind enorm, der Glanz ist enorm, der Duft der Sirupe ist enorm, und der Mann, der immer lächelt, beugt sich vor, direkt zu Vater und sagt zu ihm: Was darf es für Sie sein, mein Herr? Und Vater weiß einen Moment nicht, was der Mann gesagt hat oder was er ihm sagen soll, wie in einem Theaterstück, bei dem er noch nie mitgewirkt hat, und statt dessen bückt sich Vater, legt ihm, der gar nicht groß ist und gar keinen Platz einnimmt und gar nichts wiegt, die Hände in die Achselhöhlen und hebt ihn hoch, bis Kopf und Kinn und Oberkörper über die Marmorplatte ragen und er nicht genug Augen und Ohren hat, all das aufzunehmen, was sich ihm mit Macht offenbart, ja er hat kaum noch Atem, hört nur noch von fern und nicht an ihn gerichtet, was Vater ihm leise sagt: Was möchtest du trinken? Und es gibt Rot und Grün und Gelb, wer soll da wissen, was man nehmen soll, doch schließlich bringt er klar heraus: Gemischt, was nun auch den lächelnden Mann überrascht, nach dem ganzen Ausschank an diesem großen Tag an tausend Besteller nun mal was Neues, aber Vater mit seinem grauen Schnurrbart, dem verschämten Lächeln, den Falten, die die Mühen von Chedera bis Newe-Schalom hinterlassen hatten, und seiner unbehaglichen Haltung, die vielleicht ausdrückte, daß er hier gestrauchelt und von den Gesetzen seines Glaubens abgewichen war, und der Junge, an dem nichts war als diese großen Augen, sorgten dafür, daß der Mann rasch zustimmte, als hätte er nur darauf gewartet, bitte schön, sagte der Mann beeindruckt, wartete aber noch einen Augenblick, weil die Schallplatte abgelaufen war, beugte sich hinten über den Zauberkasten (der hochgehobene Junge verpaßte keine Bewegung) und tauschte die Platte gegen eine neue, die er aus ihrer glitzernden Hülle zog, auf der ein schwarzer Jüngling aus voller Kehle sang und ein eigenartiges Musikinstrument in der Hand hielt, nur die Stimme war auf dem Bild nicht zu hören, dafür gab es viele Aufschriften in Gold und Rot, steckte die abgelaufene Platte wieder in ihre Hülle, sorgsam darauf achtend, daß seine Hände nicht feucht waren, und dann, nachdem er noch an dem Kasten gedreht und irgendeine Feder darin aufgezogen hatte, brüllte der Trichter draußen los, mit so einem gellenden Fanfarenton, einer hüpfenden Melodie, wenn es denn eine Melodie war, mit so unglaublichem Kreischen, daß die Schultern sofort mitzuzucken begannen, ohne daß man es wollte und ehe man sich dessen bewußt wurde, und sowohl der anhebende Vater als auch der angehobene Junge ertappten sich, stoppten das mitreißende Wippen und grinsten einander plötzlich an wie zwei erwischte Lausbuben, und da hörte der Sänger auf, ein Instrument schluchzte an seiner Stelle, und der Mann war jetzt unendlich zufrieden, das ist der Charleston, verkündete er begeistert jemandem, der vor ihm stand, als habe der nur auf diese Mitteilung gewartet, das ist wirklich ein Schlager, fügte er hinzu und ging es den übrigen mitteilen, die der großen Botschaft harrten, ehe er zurückkam und sich wieder Vater zuwandte, dessen große Hände den Jungen in Thekenhöhe und darüber hinaus hoben, ah, sagte der Mann, was wollten wir noch? Gemischt wollten wir haben, gemischt, sagte der Mann in singendem Ton, ähnlich dem, was der Schalltrichter siebenfach hinausjubelte, *yes sir, yes my baby* sang der Mann und sang der Trichter, und da nahm der Mann ein hohes, schimmerndes Glas und nahm eine Flasche und goß etwas Rot ein, und nahm eine Flasche und schenkte etwas Grün nach, und nahm eine Flasche und träufelte daraus etwas Gelb dazu, und hob alles hoch und sah, daß es gut war, und senkte es und öffnete den Hahn des schäumend Sprudelnden, und ließ es schäumend hineinsprudeln und füllte unter Aufundabbewegen und sang dazu die ganze Zeit, *no sir, no my baby*, und stellte das Glas ab, damit der hohe, quirlende Schaum ein bißchen abebben konnte, dann füllte er nur mit Sodawasser, ohne Schaum, auf, und zum Schluß wandte er sich an den Jungen selbst: Hier bitte, junger Mann, wohl bekomm's.

Gott, wieviel passiert in derart kurzer Zeit. Vater stellt ihn mitsamt dem Glas in den Händen auf den Boden. Vater fingert tief in der Hosentasche nach dem Geldbeutel, um einen halben Grusch zu suchen. Vaters eine Hand läßt nicht vom Kopf des Kleinen, der plötzlich denkt, jetzt fehlt mir bloß, daß ich das Glas fallen lasse und alles verschütte, und es gibt Platz an einem Tisch an der Ecke, genau am Schnittpunkt von Nachlat-Benjamin- und Montefiore-Straße, und das Kind senkt das Gesicht übers Glas und nimmt einen Schluck und weiß nicht, was es denken soll, das ist kalt und das ist süß und das will einen hicksen lassen und prickelt auch so, und er weiß noch nicht, ob es gut ist, und taucht zum zweitenmal den Mund in die gemischtfarbige Flüssigkeit, die von aufgebrachten Gasbläschen wimmelt, und macht einen Atemzug, und Vater mit breitem Lächeln ganz ihm zugewandt, na, sagt Vater, und der Junge schiebt ihm das Glas hinüber, probier mal, sagt er zu ihm, und Vater taucht die Lippen und den Schnurrbartrand ein und kostet, süß, sagt Vater, verzieht ein wenig das Gesicht und legt völliges Unverständnis an den Tag, ignoriert praktisch den besonderen Geruch, den das Glas verströmt, und das Augenzwinkern, das in dem Getränk enthalten ist, und das Kitzeln der Süße, und den prickelnden Schaum, der sich mit der Musik vermischt, und mit dem Tanzen im Bauch, und nun nimmt er und setzt an und trinkt auch drei, vier Schluck in einem nacheinander, nimmt einen so langen Zug wie noch nie im Leben, und dann hickst er plötzlich überraschend mit ungehöriger Lautstärke, und da prusten Vater und er los, lachen und lachen und fühlen plötzlich, da, so ist das.

Erst später, als der Junge schon ein Mann ist und sich all diese Dinge ins Gedächtnis zurückruft, kommt ihm in den Sinn, wie es war, wie es damals um sie her war, und wie es den beiden war, Vater und seinem Jungen, als sie dasaßen und mit Brause sündigten, ausschweifend bei einem Glas Brause von allen Farben an einem Tisch, einander gegenüber, sonderbarer offenbar als alle Besucher des Kiosks, und über allem schwebte die ganze Zeit die zum Tanzen animierende Stimme des Grammophons mit der hartnäckigen, rhythmischen, unentrinnbaren Forderung:

Yes sir, yes my baby,
No sir, no my baby.

Das haftete an allem, haftete am Fußboden, haftete an der Luft, haftete an den Menschen, und auch, als sie nach Hause gingen, nur wenige Schritte über die Straße, haftete es an ihren Schritten, und erst nahe an der Treppe merkten sie, daß Mutter dort stand, das verhaltene Inbild einer besorgten Mutter, und sie fühlten sich schuldig und sündig und vertrauensunwürdig, und Mutter konnte nicht mehr abwarten und erzählte, es seien eben jetzt noch zwei Ärzte zu der bedauernswerten Frau gekommen, sie sei ganz furchtbar krank, sagte Mutter, es gehe ihr wohl nicht gut, gar nicht gut, erzählte Mutter, und sie sei furchtbar krank, ganz, ganz furchtbar, wußte sie nur immer aufs neue zu wiederholen, worauf sie noch etwas in Russisch hinzufügte, damit der Junge es nicht verstand, aber er verstand sehr wohl.

Allenby

Ob er schon da war? Welche Frage, er war schon da und hat schon getrunken, und nicht nur ein- oder zweimal, der große Bruder, zu allen Tages- und Abendstunden, und er kennt dort schon Leute und weiß sogar, daß der Mann dort Feldmann heißt und ihn auch alle so nennen, wobei allerdings unklar ist, woher der Bruder so viele halbe Gruschmünzen hat, aber er erklärt, die stammten alle von Botengängen, die er ausgeführt habe, und wenn danach noch irgendwelche Zweifel bleiben, erzählt er lachend weiter, halbe Gruschmünzen hätten die Eigenschaft, immer in den Sand zu fallen, und er hätte die Eigenschaft, sie immer zu finden, und nicht nur das, sondern er weiß auch viel über die Schallplatten des großen Grammophons, darunter Tango, Foxtrott, Charleston oder einfach Jazz, er kann neue, nie gehörte Worte richtig aussprechen, und er weiß auch noch, daß es eine Art Trompete gibt, die Saxophon heißt, nur kann er nicht beschreiben, wie dies Instrument aussieht, weil noch kein Mensch dergleichen gesehen hat, und er kann auch seinen Körper schwingen und drehen, die Schultern, die schmalen Lenden und seinen ganzen geschmeidigen Rücken, ein schlanker, fröhlicher Junge, der mit den Beinen wackelt und mit dem Mund wimmert wie jenes unbekannte schluchzende Instrument, das die Tonfarbe seines Schluchzens variiert, und er singt auch *yes sir, yes my baby* ziemlich ähnlich, und Mutter weiß nicht, ob sie lachen oder erschrecken soll ob der liederlichen Verdorbenheit, die da in ihr sauberes Haus einzieht, und auch Vater weiß kein Urteil zu fällen, die Zeiten ändern sich, sagt er nur und zuckt die Achseln, doch auf den Vorschlag, Mutter solle auch einmal mitkommen und Brause trinken, antwortet sie schnell, geh weg, was fällt dir denn noch alles ein, und ob sie sicher seien, daß die Gläser dort sauber gespült würden, damit sie sich nicht noch eine Krankheit holten, denn dauernd steckten Leute sich an und würden bettlägerig, auch bei der kranken Nachbarin sähe es nicht gut aus, man werde sie wohl ins Krankenhaus bringen, es ginge ihr gar nicht gut.

Aber selbst Mutter konnte nicht ahnen, wie ungut die Dinge weiter verlaufen würden. Mittags nämlich, als die Kinder aus der Schule heimkehren und Vater zur Mittagspause aus dem Rathaus mit den Wasserkesseln auf dem Dach zurückkommt, nur die Rothschild-Allee zur Nachlat-Benjamin-Straße hinuntergeht, sofort links einbiegt, die Achad-Haam-Straße überquert, dabei die neuen Häuser zu beiden Seiten betrachtet und die noch leeren Grundstücke und wer wohl darauf bauen wird, und die neuen Geschäfte, dergleichen es nicht mal in Jaffa gibt, nicht in puncto Größe und gewiß nicht in puncto Sauberkeit, Geschmack und Modernität, hier und da zum Schauen stehenbleibt, sich fragt, ob man auch hier einen Laden für Bücher, Zeitungen und Zeitschriften aus dem In- und Ausland in Hebräisch und andern Sprachen aufmachen wird, wie Herr Krugliakow in Jaffa oder Herr Bulis in Petach Tikwa einen führen, an dem Lärm und Gedränge vor dem Kiosk vorbeischreitet, wobei ihm so was wie Reue im Magen grummelt, und schon die Stufen hinaufgeht, kommt Mutter ihm händeringend entgegen, flüstert, man hat ihr das Bein abgenommen, erzählt, was sie vom Morgen an, da sie es erfuhr, im Innern verwahrt hat, und sie halten inne und blikken sich um, am ganzen Treppenaufgang und von mehreren Türen erkennt man, daß alle es hier wissen und nur verstohlen hinauslinsen auf das Furchtbare, das da bekanntgeworden ist, ohne daß recht klar wäre, was, und was ihre Nachbars- und Bürgerspflicht ist, und ob man nicht zu dem Mann am Kiosk gehen sollte, Feldmann oder wie er sonst heißen mochte, und ihn bitten, heute mal – nein. Und hinterher ist überhaupt nicht klar, wer es gesagt hat, ob es nur ein Gerücht ist, das die Kinder des Hofes verbreitet haben, oder das aus der Küche einer Mutter stammt, die ihre Zunge nicht hütet – daß nämlich dieses Bein, das Frauenbein, das amputierte, wie es heißt, also das amputierte Bein hier in diesem Mülleimer steckt, und man wartet, daß die städtischen Müllarbeiter zum Abholen kommen, und wenn du Mut hast, geh gleich mal hin, heb den Deckel und schau nach.

Die arme Frau. Warum haben sie ihr das angetan? Das ist doch grauenhaft. Diese Schmerzen und all das Blut, das aus der Öffnung strömt. Und wie haben sie's ihr abgeschnitten? Diese Knochen da, wie hat sie's aushalten können? Und wie sie jetzt wohl aussieht? Wie soll sie bloß nach Hause kommen? Und was wird man von ihr sagen? Was hat sie denn gemacht, daß man ihr so was angetan hat? Und dieses Bein. Wie geht das denn, ein Bein ohne Frau dran? Ein einsames Bein. Das jetzt im Eimer steckt. Und wie geht das, ein Bein ohne Körper? Wie so ein Puppenbein, das im Sand auf dem Hof liegenbleibt. Oder am Strand. Unerträglich. Das hält man nicht aus. Warum hat man's ihm erzählt? Warum zwingt man ihn, etwas aufzunehmen, das er nicht ertragen kann, jetzt wird er doch zum Mülleimer gehen, den Deckel heben und das ansehen müssen. Denn wenn er's nicht sieht, wird er's nie wieder los. Langsam, langsam den Deckel heben – und dann blitzschnell reingucken, zuknallen und flüchten. Warum haben sie ihn darein verwickelt, und was wollen sie von ihm? Jetzt wird das in seine Seele einsinken, ohne daß er sich je wieder davon befreien kann. Wie es wohl aussieht, das Bein von der Frau ohne Frau. Er will's nicht wissen, muß aber. Er will nicht, will nicht, will bloß nicht. Muß aber, hat keine andere Wahl. Warum quält man ein Kind mit Dingen, die es nicht aushalten kann. Von nun an wird er an nichts anderes mehr denken können als an dieses Bein, deshalb muß er hingehen, den Deckel anheben und nachgucken, wie das aussieht, ein abgehacktes Bein ohne, und von diesem Moment an ist er nicht mehr das, was er vorher war, das Kind, das morgens aufgestanden und zur Schule gegangen ist, ist nicht mehr dasselbe wie das, das jetzt das Gesicht im Kissen vergräbt, ein abgehacktes Bein auf dem Hals, und plötzlich fällt ihm auch ein, daß es ein paar Stämme, wohl in Afrika, gibt, die Menschenfleisch essen, und da hätten sie heute einen großen Schmaus halten können, wie mit dem Hühnerbein, das Mutter am Schabbat auftischt, und jetzt wird er sich gleich übergeben, seine Eingeweide halten's nicht mehr.

Ob das Bein im Eimer noch beschuht ist, mit Strumpf und Damenschuh, müßte wohl den ganzen Mülleimer füllen, und warum warten sie, daß er hingeht und nachsieht, und warum will er hingehen und nachsehen und dieses Furchtbare sogar anfassen und dann doch wieder auf keinen Fall und bloß fliehen bis ans Ende der Welt und sich den Kopf von alldem reinigen und aufwachen wie von einem bösen Traum, als sei nichts und er wisse von nichts, und warum kommen diese Wilden da wieder, heben den Deckel, ziehen es schreiend heraus und fangen an, daran zu knabbern, an dem Bein, furchtbar eklig und furchtbar fesselnd, und warum ist er so verklemmt, kann weder mitmachen noch sich davon befreien, wie das bloß aus seinem Innern löschen, wie sich sauberwaschen von alldem, was er gehört hat, wie Mutter ein schmutziges Kleidungsstück wäscht und es sauber, gebügelt und wie neu wird. Nie wäre ihm in den Sinn gekommen, daß so was möglich ist, daß man einer Frau oder einem Mann hier bei ihnen im Haus ein Bein abnimmt, und nie hätte er sich vorgestellt, daß man ein Bein in einen Abfalleimer wirft und wartet, daß die Müllmänner zum Abholen kommen, nie hat er auch gefragt, was sie denn hatte, diese Frau, der man ein Bein abgenommen hat, und was hinterher mit ihr war, wie sie schließlich nach Hause gehüpft ist, ebenso wie es ihm nie in den Sinn kam, an dieser Geschichte zu zweifeln, wo Mutter doch nur gesagt hatte, man habe einer Frau das Bein amputiert, und was er sonst gehört hatte, war nichts als das Gerede von einem Kind oder ein paar Kindern, da ist das Bein im Mülleimer, geh hin, wenn du Mut hast, heb den Deckel hoch und guck nach, aber du hast ja keinen Mut, kein bißchen

Mumm, kannst nicht ja und kannst nicht nein, und man hätte von dir doch erwartet, daß – und genug, genug, genug, Gott, genug. Und schade, daß er gestern mit Vater Brause trinken gegangen ist, vor dem Trinken war alles viel schöner, und er will nichts als sich bloß übergeben, will gar nicht mehr dasein, will einschlafen, und daß sie ihn in Ruhe lassen, und man darf ein Kind, auch wenn sie es schon Junge nennen, nicht so unter Zwang setzen, daß es weder ja noch nein kann, und auch nicht leugnen kann und sagen, es wisse von keinem Bein, sei zu nichts aufgefordert worden, alles frei erfunden, ja nicht einmal um Mitleid flehen, man möchte es in Ruhe lassen, denn nie, nie würde er da rauskommen und das loswerden und sich davon säubern, auch nicht, wenn er groß war, niemals, so eben, und bis zum heutigen Tag.

Hatte er geweint? War er eingeschlafen? Anscheinend ja, aber er fuhr entsetzt aus dem Schlaf hoch, und auf einmal waren da wieder diese Masken, hier auf der Allenby-Straße, noch gar nicht lange her, wieder an diesem miesen Purim, und alle gingen sie, auch er, obwohl er gebeten hatte, er nicht, aber sie hatten ihm gesagt, warum nicht, ist doch Purim heute, und an Purim ist es eine Mizwa, fröhlich zu sein, und warum denn nicht, komm mit gucken, komm mit allen zusammen, Vater hält dich an der Hand, und du bist doch schon ein großer Junge, man drängte ihn richtig, doch er wich zurück, die Hand nach hinten gestreckt, aber Vater nahm sie und zerrte ihn vorwärts, komm, sagte er, komm komm, schau, es sind alle da, und die Straße füllte sich zusehends, die ganze Allenby-Straße von einem Gehsteig zum andern und auch in der Mitte, im Sand, weil die Fahrbahn noch nicht gepflastert war, massenweise Menschen und alle Welt, und alle stapfen im Sand, der ganz schmutzig getreten ist, diese Enge und die Winterbrise, die das Gedränge nicht kühlt, und die Masken und die Knurrlaute, und die Luftballons und die Fähnchen und die Rasseln und die Purimpistolen, und all das

Drängeln und Geschiebe, als gäbe es einen Ort, an den alle in der dichten Menge streben, vielleicht würde jemand eine Rede halten oder ein paar Worte sagen, oder eine Kapelle würde spielen, und vielleicht würde der Herr Dizengoff dort sein, auf seinem Pferd, von dem er nie abstieg, am Gedenktag für die Gefallenen Jaffas war er sogar auf den Friedhof zu Pferd gekommen, vielleicht würde der Herr Dizengoff sprechen, und vielleicht würde man einen Stuhl bereitstellen, und der alte Alexander Sisskind Rabinowicz würde die Bühne besteigen und die Massen mit einer Aggada aus dem Buch über die Tannaiten erfreuen, das er kürzlich herausgegeben hatte, und dorthin streben sie nun alle, drängeln sich unterdessen mit Wonne, reden in allen Lautstärken, rufen und lachen und treffen jemanden und fragen, wie's denn gehe, und weil man Regen befürchtet, gibt es auch Schirme, mit denen gewedelt wird, und manchmal wird der Druck schon unerträglich, und plötzlich hast du deine Hand nicht mehr in Vaters Hand, bist auf einmal mitten unter Massen unbekannter Menschen, sie sind von dir losgerissen und weitergetrieben worden, und du bist von ihnen losgerissen und weitergetrieben worden, und da zeichnet sich ein Moment ab, der anfangs nur wie ein leichter Beinahunfall aussieht, ein kurzer Moment, der sich sogleich als ewigwährender herausstellt und dich völlig packt, wie die Meeresfluten einen Ertrinkenden packen, und die andern sind schon nicht mehr irgendwo hier nahe, so daß du sie mit Leichtigkeit erreichen könntest oder daß sie schnell stehenblieben und dich erreichten und nur sagen würden, was ist los, Junge, wie bist du uns denn entschwunden, worauf er sagen würde: Ich? Ihr seid entschwunden, und dann würden sie lachen und alles wäre vergessen, aber jetzt gibt es da keine Hoffnung mehr, gleich, ob sie weitergegangen oder umgekehrt oder zur andern Seite rübergegangen sind, und es ist klar, daß alles bereits besiegelt ist, das ist der Abscheid ohne Wiederkehr, und du kannst dir jetzt keinen eigenen Weg durch all die Menschen bahnen, all diese Gedrängten und Gezwängten und Gedrückten beharren auf ihrer Richtung, bilden eine undurchdringliche Mauer, und dir bleibt nichts anderes übrig, als deine Stimme in ihrer vollen kleinen Kraft zu erheben und Vater, Vater zu schreien, bis du deine Stimme selbst nicht mehr wiedererkennst, aber die Menschen hören nicht, weil sie jetzt alle mit letzter Stimmkraft schreien und aus allen Richtungen rufen, nicht unbedingt, weil alle ihren Vater verloren hätten, sondern weil das jetzt das Spiel ist, das sie alle spielen, sich gegenseitig suchen und sich in alles mögliche verkleiden, das sie nicht sind, wo Vater nicht Vater ist, der Araber kein Araber, der britische Polizist kein britischer Polizist, König Ahasveros nicht der König und Königin Ester nicht die Königin, und plötzlich weißt du unbeirrbar, daß es verloren ist, daß du allein und verloren zurückgeblieben ist. Und daß du in dieser Million Drängelnder da keinen einzigen hast und daß du selbst nicht mehr bist.

Du willst nicht schreien, du willst nicht weinen, das einzige, was du willst, und zwar dringend, ist zur Toilette. Und diese Schmach, daß sie dich verloren haben und es sie überhaupt nicht kümmert. Vielleicht einen großen Mann bitten, daß er dich hochhebt, damit du von oben ausspähen kannst, wo sie sind. Bitte, Mann, heb mich hoch, aber alle sind hier Araber, alle Neger, alle Bigtan und Teresch, alle Königin Ester und der gute Mordechai, alle britische Polizisten oder einäugige Seeräuber, und keiner, was er wirklich ist, und auch der Ort hat sich verkehrt, ist nicht mehr dein Ort, ist genau der Ort, an dem du nicht sein möchtest, an dem du nicht Anteil haben möchtest, auch zu den allen hier möchtest du nicht gehören, und du selbst hast keinen Ort mehr auf der Welt, bist gänzlich überflüssig und treibst ohne Zweck und Ziel, gehörst zu nichts, und nichts gehört dir, und um dich her bloß alle möglichen verkappten Ungeheuer, verkleidete Wesen, und die haben dich gepackt, und du hast nicht die Kraft zu widerstehen oder zu fliehen, und bald werden sie auf dich treten, die Feiernden, ohne daß es ihnen was ausmacht, zertrampeln werden sie dich, ja wenn nur der Herr Dizengoff jetzt hier mit seinem Pferd durchkäme und eine Schneise machen würde, dann könntest du rauslaufen und ihm zurufen, Herr Dizengoff, wo ist mein Vater?

Eingeklemmt an einem Ort, an dem du nicht sein willst. Eingezwängt in was, das du nicht willst. Zu seinem Glück war da ein Bäumchen. Ein kleiner Baum, der noch nicht recht gewachsen war, obwohl man den Sand, in den man ihn gepflanzt hatte, reichlich bewässerte, und obwohl man ihm einen trockenen Pfahl danebengestellt und ihn aufrecht daran gebunden hatte, zur Stütze gegen die salzigen Meereswinde, und an diesem Baum hielt er sich fest, ein dünner Stamm in dünnen Händen, kaum vom Wind geschützt, und dort brach er in Tränen aus und weinte, und der Baum stützte ihn. Aber wozu denn, es hatte ja alles keinen Sinn, er war allein, ganz allein, und es gibt auf der Welt keinen Gott und weder Vater noch Mutter, rein gar nichts außer dem Alleinsein, und so ist das. Kein Mensch auf der Welt braucht ihn, und ob er da ist oder nicht, interessiert niemanden. Schert keinen Menschen auf der Erde. Oh, was wird es ihnen leid tun, wenn sie erfahren, wie das ausgegangen ist. Wie er von hier aus geradewegs gen Westen gegangen ist, schlicht und einfach, nicht wie zu dem Obdachlosenviertel im Norden bei Nacht, sondern geradeaus nach Westen und geradeaus ins Meer, da geht man ins Meer, und das Meer stürmt jetzt, und man überwindet die erste Angst und geht tief hinein, und dann geht es schnell, und er ist nicht mehr, und sie, was wird es ihnen leid tun. Da ist ihnen ihr Kind draufgegangen. Geschieht ihnen recht, sollen sie wissen. Wie kann man ein Kind verlassen. Wie kann man so einen Kleinen zwischen all den Massen von furchtbaren Masken zurücklassen, mit all den Pistolen und dem Lärm, und den Ahasverossen und Estern und Arabern und Briten, und mit alldem, was sie nicht wirklich sind, alles bloß Lüge, bloß Verstellung und nicht echt, nur die Quälerei ist echt, und wie hatten sie ihn doch mitgezerrt zu diesem Fest mit all den fremden Menschen, diesen verkleideten Schreiern, die gehen und drängeln, als hätten sie ein lohnendes Ziel, wo doch alles gelogen und falsch und unmöglich ist.

Die Allenby-Straße kennt er ja gut, denn das ist sein Schulweg, aber nun schiebt sich dort eine dichtgedrängte, lärmende Menschenmenge seiner Laufrichtung entgegen, und es ist auch schwer, weinend zu laufen, leise schluchzend, und kein Mensch achtet darauf, weil das halt nur eine weitere Maske ist und er nur quasi weint, die Maske eines weinenden Kindes, und es ist so traurig, hörbar zu weinen, ohne daß jemand hinhört, und so kam er an die Montefiore-Straße, bog ein und fing an zu rennen, weil er schon nahe war, überquerte die Nachlat-Benjamin-Straße – noch bevor dieser Kiosk da war – und geradeaus zwei Häuser weiter und hinein in den Hof und die Treppe ein Stockwerk hinauf und zur Tür – aber die war zu, abgeschlossen, fest abgeschlossen, da half kein Klopfen und kein Trommeln und kein Vater-Vater-Mutter-Rufen, abgeschlossen und kein Mensch da und nur er draußen vor verschlossener Tür, und auch wenn man sich mit Gewalt dagegenstemmt, bleibt sie zu, und er hat nichts, und es bleibt ihm nichts. Was bleibt also übrig, als sich auf die Treppe zu setzen, und das Weinen geht von neuem los, aber keinen rührt es, weil alle weg sind, alle bei dem Umzug in der Allenby-Straße, in alles mögliche verkleidet, närrisch wie alle andern, und auch wenn sie da wären, was hat er denn mit ihnen zu tun, er braucht niemanden, nur seinen Vater, und dem wird er nie verzeihen, diesem Vater, der sein kleines Kind aufgegeben hat. Danach trockneten die Tränen, und er wußte nicht, was er machen sollte, und dann wußte er, wenn er nicht von ihnen getrennt worden wäre, wäre er jetzt an einem fröhlichen Ort, an dem allen wohl war und auch ihm wohl gewesen wäre, und er hätte jetzt lachen können, statt zu weinen, und mit Vater und Mutter sein statt allein. Sein großer Bruder zum Beispiel war in einen Räuber oder was verkleidet, in Abu Dschilda wohl, oder vielleicht in diesen allseits gefürchteten Gewalttäter von den Unruhen in Jaffa, jetzt war er der Gewalttäter, sollten die anderen vor ihm Angst haben, und er war der Räuber, der sie vor den bösen Gewalttätern rettete, schon seit dem Morgen war er spurlos verschwunden, würde vermutlich gegen Mitternacht, wenn nicht erst in den frühen Morgenstunden auftauchen, und kein Mensch würde wissen, wo er gewesen war und mit wem er sich herumgetrieben hatte, glücklich, müde und hungrig würde er heimkehren und lachend lustige Dinge erzählen, die passiert waren, und Mutter würde zerfließen vor Wonne darüber und über ihn und seine Schönheit, auch wenn sie es verbarg und ihm eine Moralpredigt hielt, denn es heißt doch, nur wer seinen Sohn haßt, erspart ihm die Rute.

Doch zurück von Purim, im Winter, zu diesem Sommerabend, an dem sie das abgehackte Bein von der Frau aus der Wohnung gegenüber in den Mülleimer auf dem Hof gesteckt hatten und nun darauf warteten, daß er aufstand und etwas tat, was er nicht tun wollte, und wenn er's nicht tat, würde ihm der Schandfleck des feigen Drückebergers anhaften, aber es würde auch der da in ihm bleiben, der nachsehen wollte, so unverständlich sich das anhören mag, derjenige, der es trotz allem gern wissen wollte, und plötzlich sah es so aus, als sei dieser Unwille nicht echt, als sei er in Wirklichkeit, tief im Innern, ziemlich willens und ziemlich in Versuchung und ziemlich dazu hingezogen, den Eimerdeckel zu heben und festzuhalten und reinzugucken und zu fliehen und während der Flucht zu wissen, daß er schon ein anderer war, daß ihm etwas geschehen war, von dem es kein Zurück mehr gab, daß er eben irgendeine Grenzlinie überschritten hatte, gewissermaßen aus seiner alten Haut geschlüpft war, und wenn er es nicht gewagt hätte, hätte er irgendwie was verpaßt, irgendwie auf was verzichtet und sich dafür entschieden, immer und ewig ein kleines Kind zu bleiben.

Und dann war das alles furchtbar ermüdend, und er schlief in der Sofaecke ein, zusammengerollt, die eine Hand fast bis zum Boden herabhängend, und als er aufwachte, wußte er nicht, wo er war und was war, und Mutter erzählte jemandem beiläufig, daß die Müllmänner schon dagewesen waren und den Müll mitgenommen hatten, ohne daß sie dabei an irgendwelchen besonderen Abfall gedacht hätte und ohne das Kind zu bemerken, das schon aufgewacht war, aber noch in der Sofaecke eingeigelt lag, und ohne zu ahnen, woher das Kind kam, welcher große Stein ihm eben von seinem kleinen Herzen gefallen war, von welchem fernen, einsamen Ort er zurückfinden mußte und wie leer und müde und auch befreit ihm zumute war. Wenn ihm doch nur jemand ungebeten eine Decke bringen und ihn zudecken und endlos schlafen lassen würde. Aus einiger Entfernung Vogelzwitschern, ziemlich nah eigentlich, und auch das Brüllen eines Esels von irgendwoher, er brüllt weiter, bis ihm die Luft ausgeht. Und darüber hinaus ist jeder für sich, und jeder macht irgendwas weiter. Aber er hat jetzt keinerlei Kraft, was zu tun. Und nun wird alles überschallt vom Klang des Grammophons unten an der Ecke, nicht so schreiend, aber furchtbar einsam irgendwie und furchtbar wild, dieses Instrument, das einen Namen hat, fleht um sein Leben und verebbt, schluchzt wieder auf und verebbt, als wüßte es genau, was man fühlt, als wüßte es zu sagen, was alle nicht sagen können, einmal weil sie nicht wissen wie, und auch weil sie sich schämen, mitten am Tag so zu schluchzen.

Nichts zu tun im Haus. Nichts zu tun auf der Treppe. Nichts zu tun auf dem Hof, auch die Mülleimer interessieren keinen mehr, und die Kinder sind alle irgendwo hingerannt, vielleicht spielen sie auf dem jetzt leeren Hof an der Rückfront des Herzlia-Gymnasiums. Und es gibt auch nichts zu tun auf dieser Montefiore-Straße, auf der keiner kommt oder geht, doch gegenüber, Ecke Nachlat-Benjamin-Straße, steht der Lehrling und sprengt den Gehsteig mit Wasser, als hätte er das zu tun geschworen, solange er lebt, sogar den Sand der Fahrbahn, der schon wieder trocknet, bevor er das Wasser gerochen hat, und nur wenige Menschen sitzen auf den funkelnden Stühlen auf dem Gehsteig, und vielleicht sollte er mal sehen, ob er Glück hat und einen halben Grusch im Sand findet, aber er hat zu nichts Lust, als sich hier an die Zementblöcke des Zauns zu kauern, den man nicht fertiggebaut hat, wie viele andere Mäuerchen, bei denen das Geld ausgegangen ist, bevor sie fertig waren, so daß sie den Eidechsen und den traurigen Kindern überlassen bleiben, die ihren müden Rücken daran stützen und die tagsüber gespeicherte Sonnenwärme aus den Blöcken aufsaugen können, oder gelegentlich auch den Kalkgeruch daraus schnuppern, der einen reizt, ein bißchen abzukratzen und mit der Zunge den verlockenden Geschmack dieses Kalks zu kosten, und die Sonne ist schon im Südwesten, weiß er, und leer ist es bis ans Ende der unbebauten Straße, nur ganz am Ende steht ein sonderbares Haus, nicht wie alle hier, zweistöckig mit einem spitzen schwarzen Turm wie auf Bildern von Burgen, mit allen möglichen Ecken und Winkeln, zu prunkvoll, zu wundersam, wie deplaziert, von einem hohen Zaun mit verschlossenem Tor umgeben, unklar, wieso es ausgerechnet hier gelandet ist, jenseits des gemauerten Zauns und der hohen Büsche in Grün und Rot, deren Namen er vergessen hat, man sagt, es sei irgendeine Krankheit oder Seuche darin ausgebrochen, Pest oder Cholera, deshalb sei es unter Quarantäne gestellt, und man dürfe den Hof dort nicht betreten, lebensgefährlich, und nichts zu tun, bloß die Beine unterschlagen wie ein Araber in der Wüste, die Hände zwischen die Beine legen und den Rücken an die warme Wand, um Wärme zu tanken, und weiter um dich schauen. Es sind keine Menschen da, außer denen im Café, sitzen mit den Stühlen nach hinten gekippt, daß sie beinah umfallen, und rauchen und stoßen wunderbar den

Rauch aus, tun sonst nichts, reden nichts, trinken nicht mal von der Brause vor sich, rauchen nur und blasen, und jeder hat seine Art, die Asche von der Zigarettenspitze zu schnippen, selbst wenn sich noch gar nicht genug gesammelt hat, mit leichten Fingerschlägen, so gekonnt, so lässig, so mit Muße, und man kann gar nicht umhin, die ganze Zeit über alle Köpfe hinweg, über die Straße, gewissermaßen schon als ein Teil von ihr, die Musik des glitzernden Grammophons zu hören, das die Weisen dieses schluchzenden Instruments wimmert, mal zusammen mit einer Männerstimme, mal allein, und wenn es so allein schluchzt, löst es beim Zuhörer alle möglichen Dinge aus, so traurige, zwingende, in nachmittäglicher Einsamkeit wie jetzt, während es sich abends anders anhören würde und wieder ganz anders bei Nacht. Bloß schade, daß er nicht weiß, was für ein Instrument da spielt, denn er hat es noch nie gesehen, nicht mal seinen Namen gehört, auch ein Orchester hat er noch nicht gehört, obwohl er das Wort kennt, weiß nicht, was darin spielt, außer Geige, die er nun doch schon gehört hat, und Klavier, das im Kindergarten war und auf dem zu den Feiertagen gespielt wurde, und an den übrigen Tagen hatte die Kindergärtnerin, Frau Jehudit, eine Konzertina, so ein Sechseck mit spitzen Knöpfen, das sich schräg zur einen Seite auseinanderzieht und schräg zur andern wieder schließt in den Händen der Kindergärtnerin, die damit hin und her schwingt und den dünnen, zerbrechlichen Klängen auch noch ihre dünne Stimme zugesellt, die ab und zu abbricht und erst nach kurzer Rüge wieder ansetzt – jetzt aber alle zusammen, oder, sitz mal still da –, ja gelegentlich sogar in Geschrei übergeht angesichts der Lage, und die Kinder im Kreis zu ihren Füßen, verblüfft von alldem, auch ihrem dünnen Gesang, und dazu dem Instrumentenspiel, das man immer in Jaffas Gassen und aus den dämmrigen Kaffeehäusern dort hören kann, umweht von scharfem Gewürzduft, mit den unendlich wiegenden, vibrierenden, trillernden oder sich bis zum Gehtnichtmehr dehnenden Herzergüssen, wie sie in Jaffa dort immer erklingen, aber nichts gleicht dem, was hier ist, nicht vom Instrument her, nicht was das Grammophon mit dem weiten Schlund betrifft, und nicht mit diesem unwiderstehlichen Drang, der dich, eh du's noch merkst, dazu zwingt, Schultern und Rücken zu wiegen, auch den Kopf, hin und her, auf und ab, als schlössest du dich einer Abmachung an, von der du gar nicht mehr weißt, mit wem, nur daß sie zwingend ist und dich plötzlich sensibel macht, so daß du anders hinhörst und fast etwas zu begreifen beginnst, das du noch gar nicht weißt.

Was haben all die Gäste dieses Kiosk-Cafés gemacht, bevor es hier eröffnet hat? Zu Hause gesessen? Nach Jaffa gegangen? Ins Bett? Plötzlich ist hier sozusagen das Zentrum des Landes, so ein Ort, ohne den es nicht geht, denn alle in der Stadt mögen Brause und zündende Melodien, und das Lied *Yes sir, yes my baby* rührt sie ans Herz, und alle werden von strahlenden Lichtern angezogen, mögen einen feucht gesprengten Gehsteig, drängen sich gern darauf zusammen, um eng an eng inmitten des Lärms zu sitzen – und als Mutter gestern Vater klagte, wie billig dieser laute Ort doch sei und daß er keinerlei Kultur habe, nichts, was den Menschen zu tieferem Denken anrege, und dieses Lied, das sie nicht nachsummen könne und auch froh sei, nicht nachsummen zu können, welche pädagogische Botschaft enthalte es denn?, da antwortete Vater, der Mutter sonst immer schweigend zustimmt, nur mit dem Kopf nickt, diesmal mit einer Gegenfrage, nicht ohne ein verstecktes Lächeln um den Bart, und was ist denn tief an: Da frohlockten die Makkabäer, der Helden Macht, sangen und feierten Tag und Nacht?, worüber Mutter sich sehr wunderte, denn das ist doch eins unserer nationalen Lieder, aber jenes dort ist ein völlig gojisches, bei dem ihr noch sehen werdet, wie es unsere jungen Leute von ihren Wurzeln trennt und sie haltlos draußen suchen läßt, nichts als Leichtsinn und Vergnügen, doch hier mischte sich unerwartet der große Junge, der ältere Bruder ein, der Liebreiz in Person, stand auf und sang und tanzte dazu mit erhobenen Händen *Keziza wechamiza, wehopp tradiza, hopp zaza!* (Fleischkloß und Borschtsch, und hopp Tradition, hoppsassa), und kugelte sich vor Lachen, denn das sangen sie jetzt in den Arbeiterküchen, geh weg, wies Mutter ihren Liebling zurück, das ist nur im Scherz, weil sie hungrig sind und sogar an Borschtsch schwer rankommen, wie «wer Lieder singt vor einem mißmutigen Herzen», zitierte Vater, zur Hilfestellung, aus den Sprüchen Salomos.

Aber weder der Kiosk noch der Kioskbesitzer Herr Feldmann wußten von alldem, dort sprengen sie nur unablässig den Gehsteig und machen schön Schatten und schenken Brause mit Sirup aus, wer will, nimmt das Glas selbst mit und geht an einen Tisch zum Trinken, und wer sich noch mehr verwöhnen lassen will, dem wird es gebracht, und über allem unablässig, als sei das die Hauptsache, diese Melodien, bei denen man nicht weiß, wer sie spielt und mit welchen Instrumenten und wie es kommt, daß einem dabei sofort Schultern und Hals zucken, in dem klaren Rhythmus, den die Trommeln unablässig schlagen und mit dem sie die Hörer mitreißen, oder wenigstens einen von ihnen, der noch gar nichts versteht, weder von der Welt noch vom Leben oder von Musik oder überhaupt, und auch noch nicht weiß, wie man das Wort Jazz ausspricht, aber bei all den Dingen, die er zuvor nicht für möglich gehalten hat, langsam einsieht, daß die Welt mehr ist als gedacht und mehr Raum enthält, als es scheint, und daß die Menschen kennenlernen dürfen, was sie nicht für erlaubt gehalten hätten, und daß es gleichzeitig, soviel weiß er schon, Dinge gibt, die man mehr sagen können muß, als erlaubt ist, und daß er nicht immer ein unwissendes Kind, eingeschlossen nur in dem, was man wissen darf, bleiben wird, daß er nicht für immer unwissend und wortlos sein wird, nur blind spürend, daß dies das Richtige ist, mit wilder

Sturheit darauf beharrend, daß das wirklich und wahrhaftig die Wahrheit ist, und daß ich, selbst wenn man sieht, daß ich hier bin, zugleich auch nicht hier bin, zu niemandem gehöre, nicht wirklich, nicht von hier, obwohl ich hier bin, daß ich wirklich anders bin, auch wenn es so aussieht, als wäre ich noch einer von allen, genau wie dieses unbekannte Instrument, das spielt, ohne daß man es sieht, und jetzt schluchzt und allein weiterspielt, während all die andern Instrumente aufhören und es allein machen lassen, und da bricht dieses heisere Schluchzen los, das keine Hemmungen hat, worüber es schluchzen soll und worüber nicht, vielleicht um ebenfalls zu sagen, daß es möglich ist, nicht hier zu sein, wenn man doch hier ist, und daß ich auch anders bin und nicht nur ich selbst, und daß alle sich nur in das verkleiden, für das man sie gemeinhin hält, und nur so reden, wie man gemeinhin redet, während sie das in Wirklichkeit gar nicht sind und es nicht das ist, was man sagen muß, und sie so erstickt sind, daß sie kaum einen Zwitscher herausbringen, jetzt hört man, was möglich und was erlaubt ist, und dieses ganze Schluchzen, was ganz Wildes, was, das viel Leid kennt, was gar nicht nötig hat, daß man es bemitleidet oder ihm ein Wort sagt, bloß daß es rauskommt und da ist, daß es endlich von innen rauskommt und gehört wird, daß es von jenem Abgekapselten herauskommt und da ist und daß man auf so was Notwendiges nicht verzichten darf, auch wenn's schwerfällt, auch wenn's noch keinen Namen hat, aber man im Innern genau weiß, was es ist. Und so ist das.

Dann steht der Junge auf, überquert mit sandrieselnden Sandalen die Nachlat-Benjamin-Straße, deren Westseite jetzt schon blaue Schatten auf die Ostseite wirft, biegt nach Norden in die Grusenberg-Straße ein und wandert, ohne Raum einzunehmen, den Gehsteig entlang, entschlossen, nicht auf die Ritzen zwischen den Pflastersteinen zu treten, was den Gang tänzelnd macht, wie bei irgendeiner Privatzeremonie, und dabei studiert er die Unterschiede von Zaun zu

Zaun, dieser mit gebogenen Schmiedeeisenstreben, jener aus einzelnen Holzlatten und der da aus abgestuften Zementblökken, alles, was die Hauseigentümer sich beim Bau ihrer bescheidenen Häuser, wie alle andern, versagt haben, haben sie ihrer Phantasie bei dem niedrigen Zaun erlaubt, wie die Leute sich nach dem ernsthaften Mahl ein Lächeln und Süßigkeiten erlauben, und jenseits jeden Zauns natürlich der Privatgarten, mit Schmuckkörbchen und indischen Rosen und Petunien und all den andern Blumen, deren Namen er nicht kennt, aber Vater sehr wohl, und die vermutlich alle bei demselben S. Gusmann in Jaffa gekauft worden sind, gegenüber der deutschen Kolonie, in jenem großen Magazin, und es gibt nichts auf der Welt, was es dort nicht gäbe, von Pflügen und Hacken über Düngemittel bis zu Setzlingen und Samen, und alles, was die Bauern, die Pflanzer, die Mehlmühlen und die Bauunternehmer brauchen, ja sogar für Automobile hat er Ersatzteile zu verkaufen, und für Fabriken, bloß ist er noch nicht aus Jaffa in die Nachlat-Benjamin-Straße hier umgezogen, obwohl es wirklich an der Zeit wäre, wie Vater sagt, und manche ziehen im Sand auch Mais und Auberginen und Tomaten, und abends, wenn sie von der Arbeit heimkehren, wechseln sie schnell die Kleider und stehen Hausherr neben Hausherr in ihren kleinen Höfen, einer gießt seine Blumen, der andere sein Gemüse, und sie unterhalten sich gemächlich, und worüber sonst als über die Nachlat-Benjamin-Straße und welchen Aufschwung sie noch nehmen werde, und aus all den offenen Fenstern, die der Schatten schon erreicht hat mitsamt ihren Spitzengardinen, die nun gänzlich beiseite geschoben sind, um die Luft einzulassen, blicken auch die Hausfrauen heraus und unterhalten sich gemächlich, von Hausfrau zu Hausfrau und von Fenster zu Fenster und von Fenster zu Hof und von Hausfrau zu Hausherr, zeigen den Gießenden auch mal mit ausgestrecktem Finger, wo sie ein Stück ausgelassen haben, denn der Sand saugt das Wasser so schnell auf, daß sie nicht sehen, wo sie schon gesprengt haben und wo noch nicht.

Und bis wohin? Bis zu dem Hof mit der Kletterrosenhecke, diesen weißen Rosen, deren Namen Vater kennt und er nicht. Man hat ihnen dort einmal ein grüngestrichenes Holzgitter errichtet, so hoch wie ein großer Mann mit hochgereckten Armen, und an diesen Sprossen und über die quadratischen Leerräume dazwischen haben sich nun diese Rosenzweige emporgewunden und gerankt, sind hochgeklettert, haben sich emporgeworfen, geradewegs in die Luft hinein, sind eingetaucht in das Nichts da unter dem Himmelblau, zittern dünn bei jedem Lüftchen, und an diesem hohen Ende dort liegt gewissermaßen ihre ganze Wachstumskraft in winzigen Nußfäustchen geballt, grünen und roten Babyfäustchen, die noch nichts im Leben gemacht haben, nur immer kreuz und quer hinaufklettern in die dünne Luft, jederzeit bereit, sich zu öffnen, und vom Erdboden bis in die höchste Höhe ist alles voll mit weißen Blüten, Weiß über Weiß, vielleicht mit einem ganz bißchen Grün in dem weißen Weiß, dichte Trauben weißer Rosenbällchen, so engstehend und prall und weiß, daß auch einzelne fast verwelkte Blüten noch nicht abgefallen, sondern in diesem großen weißen Teppich hängengeblieben sind, Weiß auf Weiß, Weiß über Weiß, weiße Knospen und weiße Blüten stürmen mit ihrer ganzen stillen Weiße nach oben, und man kann nicht durch sie nach drinnen sehen, nur wächst in dir plötzlich der Drang, mit der Hand darüberzustreichen, um es greifbar zu spüren, das geballte Auf und Ab, die knopfartigen Rundungen, wie Nippel oder Eicheln, dichtgedrängte kleine Verhärtungen, die sich entfalten und erblühen neben den gänzlich Aufgeblühten, und all das Weiß in dem durchgehend weißen Teppich franst erst oben aus, über dem Gitter, beim überschüssigen Wedeln in die leere Luft, beim Vortasten noch unverbrauchter Wachstumskraft, mit einer Fülle dünner Fadenranken, die in die Luft greifen, um zusätzlich an Höhe zu gewinnen, in dem klaren Glauben und der aufrichtigen Sicherheit, daß sie letzten Endes neuen Halt finden werden, um noch weiter zu klettern, sich noch höher emporzuschwingen mit der üppigen weißen Fülle, die unendlich viele weitere weiße Knospen in sich birgt, um weiß in das hohe Nichts darüber zu erblühen, im Begehren nach mehr, begierig nach Öffnung, begierig zu geben, sich zu befreien – und dabei ständig versuchen, ob man gleichzeitig sowohl den ganzen weißen Teppich in einem als auch jede weiße Einzelheit einzeln sehen kann, nicht einmal das Ganze und einmal die Details, sondern, und sei's nur für eine Sekunde, alles und das eine, sowohl jedes einzelne weiße Knöllchen am nächsten einzelnen weißen Knöllchen als auch alles Weiß zu einem weißen Ganzen vereinigt, an dessen Spitze immer noch weitere dünne Fingerchen wie Spinnenbeine bereit sind, zu greifen und sich um jegliches Verfügbare zu winden und noch höher zu steigen – mit einem Glücksgefühl, von dem du nicht geglaubt hättest, daß es möglich ist oder daß es dergleichen auf der Welt geben kann, ein Glück, wie es es nirgendwo und zu keiner Zeit größer gibt, nie, nie und bis auf den heutigen Tag, das schwöre ich bei meinem Leben.

Teresch

Es beginnt mit der großen Debatte daheim, in der Montefiore-Straße, Ecke Nachlat-Benjamin, zweites Haus rechts, geht weiter die Nachlat-Benjamin-Straße entlang, dann rechts rein in die Achad-Haam-Straße, links in die Herzl-Straße und wieder rechts in die Lilienblum-Straße und kommt schließlich beim Eden-Kino (gegründet von Abarbanel & Weisser) am Ende der Lilienblum-Straße, Ecke Pines heraus; es beginnt mit zwei Hand in Hand laufenden Kindern, geht weiter mit drei, vier hastenden Kindern, dann mit sechs, sieben rennenden Kindern und stoppt mit zehn Kopf an Kopf schnaufenden vor der Kasse des Eden-Kinos; und es beginnt mit Mutter, die wie immer ihre Zustimmung verweigert, und mit den Überredungskünsten des großen Bruders, der dafür meisterhaft all die richtigen Köder auslegt, auch seinen kleinen Bruder mobilisiert, den er Teresch nennt (seit dem letzten Purimfest, als er weinend allein heimgekehrt war, mit einem Haß auf Masken und Kostüme, vor allem die lustige Aufmachung von Bigtan und Teresch, jener beiden Türhüter, die einen Anschlag auf den dummen König Ahasveros planten), und seinen ruhigen Erklärungen, mit denen er Mutter darlegt, das sei diesmal kein billiger Film über Räuber und Ganoven und kein Schauerstück über Verbrecher und Mörder, die das Leben des Menschen billig machen und seinen Tod verächtlich halten, wie der Bruder zu zitieren weiß, sondern diesmal sei das ein Streifen über die Weltausstellung, über die auch was im *Ha'arez* stehe und von der man überall spreche, nichts als Bildung und Wissen und Wissenschaft und Kultur, empfohlen von den Großen der Welt, wie in den Anzeigen auf der Straße zu lesen stehe. Und außerdem, und das brach nun Mutters Herz, werde er diesen Teresch, Verzeihung, seinen lieben Bruder mitnehmen, werde ihn hinführen und auf ihn aufpassen und ihn heil wiederbringen, denn das sei wirklich ein Film für Kinder, wirklich pädagogisch und wirklich Pflicht, bis Mutter angesichts des Wissendrangs des Großen und der faszinierten Augen des Kleinen anfängt, weich zu werden, weggeht und wiederkommt und ihm genug Kleingeld in die Hand zählt, nachdem sie einmal und noch einmal nachgerechnet haben, und dem Kleinen gibt sie auch ein Äpfelchen mit, falls er Hunger bekommt, und ein Taschentuch, falls er niesen muß, und nach noch ein paar Ermahnungen zur Vorsicht sausen sie Hand in Hand die Treppe hinunter auf die Montefiore-Straße und in scharfem Schwung an dem Kiosk-Café vorbei, dann nach rechts und geradeaus, und wie aus dem Erdboden heraus gesellen sich noch zwei Jungen dazu, und über einen Zaun in der Achad-Haam-Straße setzen zwei weitere, und unter den

Bäumchen in der Rothschild-Allee, die die Herzl-Straße kreuzt, kommen noch zwei oder drei hervorgesprungen, und nun sind sie ja schon ein fröhlicher Trupp, biegen johlend in die Lilienblum-Straße ein, passieren die Tachkemoni-Schule mit den armen Frommen, und die nach Abenteuer Fiebernden reden alle gleichzeitig, lachen fürchterlich, und der größte Witz ist, daß diese Weltausstellung bloß in der Wochenschau vorkommt und sie in Wirklichkeit die Abenteuer der Geisterburg sehen werden, vielleicht sogar mit Douglas Fairbanks höchstpersönlich und mit irgendeiner Mary Pickford vielleicht, oder irgend so jemand, egal, letztlich ist da eine wie die anderen, und das würde ein Fest werden, eine spannende Handlung, daß einem das Herz abwechselnd stockt und weit wird, und alle drängen sich in einem Knäuel zur Kasse, die allerdings erst in einer halben Stunde aufmacht und schon von andern umlagert ist, die ebenso Feuer und Flamme sind wie sie, darunter Bekannte und Unbekannte, vertraute Gesichter und solch furchterregende, daß man gut auf sein Geld aufpassen und es in der geballten Faust tief in der Hosentasche vergraben muß.

Und plötzlich gehen die Türen auf, und alle drängen wie ein Mann hinein, während der Ordner am Eingang mit Macht und Geschrei die Karten abreißt, und schon sind sie im Saal, alle zusammen, und rennen, um einen Platz zu belegen, wenn man bloß wüßte, was besser ist, vorn oder hinten, bis sie sich alle gemeinsam unter Triumphgeheul hinsetzen, und Teresch weiß gar nicht, wohin er zuerst gucken soll und was genau kommen wird. Das Aufregendste von allem ist die Sache mit den Bildern, die auf die große, leere weiße Leinwand kommen werden, die sich im Luftzug von der großen Tür her in alle möglichen Falten wellt, auf die man aber nicht achtgeben muß, und vielleicht sind die Bilder so breit wie die Leinwand, kriechen in einer Deckenritze dahin, gehen dann auf die Leinwand hinunter, halten dort einen Augenblick inne, bis man sie lange genug gesehen hat, gleiten danach weiter und falten sich eins nach dem andern irgendwo im Keller zusammen, oder kriechen sie umgekehrt unter dem Fußboden entlang und steigen eins nach dem andern auf die Leinwand hoch? Er muß diese Zauberei begreifen, die hier gleich vorgeführt werden wird, und dabei hat er nicht genug Augen, all das übrige zu erfassen, den Saal, die Kinder, den Tumult, das Gerangel, und vielleicht hat es schon angefangen, und die Bewegungen auf der Leinwand sind bereits die Sache selbst, nur etwas verschwommen, und man muß sich erst daran gewöhnen? Er schwitzt vor Aufregung, vor Wissensdrang, vor Scham ob der Erkenntnis seiner gähnenden Unwissenheit und ob des Empfindens, jetzt gleich ein Wissen zu erwerben, nach dessen Erlangung er nicht mehr das sein wird, was er vorher war. Und da plötzlich erlöschen alle Lichter, mit einem Schlag wird es stockdunkel, und auf der nun erleuchteten Leinwand spielt sich das Unglaubliche ab, gar nicht, wie er es sich vorgestellt und ausgemalt hatte, und man entdeckt mit Staunen und Freude etwas Unmögliches, das ganz einfach möglich geworden ist, dieser starke Lichtstrahl, der von einem Loch in der Rückwand ausgeht, ein schmaler starker Strahl, voll mit so was wie flimmernden Sägespänen, als würden ganze Fliegenschwärme darin herumschwirren, und immer breiter werdend, zum Schluß so breit wie die ganze Leinwand, die er grell erleuchtet, und schon gibt es so was wie Photos, die anfangen zu laufen und zu fahren und sich hin und her zu bewegen, ohne daß man etwas davon hört, alles wie echt, und die Menschen, wie sie sind, nur größer, und alle möglichen Dinge auf der Welt, wie sie sind, bloß größer, was einerseits ganz einfach und erklärlich aussieht und andererseits wieder wie ein Riesenwunder, und eine schwere Sorge fällt ihm vom Herzen, daß es nicht ihm obliegt, den Film zu erfinden, weil ihn schon jemand erfunden und damit auch für ihn die Sache gelöst hat, so daß er von der Verantwortung für die Machbarkeit des Films befreit ist, völlig frei, den kleinen Hals in voller Länge hochzurecken und seine Augen zwischen den Köpfen der großen Kinder vor sich direkt auf die Weltausstellung zu richten, wobei es ihn kein bißchen stört, daß er nichts versteht, weder was eine Ausstellung ist, noch dazu eine mit Welt davor, noch was man dabei macht, aber der Zauber dessen, was er vor sich sieht, labt ihm Herz und Verstand und Augen und nährt den Schweiß an seinen Händen, und die Schriftzeilen, die in verschnörkelten Rahmen die Bilder unterbrechen, helfen ihm nicht, auch nicht die Klavierklänge, die er erst jetzt aus den Tiefen des dunklen Saals hört, er kehrt nur sein Gesicht von der Leinwand ab und blickt zurück zu dem starken Lichtstrahl, der aus dem Loch hinten in der Wand kommt, voll wirbelnder Staubflimmer im Lichtstrom dahinflutet und sich zur Leinwand hin verbreitert, und er weiß nicht, ob er je auf der Welt etwas Wunderbareres oder Stärkeres gesehen hat.

Was genau los war in diesem großen Abenteuerfilm, hat er nicht behalten, und es kümmert ihn gewiß nicht jetzt, denn jetzt ist er vollauf beschäftigt mit dem triumphalen auf die Leinwand Projizierten, eine reine Siegesfeier für die Erfindung, die große, lebendige laufende Bilder auf den Stoff wirft, und mit seiner eigenen Dispensierung von der Aufgabe, dieses Meisterwerk auf den verschlungenen und ermüdenden Wegen zu bewerkstelligen, die er allein gefunden hätte, und deshalb verdrängt er vorerst die Handlung des Lichtspiels, bei der hier alle die Luft anhalten, und vielleicht erst nachts auf seinem Lager wird er langsam und ruhig den Film erneut betrachten, jetzt jedenfalls will er nicht lockerlassen, vielmehr tun, was er kann, um rauszukriegen, wie das läuft, und er wird Vater nicht mit grundlegenden Fragen verschonen. Doch vorerst, während des Spulenwechsels (ein Ausdruck seines Bruders), kam eine hell erleuchtete Pause, in der die Zuschauer aus der Starre, in die die abenteuerliche Handlung sie versetzt hatte, hochfuhren und mit einem Schlag in erleichtertes Gebrüll und tumultartige Lobeshymnen ausbrachen, abgelöst von Vermutungen, wie es wohl weitergehen würde und wie der Held zu retten sei, und von Warnrufen, er solle sich bloß vorsehen, und wieder Dunkelheit und Ruhe, begleitet von Seufzern der Spannung angesichts der ungeheuren, offenen Gefahr, und befreitem Auflachen, als der Held schließlich in Sicherheit ist, und so noch drei Spulenwechsel, was drei weitere erleuchtete Pausen bedeutet, bis es nun wirklich zu Ende war und ein schummrig fades Dauerlicht im Saal anging, was den Zauber schnell vergehen ließ, und dann das Drängeln aller Affen gleichzeitig zur Tür, und da stand man plötzlich in der grellen Sonne, die überraschenderweise noch mit voller Kraft vom Himmel schien, wo es doch gerade eben noch stockdunkle Nacht gewesen war, abgesehen von der verzauberten Leinwand. Schade, daß man sich lösen muß, schade um die Auflösung dieser wunderbaren Gemeinsamkeit, schade, daß man aus dem Wunderland ausziehen und diese langweilige Lilienblum-Straße zurückgehen muß, aber jeder ist durch die Gesetze seines Hauses gebunden, und so lange man es auch aufschieben mag, zum Schluß geht's doch heimwärts. Nicht gerade Hand in Hand, bis zu jenem furchtbaren Hund, der plötzlich wie ein mageres Raubtier aus einem der Höfe herausgeschossen kam, worauf der Große hinsprang, den Kleinen umarmte und mit Worten aus erfahrenem Mund ermutigte, hab keine Angst, zeig ihm nicht, daß du Angst hast, bellende Hunde beißen nicht, riet er ihm und wandte sich auch selbst an diesen furchtbaren kläffenden Hund, halt's Maul, du da, schrie der Bruder die Bestie an, *yallah etla'a* brüllte er auf arabisch, weil das die einzige Sprache ist, die sie verstehen, und bückte sich, als wolle er einen Stein aufheben, was die Bestie innehalten und den Schwanz einziehen ließ, geh, ohne ihn anzugucken, das ist bloß so ein dreckiger arabischer Köter, beruhigte der Große den Kleinen, dem der Hals steif wurde vor Anstrengung, nicht zurückzublicken. So rettete der Bruder seinen kleinen Bruder, den Teresch, aus den Klauen des bösen Tieres, und dann, nunmehr doch Hand in Hand, hüpften sie von einem Bein aufs andere und von Gehsteig zu Gehsteig, bis sie an die Ecke Montefiore gelangten, an jenes Kiosk-Café, und da sprach der Bruder zum Bruder, jetzt trinken wir Brause, und fischte einen halben Grusch aus der Tasche, trotz all Mutters Nachrechnen, und wie ein erfahrener Großer trat er an die Theke, einmal Rot, sagte er, ohne bitte, zu dem Mann, jenem unermüdlichen Herrn Feldmann, und der wirkte seinen Zauber, mischte den Sirup mit dem Sodastrahl, auf und ab, samt vollem Zeremoniell, und schob das Getränk dem Bruder hinüber, der zahlte und kostete und es seinem kleinen Bruder gab, und der steckte die Nase hinein und trank, bis die Kohlensäure ihm einen überraschenden Hickser entlockte, aber da kehrte der Bruder mit zwei Strohhalmen in der Hand zurück, als sei er hier zu Hause, und nun saugten sie, der eine hüben, der andere drüben, Kopf an Kopf jeder nach seinem Vermögen, und der Große trinkt nicht nur mit Kennermiene und offensichtlichem Genuß, sondern sagt auch, das ist gut, zu Herrn Feldmann, der es gern hört und sagt, gewiß doch, und noch einen Saugzug nahm der Kleine, kippte dann das leere Glas direkt an den Mund, vielleicht würde es noch einen letzten versteckten Tropfen abgeben, bevor er es blitzsauber abstellte, und erst dann wandte sich der Große an den Kleinen, und du, riet der Große dem kleinen Bruder, du geh mal nicht hin und erzähl es gleich Mutter, sprach der Große zum Kleinen.

Es gibt viele Wege zur Schule, und man darf keinen von ihnen beschämen, indem man ihn nicht benutzt. Der einfachste Weg ist, die Montefiore-Straße geradeaus durch, dann rechts ab, das ist schon die Allenby-Straße, und die bis ans Ende an der Bahnschranke, und ein anderer Weg ist, die Nachlat-Benjamin hinunter, dann links in die Achad-Haam-Straße und rechts in die Allenby, und man kann auch die Nachlat-Benjamin-Straße weitergehen bis zur Rothschild-Allee und dort links und dann wieder rechts zur Allenby, oder sogar ganz runter bis zur Jehuda-Halevi-Straße und dort links ab direkt zur Allenby und genau aufs Schultor zu, doch von der Jehuda-Halevi-Straße weiter kann man nicht gehen, weil dort schon die Mauer der Eisenbahn kommt, die in ihrem Grabenbett dahinsaust, während Schranke auf Schranke sich zu ihren Ehren schließt, die Allenby-Schranke durch Herabsenken und die Herzl-Schranke durch Vorschieben, damit weder Mensch noch Esel überfahren werden, sondern nur strammstehen vor dem Glanz ihres lokomotivgetriebenen Laufs gen Jaffa. Aber jeder Weg beginnt stets beim Kiosk-Café, und jeder Weg kommt stets bei eben diesem Kiosk-Café wieder heraus. Also ist hier wirklich das Zentrum des Landes und der Punkt, um den sich die Erde dreht. Nicht dieselben Menschen sitzen von morgens bis nachts dort, außer dem Kioskmann, dem Herrn Feldmann, der als einziger immer da ist, immer lächelt, immer fragt, wer noch bitte, und immer meisterhaft Brause abfüllt, und um ein Uhr mittags bezieht ihm gegenüber, an dem halbfertigen Zaun, ein zarter Junge Stellung, den Rücken an die Zementblöcke gelehnt, deren Wärme auch an Sommertagen guttut, den Blick zu allen möglichen Ausflügen schweifen lassend, von einem Vogel (wie heißt er?) dort an der Ecke auf der Zypresse, die vor lauter Durst und Armseligkeit ganz schütter und schneckenübersät ist, zur Leere der Montefiore-Straße, die noch nicht bebaut ist, abgesehen von jenem geheimnisvollen Haus, das angeblich unter Quarantäne steht (stimmt das wirklich?), und von dem Kinofilm, den er gestern mit seinem Bruder gesehen hat und der erst jetzt abschnittweise vor ihm abläuft (einfach so hoch oben vom Fels herunter direkt ins Meer...), zu diesen Menschen, die ohne Unterlaß kommen, sich ins Café setzen, trinken und reden und trinken und schweigen und trinken und schließlich wieder weggehen (wohin?).

Er hört nicht jedes ihrer Worte. Versteht auch nicht immer, was sie sagen. Aber fast mit Sicherheit kann er immer die Satzmelodie heraushören, wann es einfach nur dahingeschwätzt und wann es echt ist, sogar wenn alle aufgeregt durcheinanderreden oder erregt durcheinanderrufen oder versuchen, das Wort an sich zu reißen, obwohl man sie ständig niederschreit. Und zum Schluß gibt es immer einen unter ihnen, der sich gegen die andern durchsetzt, so daß er redet und alle zuhören, vielleicht wegen seiner Stimme, vielleicht weil er mittendrin ist, und immer bleibt jemand, der dauernd fleht, man möge ihn doch auch ein Wort sagen lassen, und immer gibt es auch Mädchen, die reden und lachen und die männlichen Gäste dazu veranlassen, hauptsächlich deshalb zu reden, damit sie es hören und wissen, oder damit eine von ihnen es hört und weiß. Aber was dieser Junge, Teresch, der mit dem Rücken an den Blöcken lehnt und die Augen schweifen läßt, weiß, ist nicht, was sie sagen, sondern wann es nicht richtig ist, wann bloßes Spiel, wann, um nachdenklich zu machen, und wann man etwas nur so sagt, weil es leicht zu sagen ist und nicht, weil es richtig zu sagen ist, und daß alle gewohnt sind, leicht zu sagende Dinge auszusprechen, und nicht gewohnt, richtigerweise zu sagende Dinge auszusprechen, und daß die Leute gewohnt sind, darüber zu reden, wie es denn geht, und was die Gesundheit macht, und welche Nöte man so hat, und was werden soll, und nicht darüber, was sie sagen wollten und worauf er gewartet hat, und daß sie keine Ahnung haben, wie man es wirklich sagt, oder sich vielleicht davor fürchten, daß alle erfahren, was sie wirklich haben sagen wollen, nicht den Mut aufbringen, publik zu machen, was sie wirklich sagen wollten, so daß nur selten mal, plötzlich, wenn jemand auf einmal rauskommt und plötzlich etwas Richtiges mit den richtigen Worten sagt, alle ihm still zuhören und danach sagen, er hat recht, sehr richtig, so sagen sie und schweigen einen Moment, und wieder, sehr richtig, eine Minute, und schon reden sie wieder leicht zu Sagendes daher, und nur aus ihrem Tonfall ist herauszuhören, daß sie bloß so tun als ob, daß sie so tun, als sagten sie was, obwohl sie in Wirklichkeit gar nichts sagen, und ohne zu merken, daß sie schon wieder abschweifen, schweifen sie wieder ab, weichen erneut aus, und alle sind große Meister im Ausweichen, auch nachdem sie wissen, daß es nur ein Ausweichen ist und daß bei all dem Gerede nichts herauskommt, wieder nur was war denn, und was soll werden, und wie geht's, und was gibt's Neues, morgens wie abends, im Café wie auf der Straße, und etwas Wichtiges bleibt immer unbekannt und unberührt, jenseits all der Mißgeschicke, die es immer gibt, etwas viel Wichtigeres, das er, der Junge, der kleine Teresch, natürlich nicht benennen kann, er weiß nur, daß dieser Tonfall, in dem die Leute stundenlang reden, nichts Richtiges enthält, daß da nur um den heißen Brei herumgeredet wird und daß es sich so nicht anhört, wenn richtig geredet wird. Zu schade, denn nur dazu treffen sich die Leute doch wohl und sitzen und reden miteinander und hören zu und fallen einander ins Wort und unterbrechen einander, damit das Richtige ausgesprochen wird, aber sie kennen es nicht, schweigen schließlich erschöpft oder tun so, als hätten sie sich bloß hierher gesetzt, um sich von all den Anstrengungen auszuruhen und sich ein Glas Brause servieren zu lassen, obwohl sie in Wirklichkeit nur gekommen sind, um zu hören, ob jemand vielleicht schon richtig auszusprechen weiß, was gesagt werden muß und wie, so daß die Satzmelodie nun richtig klingt. Und so ist das.

Wenn man frühmorgens aufwacht und auf das Dunkel und die Stille lauscht und auf die Atemzüge der Schlafenden, wird Vater bald leise aufstehen und leise die Tür zumachen, nachdem er dem schlafenden Jungen ein wenig die Decke zurechtgerückt hat, ohne zu merken, daß der ihn anblickt und nur durch nichts verrät, daß er nicht schläft, und dort jenseits der Tür wird er leise Licht anzünden, wobei man vor lauter Stille sogar das Streichholz schaben hört, leise Tee auf dem Petroleumkocher kochen und sich leise an seinen Tisch setzen, der kleiner ist als der bei der Stadt, aber näher und mehr von ihm erfüllt, und der Erwachte lauscht unterdessen auf die Hähne, die es allenthalben gibt, wie sie mit ihrem pflichtschuldigen Krähen reihum die Runde machen, angefangen mit diesem heiseren, wohl alten nicht weit von hier, als stehe er unten auf dem Hof, bis zu dem fröhlichen da jenseits der Straße, vielleicht sogar bei dem Haus unter Quarantäne, und denkt sich, wieso es dem wohl nicht langweilig wird, immer aufs neue seine ganze Geschichte zu wiederholen, manchmal sogar außer der Reihe, und dann das Bellen der Hunde, das bei einem eher schrammelnd klingt, als sei er auf einem Belllaut endlos hängengeblieben, oder als habe man ihm einen Hammer gegeben, mit dem er der schlafenden Welt auf dem Hirn herumklopft, und bald wachen auch die Vögel auf, anfangs ganz wenige, räuspern sich gewissermaßen erst die Kehle oder richten ihre Stimmbänder auf den richtigen Ton aus, um dann in einem Schwall loszukrakeelen, daß man keine einzelnen Stimmen mehr unterscheiden kann, was einem einerseits Lust macht, die Decke höher zu ziehen, sich auf die andere Seite zu drehen und weiterzuschlafen, und andererseits auch, sich aufzurichten und tiefer nach draußen auf die Welt und nach drinnen auf das zu lauschen, was noch am Abend vorm Einschlafen wie viele unverbundene Fäden ausgesehen hatte, oder vielleicht leise barfuß aus dem Bett zu steigen, leise die Tür aufzumachen und sich still zu Vaters Füßen hinzusetzen, ohne ihn zu stören, nur um im *Ha'arez* von gestern zu blättern, sich die Form der Schuhe in der Anzeige anzusehen, Damenschuhe mit Schnürsenkeln und ohne, und die Formen der Pflüge, die die Kolonisten bei Herrn Gusmann auf Raten kaufen können, und auch die Geschichte über den britischen Flieger zu lesen, der mit seinem Flugzeug auf einem Feld bei Mikwe Israel gelandet war, um Wassermelonen einzukaufen, mit denen er wieder abschwirrte, und dann noch die Anzeige des Lichtspielhauses Eden, das demnächst einen neuen Film zeigen wird, einen hochgelobten Streifen mit dem Titel *Die letzten Tage von Pompeji*, und später Vater zu fragen, sobald man was sagen durfte.

Und eines Tages wird es Schabbat, und der Junge Teresch geht mit seinem Vater ein bißchen spazieren, wobei aus verschiedenen Gründen keiner mitkommen will, trotz Vaters Erklärungen, wie lehrreich und vergnüglich der Ausflug werden würde, weil man nach Sarona gehe und von dort vielleicht auch zur Montefiore-Pflanzung, dem ersten hebräischen Zitrushain unseres Landes, der zudem an unseren Gönner Montefiore erinnert, in dessen Straße wir wohnen, und so nimmt der eine Schuhe und Hut, der andere Sandalen und Wuschelkopf, und schon ziehen die beiden los, ohne Wasserflasche und ohne Marmeladenbrot, gehen die Treppe hinab und sogleich die Montefiore-Straße hinauf, nachdem sie die prächtige Nachlat-Benjamin-Straße überquert haben, kreuzen auch die Allenby-Straße, die zu dieser frühen Stunde völlig leer und still und sauber ist, und gehen weiter hinauf, die Häuser der Montefiore-Straße werden weniger, als sei die Baukraft erschöpft, und auch jenseits davon werden die Häuser spärlich, nur noch hier eins und dort eins, lediglich durch Dünen verbunden, und gleich hört alles auf, ganz Tel Aviv ist zu Ende, Achusat Bait mitsamt der Nachlat-Benjamin-Gesellschaft und den Unternehmen von Meir Dizengoff, Menachem Scheinkin und Chaim Bograschow und all ihren kühnen Plänen, einschließlich derer, die sehr bald verwirklicht werden sollten, damit selbst Mittellose werden bauen können, und schon hört alles auf, und was hier anfängt, ist der Ort, der sich nie verändert hat, das Land, dem noch nichts geschehen ist, eine riesige ebene Fläche, die dort wie eh und je hingestreckt liegt, sich sogar, nachdem Völker und Menschen und Kriege und Regen und Dürrezeiten über sie hinweggegangen sind, ein ewiges Kommen und Gehen, ihre Vollkommenheit bewahrt hat, frei von allen Kratzern der Zeiten und Ereignisse, nur Dünen und Weingärten und Palmen hier und da und eine nahe Kaktushecke, bloß sind schon keine Früchte mehr dran, nur die furchtbaren Stacheln an all ihren dicken, mit salzigem Saft gefüllten Blättern, worüber Vater eine furchtbare Geschichte erzählt hat, wie die Araber einmal den Bilu Jakob Schlomo Chasanow aus Gedera gepackt und in die

Kakteen geschleudert hatten und er nur mit knapper Not am Leben geblieben war, und wie ihm das weh getan hatte, und bis man ihm all die nadelspitzen Stacheln mit ihren Millionen Borstenhärchen, die kein Ende nehmen wollten, wieder abgesammelt hatte (noch ein Glück, daß die Augen nicht verletzt waren), und dann die Schmach, vor allem die unauslöschliche Schmach, ohne Garantie, daß es nicht ein zweites Mal passieren könnte, derart, daß der Junge vorsichtig über diese Kaktushecke hinwegschielt, um sich zu vergewissern, daß vorerst keine Araber in der Gegend sind, aber Vater würde sein Kind doch nicht in Gefahr bringen, und dennoch.

Vater fängt jetzt an, im Kreis rumzulaufen, dreht und wendet sich und guckt und prüft, und schließlich weiß er Bescheid und sagt, hier, bis hierher wird die Jehuda-Halevi-Straße reichen, sagt er und nimmt es furchtbar wichtig, bohrt zum Zeichen mit dem Absatz eine kleine Mulde in den Sand und stellt sich aufrecht mit seitlich ausgebreiteten Armen hin, genau in Richtung auf den bereits gebauten Anfang der Jehuda-Halevi-Straße zur einen und ihre geplante Fortsetzung zur andern Seite, und auch die Rothschild-Allee würde bis dort unten weitergeführt, zeigt er mit beiden Armen, parallel, mit Bäumen, die man auch hier pflanzen werde, und von den Maulbeerfeigenbäumen dort nordwärts ist alles noch völlig frei zur Besiedlung, erklärt er sehr gewichtig, und tatsächlich gibt es hier eine leicht erhöhte Fläche zwischen den Dünen und Weingärten, und wenn man genauer hinguckt, sieht man deutlich die ganze uralte Geschichte, wie einmal die Fluten der Regenzeiten herunterkamen und, nachdem sie die Berge überspült hatten, hinunterströmten und den Schlamm mitrissen bis an einen Ort, wo sie langsamer wurden und er sich langsam ansammelte und die schweren Böden schuf, und wie aus dem Sand, den der Wind verwehte, und aus den Staubwirbeln, die er aufwirbelte, die rötlichbraunen Felder wurden, und wie die dunklen Quadrate der Zitruspflanzungen den sandigen Rotlehm gesucht haben und die hellen Weingärten den leichten wollten und die saftigen Gemüse gerade den schweren, und daß sie alle zusammen nur ein Fleckchen hier, ein Fleckchen da bedecken, genauso wie alles Handeln der Menschen über die Jahrtausende, die Abenteuer ihrer Ansiedlung und ihre Taten und ihre Schafe, Ziegen und Rinder und ihr ganzes Sein kaum etwas hinterlassen haben, nur hier mal einen Ritzer, da einen Kratzer, hier ein paar Furchen, da ein paar Pfade und dort einige dunklere Felder, aber keine Spuren von Wert, so daß die Erde hier im großen und ganzen unberührt über alles ausgebreitet liegt, von einem Ende zum andern, eben und wellig, fest und lose, und völlig leer, sehr ausgebreitet und völlig flach, dieselbe Erde wie immer, völlig sauber und gänzlich nackt und warm und ruhig und schön, leicht für die Sonne, über sie zu kommen, und leicht der Sonne hingegeben, von der Auflösung der Morgennebel bis zum rötlichen Abenddunst, alles hier ist fortdauernd und ewig und sorglos, in jenem ruhigen Gleichgewicht und in jener unbeschwerten Leichtigkeit, oder vielleicht wie jener Flug des Falken, der sich jetzt einen Moment vor der Landung kurz sammelt, dann fast waagerecht auf der Erde aufsetzt, kurz flattert und sofort in ihr stilles Sein eintaucht, so daß es scheint, als sei er nicht mehr da und alles sei nur Erde.

Sie gehen weiter, und gleich ist da auch der Rand eines kleinen Zitrushains, wie üblich mit einer Akazienhecke drumherum, und drinnen arbeitet wie üblich ein Motor und pumpt Wasser in einen feststehenden Glasbehälter am Ende eines Schlauches, mit jenem gleichmäßigen Pochen gut funktionierender Brunnenmotoren, und es gibt auch einen kleinen, tiefen Teich, und man kann aus der hohlen Hand trinken, die ein Nebenbächlein von dem breit hervorflutenden Strahl abzweigt, in seinem feinen, kühlen Lauf direkt aus dem Dunkel der Erde, so lauter und voll erster Sonnenberührung im Leben plätschert es kühl dahin, einen Augenblick sprühen sie sich übermütig an, die Tropfen und die Sonnenstrahlen, und schon verschwinden sie schnell in dem blauen

Dämmerschein unter den Bäumen, und kein Mensch ist ringsum zu sehen. Sie gehen jetzt durch die große warme Sandwüste, und auf einmal ist da ein bereits abgeerntetes Wassermelonenfeld, und plötzlich kommt ein Eselspaar im Galopp vorbei, und einer fällt den andern an, packt ihn mit den Zähnen in den Nacken und beißt und beißt in leichtem Trab, und dann machen sie eine Drehung, der beißende und der gebissene, und der eine Esel läßt zwischen seinen Hinterläufen etwas Großes, sehr Fleischiges und sehr in die Länge Wachsendes hervorschnellen, das an etwas erinnert, aber doch wieder nicht so, und attackiert erregt den Hintern des zweiten Esels, versucht, ihm auf den Rücken zu springen, während der andere mit beiden Läufen nach ihm ausschlägt und ihn mitten gegen die Brust trifft, und als der Getroffene runtergeht, hebt er den Schwanz und flüchtet, und der erste ihm nach, die Nase schnuppernd am Hintern des Verfolgten, wobei Vater sich so schämt, so gar nicht weiß, wie er die Augen des Jungen von dem peinlichen Schauspiel ablenken oder seinen Kopf auf andere Gedanken bringen soll, und auch Teresch weiß nicht, wie er es Vater leichter machen soll, bestürmt ihn nicht um Erklärungen, und Vater spürt, daß der Junge ihn versteht, und Teresch spürt, daß Vater spürt, daß er es spürt, und die Esel sind irgendwohin gelaufen, und zum Schluß beendet Vater das Ganze mit einem «na so was auch», also dieser Esel und diese Eselin, sagt Vater zu Teresch, denn es seien keine zwei männlichen Esel gewesen, die da herumgetollt hätten, meint er, immer noch verlegen, und diese Ausgelassenheit gehöre zu den Dingen, bei denen es eine Schande sei, sie zu sehen, und eine Schande zu zeigen, daß man sie sieht.

Sie gehen gemeinsam. Maulbeerfeigenbäume hier und da und Palmen hier und da, und Weingärten, die bereits verlassen sind, nur warme, honigsüße Träubchen hängen noch im Schoß der welkenden Blätter, golden reif und schrumpelig süß, gehören niemandem, man darf ein paar abpflücken und vor den bösen Hornissen retten, und nun sieht man weithin, im Flimmern des sich erwärmenden Lichts, eine ganze unberührte Erdfläche, wie vor undenklichen Zeiten, als sei alles, was in den letzten Jahren in Tel Aviv geschehen ist, wirklich nichts als ein leichtes Kratzen und ein leichtes Aufhäufeln am Rand dieses unveränderten Ganzen, nur belangloses Werkeln neben dem großen Unveränderten, als hätte aller Eifer der Bauleute sich in ein paar wehende Stäubchen aufgelöst, die ungehindert über die große Weite ringsum treiben, an der weder die Weingärten der Araber noch die Häuser der Juden etwas berühren oder verändern. Nur ein Stück weiter östlich, genau unter der Sonne, sieht man jetzt schwarze Zypressen und rotgedeckte Häuser, und das ist Sarona, sagt Vater, von den Deutschen, sagt Vater, und dahinter, etwas unterhalb, nahe an Musrara liegt die Montefiore-Pflanzung, aber wenn der Junge müde sei, könne man sich hier in den Schatten dieses ausladenden Feigenbaumes setzen, die Schuhe ausziehen, den Sand herausschütten und vielleicht auch ein paar reife Feigen finden, die noch nicht verfault oder von Hornissen zerfressen seien, und eine samtweiche Feige kosten, die man mitsamt der Schale ißt.

Den Zitrushain hat Sir Moses Montefiore bei seiner vierten Reise, vor achtzig Jahren, angelegt und ihn dem Konvertiten Peter Ben-Awraham zur Bearbeitung und Bewachung anvertraut, mit eintausendvierhundertundsechs Bäumen, während ganz Jaffa damals nicht mehr als fünfzehntausend Einwohner hatte, und dreitausend Dunam Zitrusplantagen und zweihundert Juden. Mit dem Kinn auf den Knien lauscht Teresch den Geschichten von Vater, der alles weiß, und zwar genauestens, wobei er allerdings hier und da ein bißchen abrundet, für das Verständnis eines Erstkläßlers, und gar nicht beruhigen kann er sich angesichts des unbebauten Landes, auf das man niemanden zueilen sieht, um es zu bestellen, aus dem offenbar alle auf und verschwunden sind, so daß hier kein Mensch mehr übriggeblieben ist, nur diese ausgedehnte leichte, völlig nackte Erde, hier und da ein Nichts darauf, nur ganz und gar die Wärme der emporsteigenden Morgensonne aufsaugend, wobei es auf der unsichtbaren Seite vielleicht auch ein paar verschwommene Dörfer gibt, abgesehen von dieser deutschen Kolonie, die schon im einzelnen zu sehen ist, mit sehr wuchtigen schwarzen Zypressen und sehr schrägen roten Dächern, gut und fest gebaut, nicht wie bei uns, und gleich würden sie in die Kolonie hineingehen und sehen, wie besonders sie sei, erklärt Vater, in bezug auf Sauberkeit, Fleiß und Genauigkeit, und er könne auch eine kleine Kirche mit einem kleinen Glockenturm dort sehen und Bauernhöfe, bei denen alles gut an seinem Platz stehe, ruhig und sauber und vollkommen, und wenn sie wollten, könnten sie auch Schweine angucken.

Zum Schluß, als sie schon recht müde waren und es wirklich heiß wurde, setzten sie sich auf eine grüne Bank unter einen großen Maulbeerbaum. Vater fächelte sich mit dem Hut das Gesicht. Es gab dort rot blühende Geranienbüsche und dahinter sehr grünen und sehr hohen Mais, und sehr grüne Kartoffeln auf schwerer, feuchter brauner Scholle, und alles war ähnlich und auch wieder sehr fremd und unähnlich, vertraut und fremdartig, fruchtbarer und festgefügter, und das Gebäude dahinten mit den grünen Fensterläden war offenbar die Schule, obwohl es still dort war, man hörte weder Stimmen noch Geräusche von dort, vielleicht waren sie schon nach Hause gegangen oder ebenfalls auf einem Ausflug. Und dann plötzlich fing es an.

Gesang. Plötzlich Gesang. Plötzlich war da Gesang. Plötzlich begann ein Chor zu singen. Plötzlich gab es hier Chorgesang. Aus den Schulfenstern, und plötzlich war alles voller Gesang.

Plötzlich das. Verblüfft. Er ist verblüfft. Oder nicht er. Es gibt keinerlei er. Er ist jetzt nur, was in ihn kommt, in ihn flutet, ihn erfüllt, voll und voller. Einst hat er auf einer grünen Bank draußen gesessen, und Vater war da. Jetzt ist er wie ein Taucher, der nicht atmet, bis er wieder oben schwimmt. Und auch das nicht. Das sind Worte, und er ist wortlos, jetzt ist es der Gesang und mittendrin die Flut, die in ihn wallt, ihn prall erfüllt. Einen Moment weiß er was, und einen Moment später ist da gar nichts mehr, nur noch so ein unwirkliches Ergriffensein. Alles nicht, nur das, von dem er nie gewußt hat, daß es da ist. Bloß gibt es auch keine Welt. Nur dies – einen singenden Chor.

Es gibt nichts mehr zu erzählen. Das ist alles. Nichts mehr und alles herrlich, es dringt nur in ihn ein, so daß er ganz und gar vom Gesang des singenden Chors durchflutet wird. In solch passenden Klangfarben, auf eine Weise, die er nicht kennt. Nur dieses Erfülltsein und daß er am Rand eines Abgrunds steht, und auch all das nicht, denn all das sind Worte, um es hinterher zu erzählen, und jetzt ist er nur gebannt von dem, was da zu ihm kommt, in ihn kommt, ihn erfüllt, und davon, daß es schön ist, so schön, so schön.

Plötzlich, mit Stimmen, die zu voller Klanghöhe anschwellen, zu richtigem, sauberem Gesang, mit vielen vollen Stimmen, die gemeinsam singen, nicht in einer Linie, sondern in vielen Linien zusammen, wunderbar verschlungen, und als seien sie ein Schlauch, haben sie Dicke und Volumen und volle Rundung, und darin kommt es nun warm und stark und glatt und voll und ganz und rund und sprudelnd, oder vielleicht als schössen plötzlich viele Pferde durchs Tor, begännen im Freien zu rennen, oder wie ein Getreidefeld, in das der Wind plötzlich eine Welle weht, die weiterläuft, oder weiß nicht was, und auch nicht wie, wenn nicht vielleicht wie mit einemmal eine große Fernsicht von einem Berg, und auch das nicht, sondern nur, daß es schön ist, wunderbar, so schön, ja, so schön.

Er weiß nicht, daß das ein Knabenchor ist, weiß nicht, daß er von einem Harmonium begleitet wird, weiß nicht, daß es Schubert ist, kann es gar nicht wissen, wie sollte er, nur daß es schön ist, ja, schön, erst später wird er vielleicht anfangen zu lernen, doch jetzt empfindet er es nur drinnen, saugt es schwammartig auf, später wird das Gedächtnis vielleicht Worte haben, um es richtig auszudrücken, nicht jetzt, wie das Blau oder das Grün, das sich wortlos über ihnen befindet, ist er nur offen jetzt, füllt sich im Überfluß, unterdrückt nur ein Schluchzen vom mächtigen Würgen des Zuviel, doch selbst das nicht, denn das kommt später, und gegenwärtig ist da nur das Anfüllen, das Wissen um das Laufend-Angefülltwerden, das Wissen, daß da mehr ist, als er wissen kann, nur weit offen jetzt, um sich mit dieser ganzen Fülle anzufüllen, auf die er gewissermaßen immer gewartet hat, mit all dem bißchen seiner sechs kleinen Jahre, die von dem Schock über die Kleinheit seines Vermögens versiegelt waren, und nun plötzlich, als sei die Sonne aufgegangen und er öffne sich mehr und mehr, bereit, ohne es gewußt zu haben, und der vielstimmige Chor kommt in ihn, und er spürt, wie er sich in das verliert, das ihm kommt. Und wie das seine Fähigkeiten übersteigt, es aber davon auch kein Zurück mehr für ihn gibt.

Nie hat er gewußt, daß es so was gibt oder geben kann. Woher hätte er es wissen sollen? Bei uns war Singen doch immer alle möglichen «Eilt, ihr Brüder, eilt», oder «Hier im Land, das den Vätern so kostbar», oder endlos «Die Reise nach Jerusalem, Mus und Konserven», wobei jeder beliebig losschmettert und er im Innern immer gewußt hat, daß das nicht die Sache ist, daß die Sache noch kommt, und plötzlich kommt sie. Plötzlich hat es ihn gepackt, und er ist noch ein Kind, glatt und unschuldig wie Sand, den der Wind kräuselt. Und dann plötzlich. Hinein bis ins Innerste, plötzlich ist es da. Und schön, oh, schön, und so schön.

Erst in zehn Jahren würde er zum erstenmal Namen wie Schubert hören oder das Lied «Sah ein Knab ein Röslein stehn» lernen, und erst später würde er Romain Rollands *Johann Christof* lesen und über Beethoven hören, bevor er noch einen Ton von ihm gehört hatte, erst später würde er anfangen, auf Onkel Davids Plattenspieler dem zu lauschen, was sie klassische Musik nannten, und zum erstenmal ein Notenblatt sehen, bei einem wunderlichen Mann, der Geige spielte, wohingegen Musik, Kompositionen, Harmonie, erste und zweite Stimme, polyphon und harmonisch und all so was noch gar nicht in seiner Welt existierten, da sich alles viel früher ereignete, auch nicht Terz und Quarte und Quinte, und ohne all das, ohne jegliche Worte, ohne irgendwelche Zusammenhänge, ohne jedwede Vorbereitung, nur diese großartige Sache selbst, vielleicht wie ein in der Wüste Geborener, der zum erstenmal Regen erlebt, oder wie ein Festländer, der zum erstenmal das Meer sieht, mit einem verblüffenden Schlag und glücklicher Überraschung, und doch kein Wie, oder wie plötzlich von einem Berggipfel, und auch das nicht, nichts Vorhandenes und keine vorfabrizierten Worte, nur sie selbst, diese Begegnung, und mit all ihrer Wucht.

Schubert? «Sah ein Knab ein Röslein stehn»? Deutsche Volkslieder? Choräle? Dreistimmig, mit Harmoniumbegleitung? Wer weiß, was macht das schon. Nur daß alles voll war, nur daß alles strömte, und daß alles völlig schlauchartig rund war, und du völlig offen warst, und daß sie bloß nicht aufhörten, die singenden Menschen, die singenden Kinder, der singende Schulchor. Und plötzlich gab's eine Welt. Plötzlich war alles da. Und anders als alles, was vorher war. Als öffne es sich und ströme nur noch. Und nichts als schön, so schön. Dieses Schöne da. Alles.

VIER - Drachen

Von heute morgen an wird ein Drachen gebaut. Einer, der die arabische Bezeichnung *Tiara* verdient, kein hebräischer *Afifon*, eine richtige *Tiara*, und nicht sechseckig, sondern richtig dreieckig, aus drei *Bussim*, prima Schilfrohren, für die wieder nur das arabische Wort paßt, keine hebräischen *Kne Suf*, und nicht in der Mitte durch einen festen Knoten verzurrt, und auch nicht durch einen Bindfaden zusammengehalten, der die Ecken umspannt, in Rillen, damit er nicht verrutscht – diesmal ist es ein riesiges Dreieck, die Spitze unten, die Basis oben, und an die beiden Schenkel wird ein Backenbart aus Papierschnitzeln geklebt und unten an die Spitze der vollbestückte, agile Schwanz, und die Neuerung liegt nicht nur in der Höhe des Drachens, mannshoch wird er, sondern in dem revolutionären Übergang vom Sechseck zum Dreieck, unglaublich, einfach ein Dreieck mit nur drei Winkeln, die zusammen genau hundertachtzig Grad betragen, und nur das Nötigste kommt dran, und es bedarf hoher Geschicklichkeit, ihn aus drei mit Bindfäden fest verzurrten Schilfrohren zusammenzubauen, damit er nicht mitten am Himmel im Wind auseinanderfällt, und über diese Spezialvertäuung stecken sie jetzt die Köpfe zusammen, Wuschelmähne an Wuschelmähne, der Große und seine zwei Freunde, von morgens an, in den großen Ferien, obwohl sie hätten hinausgehen und sich eine Gelegenheitsarbeit suchen können, wie Mutter ihm mit viel Überzeugungskraft vor Augen hielt, ohne die Arbeitslosen zu verdrängen, deren Zahl letzthin wächst, bei dieser Rezession, die sich in der ersten hebräischen Stadt immer deutlicher bemerkbar macht, schließlich könnten auch ein paar Prutot schon etwas zur Deckung der schrecklichen

Schulden beitragen, in die der Bau des neuen Hauses uns bis zum Hals gestürzt hat, warum sollte denn ein gesunder, kräftiger Bursche und ausgezeichneter Arbeiter von fünfzehn Jahren nicht ein bißchen mithelfen, wo doch Vater in seinem Alter – ein Jahr mehr, sechzehn war er – alles verlassen und sich auf den Weg gemacht hatte, geradewegs nach Chedera, Tolstoi in der einen, die Bibel in der anderen Hand, und die ganze Verantwortung für den Aufbau des Landes hatte in seinen beiden Händen gelegen, die abwechselnd die Hacke und die Baumschere hielten, während er und seine beiden Kameraden vom frühen Morgen Kopf an Kopf, Wuschelmähne an Wuschelmähne, höchst verantwortlich über der perfekten Durchführung der Luftfahrtrevolution im Viertel Tel Nordau (benannt nach irgendeinem alten Zionistenführer) brüten und nicht ruhen werden, bis dieses Riesendreieck heute in der Nachmittagsbrise startet und sich hoch über all die Plebejer aus Nordia mit ihren sechseckigen Kinderdrachen aufschwingt, bei denen Zierat und raschelnde Bänder die Hauptsache sind und nicht etwa ein Triumph über das Gewöhnliche, Durchschnittliche, ein Überschreiten des Begrenzten, Vorhandenen mit genialer Erleuchtung, und um das zu erreichen, mußte man früh morgens aufstehen und wirklich große, elastische und starke Schilfrohre finden, weil der Aufprall des Windes auf das dreieckige Segel, das am Nachmittag zum Himmel aufsteigen soll, gewaltig sein wird, und das Papier muß stark, aber leicht sein und die Bindfäden robust, aber nicht zu dick, weil der Anführer der drei einen Drang zum Großen und Ungewöhnlichen hat, zu einem Mehr-als-die-andern, und seine Augen blitzen, und sein Haar weht, und seine braungebrannte Schönheit ist geschmeidig, und von den bloßen Füßen bis zu seinen goldenen Händen, geschickt im Tun, ist er ganz und gar Schaffenseifer und seine beiden Freunde mit ihm, und auf das Papier, das sie über das Skelett dieses Luftschiffs spannen, wird auch ein lachendes Sonnengesicht geklebt, dazu seitlich Schnipselbärte und unten ein schnipselreicher Schwanz, der eine Art Steuer und Ausgleichsgewicht bildet, damit das Dreieck nicht in der Luft umkippt, niederkreiselt und plötzlich in verblüffender Schrägbahn und fatalem Aufprall auf der Erde bruchlandet, und deshalb mußte man einen Bindfaden suchen, der sich von allen andern Bindfäden unterschied, es genügte nicht der gewöhnliche, der «Spagat» genannt wird, sondern die Wahl fiel auf die geölte «Simson-Schnur», die in runden Knäueln in den Magazinen für Pflanzerbedarf verkauft wird, wobei man lieber nicht weiter erforscht, wie genau drei solche Knäuel in ihre Hände gelangt sind, und nun ist hier der schwerste und verantwortungsvollste Moment gekommen – der Moment des Austarierens der Schnüre, die die drei Spitzen des Dreiecks in einem Hauptknoten verbinden werden, an dem dann die Simson-Schnur befestigt wird, die der Nachmittagsbrise vom Meer standhalten kann, da unten liegt ja das Meer, nur tausend Schritte von hier, abgezählt und abgehüpft jeden Morgen, wenn man zum Baden runterrennt, und es ist offen für dich, bereit für dich, blau für dich, gischtet für dich, liebt dich.

Sandhügel ringsum, hier ein Haus, da ein Haus wächst aus den Dünen, unberührten Dünen, auf denen immer noch Wellen kräuseln wie auf jungfräulichem Sand, und nah am Meer lassen sie, wie alle Dünen am Meeresstrand, auch die Nachtkerze sprießen, mit der du deinem Freund lachend die Nase bestäuben kannst, legen verschwenderisch die Zwiebeln der Strandlilien frei, die noch nicht geblüht haben, und weiße Trichterwinden mit goldenem Herzen und alle möglichen Stacheldinger, hauptsächlich dornige Kapseln, die einem brennend am bloßen Fuß hängenbleiben, und auch Pflanzen, die Vater Beifuß-Sträucher nennt, dazu all die rennenden Käfer und fliehenden Eidechsen, als seien die Erbauer Tel Nordaus noch gar nicht hier eingetroffen, und nachts die Schakale bis vor die Haustür, Gott, welch ein Horror, und mal scheint es, als wärt ihr alle von der Welt vergessen, und mal so, als seien hier alle miteinander befreundet und als wohnten in jedem Haus Kinder, die auch alle Freunde sind, einer weicht nicht vom andern, und auch die Mütter beraten sich, alle in dem einzigen Lebensmittelladen, und für alle ist der Tag bei Einbruch der Dunkelheit zu Ende, dann wird im Zimmer eine Lampe angezündet, und die ganze Welt ist abgeschottet und weg wie an Bord eines Schiffes auf hoher See, das erst am nächsten Morgen wieder Land berührt, und derzeit Stille, nur Grillen, und Stille, und das Rauschen des Meeres, und Dunkelheit, und ein bißchen Angst, und eine Ruhe, die sich anhört wie der Nachhall einer großen, nicht existenten Glocke. Und sie nennen ihn nicht mehr Teresch, sondern Zi. Weil Michaela einen Hund hat, einen schmalen Windhund, schmal und lendenstraff, schmal und hoch mit hängenden Ohren und spitzer, feuchter Schnauze, am ganzen Leib zitternd vor Erregung, aber vor allem ist er schmal, ganz, ganz schmal, und der Hund heißt Zi, einfach Zi, Zi Zi Zi, und es ist kein Wunder, daß Michaela angefangen und damit die andern angestiftet hat, ihn Zi zu nennen, Zi Zi Zi, und Michaela hat Zöpfe auf dem Rücken und Interesse an allen, bis auf ihn, und in der Schule redet sie mit allen, bloß nicht mit ihm, denn er ist Zi, Zi Zi Zi, ein schmaler Jagdhund, und das alles, nachdem sie hierhergezogen sind, nach Tel Nordau, in die Mendele-Mocher-Sforim-Straße Nummer 22, das zweite Haus von der Ecke Sirkin-Straße, das an Stelle eines der unzähligen Sandhügel erbaut wurde, die sich hier früher erhoben, und von denen man sich herunterkullern lassen konnte und in denen es sich leicht für die Grundmauern ausschachten ließ, und ohne Schwierigkeiten gossen sie hier auch Beton und gossen Zementblöcke in Formen, wobei Vater danebenstand und aufpaßte, daß sie nicht beliebig Zement zufügten, weil Zement teuer ist, und so bauten sie mit zementfreien Zementbausteinen, wie die Arbeiter lachend sagten, aber Vater lacht seitdem nicht mehr, ist völlig in Schulden und Zahlungsforderungen verstrickt, schläft nachts nicht, grübelt und sucht Nebenerwerb, steht mitten in der Nacht auf, um einen Artikel zu schreiben und noch ein paar Prutot zu verdienen, und die Gerüchte über Kürzungen jagen Gerüchte über Entlassungen, und er sucht dauernd was, das er am Neubau noch weglassen könnte, um zu sparen, und trotz alledem ist hier ringsum plötzlich eine erwachende Welt, sauber, frei, meerumrauscht, wind- und sanddurchweht, und zum Schluß werden wir doch einen Rat finden und da rauskommen, sagt Mutter, wie alle hier.

Zi ist ein kurzer Name, den man ohne Anstrengung behalten kann, und mit Leichtigkeit begleitet er dich die ganze Ben-Jehuda-Straße entlang morgens auf dem Schulweg, und in allen Schulpausen natürlich, in der Geula-Schule, in der Geula-Straße, und dauernd hört man auf dem Hof die Lacher Zi, Zi Zi Zi, und es ist dir egal, weil es wirklich lustig klingt und weil jener Jagdhund wirklich lieb ist und auch weil selbst Michaela mit den Zöpfen auf dem Rücken dich dann anguckt, du sagst nichts zu ihr, sie sagt nichts zu dir, und trotzdem. Nur Kinder aus gutem Haus sind in dieser Schule, nur die Kinder von Lehrern, Beamten und Schriftstellern, nur die aus all den Wohnvierteln, die hier im Bau sind, lauter Jigeals, Goels und Geulas, abgesehen von denen, die jeden Morgen direkt aus dem fernen Mikwe Israel in der Kutsche mit zwei schwarzen Pferden angefahren kommen, die wunderbar riechen, die Insassen gut eingemummelt in Jacken, als kämen sie aus einem fernen Land, das nach Ferne duftet, und abgesehen von den Lehrern natürlich, die sich, aus allen Richtungen kommend, um Frau Jehudit Harari, die Direktorin, versammelt haben, die früher einmal seine Kindergärtnerin in Newe Zedek war und nach der neuen Montessori-Methode unterrichtet, nicht nach der Fröbel-Methode der Kindergärtnerin Frau Cheskina, Towa Cheskina, aus der Jehuda-Halevi-Straße, ja als sei ihr Schicksal miteinander verknüpft, das der Frau Direktorin Jehudit Harari und das des schmalen Kindes Zi, Zi Zi Zi, und dann sind da noch der Herr Riklis und der Herr Jekutieli und auch der Herr Maarawi, der Singen zu seiner Konzertinabegleitung unterrichtet, und auch Turnen, hopp hopp hopp, und in den Bibelstunden stürmen Frau Harari mit ihrer Begeisterung und der schmale Zi mit seinem Staunen den Himmel, doch als der Naturkundelehrer eines Tages fragte, was in diesem Zimmer am allergeradesten sei, versuchten sie es mit dem Fußboden, der Decke, dem Tisch oder dem Lehrer, und nur der junge Menuchin mit dem dunklen Teint und den funkelnden Augen schließlich sagte, das Wasser im Aquarium, was richtig war, und so sahen sie im nachhinein, daß es im Zimmer keinen Klügeren gab als ihn, und so sagte der Lehrer ihm auch lobend ins Gesicht, oder diese rothaarige Samira, die das ganze Gedicht «Denen, die sich dem Volke weihen» von Chaim Nachman Bialik auswendig hersagen konnte, oder die schwarzhaarige, schwarzäugige Schoschana, die wußte, wer Dostojewski war, oder der bebrillte Awital, der wußte, was ein Dreschschlitten ist und wie man die Spreu vom Korn trennt und Stroh macht, aber das war kein Kunststück, denn in den Ferien fährt er immer zu seinem Großvater nach Gedera, oder der mollige, kraushaarige Ahuwia, der immer auf alles Witze zu erzählen weiß, obwohl es heißt, sein Vater sei tot, und all die andern zehnjährigen Goels und Geulas, die sich allein dazu in der fünften Klasse versammelt hatten, zu Pausenbeginn mit einem Jubel hinauszustürzen, den kein Schulhof fassen kann, hier und da gesprenkelt mit fröhlichem Zwitschern zu Ehren von Zi, Zi Zi Zi, während Michaela, der Zi stumme Blicke zuwirft, ohne ein Wort zu sagen, ebenfalls nichts sagt und auch keine Blicke ausschickt und gar nichts.

Heute nachmittag wird er fliegen, und so was hat Tel Aviv noch nicht gesehen. Bis über das Silicatwerk hinaus, eine riesigere Fabrik gibt's sonst nirgends auf der Welt, der Schornstein würde an die Wolken kratzen, wenn welche da wären, was sie nicht sind, denn es ist heißer Sommer draußen, der den Erwachsenen mit seiner Feuchtigkeit zusetzt, nur die

Kinder merken ihn nicht, außer an den Trauben in all den Weingärten der Araber und an den Feigen in all den Obstgärten der Araber und an den Melonen auf allen Melonenfeldern der Araber, deren Früchte, wenn nicht schleunigst geerntet, den Schakalen zu einem nächtlichen Freudengeheul verhelfen werden. Kleister macht man aus Mehl und Wasser, aber um Kleister für die Ausmaße des Dreiecks anzurühren, braucht man Mehl, das für drei Sabbatbrote reichen würde, behauptet Mutter und jagt sie weg, doch sie verschwinden durch die Tür und kommen durchs Fenster zurück, denn bis zum Abend muß der Drachen vor dem Antlitz dieser Sonne da fliegen, solange es der große Tag noch zuläßt, und wenn sie nicht alles gut verkleben, kommt der Wind angebraust und zerreißt die große Papierfläche, und dann läßt sich das Unheil nicht mehr vermeiden und auch nicht drei gebrochene Herzen, und Schimpf und Schande aus den Mündern aller Kinder von Nordia, einschließlich einiger Kinder aus den Straßen Mendele, Sirkin und dieser Schalom-Alechem-Straße, die genau jenes Nordia berührt, das draufgängerische Kinder großgezogen hat, wie Indianer oder wie Beduinen, die alles verspotten, ohne jeden Respekt, ja wie ausgehungerte Heuschrecken stürzen sie sich auf Erlaubtes und weniger Erlaubtes, wie dieser Jigeal von denen, der das ganze Jahr über barfuß läuft, dauernd hustet und eine Rotznase hat und immer so flucht, wie es keiner kann oder sich keiner traut, und auf der Westseite, jenseits der Ben-Jehuda-Straße, Richtung Hajarkon-Straße, die hier gleich am Ende kommt, steht das Haus des hinkenden Naturforschers mit dem einen überhöhten Schuh, und an der Ecke ist auch das Haus von Peretz, mit seinen hübschen Töchtern, die Klavier spielen, und darunter rauscht schon das Meer mit schäumenden Wellen, und genau darüber hat sich eben erst Herr Muntschik ein Haus hingestellt, das von unten bis oben von einem Trupp Arbeiterinnen mit Pumphosen bis ans Knie und großen Strohhüten gebaut worden ist, kein Mann hat da Zugang gehabt, eine Arbeiterinnengruppe für Bauarbeiten, mit Kies und Zement, mit Betongießen und mit Eimerschleppen auf den Gerüsten, damit alle in diesem im Aufbau befindlichen Land wissen, daß es nichts gibt, was eine Frau nicht tun könnte und dann auch noch besser, und sie sind stolz auf ihrer Hände Werk, auch wenn sie hinterher zerschlagen und abgeschlafft sind, wie uns jetzt Muntschiks Sohn Jigeal erzählt, dem der Kanten Marmeladebrot, den er von seinem Haus am Meer mitgebracht hatte – heute wohl das Dan-Hotel –, plötzlich von einem noch Hungrigeren weggeschnappt worden ist, wahrscheinlich von diesem Jigeal aus Nordia, der Gallegulle genannt wird.

Dem Anschein nach ist alles schon flugbereit, aber kein Detail ist bisher bis zum letzten ausgefeilt, und wenn dieses Raumdreieck erst in die Lüfte steigt, wird jeder jetzt nicht behobene Mangel sich fatal auswirken und alles vermasseln, und so muß man sich den bereits angeklebten Schwanz vornehmen, für den sie massenweise Zeitungen in Streifen geschnitten haben, sogar den *Davar*, der gerade erst seit kurzem erscheint, ohne daß ihm sein Neuheitswert etwas genützt hätte, er wurde ebenfalls zu Streifen, die laut raschelnd über den Wolken fliegen sollen, mitsamt den Anzeigen für Maspero-Zigaretten und Raanan-Schokolade und den Modeschneider Poliakow, mitsamt dem Nachrichtenteil und den Klagen über die grassierende Arbeitslosigkeit, und man muß sich auch den Backenbart vornehmen, der an den Schenkeln des Dreiecks klebt, und sehen, daß er schwer genug, aber nicht zu schwer wird, und vor allem muß man sich den Verbindungsknoten der drei Schnüre von den drei Spitzen des Dreiecks vornehmen und zusehen, daß sie wirklich austariert sind, und das ist eine Aufgabe, die exaktes Ausmessen und hohe Verantwortung erfordert, während diese ganze Runde Gäste, die was haben reden hören und sich überzeugen wollten, einem keine Minute Ruhe zum Konzentrieren lassen, so daß der Große und seine beiden Gefährten bald aufspringen und die Eindringlinge aufscheuchen und davonjagen, zumal es schon Mittagszeit ist und alle Kinder aus gutem Hause zum Mittag in Mutters Küche zurückkehren müssen, bevor die Stimme einer jeder Mutter reihum gellend über die offenen Sandweiten klingt, Jiiigeal, nach Hauuuse, und hier nur die herrenlosen Kinder übrigbleiben, die Bengel aus Nordia, weshalb Abgesandte zu drei Müttern geschickt werden, um ihnen auszurichten, daß ihre lieben Söhne sich heute ein wenig verspäten werden, und so stecken hier die drei wieder die Köpfe zusammen, Wuschelhaar an Wuschelhaar, über das Herzstück des Werks gebeugt, während dort um sie herum die Amalekiter hocken, die Arme um die ungewaschenen Knie geschlungen, nur ein bißchen Hose am mageren Leib, so wenig, daß es ihnen nichts ausmacht, daß man alles sieht, solche kindischen Spatzen, ungezogen, kauern da im Kreis, in federnder Bereitschaft, zu flüchten oder was abzukriegen, und du kannst sie nicht loswerden, bis blitzartig eine List aufkeimt, *yallah*, ruft der Große, lauft Trauben holen, und das bringt sie leicht auf die bloßen Füße, winkend verschwinden sie in den sonnengleißenden, glitzernden Dünen voll funkelnder grellweißer Pünktchen, und schon sind sie lachend mit Traubenbüscheln zurück, dem schlafenden Araber unter der Nase weg haben sie sie gepflückt, und alle wischen sich jetzt Sand oder Kleister von den Fingern an den Hosen ab und machen sich über die honiggelben, zuckersüßen Trauben her.

Nur ein Fremder mag das hier für nichts als eine Ansammlung öder, hitzeglühender Sandhügel halten, denn in Wirklichkeit gleicht kein rundschultriger Hügel dem nächsten und keine Sandwölbung der andern, und wenn man am Schabbat beispielsweise zum Jarkon wandert, strotzt alles vor Abenteuern, und der schmale Junge Zi, soweit man ihn mitnimmt, ist sich nicht sicher, wie sie ihren Weg zurückfinden werden in diesen sanft gerundeten Weiten, über die gleichmäßig die leichte Seebrise weht, durch nichts in ihrem leichten Schwung gehemmt, und wie sie, auf dem Weg am Strand entlang, schnell zu dem großen moslemischen Friedhof gelangen, wobei sie manchmal auch auf Trauerzüge stoßen, die den Strand entlangziehen mit dem Gesang *la allah il-allah umuchmad rassul allah*, was etwas Eintöniges und auch irgendwie Bedrohliches an sich hat, als ziehe irgendein Übel auf, und dann springt man über die schroffen Kurkarsteinfelsen in ihrem überraschenden Wechselspiel mit dem Meer, durchsetzt von Höhlen und Steilabbrüchen, an die das Wasser gischtend brandet, und dann macht man eine Biegung und betritt ein Gebiet umzäunter Weingärten, mit deren Wächtern man sich lieber nicht anlegt, und sehr müde von dem langen Weg gelangt man schließlich an diesen trägen, ölig grünen Jarkon, an dem am meisten die großen Schiffe imponieren, die an seinen Ufern vertäut liegen, unter den mächtigen Eukalypten, Seeschiffe, die noch in den Tagen hierhergelangt sind, als das Wasser hoch stand und die Flußmündung noch nicht derart versandet war, daß die Kamele dort jetzt im Trocknen passieren können, beladen mit Kisten voll Bausand oder Wassermelonen, die Schiffe hochgetakelt mit riesigen Masten und Seilen über Seilen, rot, blau und grün gestrichen, und das bißchen Wasser, das sich als Fluß ausgibt, paßt nicht zu ihrer ozeanläufigen Riesigkeit, ihrer Farbenpracht, wie Königinnen, oder direkt aus jenen Seeräubergeschichten, gedemütigt jetzt, im Flußschlick gestrandet, und der große Lausejunge ist schon bis auf die Spitze des höchsten Masts geklettert, bis zum äußersten Ende, wo die Taue und Flaggen befestigt sind, und aus dieser schwindelnden Höhe dann heldenhaft ohne Zögern, Kopf und Arme voraus, ins Wasser gesprungen, bevor noch jemand ihm zurufen konnte, nein, nein, spring nicht, und auch nachher, als einer der Ortskenner äußerst besorgt sagt, daß das Wasser hier nicht tief sei, so daß er sich das Genick hätte brechen können, und der Fluß dazu noch mit Bilharzia verseucht, einer furchtbaren Krankheit aus Ägypten, deren Opfer Blut urinierten, bis sie tot seien, stellt sich der splitternackte Jüngling einfach hin, nimmt den Seinen und läßt sein Wasser in imponierendem Bogen in das Brackwasser des Flusses, brüllend vor Lachen, und alle fallen in sein Lachen ein, daß das Wasser ihm bis zum andern Ufer Ringe zieht.

Aber nicht nur er ist den ganzen Tag von tatendurstigen, auf Streiche sinnenden Freunden umringt, auch der schmale Zi ist kein einsamer Stubenhocker mehr, der mit Büchern zu Hause sitzt oder ein Stückchen Abfallholz als Spielzeug benutzt. In jeder Straße, die noch nicht gepflastert ist, nur hier und da einzelne Häuser hat, manche noch im Bau, wird den Arbeitslosen Arbeit geboten, und in allen wohnen schon Freunde, manche gehen mit ihm in die Geula-Schule, andere besuchen sonstige Schulen, darunter das Bet-Chinuch für Arbeiterkinder, das erst kürzlich hier irgendwo seine Tore geöffnet hat, und einige der Eltern sind tatsächlich Lehrer, Serubawels Vater zum Beispiel, ein ernster, gewichtiger Mann, der immer dasteht und aus Buntpapier Buchstaben für seine Erstkläßler ausschneidet, und Benjis Vater beispielsweise trägt eine Aktentasche voll mit Heften der Schüler vom Gymnasium, und eine andere Tasche voll aus Brenners Nachlaß hat er zur Druckerei gebracht, hat Benji einmal selbst erzählt, ein findiger Bursche in der «Legion der Verteidiger der hebräischen Sprache» und bei «Kauft Produkte des Landes», und Jigeals Vater wiederum, dessen Haus die Arbeiterinnen gebaut haben, gründet gerade irgendeine Versicherungsgesellschaft der Histadrut, nicht ganz klar, was das ist, und auch bei Gerschons Vater ist nicht klar, was er macht, nur daß Gerschon selbst ein lustiger Bursche ist, der berühmteste Grimassenschneider und Imitator zwischen Schalom-Alechem- und Hajarkon-Straße, und Awitals Vater ist ein netter Lehrer, der morgens unterrichtet und nachmittags Stunden gibt und auch noch solche Lieder schreibt wie *«Udi chamudi»*, wobei man ihn nicht stören darf, ihr Haus steht an der Bograschow-Straße nahe am Meer, und nur Ahuwia aus der Sirkin-Straße hat keinen Vater, aber dafür eine Mutter, die gern lacht, und er selbst ist kraushaarig und lacht ebenso gern, und einen sehr bekannten Freund hat er, zu dem sie auch eines Tages alle hingegangen sind, weil er Kinder liebt und Ahuwia besonders, den er auf den Schoß genommen und ihm über die Lokken gestrichen hat, und Zi hat er bei dieser Gelegenheit ein Bilderbuch mit dem Titel *Die Geschichte von dem Kamel, das auszog, sich Hörner zu erbitten, und dabei auch noch die Ohren abgerissen bekam* geschenkt und sogar das erste Blatt in einem durchgehenden Schriftzug signiert, *Chaim Nachman Bialik*, wobei er den Schwanz des letzten Buchstabens in dichterischem Schwung ganz wieder von links nach rechts durchzog, aber ach, das Buch ist verlorengegangen und ward nie mehr gefunden.

Kinder haben keine Mühe, zu laufen und zu rennen und zu gehen und zu kommen, aber für die Großen ist alles Sand, die Schuhe füllen sich mit einer Ladung Sand, so daß man sich schwer voranschleppt, und es ist heiß, und sie schwitzen, und am Morgen und am Abend kannst du Ameisenkolonnen in Gestalt von Männern und Frauen beobachten, die armewedelnd auf den Bordsteinen der Ben-Jehuda-Straße entlangbalancieren wie komische Vögel, eine schwarze Kette Gehender von hier und eine schwarze Kette Kommender von da, geduldig und ohne Klage, um bloß nicht in der Mitte im Sand zu versinken, von Tel Nordau zur Allenby-Straße und zurück, und am seltsamsten von allen waren die beiden, die mehrmals am Tag durch den Sand der Mendele-Straße stapften und miteinander redeten, der eine vorneweg, der andere hinter ihm, der vordere hatte Haare so rot und wild wie Feuer und senkte den Blick nicht zu seinen Schritten auf der Erde hinab, hielt die Augen immer himmelwärts gerichtet, und nur die Füße schlurften vergessen und schwer hinter ihm her und stießen gegen den losen Sand, wahrhaftig den Kopf in den Wolken und die Füße im Sand, und der hinter ihm hatte den Kopf im Sand und die Füße im Sand, war ganz und gar im Sand, zugeknöpft in seiner Kleidung und mürrisch dreinschauend, und die Eingeweihten erklärten, der erste, der Feuerkopf mit den schleppenden Füßen, sei ein bekannter Dichter, der eben einen Gedichtband veröffentlicht habe, hieß es, und zwar unter dem Titel *Großes Grauen und Mond*, also wohl die Füße im Grauen und der Kopf im Mond, und der hinter ihm Schlurfende war ebenfalls ein bekannter Schriftsteller und wichtiger Übersetzer, wobei man damals noch nicht wußte und erst später erfahren würde, daß er es war, der *Johann Christof* für uns übersetzte, so daß sich Beethoven Himmel und Erde auftaten, doch wie dem auch sei, es gab hier in ganz Tel Nordau kein einziges Kind, das allein gewesen wäre, in keinem der neuen Häuser, in denen der Geruch nach Tünche noch ätzend war und die Wände noch zu sehr gleißten, alle Kinder waren immer mit allen Kindern zusammen, und wenn man bei dem einen genug gewesen war, zog man zuhauf zum nächsten, bis es Nacht wurde und die Dunkelheit alles abschottete und jedes Haus in ein losgelöstes Schiff verwandelte, und beim Lampenlicht in der Schiffskabine hallte die Stille derart, als sei sie das Rauschen des Meeres, so sehr, daß man die Augen vom Buch hob und die Bewegung der See spürte, die Wellen, die an die Schiffswände leckten und weiterschaukelten in der großen Dunkelheit, und alles war endlos, und da war nichts außer dieser Stille, die keine Lautlosigkeit ist, sondern Stille: wimmernde Stille.

Ihr Haus besteht derzeit aus drei Zimmern, Küche und Bad, letzteres aus Geldmangel ohne Badewanne, in der Küche ein luftiger Speiseschrank und ein Tisch für Mutter zum Zubereiten des Essens – da war neben dem Gemüse auch das Kürbisgericht mit Reis, Zucker und Zimt, oi, und das harte Ei vermischt mit Röstzwiebeln und Öl und noch was leicht Trübem, oi, und das gekochte Huhn mit Kartoffeln, oi, oder die Fische, die sie direkt dem Fischer, der morgens durchkam und singend *yallah Fisch, yallah Fisch* ausrief, abkaufte, nachdem sie ihn mit ihrem hartnäckigen Feilschen schier um den

Verstand gebracht hatte, oi oi, und dann noch das Omelett mit Tomaten, und das Glas Milch, und die Aprikosenmarmelade, derentwegen man sogar fast eine Viertelscheibe Brot kauen konnte –, und morgens vor dem Aufstehen diente er Vater als Arbeitstisch, an dem er saß und seine Artikel schrieb, ohne jemandes Ruhe zu stören, denn wie konnte ein Arbeiter oder Beamter ohne öffentliche Unterstützung oder die Hilfe einer Bank zu einem Hausbau gelangen, wo die Zimmermiete einen halben Monatslohn kostete und manche Vermieter schon drei oder auch vier Ägyptische Pfund für ein einziges Zimmer verlangten, entsetzt euch darüber, ihr Himmel, und es gibt nichts im ganzen Haus, keinerlei Zierat außer dem Lüster, den sie eines Tages irgendwoher geholt haben, vollbehängt mit Ketten von Glasperlentropfen, die im leichtesten Lüftchen fröhlich silbern klingeln, und außer einer Tür, in die Glas eingesetzt ist, so daß man nach Belieben entweder sein eigenes Spiegelbild oder das Bild draußen begucken kann, und eines Tages kam sogar ein Kamel und füllte die Tür aus, ja ein ganzes Kamel lief plötzlich im Haus herum, suchte sich wohl einen Platz zum Sitzen, aber was das Haus wirklich erfüllte, mehr als alles andere und die ganze Zeit, war die Sorge, unter der Vater langsam zusammenbrach, über die er dauernd nervende Worte wälzte, Schulden, Wechsel, Hypotheken, Zinsen, kurzfristig, Tilgungsaufschub, und woher soll ich's nehmen, Herr der Welt, woher bloß, und noch mehr solches Zeug, ständig ganz wie jemand, der weiß, daß er gescheitert ist, wie einer, der seine Angehörigen betrogen hat, dessen schmähliche Schwäche offenbar geworden ist. Wenn das Kind doch bloß einen Schatz gefunden hätte, oder vielleicht zu Herrn Dizengoff laufen und mit ihm reden, damit er ein bißchen hilft, oder vielleicht Zeitungen an der Ecke verkaufen?

Eine Kamelkarawane kommt jetzt an das Grundstück, auf dem das Nachbarhaus gebaut wird, wohl die künftige Nummer 24, und das Kamel, mit tropfenden Bausandkisten beladen, braucht gar nicht erst niederzuknien, denn mit einem Spatenhieb öffnet man den Riegel auf der Unterseite, und alles sackt mit einem Rutsch heraus, so daß das Kamel durch den Gleichgewichtsverlust fast ins Wanken gerät und mürrisch grollt und die Gegend vollstänkert, worauf sein Besitzer zur andern Seite rennt, um auch den Kasten gegenüber zu leeren, auf Nase und Lippen hat er Pergamentpapierstückchen kleben gegen das peinliche Abschälen seiner Haut, die sich weigert, braun zu werden, ja irgendwas paßt nicht recht zusammen bei der importierten Gestalt des Mannes und der Urgestalt des Kamels, und sie brüllen sich gegenseitig an, der eine in erbostem Jiddisch, das andere in archaischem Gurgeln, und so wird ein Kamel nach dem andern seiner Lasten entladen, die sich auf dem Grundstück anhäufen zum Zeichen der ernsthaften Absicht, hier zu bauen, und der Mann geht zum Wasserhahn, um aus der hohlen Hand zu trinken, und das Kamel gurgelt nur weiter und bleibt störrisch, gehorcht aber schließlich, mit seinen Gazellenaugen und der ewig hängenden Unterlippe, die beängstigend große gelbe Zähne entblößt, und zum Schluß ordnen sie sich auch in einer Reihe an, der Mann als erster und die Kamele hinter ihm, hin und her mit schwankenden Schwänzen von zwei Beinen hüben auf zwei Beine drüben, archaische Geschöpfe an neuem Ort. Und da beginnt die Brise vom Meer zu wehen, und es wird Zeit, den Jahrhundertdrachen steigen zu lassen, die *Tiara* des im Aufbau befindlichen Tel Aviv, die sich hoch über alles erheben wird, hoch über den Schlot der Silicatfabrik, der weit abgeschlagen zurückbleiben wird, mit ihrem Knäuel Simson-Schnur, an dessen Ende sie den Anfang des zweiten Knäuels und an das zweite das dritte knoten werden, und zwar so, daß es sich von fern aus lenken läßt, dieses fliegende Dreieck, auf dessen rotem Grund schon ein gelb lachendes Sonnengesicht prangt, ja wenn dann der Wind tatsächlich zulegt und das Meer, das nun schon wärmer als das Festland ist, diese Aufwinde schickt, die landeinwärts über die Dünen wehen und neue Wellenlinien darauf malen und an den wenigen Maulbeerfeigenbäumen und den zwei, drei Eukalypten rütteln, die da sind, ohne daß man sie gepflanzt hätte, dann wird die Brise sich fangen in dem straff gespannten dreieckigen Papier mit dem feixenden Gesicht gelb auf rot, gut verklebt auf die erlesenen Schilfrohre, der Knoten genau austariert, und nach den Auftriebsgesetzen, die auch in den Schulbüchern stehen, hat die Brise keine Wahl, sie wird in den Drachen blasen, und er wird vor ihr hertänzeln wie ein schnelles Pferd, das man noch am Rennen hindert, wird gespannt und sensibel wie eine Geige vor ihr vibrieren, und einer der Gefährten wird ihn von hinten tragen, mit beiden Händen, wohl wissend, wie er sein raschelndes Gewicht umsichtig halten muß, und einer der Gefährten wird zur Seite treten, um das Startzeichen zu geben, und auch unser großer Bruder weicht dann zurück, um eine Position zu beziehen, von der er, auf das Zeichen hin, rückwärts rennt, genug Schnur für das Startmanöver freigebend, ja wenn der eine Freund erst abläßt und der andere Freund schreit und hüpft – dann startet unser Bruder seinen Rückwärtslauf, dem der Wind entgegenbläst, was nunmehr den Grund dafür legt, daß das Dreieck prächtig emporschießt, erst den hohen Wind faßt, dann die noch höhere Strömung, je mehr Schnur man ihm gibt, und mehr Wind schafft mehr Auftrieb, mehr Auftrieb schafft mehr Entfernung, und noch mehr Schnur wird freigegeben, und dann wird auf der Erde der große Triumphschrei ausbrechen: Da fliegt er!

Fast alles ist fertig. Woher sind bloß die vielen Jungen gekommen, die nervös und aufgeregt ringsum lagern, der hat einen Ratschlag, der eine Frage, der hegt Zweifel, und der ist schon voll Bewunderung, die auch nicht die Pioniere der hebräischen Luftfahrt ausläßt, allesamt scharen sie sich im Sand, sieben ihn aufgeregt von einer Hand in die andere oder stapfen darin herum, um sich eine Gesprächsgruppe oder einen Blickpunkt zu suchen, manche haben es gehört und sind mitten aus der Geigen- oder Klavierstunde getürmt, oder mitten aus der Englischstunde oder mitten vom Geschirrspülen oder mitten vom Aufpassen auf den kleinen Bruder oder sogar mitten vom Strandgang, nur den halb abgeknabberten Maiskolben haben sie mit hergeschleppt, aber kein einziges Mädchen ist gekommen, nicht weil sie nicht davon wüßten, denn wer weiß nicht, daß hier jetzt der Jahrhundertdrachen gestartet wird, und es besteht kein Zweifel darüber, daß die ganze Mädchenclique sehr wohl davon gehört hat und Bescheid weiß, aber die Mädchenclique wird nicht gucken kommen, das ist ihnen nicht genehm, keiner von ihnen, bloß Michaela, da auf dem Hügel taucht sie auf, ihren lendenstraffen Hund Zi neben sich, an einem eleganten Halsband gehalten, und so sind hier der Hund Zi und das Kind Zi, der eine von ihren Händen gehalten, der andere den Blick auf sie haltend und von zwei Anblicken hin und her gerissen, einen Moment vor dem Startzeichen in der Arena Tel Nordau gegen Nordia oder sogar Tel Aviv gegen Jaffa, denn das ist keine arabische *Tiara*, trotz ihres Namens, auch kein Sechseck mit wehenden Papiergirlanden und langem Schlängelschwanz, das hin und her getrieben wird – das ist eine *Tiara* des revolutionären Erfindungsgeistes, der bahnbrechenden Eroberung, der kühnen Vorstellungskraft, ein Triumph der Juden und des Fortschritts, ja es herrschen große Erwartung und verhaltene Spannung in all den Straßen mit den wenigen verstreuten Häusern dazwischen, eine gespannte Vorfreude auf die Sache, und als liefe im Volkshaus der absolute Superfilm, drängen alle hierher, um im Brennpunkt der Dinge und am Ort ihres Geschehens zu sein.

Was noch? Jetzt wird es mäuschenstill, ohne daß jemand um Ruhe gebeten hätte. Der Drachenträger weicht zurück, das Riesendreieck in voller Größe würdevoll emporhaltend, mitsamt dem an Zeitungspapierschnitzeln reichen Backenbart und dem mächtigen Schwanz aus einem Gemisch von Zeitungs- und glänzendem Buntpapier, er selbst verdeckt hinter dem mächtigen Dreieck, bei dem man erkennt, daß sogar das bißchen Bodenwind merkt, was es da vor sich hat, und bereits die festhaltenden Arme in Spannung versetzt, und auch der Signalgeber, der für die allgemeine Koordinierung verantwortlich ist, geht rückwärts auf Abstand, um die gesamte Szene zu überblicken, und man hätte mit Leichtigkeit hinter ihm heranschleichen und sich fallenlassen können, damit er stolpert und zum allgemeinen Gelächter umkippt, aber kein Mensch hätte jetzt an einen solch läppischen Schabernack gedacht, bis er schließlich den genauen Kommandopunkt gefunden hat, und der Erstgeborene – der Vater der ganzen Vorstellung samt Requisiten, Schauspielern und des bevorstehenden grandiosen Erfolgs, mit dem riesigen Bindfadenknäuel, dessen erstes Ende um einen Holzstab gewickelt ist zum sofortigen Gebrauch, der Großteil jedoch noch in der originalen Kugelform der Simson-Schnüre, damit das Band sich nicht verheddere, zu seinen bloßen Füßen bereit – hebt nun das Knäuel am Stab in Brusthöhe, die Schnur gespannt, steht startbereit etwa fünfzig Schritt von dem roten Dreieck, das offen lacht, und der Junge, der das Dreieck hält, ganz hinter ihm verborgen, wartet auf das Zeichen, und der Junge, der das Zeichen geben soll, wartet den Moment ab, und niemand atmet auf dem Sandhügel, kein Mann, kein Junge, kein Mädchen, kein Hund, und dann geht es nicht mehr länger, und der Schrei «Flieg!», der sich an den Drachen und seine Erzeuger richtet, bewirkt alles auf einmal, der Erstgeborene rennt mit der gespannten Schnur rückwärts, der Träger läßt mit einem Schub nach oben los, und die ganze Gemeinde der Kinder Israels jubelt.

Und er steigt, der Wind stößt zu und trägt ihn empor, sogar der Schwanz hebt schon ab, nachdem er eine Schlangenlinie in den Sand gezeichnet hat, ja, er fliegt, klettert aufwärts, und der Erstgeborene rennt und spannt im Lauf die Schnur, damit der Wind die Brust des Dreiecks treffe, nicht die Seiten, und der Träger hüpft jauchzend unter ihm, als habe er gelobt, von nun an bis ans Ende aller Tage zu hüpfen, und der Signalgeber hüpft und springt, verliert beinah die Hose, weil sie nicht eng genug zugehakt ist und nicht für einen Affentanz gedacht war, und auch die ganze Gemeinde der Kinder Israels hüpft darunter, und der Jubel greift um sich und schallt auf bis zum Schornstein der Silicatfabrik, der bald niedrig zurückbleiben wird, weil der Drachen, anders als die gewöhnlichen Mickerdinger, nicht stotternd schwankt, ohne zu wissen, ob er nun fliegen oder fallen soll, sondern hervorragend mit bewundernswerter Präzision gearbeitet ist, und emporsteigt und einen Aufwind nach dem andern faßt, den starken Luftstrom über dem niedrigen faßt er, ja er fordert den Wind heraus, der ihm seine wirklich großen Stöße entgegensetzt, und die Simson-Schnur ist jetzt straff gespannt, wäre sie nicht simsonstark, wäre sie längst unter dem Druck der Spannung gerissen, und nun gibt man ihm noch mehr Schnur und noch ein Stück, damit er frohlockt, damit er segelt, damit er fliegt, und alles wegen der absoluten Präzision des Knotens, der alle Spitzen des Dreiecks im richtigen Winkel zum Wind austariert, und der Drachen verputzt die ganze Schnur, nimmt sie mit in seine schwindelnden Höhen und steigt weiter und immer ferner, schon ist das zweite Knäuel aufgebraucht, und das Dreieck, das auf dem Boden riesig war, ist jetzt nichts mehr als ein Viertel Singvogel am Himmel, und man kann kaum noch erkennen, daß eine lachende Sonne darauf prangt, aber man spürt sehr gut, daß das Ding schwerer ist als der, der ihn hält, und daß sie zieht, die Königin der *Tiarot*, derart, daß die beiden Gefährten des Großen herbeieilen und ebenfalls am Strang ziehen, sich alle drei anstrengen, dem Zug standzuhalten, als hätten sie hier den ganzen Vormittag irgendein mächtiges Tier geschaffen, eine Bestie, deren Stärke die ihre übersteigt, und angestrengte Stille bemächtigt sich des ganzen Hügels, alle bemühen sich mit den drei Jungen, die sechshändig die riesenkräftige Himmelsnatter halten, die sie ins Schlepptau nimmt und himmelwärts zieht, hoch empor, bis die ganze Silicatfabrik nur noch zum Lachen ist, bis alle Häuser Tel Nordaus von dort wie Bauklötze aussehen, als gäbe es auf den Dünen nichts mehr von Menschenhand, und die auf den Bordsteinen der Ben-Jehuda-Straße Entlangbalancierenden, die Prominenz der Erbauer Tel Avivs, seiner Gelehrten, Schriftsteller und Lehrer, *nebbich* geringer wirken als die Halme vom Vorjahr im Sand. Und schon sind fast drei Knäule Simson-Schnur abgewickelt und aufgestiegen und emporgeflogen, um den wohlaustarierten Knoten dieses riesigen Dreiecks zu halten, das gen Himmel gestürmt ist, vom Wind angeblasen, als sei es wirklich ein ebenbürtiger Partner für die unendliche Kraft des freien Windes und nicht bloß ein bißchen gespanntes Papier, mit Mutters Mehlkleister auf drei *Bussim* geklebt, ja als sei diese *Tiara* ein mächtiger Höhenadler, den Gott gemacht hat, und nicht fliegendes Papier auf Schilfrohren, von drei Jungen zusammengeklebt, die jetzt mit letzten Kräften an der Simson-Schnur hängen und halten, wobei der ganze Hügel mit ihnen den Atem anhält und keineswegs klar ist, was nun geschehen wird – als plötzlich, o Gott, als sie plötzlich ihren Händen entgleitet, ihren sechs geballten Fäusten, die Schnur entgleitet ihnen und nimmt Schwung und fängt an zu sausen, zuerst über den Sand, doch sogleich in die Lüfte gezogen, und alles wandelt sich nun und wird himmlisch, vom Schnurende bis zu den höchsten Himmeln, und sie, die drei, und der ganze Hügel, rennen los, um das fliehende Ende zu schnappen, rennen und fallen, nur hinterherspringen, fassen, nachjagen und fassen, und sie stolpern im Sand und stehen auf und fallen, und alles fliegt schon auf und davon, leicht und frei, und fliegt und flieht und flieht und flieht, alles, die Schnur, der Drachen und die lachende Sonne und alles, fliegt davon und entflieht und ist nicht mehr, auf und verschwunden und weg, und nichts mehr, nichts nichts nichts.

Tel Nordau

Auf braunen Holzklappstühlen mit gelochter Sitzfläche und Lehne sitzen sie auf dem offenen Balkon, einer nimmt einen Schluck Tee, einer reckt sich, den Stuhl so weit zurückgekippt, daß er, wenn er nicht an die Wand stieße, umfallen müßte, einer birgt das Gesicht in den Händen, die Ellbogen auf die Knie gestützt, schwer hat er's offenbar, und Mutter schenkt allen Tee nach, und dann lagert da noch so ein kleiner Schatten auf dem Fußboden zwischen ihnen und dem erleuchteten Zimmer, Hauptsache, daß hier kein Licht ist, um die Mücken anzulocken, und er ist nicht der einzige Schatten, sondern auf allen liegen Schatten, der Schatten der Sorge, der Schatten der grassierenden Arbeitslosigkeit, der Schatten von Kürzungen und Kündigungen und der Schatten der Wechsel und Schulden und des Wovon-Bezahlen, sie trinken Mutters guten Tee, knabbern allerlei Kekse, die sie selbst gebacken hat, ziemlich hart und zuckrig, und außer Vater sitzt da auch der neue Nachbar, der links von ihnen zu bauen begonnen hat und den sie aus irgendeinem Grund nicht mit seinem Namen anreden, sondern mit einem Wort, das sich wie Jatta anhört, bald wird er herziehen, mit seiner Frau, die ganz weiße Haut und eine Brille hat, und mit dem Babytöchterchen Jelinka und dem Sohn, den sie Duschinka nennen, Jatta arbeitet bekanntlich bei der großen Druckereikooperative, die fast alles druckt, was im Land herauskommt, jedenfalls alles, was lesenswert ist, und er kennt alles, was geschrieben wird, ohne je einem Wort zuzustimmen, weder dem geschriebenen noch dem gesprochenen, weder hier auf dem Balkon noch sonstwo, und dann sitzt da auch der Herr Muntschik, der hier unter Genossen einfach Elijahu genannt wird, er kennt sich in allen Wirtschafts- und Finanzdingen aus und ist auch der, der sich sein Haus am Strand von der Bauarbeiterinnengruppe hat bauen lassen und dessen Sohn Jigeal zu den Freunden des Schattens auf dem Boden nahe der Tür gehört, der genug Licht auf seinem Buch hat, das er liest, und genug Dunkelheit, damit sie nicht merken, daß er keines ihrer Worte verpaßt, die ohne ihn doch sofort verklungen und nie jemand bekannt geworden wären, verschlungen von der Dunkelheit ringsum, die gleich an der Balkonkante beginnt, hinter der sich dann schon diese schnell abkühlenden Dünen erstrecken, die, jetzt betrachtet, einen matten, fahlen Glanz abgeben, als hätte man sie nicht ganz ausgeschaltet.

Muß die Krise kommen? Das ist das Problem, das sie hier jetzt im Halbdunkeln wälzen. Was hat man ungetan gelassen, um ihr Eintreten zu verhindern, und was kann man noch tun, damit sie nicht eintritt? Der Genosse Elijahu meint, die Hauptsache sei der Mittelstand, der erst jetzt langsam im Kommen sei, aber dem man das Leben schwer mache, obwohl keine noch so geartete Bevorzugung der Arbeiterklasse das zu erreichen vermöge, was die Angehörigen des Mittelstands erreichen könnten, womit Jatta natürlich nicht übereinstimmt, alles ist nur deshalb nicht gut, weil es keine Planung gibt, kein öffentliches Vorausdenken, wie und worin man investieren soll, während Mutter findet, alles rühre nur von der schrecklichen Verschwendung allenthalben her, für die sie genug Beispiele parat hat, und Vater, der die genauen Zahlen kennt, sagt vorerst gar nichts, versucht nur erfolglos sein wiederholtes Ach weh zu verheimlichen, denn Vater ist furchtbar in Sorge, und wer ihn täglich sieht, merkt, daß seine Schläfen von Tag zu Tag grauer werden und auch der Schnurrbart. Ein bißchen freie Initiative, sagt der Genosse Elijahu, nicht alles von oben her bestimmen, zu viel Maßlosigkeit, hält Mutter ihm entgegen, jeder sorgt nur für sich, und Jatta mit seiner jeden Widerspruch abweisenden Stimme sagt, was heute abhanden gekommen sei, sei die Idee, und wenn die große Idee fehle, wie sollten dann nicht auch die Taten fehlen? Welche Idee? Die Idee des Zionismus natürlich. Und wenn keine Übereinstimmung herrsche, daß die Idee allem vorgeht, die Idee und die Organisation, die Idee und die Partei, die Idee und die Forderung an die Menschen, und die Einsicht, ja, die Einsicht, daß die Idee dem Menschen vorgeht, dem einzelnen vorgeht, der Befriedigung seiner Bedürfnisse, wohin werde man dann wohl kommen, hier – genau dahin, wohin man eben gekommen sei. Worauf Genosse Elijahu seufzend sagt, diese Dinge seien überholt, die würden uns nicht retten, nur Initiative und nur der Mittelstand, der zum Durchkommen Wege finden werde, die den leitenden Bürokraten nie einfallen würden, was denn, attakkiert Genosse Elijahu, die ganze Weisheit nur bei den Ämtern, wissen wir denn nicht, wer da sitzt und wie sie auf ihre Posten gelangt sind? Und Mutter dankt ihm, er habe ihr aus dem Herzen gesprochen, sagt sie, worauf er ihre Hand ergreift und sie sanft und ritterlich küßt.

Aber nein, sagt nun Jatta, der eine zerzauste Tolle hat, krause Locken zu einem Knäuel vermengt, aber nein, sagt er im Halblicht, wir sind nicht Menschen für uns, wir sind Teil einer Idee, Menschen mit Zugehörigkeit, ohne das wären wir nicht hier, Menschen, die sich einer Idee verschrieben haben, einem Ziel und einer Bestimmung, und wenn einer nur für sich da ist, was ist er denn dann? Entweder Raffke oder Ausbeuter, rief er aufgeregt, und deshalb Kooperativen etwa, Genossenschaften etwa, Solidaritätsprinzip etwa, sagte er, und Vater fiel nun ein und sagte, wie Nahalal, sagte er und seufzte offen, ach weh, und die Banken und die A.P.C., sagte er, und die Zinsen, sagte er, und der Kredit, den man nicht durchstehen kann, nicht wenn du ein ehrlicher Mensch bist, sagte er, und der Genosse Elijahu meinte, eine Versicherung gegen Arbeitslosigkeit und Konkurs könnte vielleicht etwas beitragen, aber anstatt daß die breite Öffentlichkeit Wege zu finden versuche, sollte man lieber jeden einzelnen seinen Weg suchen lassen. Nur einzelne denken, sagte Genosse Elijahu, und die Öffentlichkeit sagt bloß amen, wie ein Golem. Doch das ließ Jatta schon aufschreien, Elijahu, Elijahu, rief er, was ist denn mit dir los? Wo sind die Grundsätze, wo die

Werte? Und die Dunkelheit ringsum schien ein bißchen zu wabern, zu weichen.

Sie schweigen einen Moment, trinken den abgekühlten Tee, Mutter fragt, ob sie neuen, heißen Tee machen solle, doch sie antworten nicht, und auch das Halblicht-Halbdunkel schweigt sich weiter aus, wenn es nicht eingedämmert ist. Und man muß jetzt aufstehen und auf den dunklen Wegen im Sand nach Hause stapfen, nur sagt der Genosse Elijahu vorher noch schnell abschließend, man brauche nicht einen Verstand für alle, sondern sollte lieber jeden seinen Weg nach eigenem Verstand finden lassen, was nun wieder Jatta alarmiert, der hier Nachbar werden wird, sobald das Haus fertig ist, und noch einen weiten Weg durch den Sand vor sich hat bis zu dem Mietzimmer mit seiner hellhäutigen Frau, dem Baby Jelinka und dem Kind Duschinka fern am Ende der Schalom-Alechem-Straße, nein und nochmals nein, schreit er, daß die Dunkelheit erschrickt, man braucht einen kollektiven Verstand, hört ihr? Um dem Kollektivwohl für alle zu dienen, hört ihr? Um dem allgemeinen Wohlergehen zu dienen, ohne Benachteiligung und ohne Bevorzugung, hört ihr? schreit Jatta, und Mutter fragt, was Vater meint, aber Vater ist traurig, sagt jedoch trotzdem, vielleicht sollte man tatsächlich nicht zuviel eingreifen, sondern nur den Schwachen helfen, bis es keine Schwachen mehr gebe, solche blassen Worte, die weder dem Genossen Elijahu noch Jatta gefielen, nur aus unterschiedlichen Gründen, und so verabschiedeten sie sich und gingen in die dunklen Dünen hinaus, und der Schatten, der sie bisher zwischen dem Licht des Zimmers und dem Schatten des Balkons beobachtet hatte, meinte, all diese Dinge, die ihm mehr oder weniger verständlich waren, schon früher gehört zu haben, eben hier zwischen dem Haus und den Dünen, auch damals im Halblicht-Halbdunkel, und alles war von einem großen, öden Gähnen gepackt, und so ist das.

Vielleicht weil die Ben-Jehuda-Straße eben doch in der Mitte verläuft, trifft man sich dort immer auf einem unbebaut gebliebenen Grundstück, zwischen Benjis Haus und Gerschons Haus und der Hütte von Serubawels Vater, leer bis auf eine windschiefe Baracke, mit Teerpappe verkleidet, an der sich eine blau blühende Winde hochgehangelt hat, die trotz ihres Grüns und ihrer Blüten mehr als dürftig ist, wie aufgegebenes Gut, und sich auch einzig und allein an solchen herrenlosen Baracken hochrankt, gelegentlich auch mal an einem herrenlosen Strommast, und in der Baracke ist nichts als ein verschlissener Koffer und zwei Schuhe, die kein Paar bilden, auf einem kaputten Bett, und so ein dumpfer Spinnwebgeruch, irgendwie unheimlich, und während die Sonne die Erde umrundet, kreist sie auch um die Baracke, aber der Schatten, den sie wirft, macht die umgekehrte Runde, wird erst kürzer und dann wieder länger, und genau dieses Schattenrinnsal ist derzeit der Nabel der Welt und das Herz Tel Nordaus, und dort lagert das ganze halbe Dutzend, mal enger zusammengedrängt, mal weiter ausgebreitet, je nach Verlauf des Schattens, und hier auf diesem Schattenfleck springen sie je nach Bedarf zuweilen auch ohne erklärlichen Grund auf und verfolgen einander in wildem Lauf, umrunden die armselige Baracke mehrere Male mit viel grundlosem Lärm und Gelächter und fallen alle auf einmal wieder auf das Sandstück im Schatten, um weiter die Angelegenheiten der Welt abzuhandeln, die nie ein Ende haben, wobei allerdings die Schule samt Lehrern und Hausaufgaben nur selten hereinspielt, ebenso wie das Elternhaus und all seine Sorgen selten hereinspielen, und auch nicht die Fußballspiele, die hier nichts gelten, oder die Filme im Volkshaus mit ihren nicht endenden Wundertaten, die in Fortsetzungen laufen, mit Schluß folgt und Fortsetzung nächste Woche, und auch nicht, wer noch ein Haus im Viertel baut, sondern alle Zeit und das ganze Herz richten sich auf die Abenteuergeschichten des «Nehmen wir mal an, daß...», «Sagen wir mal, daß...», des «Jetzt sind wir mal», für das man nichts weiter braucht als einen Handlungsablauf und die Definition, wer wir jetzt mal sind, aus *Mit*

Feuer und Schwert und aus *Zu den Bergen des Halbmonds* und aus *Die Schatzinsel* und aus *Die geheimnisvolle Insel* mit Kapitän Nemo und aus *Der Pfadfinder* und aus *Lederstrumpf* und aus *Die drei Musketiere*, und ob wir jetzt Dragoner oder Husaren sind, oder Grenadiere, oder gewöhnliche Seeräuber, oder aber Leute des Vasco da Gama, wenn nicht gar Mannschaften des Magellan, die eben jetzt die Erde umsegelt haben, und dennoch auch aus ein paar unsterblichen Filmen, wie *Das geheimnisvolle Mädchen*, *Die brüllenden Löwen* und *Der versunkene Schatz*, und bei alldem brauchten wir nichts anderes zu machen als nur zu sprechen, und schon erstand alles und geschah, es nur sagen und schon ist es da, es nur sagen und das hier ist nicht mehr Tel Nordau, es nur sagen und schon ersteht es und ist lebendiger als das Leben selbst – es nur sagen und eine Welt ersteht.

Und nein, nicht so sprechen und es sagen, daß einer spricht und es sagt und der andere es empfängt und hört, sondern immer nur alle wie ein Mann, nur das ist das Geheimnis der Metamorphose vom Nichts zum Sein, vom Wort zur Wirklichkeit, einer allein hätte nie ein solcher Zauberer sein können, nur wenn alle gemeinsam zu Füßen der von blauen Winden umrankten Baracke im spärlichen Schatten sitzen, geschieht dieser Zauber, daß man es nur sagt, und schon ist es, daß es genügt, dazuhocken und es zu sagen, daß man bloß anzufangen braucht mit Sagen wir mal..., Nehmen wir mal an..., oder Kommt, wir sind jetzt mal..., oder auch, Wißt ihr noch wie – und schon ist es, schon geschehen die Taten, die nur aus Worten bestehen, die Handlungen, die sämtlich auf schnell dahergesagten Sätzen beruhen, und die Abenteuer, die nichts als Wortspielereien enthalten, schon nehmen sie Gestalt an, beim Sitzen im Sand, im Schatten dieser windenüberrankten Baracke, einer übernimmt den Anfang vom andern und läuft mit ihm weiter, ein anderer ergänzt den erhaltenen Anfang und rennt mit ihm, wie beim Fußballspielen, der eine dribbelt, der andere schießt, immer hingebungsvoll weiter, und einer macht wieder flott, wo sie steckengeblieben sind, und plötzlich ist das eine Aufführung, bei der alle mitspielen und jeder von sich aus weiß, was er sagen soll, wie Schauspieler auf der Bühne, bloß eben nicht auf der Bühne, sondern im richtigen Leben, wahrlich, wobei die Rollen aus dem Stegreif geschrieben werden, mitten im Geschehensverlauf, und wenn jemand es beiläufig sähe, würde er vielleicht erschrecken und nicht begreifen, was er da vor sich hat, und so erschrak auch Serubawels Vater, als er eines Tages aus seinem Haus trat, einer getünchten Hütte, bis er sich vergrößern und ein getünchtes Haus bauen würde, und diese ganze Schar der im Sand Lagernden erblickte, ihre knochigen Körper im gelben Sand versunken – nein, nicht so, sondern so: «Niederpreßt den Sand die Wucht der knochigen Leiber», ja, zitierte er Bialik, als er Gerschons Vater und Benjis Mutter davon erzählte, sich dieses Irrbild vom Herzen schaffte, das er vor sich gesehen hatte, wie fast ein Minjan großer Kinder, allesamt aus gutem Hause, da im Schatten zusammensitzen und mit unglaublicher Geschwindigkeit ein wirres, wildes, verwickeltes Wortgeflecht weben, mit einer Lebhaftigkeit, begleitet von fremdklingenden Lachern und irren Grimassen, völlig von Sinnen und mit überirdischer Hingabe, sagte er, ohne recht zu wissen, ob er klagte oder staunte, und sie als Eltern und als Lehrer müßten sich eines Tages zusammensetzen und die Sache eingehend überdenken, sagte er, oder vielleicht ein schlaues Buch suchen, das eine Erklärung enthalte, oder den Rat eines besser Bewanderten einholen, denn wer hätte je so etwas gehört und gesehen, und was für Menschen sollten denn aus ihnen werden? fragte er, und sie wußten ihm nichts zu erwidern außer einem Kopfschütteln zwischen Lachen und Sorge.

Da steht Serubawels Vater, ein großer, schwerer Mann, der seinen Sohn Serubawel genannt hat, weil *seru* «zieht hinweg» heißt und Bawel (Babylon) für das gesamte Exil steht – welch einen schönen, energischen Klang hat doch die Ablehnung des Exils, die in diesem kühnen Namen steckt –, und da steht Benjis Vater, von mittlerer Größe und mit genialen Gesichtszügen, dem sein Sohn Benjamin ein und alles ist, und daneben die Mutter von Gerschon, der wohl den Namen seines Vaters trägt, kurzgeschnittenes Haar umrandet ihr Gesicht, und mit den Händen rollt sie den Schürzensaum über dem Streifenkleid, da sie nur einen Moment aus der Küche gekommen ist und nicht weiß, ob es sich schickt so in der Schürze, wo waren wir denn in ihrem Alter, verwundert sich der große Mann, was haben wir in ihrem Alter getan, das darf man nicht vergleichen, meint die Mutter, wir sind von einer Welt in eine andere gezogen, und sie sind zu ihrem Glück Kinder nur einer Welt, sagt sie, und der schmale Mann versucht die paar Haare, die ihm auf dem Gelehrtenkopf verblieben sind, zurechtzustreichen, wir haben Brücken abgebrochen, als wir hergekommen sind, und sie wandeln bloß noch auf Gehsteigen, sagt er, ja was hättest du denn gewollt, fragt ihn die Mutter, daß sie rebellieren? Gegen wen denn? Gegen uns? Wir haben doch genug rebelliert, daß es für drei Generationen reicht, bemerkt der schwergewichtige Vater, genug für eine ganze Historie, aus denen wird wohl kein Arzt und kein Rechtsanwalt und kein Kaufmann, sie werden halt im Emek oder im Negev siedeln, als Landarbeiter, sagt die Mutter, als wolle sie die Kinder in Schutz nehmen, und vielleicht, wer weiß, sagt der geniale Vater, die Führer der nächsten Generation? Das Leben ist so schwer, sagt da die Mutter, und sie sind ja noch solche Kinder, laßt sie, laßt sie nur, sagt sie, und plötzlich meinen sie, vielleicht zu weit gegangen zu sein und etwas zuviel preisgegeben zu haben, wo sie eigentlich nur einen Moment hatten heraustreten wollen, um etwas zu erledigen und sofort zurückzukehren, was sie auch tun.

Was werden wir, wenn wir mal groß sind? Darüber sprachen sie nie wirklich im Schatten der bruchigen Baracke, vielleicht weil ohne alle Worte völlig klar war, was sie einmal werden würden. Und auch, als sie sich viele Jahre später wiedertrafen, erwähnten sie nur das, was ihnen gar nicht erst in den Sinn gekommen war, kein Matrose zum Beispiel, trotz all der Spiele, und zum Beispiel nicht Pilot, trotz aller Spiele, und zum Beispiel kein Entdecker, und kein Kavallerist in den Streitkräften Seiner Majestät, trotz allem, und kein Vagabund, leicht und frei und von allem ledig, nur einen Rucksack auf dem Rücken, ja sie strebten nicht einmal danach, zum Beispiel ein großer Schriftsteller zu werden, oder ein herzbewegender Musiker, oder ein berühmter Maler, und selbst der eine unter ihnen, der einmal ein bekannter Theaterregisseur werden sollte, hatte damals, im Schatten der blauumrankten Baracke, nichts anderes im Sinn, als Fellache in En Charod oder in Bet Alfa zu werden, und der, der Lektor in einem großen Buchverlag wurde, wollte sich zum Melker ausbilden lassen, und der, der ein bekannter Versicherungsagent wurde, wollte Fuhrmann sein und abends das Heu einfahren, und der, der später zu einem der führenden Männer erst der illegalen, dann der legalen Einwanderung und des Geheimdiensts avancieren sollte, wünschte sich nichts anderes, als Hufschmied in Jagur zu werden, und allesamt, unter Benjis Führung, machen schon jetzt überall ehrenamtlich mit, beim Sammeltag des Jüdischen Nationalfonds, beim Informationstag für «Hebräer, sprich Hebräisch» oder «Kauft Produkte des Landes», beim Baumpflanztag in den Bergen von Ben Schemen und beim Vortragstag mit der Laterna magica über die Trockenlegung der Chule-Sümpfe, und bald würden sie auch jeder für sich irgendwo hinfahren, um sich nützlich zu machen, ihren Onkeln und Tanten bei der Apfelernte, der Maisernte und dem Sortieren von Tomaten zu helfen, und kein Mensch will Führer der Massen oder Funktionär in Organisationen oder überhaupt das Haupt irgendwelcher Füchse werden, und noch gibt es hier nirgendwo die Pionierjugendbewegungen, die es erst demnächst geben wird, Haschomer Hazair und Machanot Haolim und Hanoar Haoved und Hachugim und die Pfadfinder, dazu die Hagana, schschsch, die jene Zauberkünstler im Schatten der Zauberbaracke bald aufsaugen und in alle Ecken des Landes verschlagen werden, gebeugt vor Verantwortung, mit Taschen in den Händen, den gehörigen Haartollen auf den Köpfen und den Blauhemden am Leib, als verantwortliche Jugendführer und ernsthafte Organisatoren ideologischer Seminare und als Mittler zwischen den Großen der im Aufbau begriffenen Nation und der um den rechten Weg ringenden Jugend, keinen Moment mehr zu Atem kommen würden sie vor lauter Verantwortung und Diskussionen und Ratsversammlungen und Lagern – doch derzeit, hier im Schatten jener schiefen, von trübsinniger blauer Winde umrankten Baracke, gibt es nichts von alldem, sondern nur Indianer, nur Skalpjäger, nur Erbauer von wundersamen Schaumwelten durch bloße Reden, die eine blühende Welt auf der Welt der Dünen erstehen lassen, auf denen die kleinen Häuser zwischen dem tosenden Meer und der sie allseits umgebenden Leere entstanden sind, ohne etwas für sich zu fordern oder auf etwas zu warten. Und so ist das. Genauso.

Andere Kinder blieben nicht bei ihnen hängen. Die kannten nicht von selbst ihre Rollen. Kamen einen Moment, setzten sich einen Moment, und wenn sie nicht anfingen zu spotten, verharrten sie nur stumm vor Staunen und Verblüffung. Einmal kam auch dieser rotznäsige Jigeal aus Nordia an, war gleich so gebannt, daß man ihn nicht wieder loswerden konnte, und dann stellte sich heraus, daß er zudem noch sehr hungrig war, weswegen Benji loslief, um ihm eine Scheibe Brot mit Halva zu holen, aber der Bursche schämte sich und dachte, man hielte ihn für ausgehungert, und sagte, sie seien hier ja alle Prahlheinis, die nicht mal seine Spucke wert seien, und ging. Und Mädchen? Keine Spur, die haben ihre eigenen Treffpunkte und ihre Mädchenclique, wer weiß, was die machen und womit sie sich beschäftigen, manchmal scheinen die Mädchen genau wie die Jungen zu sein, nur ein klein bißchen anders, und manchmal wieder ganz anders, nur eine Idee ähnlich. Und Michaela? Schon ihr Name löst Verwirrung und Fluchtkomplex aus, mit dem Zopf auf dem Rücken, und mit diesen Augen, was für welche, braune? Und mit ihrem stolzen Gang und der völligen Gleichgültigkeit ihm gegenüber. Und es heißt auch, sie würde Klavier spielen. Und plötzlich merken sie, daß es schon Abend wird und furchtbar spät, so daß man heimgehen muß, und auch traurig irgendwie und schade, nicht ganz klar, warum, und sie erheben sich aus dem Sand, der den ganzen Tag wahnsinnig viel gehört hat, ohne daß man ihm was ansähe, und machen sich auf den Heimweg, bis zur Sirkin-Straße er mit Ahuwia, lassen, gemeinsam vom Drang befallen, die Hosen herunter und machen Pipi einer neben dem andern, bis eine kleine Mulde unter ihnen entsteht, und reden nicht, vor lauter Müdigkeit oder Traurigkeit oder weil es nun mal so ist, und an der Straßenecke halten sie einen Augenblick inne, wie um noch ein letztes Wort zu sagen, und Ahuwia sagt, sieh mal, wie hier jeder sein Haus nach eigenen Plänen gebaut hat, und zum Schluß sind sie doch alle gleich geworden, und Zi sagt, sogar die Speisekammer mit den Luftritzen in der Küchenwand, und Ahuwia sagt, sogar die kleine Luke zwischen Küche und Balkon, und sie bleiben noch einen Moment stehen und sehen, daß in dem neuen Haus, das gerade erst fertig geworden ist, schon die Neuen wohnen, von denen es heißt, sie seien wahrlich Revisionisten, obwohl sie aussehen wie alle andern, und daß eins der neuen Kinder wohl Neri heißen soll oder Amichai oder so, und daß jetzt noch ein Sandhügel mehr von der Gesamtrechnung der wilden Hügel gestrichen ist, die es hier mal gegeben hat. Und daß es eben so ist. Und dann biegt Ahuwia ab und geht seines Weges, dicklich und krausköpfig, und Zi geht seines Weges, mager und glatthaarig, und der Tag ist vorbei, und etwas, nicht klar was, fehlt irgendwie, oder so, und traurig ist es.

Mutter in der Küche, möchtest du was essen? Oder ein Glas Milch? Doch er lächelt nur wortlos, läßt sich im Sand neben der Balkonfläche nieder, den Rücken leicht angelehnt, die Augen auf das gerichtet, was jetzt am Himmel passiert. Es passiert nicht viel, nur ein normaler Sonnenuntergang ohne jede besondere Staffage, nur der Sonnenuntergang eines normalen Sommertags an einem normalen leeren Himmel ohne irgendwas dran. Bloß stellt sich eben heraus, daß dieser leere Himmel sich jetzt mit etwas Entstehendem anfüllt. Die Sonne ist schon untergegangen, aber der Himmel ist noch voller Licht. Kein brennendes Licht, sondern sanft und ruhig, über den ganzen Westen bis zur Mitte des Himmels, irgendwie gleichmäßig über alles verteilt. Und plötzlich sieht man, daß der Himmel höher ist als gedacht und auch sehr glatt, und erfüllt von einer besonderen Gegenwart, von der man nicht weiß, wie man sie nennen soll oder welche Farbe sie hat, keine bestimmte Farbe, sondern so eine vollkommene Glätte von etwas Vollkommenem, wirklich ganz weiß ist der Himmel oder farblos, und nur all die Stäubchen des Tages, die noch warm von der Sonne sind, haben transparente Farbe absorbiert oder werfen abkühlende Farbreflexe zurück, aber das weiß man nur, sieht es nicht, und was man sieht, sind nur verschiedene Schattierungen, angefangen von etwas Rosa unten zu mehr Grüngelb darüber bis hin zum satten Blau ganz hoch droben und dazwischen alle möglichen Orangetöne, und auch so ein Grün, nicht Gelbgrün, sondern mehr das Grün einer reifen Zitrone, man riecht beinah den Zitronenduft, und momentan ist der Himmel höher, als er geschienen hat, doch vielleicht ist das nicht Höhe, sondern Tiefe, eine tiefe Tiefe weit weit weg, die jetzt richtig orange wird, azur sogar, ein sehr zartes Himmelblau, im Backofen des langen Tages nicht verglüht, sehr azurblau und sehr glatt und völlig stumm, und alles bleibt da hoch und weit und so über allen bekannten Maßen, die im Rahmen des für dich Erreichbaren liegen, so vollendet, was leicht zu sagen ist, denn gleich, ob Tel Nordau nun so oder anders, schnell oder langsam, mit Nöten oder in Ruhe gebaut wird, sie waren vorher da, und sie werden nachher sein, sie sind ewig, diese

Himmel mit ihrer hohen Tiefe und mit ihren Farben, nur ein Stückchen hier, ein Stückchen da läßt sich von ihnen beschreiben, aber nicht das Große an ihnen und nicht das Unveränderliche an ihnen, doch man darf nicht weggehen, ehe man zu sagen weiß, wie das Orange es fertigbringt, das Grün nur an den Rändern hier und das Rosa nur an den Rändern dort zu belassen, über dem Meereshorizont, der nicht zu sehen ist, und darüber, genau über der Strandlinie, ist noch das Rot übriggeblieben, immer noch rot, derart rot, daß es plötzlich umkippt und blau aussieht, völlig blau, unverkennbar exakt, und nur die unendliche Weite dieser Kuppel, erleuchtet ohne die Sonne, die längst untergegangen ist, hell und glatt und vollkommen wölbt sie sich in die Höhen über sich, die offenbar weder Ende noch Ziel haben, als bestehe diese ganze große, unendliche orange Kuppel tatsächlich ohne jede Verbindung zu unserem schauenden Sein, zur Kleinheit unseres Blicks und zu dem unfaßlichen Wunder ihrer Vorstellbarkeit, mit dieser Gewißheit, mit dieser ganzen vollen Größe, gleichzeitig allen ihren Einzelheiten nah und wiederum vollkommene Weite ohne jede Einzelheit, was in deinem Innern eine Art Erkenntnis und auch unbestellte Partnerschaft zu erhabener Höhe schafft, wenn man so sagen darf, doch von Minute zu Minute, ohne daß man die Übergänge spürt, kühlt sich diese ganze Szenerie ab und verlöscht, schade, so schade, wenn du das nur gewußt hättest, furchtbar schade.

Vater kehrt von der Arbeit zurück, die ganze Allenby- und die ganze Ben-Jehuda-Straße entlang, stapfend durch deren Sand und armschwenkend auf den Bordsteinen, und der ältere Sohn kehrt von allerlei unbekannten Orten zurück, an denen er seit dem Morgen gewesen ist, denn der Abend sammelt sogar die Sandstromer und die Strandläufer von der Küste des großen Meeres wieder ein, von all ihren nützlichen und unnützen Tätigkeiten, je nachdem, wie wir den Bau eines flachen Küstenboots am Strand bewerten, als nützliches Werk oder als das von Müßiggängern, die im Haus schwer schaffender Menschen aufwachsen, die auch an dem, was sie nicht haben, sparen, um dieses neue Haus zu unterhalten, das ganz und gar aus Einsparungen, Verzicht und zementarmen Bausteinen erbaut ist, und aus zu vielen Schuldscheinen, von denen man selbst nach schlaflosen Nächten nicht weiß, wie man sie jemals tilgen soll. Im nächsten Jahr, bald, würde er nach Mikwe Israel gehen, Landwirtschaft lernen und ein nützlicher Arbeiter werden, dann würde auch er zu dem Trupp derer mit den wollenen Khakimützen schief über einem Ohr gehören und würde mit ihnen zusammen das singen, was er schon jetzt singt, Ich aus Mikwe Israel bin stolz, ein Mikwaer zu seiiin, den lieben langen Tag arbeit' ich im Zitrushaaaiiin, dort schenkt man mir 'ne Apfelsine zu heben die Miene, auch das passiert mir, o Wunder, im Zitrushaiiin, doch vorerst mal, ohne daß man in Tel Nordau oder in Nordia und gar zu Hause davon weiß, baut er mit zwei Kameraden ein mustergültiges Küstenboot, und damit würden sie losrudern bis, großer Gott, das darf man nicht sagen, nicht einmal ahnen lassen. Und die Dunkelheit löst langsam jede Verbindung zur Welt, verbirgt die Welt immer mehr, als sei sie schon aus und weg, und an der einzigen Petroleumlampe flickt Mutter etwas, und Vater liest scheinbar den *Davar*, ist aber in Wirklichkeit richtig eingeschlafen, schnarcht sogar ein bißchen vor Schwermut, und auch der Bruder hat irgendeine Illustrierte, in der eine kleine Landkarte des östlichen Mittelmeers abgebildet ist, bei deren Betrachtung man die Anzeichen der Erregung hinunterschluckt, um sie sich nicht anmerken zu lassen, und dann ist da noch einer, der es schade findet, daß der Tag vorbei ist, denn den ganzen Tag über nur mit all den Kindern an der bläulich umrankten Baracke zu sitzen hinterläßt das Gefühl, daß du nichts getan hast und daß da was war, das du gern allein getan hättest, aber immer aufschiebst, von Tag zu Tag, und daß du weder imstande bist, nicht zu ihnen zu gehen noch hinterher nicht etwas eigen Alleinigem nachzutrauern, das davonläuft und nicht eintrifft, und wieder ist ein Tag vorüber.

Denn auch wenn alle zusammen sind, bleibt einer immer allein. Auch mitten unter allen bleibt einer immer allein. Und auch wenn alle dazugehören, gehört einer nicht so ganz dazu. Oder sagen wir, einerseits ja, andererseits nein, oder nicht ganz und gar, oder nicht die ganze Zeit, auch wenn er die ganze Zeit mit allen zusammen ist. Und nicht weil es gut so ist, sondern weil es so ist. Auch wenn es allein traurig ist, gibt es einen, der sich nicht ganz anschließt, der nicht ganz dazugehört, der immer ein bißchen nicht ist. Und wie soll so einer denn das Land aufbauen, wo man doch ein Land nur gemeinsam aufbauen kann, und einer allein kann gar nichts? Oder als tauge er nur zum Gucken, von der Seite, würde bloß schauen und sehen und schweigen, gewissermaßen dauernd etwas notieren, in ein Heft, das noch nicht da ist, weswegen er dann die ganze Zeit auch irgendwie aufgefordert ist, etwas über sich zu erklären, sich zu rechtfertigen oder zu entschuldigen, statt einzugestehen, laßt mich, Freunde, laßt mich und wartet nicht. Obwohl gleichzeitig, sonderbar, wartet auf mich, ich auch, ich komm mit, wartet auf mich, ich komm auch. Eine Lampe und alle im Dunkel des Zimmers um den Lichtkreis, und außerhalb der Lampe ist nichts und sieht man nichts, und außerhalb des Hauses ist nichts, und selbst wenn du willst, kannst du nichts sehen, weil nichts da ist, nur abgeschlossene Dunkelheit.

Mutter ist sehr müde, den ganzen Tag draußen im Waschbottich auf dem Holzfeuer waschen, für das sie ihr Bauholzreste gesammelt hatten, schrubben und spülen und wringen und aufhängen, sie könne sich kaum noch auf den Beinen halten, sagt sie, Vater ist sehr müde, vom Aufstehen vor Tagesanbruch bis jetzt mit den Schulden, die ihn erdrücken, ohne daß er sich beklagt, außer diesem geseufzten Ach weh, und auch der große Junge ist sehr müde, sowohl von dem, was er den ganzen Tag am Strand in der Sonne getrieben hat, als auch von der absoluten Geheimhaltung des grandiosen Plans, ja wenn man das Boot ein bißchen größer machte und mit einem größeren Segel versähe, und wenn sie Tag für Tag auf dem Meer üben und schließlich Mut fassen würden – wie weit konnte Zypern denn schon sein? Und auch Zi ist bei ihnen, liest Zeitungsanzeigen, von der Bank Hapoalim, die großherzig Kredite zu bequemen Bedingungen anbietet, vielleicht sollte man das Vater zeigen, und von der Schuhmacherkooperative *To'elet*, die nun eröffnet hat und alles besser und billiger ausführt, bloß wissen die offenbar nicht, daß man den ganzen Sommer über barfuß läuft, und von dem Herrn R. Isch-Sade, der in seinem Laden Brillen, Uhren und auch Kompasse verkauft, vielleicht sollte er das seinem Bruder zeigen, und dabei weiß er die ganze Zeit, daß man mehr über das nachdenken müßte, was er den ganzen Tag verdrängt, nachdem er es heute morgen an der blauberankten Baracke gehört hat, über Michaela, die bekanntlich in dem Haus unten an der Ben-Jehuda-Straße wohnt, dessen wehende Gardinen an dem einen Fenster gewiß schon seine Gestalt kennen, weil er immer kurz innehält, um sie zu mustern, ihn gleich wiedererkennen, so es überhaupt ihre Wohnung ist, daß sie nämlich gar nicht schlecht Klavier spielt und vielleicht mal Pianistin wird, wenn ihre Wohnung nicht womöglich nach hinten hinausgeht, zu den unbebauten Dünen, die da noch übriggeblieben sind, die ganzen Ferien über hat er Michaela nicht gesehen, außer damals beim Steigenlassen des großen Drachens, als sie dastand und man gesehen haben wollte, daß sie sich eine Träne abgewischt hatte, als die *Tiara* den Händen ihrer Erbauer entglitten und verschwunden war und vielleicht, nach Expertenansicht, bis Jerusalem gelangt sein mochte, hoch und stürmisch, mit baumelnder Simson-Schnur, und wenn sich die Schnur nicht am Davidsturm verfangen und sie dort angefesselt hatte, sie also nicht hoch dort droben schwankend festhing, mit der lachenden Sonne obendrauf, sondern erfolgreich weitergeflogen war, hatte sie vielleicht sogar den Tempel überquert und war immer weiter geflogen, über das Tote Meer und die transjordanischen Berge hinweg, und weiter über die Wüstenstriche, weiß nicht mehr, was da weiter kommt, muß man Vater fragen oder im Atlas des Bruders nachsehen, und auch fragen, was Revisionisten sind, und wer der Schriftsteller Ascher Barasch ist, von dem es heißt, er sei weiter oben in der Sirkin-Straße eingezogen, so daß wir nun auch einen Schriftsteller hier haben, und wie ein Schriftsteller denn aussieht, und ob es stimmt, daß genau gegenüber, an der Stelle des Riesensandhügels dort, schon bald eine neue Schule gebaut wird, die Tel-Nordau-Schule, genau gegenüber vom Haus, wobei man nicht weiß, ob sie sie oben auf die hohe Düne bauen werden oder ob man vorher den Hügel Schubkarre für Schubkarre abträgt, so daß wieder einer weggefegt ist, und dann auf diese plattgewalzte Fläche baut, die an Stelle der Hügelpracht entsteht, und danach würde man vielleicht, statt in die Geula-Schule an der Geula-Straße zu gehen, hier gegenüber lernen, auch Michaela?

Nein, Vater hätte nach Nahalal gehen müssen, dann wäre er jetzt schon mitten bei der Konsolidierung des Hofes, mitten beim Vorstoß ins offene Land, ein Bauer macht doch nie Pleite, steht immer mit beiden Beinen fest auf dem Boden, und jetzt wäre er schon längst inmitten gedeihender Frucht und mitten in der Erkenntnis, daß er das Allerrichtigste tut, das, was er sein Leben lang angestrebt hat. Mutter ist hier, hätte aber nicht diese Bettelarmut kennenlernen müssen und nicht die ständige Angst vor seiner Entlassung aus der Tel Aviver Stadtverwaltung wegen Kürzungen, warum bekommt denn Muntschik fünfundzwanzig Pfund, und sogar der Drukker Jatta bringt zwanzig nach Hause, und nur er hat bloß fünfzehn, weil er schüchtern in der Ecke sitzt, während alle andern seine Zahlen benutzen, und vielleicht würden sie jetzt ein Zimmer vermieten, halt noch drei, vier Pfund mehr, dann könnte sie sich mehr der Kultur widmen, mehr öffentlich tätig werden, wo doch alle ihre «Lebensweisheit» rühmen, wie sie für alles immer Beispiele aus dem Leben parat hat. Der Bruder ist hier, aber das Verhalten der Meeresströmungen und der Wellen und das Navigieren, ohne das Festland zu sehen, obwohl das auch schon die Matrosen des Altertums gekonnt haben, so hat er's ausdrücklich vom Lehrer gehört in irgendeiner Unterrichtsstunde, die er mal weder geschwänzt noch strafweise draußen verbracht hat, sowohl diese Phönizier als auch die Sidonier und die Philister und all die andern, die doch bloß so was wie Araber gewesen sind, und wenn all diese Araber lossegeln und auch noch ankommen konnten, warum dann nicht er, was ist schließlich groß dabei? Er selbst ist hier, aber nur der andere in ihm sitzt mit allen zusammen, das Ich in ihm ist nicht da, wenn er nicht allein ist, unter Menschen ist er einer und ohne Menschen ein anderer, und ihm tut sein Vater leid, der langsam zerbricht, und seine Mutter, die sich den ganzen Tag grämt, aber nicht sein großer Bruder, auch wenn er sich in Gefahr begibt und immer das anpackt, was über seine Kräfte geht, gewissermaßen voll sein Leben einsetzt, nicht um geringeren Einsatz spielt, ja wenn man ihn nur mit sich allein sein ließe, lesen, umherstreifen, lauschen, und eines Tages, vielleicht sogar aus der Nähe, von draußen Michaelas Klavierspiel lauschen, das gar nicht schlecht sein soll, und auch sehen, wie sie so dasteht, immer das eine Bein gerade und das andere ein wenig schlaff, wie sie den Fuß dann auf die Schuhspitze stellt, so ein leichter Mädchenschuh, wie ein Boot, mit leichter Kniebeugung, und mit einer Freiheit, von der ganz, ganz schwer zu sagen ist, was genau, bloß daß man plötzlich nicht mehr weiß, was man machen soll.

Nacht und man geht schon schlafen, und sie fangen an, alles zuzumachen und gut abzuschließen und noch einmal zu prüfen, ob das ganze Haus gut abgeschlossen ist, weswegen, wegen Dieben? In Tel Nordau? Wegen der Dunkelheit? Wegen des zuviel Offen? Oder damit nicht plötzlich ein ausgehungerter Schakal hereinstürzt, den schon keine Angst vor Menschen mehr kümmert, oder einfach weil man nicht schlafen geht, ohne alles abzuschließen und noch einmal zu überprüfen, weil ein Haus kein Draußen ist und eine verschlossene Tür dazwischen sein muß, und nur kurz bevor alles abgeschlossen und verrammelt wird, tritt man noch einen Augenblick hinaus, um in die Dunkelheit zu gucken, die draußen bleibt, wobei man anfangs nur die vielen, vielen Sterne sieht, von denen einige wirklich wunderbar funkeln, und dann sieht man langsam die großen dunklen Flecken und daß die Dunkelheit nicht so dicht und nicht so absolut ist, daß man immer noch was sehen kann, wenn man die Augen aufmacht, etwas vom letzten Tagesschimmer, der sogar jetzt im Westen noch nicht ganz verloschen ist, ja bei dem man nach leichtem Zögern sogar ahnen kann, daß er noch etwas von jenem Orange enthält, von den Resten des Sonnenuntergangs, und daß Teile der Kuppel immer noch heller sind, fast grün, während die sternarmen Teile wahrlich wie Pech aussehen, oder wie unendlich tiefe Löcher, und daß sich nichts sagen läßt, was auf den ganzen Himmel zuträfe, außer dieser Riesigkeit, die allein unwandelbar in alldem ist, und daß er selbst, wenn er nur mehr wüßte, auch die Sternbilder mit all den Namen finden könnte, die Vater ihm öfter zeigt und immer beim Namen zu nennen weiß und zu denen er griechische Sagen erzählt, bloß daß gleich danach wieder alles durcheinandergerät, nicht einmal beim Polarstern ist er sich sicher, ob er ihn finden kann, und auch nicht beim Großen und beim Kleinen Bären, nicht mit jener absoluten Gewißheit eines Menschen, der auf das große Meer hinausfährt und ihn sieht und erkennt und ihn anstrebt und auch ansteuert, so daß er zu seinem guten Stern wird und uns geradewegs leitet, amen, gute Nacht allerseits, gute Nacht.

Maulbeerfeigenbaum

Drei sind es, sehr alt offenbar, doch von fern, mitten in dem Sandmeer und seinen Wellen, sehen sie aus wie ein einziger, der wie eine einsame grüne Insel aus der Helle der Dünen ragt, und erst aus der Nähe zeigt sich, daß diese riesige Halbkugel aus drei mächtigen Wipfeln auf drei starken Stämmen besteht, die sich in Äste und Zweige mit üppiger Laubmasse teilen, offen und dicht gedrängt bis zum Gehtnichtmehr emporsteigen und sich erst hoch dort droben zusammentun und diese eine runde Kuppel bilden, deren unterer Rand in Übermannshöhe beginnt und deren Spitze sich höher und höher schraubt, bis sie, ohne Übertreibung, drei, vier Stockwerke hoch aufragt, wenn nicht noch darüber, während die schweren unteren Seitenzweige Heerscharen dichtgedrängter Maulbeerfeigen sprießen lassen, teils harte Frühfeigen, teils weiche, ausgereifte Früchte zum Labsal für Hornissen und Fliegen, von Hartgrün zu Matschigrosa wechselnd, geradezu ekelhaft wabbelig und schwabbelig vor lauter breiigem Rosa, und als eines Tages die ganze Tel Nordauer Clique hier ankam, nachdem sie sich von ihrem Lager im Schattenrinnsal der blauumrankten Baracke aufgerafft und den nötigen Mut gefaßt hatte, ein bißchen in die Wüste zu ziehen, und dann hier die Glieder ausstreckte, tat sie das nicht, ohne vorher mit den Sandalen jede Mulde säuberlich von all den trägen, quatschigen Polstern glattgefegt zu haben, die im Schoß dieses kompakten tiefblauen Schattens lagerten, ehe die Jungen sich selbst dort niederließen, ohne jedoch den ekelhaft süßlichen Geruch loszuwerden, und nach oben war alles durch dichtes Geäst abgeriegelt, das hier und da noch Lichtmünzen durchfiltern läßt, matt schwankend mit müßigem Strahlengespinst, ohne Unterscheidung, wo die eine Krone aufhört und die zweite oder dritte beginnt, und jemand erklärt bereits, vermutlich Benji, der gute Schüler in allen Fächern, mit Sehr gut das ganze Zeugnis runter, einschließlich Singen, Turnen,

Betragen, Fleiß und Sauberkeit, ohne ein einziges Mal zu spät gekommen zu sein oder gefehlt zu haben, er also weiß nun, selig auf dem Rücken hingestreckt, zu erklären, daß die samenlosen Früchte die Frühfeigen sind und die saftigen Früchte die *Dschumasim*, wie die Araber sie nennen, und daß man, um die Ausreifung zu fördern, die Frühfeigen einst eingekerbt hat wie der Prophet Amos aus dem Bibelunterricht, und er weiß auch, daß Sykomorenbalken hervorragend zum Bauen sind, schon von alters her, aber er erklärt nicht fertig, denn plötzlich stellt sich heraus, daß unser Freund, der schmale Zi, weg ist, nur ein Paar kleine Sandalen, hastig abgestreift, sind da zurückgeblieben, und wer wissen will, wo er ist, muß sich ein bißchen anstrengen, muß mühsam den Kopf hochrecken, auf die Ellbogen gestützt vor Erschöpfung, und den Blick nach oben wenden, um zwischen all den Ästlein und dem dichten Laub zu suchen, aus dem Gedicht «da flossen goldene Kringel zuhauf durch Ästlein und dichtes Laub», und dort droben, drei, vier Stockwerke hoch, auf den dünnsten der letzten dünnen Zweige, nicht zu glauben, dort schwebt ein leichter Schatten, offenbar der letzte Rest Wirklichkeit dessen, was einmal Zis Körper war, als er sich noch bei uns auf dem Erdboden befand, bevor er in das Nichts am äußersten Rand des Grüns verdunstete, und nun wandelt er dort von einer Sykomore zur andern auf ihrer äußersten Kreislinie, ja hat offenbar den Drang, sich noch höher hinauf auf das Dach der Kuppel zu schwingen, so daß es einem eiskalt ums Herz wird vom Zusehen, von Angstkitzel geplagt, nicht womöglich Zeugen des unvermeidbaren schrecklichen Endes zu werden, und man begreift nicht, was diesen stillen Jungen gebissen hat, außer daß – wenn die große Stärke des einen im Singen liegt und die eines andern im Schwimmen oder Schlagballspielen – er, dieser Mickerling, gut im Klettern ist, und da klettert er, hupps und schwupps schwebt er schon hoch droben auf der Kreislinie der Sykomorenkuppel, auf leichtesten Zweiglein, auf denen selbst ein kleiner Vogel nicht ohne ängstliches Flügelschlagen stehen würde.

Warum ist er so? Was sucht er? Oder macht er das wirklich nur, weil auch er sich in irgend etwas auszeichnen muß? Nein, keineswegs, sondern bloß, weil ihn der wilde Trieb befällt, sobald ihm plötzlich was zum Klettern in die Quere kommt, ein Mast, ein Haus, ein Baum oder sonstwas, ein Trieb, der sich weder zügeln noch erklären läßt, der irre Trieb, sich an rein nichts zu krallen und an nichts Greifbarem hochzuhangeln, hoch emporzusteigen über alles Feste hinaus, sei es stabil oder schwankend, stärker als der gewöhnliche Trieb, zum Beispiel Kalk auf der Erde zu schnuppern und daran zu lecken oder zum Beispiel mit einem Stock auf jedem gängigen Eisengitter Musik zu machen, und auch stärker als der verbreitete Trieb, einen Stein zu fassen und ihn jedem Hund unterwegs nachzuwerfen und dem Köter *kischta* nachzubrüllen, oder *pissta* nach jeder friedlichen Katze, und wenn ihm plötzlich eine glatte Einfriedungsmauer zu Gesicht kommt und sie schräg genug ist, dann drängt ihn bereits der geballte Trieb, Schwung zu nehmen und hinaufzusausen wie ein Autorennfahrer in der Steilkurve, zu rennen und ihn zu genießen, diesen durch die Erdanziehungskraft bodenhaftenden Lauf, und so auch bei einem dünnen Kabel, das zwischen zwei Häusern hängt, gleich in welcher Höhe, er balanciert schon seiltänzerisch darüber, die Arme abgespreizt, ein süchtiges Lächeln auf dem Gesicht, oder ein hohes Gebäude kommt ihm vor die Augen, und sofort von Fenster zu Laden und von Sims zu Geländer und von Regenrinne zu Windbrett, und schon steht er auf dem Dach des Hauses, hoch oben auf dem First über den Ziegeln, von denen noch keiner, und sei er noch so zementarm, unter seinen Füßen zerbrochen ist, und desgleichen natürlich bei jedem Baum, auch jedem Eukalyptus, mag er so spiegelglatt sein wie die Beine eines schlanken Mädchens, ehe er noch wußte, ob er wollte, hatte ihn der Trieb davongetragen, und nun ist er schon dort oben am äußersten Ende, wie ein zwitscherndes Jungvögelchen.

Ja so, von unerklärlichem und ungebremstem Anreiz getrieben, wie ein waschechter Affe, bis auf den Schwanz, greift er hier und greift da, hangelt und rangelt sich empor, wirft sich hoch und läßt seinen Körper in die Luft schnellen und faßt wieder und schwingt sich von Zweig zu Zweig bis in die Krone, transparent fast, abgesehen von diesen Augen, und da hat es doch schon eine Geschichte gegeben, und viel ist erzählt worden, in ganz Tel Nordau und Umgebung, von jener Frau Lehrerin, im Naturkundeunterricht, erst kürzlich, als sie sich schwertat, den menschlichen Körper zu erklären und das Knochengerüst, das in ihm verborgen steckt, und woher sollte sie ein fertiges Skelett im Naturkunderaum nehmen, um es den nach Wissen und Wissenschaft dürstenden Schülern vorzuführen, da stellte sie einen Stuhl hin und gab Zi einen Fingerzeig, und während sie noch ihre Lektion fortsetzte, deutete sie mit eben diesem Finger auf den Stuhl, er möge darauf steigen und sich gerade hinstellen, vor allen, die etwas verblüfft und erschrocken wirkten, gleicherweise bereit, loszuprusten oder den Atem anzuhalten, und mit ihren Mutterhänden, die ihr Handwerk kannten, denn der Name ihres lieben Sohns lautete ja genauso wie der ihres mageren Schülers, faßte sie mit gutem Schwung die Enden seines Hemdes, das Mutter ihm ein bißchen zu groß genäht hatte, und zog es mit forschem Ruck heraus, worauf ihre geübten Mutterhände es ihm in einem Rutsch abstreiften und zusammenfalteten, um es dann ordentlich über die Stuhllehne zu legen, und ohne eine Sekunde von ihrem gelehrten Vortrag abzulassen, veranschaulichte sie das Gesagte an dem entblößten Rücken, deutete mit erhobenem, goldberingtem Finger, berührte Rippe für Rippe und zeigte sogar innen hinein, auf das, was man drinnen im Brustkasten sehen kann, denn alles ist ja durchsichtig, und alles, was vom menschlichen Körper bekannt ist, steht dort offen ausgestellt vor allen Zuschauern zur Lehre, und sie drehte und wendete ihn auf dem Stuhl wie Herr Poliakow, der Modeschneider, seine Schneiderpuppe vor dem zum Kauf verlockten Kunden, und ihre Finger waren kalt und die Ringe hart, und aus irgendeinem Grund mußte man plötzlich Tränen unterdrücken, und auch Michaela war da.

Und wie ist das, da im Nichts hoch in dieser unstet schwankenden Höhe zu stehen? Man sieht, wie sie dort auf dem Bauche gleitet, die ganze braune, in den Fernen dunstige Ebene, wie sie erst bläulich, dann karg wird, ehe sie in jene Berge übergeht, und man sieht auch, wie alles weit, weit offen ist, ganz und gar und ohne Einhalt, offen und völlig unberührt von niedrigem, störendem Menschenwerk, und auch wie das bißchen Grün, das die Menschen hier ein Fleckchen, dort ein Fleckchen eingefügt haben, jetzt und durch alle Generationen, völlig belanglos ist in diesem ruhigen Schwung der ausgedehnten Erdenfeste, auf der die gesamte Geschichte, die geschriebene wie die mündlich tradierte, nicht einmal ein verblaßtes Zeichen eingeritzt hat, und man sieht ferner, daß die Erde genau wie das Meer ist, einschließlich der roten, der harten roten wie der braun gepflügten, ja auch die wehenden Stäubchen und das bißchen Grün hier und da und das Rauchige in der Ferne – alles wie das Meer, unwandelbar und ungeritzt von den Taten des Menschen, und wie das Meer ist sie in sich vollkommen, bedarf keinerlei Rechtfertigung aufgrund des Nutzens oder der Bequemlichkeit, die sie bringt, sie streckt sich nur friedlich hin, die Erde, und alles, was sie ist, liegt groß und offen da, selbst wenn sie in der Ferne Nebelschleier anlegt, wie jeder wundersam droben Stehende von oben sehen kann, da steht er auf höchster Wipfellinie, die Füße auf ein paar losen Blättern, die eine Hand sich an ein paar losen Blättern haltend, die andere den scharfen Sonnenglanz abschirmend, und, um der Wahrheit die Ehre zu geben, nicht ohne einige Angst und nicht ohne ein gewisses Zittern in den Knien, doch gehört die Angst wahrlich zu diesem Stehen, zum Stehen auf dem Unsicheren, zu diesem schwankenden Stand auf zum Stehen Ungeeignetem, auf Nichtstandhaltendem, auf weniger als einem Stückchen Ort, der kein Ort ist, und zu seinen Füßen sind weder Baumzweige noch Luftdichte, und nichts Körperliches trägt ihn, sondern er ist zwischendrin, wirklich dazwischen, wenn das begreiflich ist, obwohl es sich vermutlich völlig abwegig anhört, vielleicht auch ein bißchen nervt, er steht zwischen der Angst vor dem zerschmetternden Absturz und der jedem Sturz spottenden Sicherheit, zwischen dem Ende des körperlich Festen und dem Wispern des Nichts darüber, und vielleicht gleicht das, wieder, dem Stehen am Meeresstrand zwischen dem unstet schwappenden, wäßrigen Element des Wassers und dem festen Element der harten Erde, erregt von der Fähigkeit des unfesten Wassers, an der Festigkeit der harten Erde zu nagen und zu rupfen, und er sieht konkret, wie zum Schluß immer alles beim selben Anfang steckenbleibt. Erstaunlich und schwer jemandem zu erklären, der noch nie an der beängstigenden Spitze dieses Maulbeerfeigenbaums wie an einem Abgrund gestanden hat, und wie sich einer fühlt, der dort steht, wie erfüllt er dann ist, und wie ihm dann so ist, er weiß dieses So nicht zu erklären, aber genauso ist ihm.

Will nicht runterklettern, kann aber nicht anders. Doch es bleibt noch ein Augenblick, innezuhalten und zu warten und den Augenblick aufzusaugen, bis er ganz in dich kommt, ein Moment des Aufsaugens wie – vielleicht wie der Moment des Wissens um die Befruchtung in dem Moment, in dem sie eintritt, und danach, ruhig, von Zweig zu Zweig und von Ast zu Ast ging der Abstieg, und still unter die anderen mischen, die da sitzen und liegen, die es längst müde geworden waren, nach oben zu gucken, zu diesem verrückten Zi, und nun mit Leib und Seele in eine auflebende Erörterung versunken sind und mehr noch in gespanntes Zuhören im blauen Schatten unter dem Geäst, mit dem widerlichen Modergeruch der faulenden Eselsfeigen, und es ist Benji, der jetzt wieder mit Reden an der Reihe ist, und er sagt, das Ziel lautet, uns in Mitglieder einer Kommune zu verwandeln, sobald unsere Zeit gekommen ist, sagt er, wobei er jedes Wort glaubt, und auch die andern glauben jedem seiner Worte, man muß verzichten lernen, sagt er, worauf, fragt er, auf den Privatwillen, sagt er, zu wessen Wohl, fragt er, zum Wohl der Gesellschaft, sagt er, und zum Wohl des neuen Juden, sagt er, und was ist der neue Jude, fragt er, das ist der, der das Gebot der Geschichte erfüllt, sagt er, der das neue Land und die neue Gesellschaft aufbaut, sagt er, bis, sagt er und fragt schon nicht mehr, bis hier eine gerechte Gesellschaft ohne Ausbeuter und Ausgebeutete entsteht, sagt er, und alle atmen mit ihm auf, und alle zu Menschen werden, bei denen die Allgemeinheit zuerst kommt, vor ihnen selber, und daß jeder sich einbringt, fährt er fort, sich in den Dienst der Allgemeinheit stellt, und während der praktischen Ausbildung, der *Hachschara*, die wir absolvieren müssen, schon recht bald, werden wir lernen müssen, das Wohl der Allgemeinheit über unseren Privatwillen zu stellen, sogar über unsere persönliche Begabung, und keiner debattierte mit ihm, einmal, weil er richtig gesprochen hatte, auch wenn nicht jedes Wort verstanden worden war, und zum andern, weil das alles nicht gleich morgen anfangen würde, und dem ausbildenden Kibbuz beizutreten, sagte er jetzt, sprach ruhig, aber bestimmt, als könnte ihm womöglich jemand widersprechen, das heißt, die kleinen Interessen jedes einzelnen an den Bedürfnissen der Allgemeinheit zu messen, sagte er, und wieder war nicht jedes Wort klar, nur war klar, daß es stimmt und daß es so ist. Und weiter sagte er, der Mensch lebt, um sich einer großen Sache hinzugeben, sagte er, als habe er genau das Wichtigste im Sinn behalten, und nicht nur alle hier wußten, daß es stimmte, sondern auch die Sykomoren wußten, daß es richtig war, wie zum Beispiel, sagte Benji, wenn du Pianist bist, widmest du dich nicht dem Klavierspiel, sondern gehst beispielsweise zum Heuen, und wenn du zum Beispiel Gelehrter bist, gehst du nicht studieren, sondern im Kuhstall arbeiten, wenn man dich da hinschickt, oder so was, sagt Benji und atmet tief durch und all die andern mit ihm, denn das ist richtig, alles ist richtig, und so ist das.

Was denkt jetzt wohl jeder einzelne? Oder gibt es Momente, in denen man überhaupt nichts denkt, sondern nur da ist, einfach nur anwesend? Doch jemand fängt jetzt an, ohne jeden Zusammenhang etwas zu summen, irgendeine Liedmelodie, leise, und die andern lauschen ihm, denn das ist jetzt so richtig. Und dann fällt einer in das Summen ein, und danach noch einer, und dann summen sowieso schon alle dasselbe Lied, im Schatten der dichten Maulbeerfeigenbäume, die auch nicht einer, sondern drei zusammen sind, die gemeinsam das gemeinsam gesummte Lied überdachen, und vielleicht ist es nicht schön zu sagen, daß es schön ist, aber man spürt, daß es schön ist, wirklich. Und dann summen sie nicht mehr, sondern singen, leise, singen und lauschen auch darauf, wie die andern singen, und leise. Und dann hört auch das auf, von selbst, es besteht kein Bedürfnis mehr, man singt nicht mehr, und bald werden sie aufstehen und heimgehen. Ehrlich gesagt, herrscht plötzlich eine gewisse Verlegenheit, nicht klar, warum, oder als hätten sie was übertrieben, und vielleicht sind sie schon hungrig und müde, nicht klar, wovon, oder als seien sie plötzlich etwas gewahr geworden, das ihre Kräfte übersteigt, und vielleicht ist ihnen auch eingefallen, wie sie den kleinen Zi hoch in den Bäumen vergessen hatten und es nur noch gefehlt hätte, daß er abgestürzt wäre und seine schmalen Knochen zerschmettert hätte, und was für gute Freunde sind wir denn, wie dem auch sei, sie sind schon aufgestanden, stapfen durch den glühenden Sand, der angenehm an den nackten Füßen brennt, nicht ehe das dringende Bedürfnis erwacht war, Mann für Mann ein paar faulige Früchte aufzuheben, an denen hier kein Mangel herrscht, und sich unverfroren, mit aller Kraft, gezielt damit zu bewerfen, die guten Kinder, bloß sind die Eselsfeigen so ein ekliger *Quetsch*, und ihre Treffer sind wie ein feuchtes Anspucken.

Mutter in der Küche nimmt Fische aus und bloß weg von da, und möchtest du was essen oder ein Glas Milch? Schattig im Zimmer, obwohl es heiß ist, und auf der Bettdeckenecke kniet er nieder, zieht es heraus – wie gut, daß es hier die ganze Zeit parat auf dem Bord gewartet hat – und versinkt mit einem Schlag, wird ganz und gar Gefährte von Michael Strogoff, nur das Geklingel des Lüsters an der Decke bezeugt von Zeit zu Zeit, daß es die Welt gibt und daß auch ein winziges Lüftchen von draußen den Lüster drinnen in klingende Vibration versetzen kann. Und dann schweifen die Gedanken zu allen möglichen Orten, und dann, in grenzenlos süßer Erschöpfung, dämmert alles ab, und der Junge schläft ein, das Buch innig an sich gedrückt, und dann, vielleicht durch das zarte Klingeln der Hängelampe, die ein kecker kleiner Windsohn besucht und zum Zittern gebracht hatte, wußte er, daß es eindeutig ihr weißes Kleid da vor seinen Augen war, sehr weiß, sehr glatt und weiß, und sehr blaue Tupfen darüber verstreut, ein Kleid aus sommerlich leichtem Stoff, glockig weit über den Knien und sehr eng eingehalten in der Taille, mit rundem Ausschnitt und Puffärmeln über den Ellbogen, ein Mädchensommerkleid, sehr glatt und weiß mit sehr blauen Tupfen, sehr Blau auf sehr Weiß, mit so einem Schimmer und mit so was Zwingendem, kein Wunder, daß kein Traum es fassen kann, und die Art, wie sie davonging, mit diesem scheinbar normalen Gang, der in Wirklichkeit ein unterdrücktes Tanzen ist, aber ohne achtzugeben, mit ihren leichten, flachen weißen Schuhen, Mädchenschuhen, und ohne den Kopf zu wenden mit diesem Zopf auf dem Rücken, ja ohne das kleinste bißchen achtzugeben ging sie weiter, ein Versäumnisgefühl zurücklassend, mit diesem wunderbaren Sommerkleid, leicht und weiß mit blauen Tupfen, ist es Leinen oder Seide oder was, man schmeckt diese wonnevolle Schönheit förmlich im Munde, etwas, so glatt wie die Glätte eines Blütenblättchens, ganz simpel und ganz wunderbar und völlig außergewöhnlich, und alles plötzlich dahin, er wird unruhig, was soll denn dieses Herumliegen, ihres Wegs gegangen in den flachen weißen Schuhen, Mädchenschuhen, wobei man wohl niemals wird richtig ausdrücken können, wie das ist, und wieso ein derart großes Geheimnis darin liegt, es gibt kein anderes Wort, und nie, nie wirst du ihr nahekommen können, da entschwindet sie, wird unerreichbar, unnahbar, verpaßt, und du würgst und weißt nicht was.

Du hast Freunde zu Besuch, ruft Mutter jetzt von der Küche (warum fängt man Fische, wer kann Fische essen und sie aufschneiden mit den Eingeweiden und allem, was drin ist, und die Schuppen abschaben, und auch noch in aller Herrgottsfrühe mit dem arabischen Fischer feilschen, der mit seinen zwei Körben und der Waage ankommt, zwei Waagschalen an einem Stock und steinerne Gewichte, deren Genauigkeit in Kilogramm er beschwört, geh weg, schreit Mutter ihn wegen seiner Preise an, nachdem sie jeden Fisch seines Fangs genommen und ihm hinter die Kiemen geguckt hat, ihm mit Macht das Maul gehalten, obwohl der Fisch doch so eklig glatt ist, und der Fischer kennt das Spiel und sammelt all seine Körbe und Gewichte ein und wendet sich zum Gehen, Issme, ruft Mutter ihn, Issme, und wie von vornherein abgesprochen, handelt sie ihn eineinhalb Grusch herunter), und gekommen sind Ahuwia und Gerschon, Mutter reicht allen helle Trauben und getrocknete Wassermelonenkerne, und sie setzen sich auf den Balkonrand, dort, wo man mit den Füßen im Sand buddeln und die Augen an all den Dünen jenseits der paar Häuser laben kann, die man bereits darauf errichtet hat. Sie reden über *Michael Strogoff*, über *Mit Feuer und Schwert*, über *Die Schatzinsel*, über *Die geheimnisvolle Insel* und über Kapitän Nemo, ob er zum Schluß Rettung bringt, und loben sehr den Omanut-Verlag, der jeden Monat eine weitere literarische Kostbarkeit herausbringt, in dem roten Einband mit den zwei weißen Sternen in der Mitte, und alles vokalisiert und am Ende auch eine Liste mit selten oder meist unpräzise gebrauchten Wörtern (Dschungel – Wildnis, Falke – Vogelart, Mendesantilope – Tierart, Pinguin – Vogelart), und sie werden schon nicht mehr in Frankfurt a. M. gedruckt, sondern wirklich hier in der Setzerei Omanut und in der Druckerei Ha'arez, Tel Aviv, und es geht das Gerücht, daß demnächst *Die Kinder des Kapitäns Grant* erscheinen werden, man kann's gar nicht mehr abwarten, und sie reden von dem Film, der gerade im Volkshaus läuft, in den sollte man sich am Abend mal einschleichen, *Der letzte Mohikaner* (was ist ein Mohikaner?), wenn das Programm nicht schon gewechselt hat, und sie reden auch noch von einem Stück, das Gerschon mit den Freunden aufführen möchte, nach einer Geschichte, die er gelesen hat, *Oded, der Wanderbursche.*

Und jetzt ist unklar, woher auch der verlotterte Jigeal aus Nordia aufgetaucht ist, vielleicht hat er die Wassermelonenkerne knacken hören, jedenfalls ist der Traubenteller bis auf den letzten Kern blankgeputzt, und er lauscht mit glänzenden Augen jedem Wort, während sie von dem reden, was Benji im Schatten der Sykomore gesagt hat, und von der Jesreelebene und vom Jordantal, und vom Golan vielleicht später mal, und vom Hauran, der jenseits all dessen liegt, und vom Hermon und wann sie wohl mal dessen Gipfel würden besteigen können, zweitausendachthundertvierzehn Meter über dem Meeresspiegel, weiß der schmale Zi, allerdings ohne eine Ahnung zu haben, wie man das mißt, und plötzlich, ohne jeden Zusammenhang, erhebt sich dieser Jigeal und fängt an, so eine Liedmelodie zu schluchzen, die kein Mensch kennt, breitet die Arme aus und beginnt vor ihnen zu stampfen wie zum Tanz, singt und tanzt nun, bewegt Hände, Schultern und Kopf, und das ist gar nicht komisch oder lächerlich, sondern im Gegenteil etwas, das sie überhaupt nicht erwartet hätten, und es hat sogar was Schönes, und sogar der lose Sand macht ihn nicht stolpern, ganz barfuß und nichts am Leib als das bißchen Hose, ein magerer, geschmeidiger Junge mit ein paar zimtfarbenen und vielen roten Härchen auf den Schultern, und da tanzt er nun plötzlich, wie echt, wie ein Tänzer, und er hat einen Haufen Kraft, und dreht Hände und Schultern und schwingt die Hüften und wiegt den Kopf von Seite zu Seite, und seine Füße springen und heben sein ewig hungriges Federgewicht empor, und es kommen ihm Bewegungen, die mal mädchenhaft wirken, mal an Vögel vor dem Abflug erinnern, als wolle auch er davonfliegen, nur daß ihm da alles entgegensteht, und dann landet er einen Moment, wie ergeben, macht aber urplötzlich eine schwindelnde Kreisbewegung und kommt hoch und höher, auf und empor da vor unseren Augen, immer höher und höher, ist schon ein hochgewachsener Junge und auch schön, mit seinen Locken, durch die noch nie ein Kamm gefahren ist, und allem – und dann, ebenso plötzlich, wie es angefangen hat, ist es zu Ende, und er liegt kraftlos im Sand, und man weiß nicht, was genau man jetzt tun soll, weiß nur, daß das was Besonderes, Außergewöhnliches war, und daß es armselig ist, solche Worte zu benutzen. Prima, sagen sie zu ihm, ungeheuer schön, sagen sie, und bei Mutter, die plötzlich hinten in der Haustür steht, sieht man, daß sie sich mit der Schürze eine Träne abwischt und dann hineingeht, um Wasser mit selbstgemachtem Zitronensirup zu holen.

Und traurig irgendwie. Ahuwia sagt jetzt, er und seine Mutter würden bald aus der Sirkin-Straße weg in die Allenby-Straße ziehen, wo seine Mutter eine Pension aufmachen wolle, eine Art Restaurant, und man wüßte schon, daß unter andern Gästen auch der Dichter Schaul Tschernichowski bei ihnen essen werde, aber das tröstet nicht über den Abschied hinweg, und Zi weiß, daß auch sie demnächst einen Mieter aufnehmen, um die Einkünfte aufzubessern, und daß sie ihm dafür sein Zimmer wegnehmen werden und er dann zu Füßen seines Bruders schlafen muß, und es heißt, dieser künftige Mieter sei eine Art Melodienschreiber fürs Arbeitertheater, für ein Stück namens Jakob und Rachel oder Jakobs

Traum oder so was, und das sei alte Musik, weiß Gerschon, der sich immer mit Schauspielen und Aufführungen auskennt, Musik aus den Tagen unserer Vorväter, Musik aus biblischen Zeiten, weiß er, oder wie bei den Arabern oder so was, und Jigeal hört es mit leuchtenden Augen, und die Sonne sinkt schon merklich schnell, bereitet sich auf ihr abendliches Bad im Meer vor, und die Traurigkeit läßt nicht im geringsten nach. Schon geht Ahuwia hier weg, und noch jemand wird gehen, und alles wird auseinanderbrechen, und wo auf der Welt findest du solche Freunde. Und der dickliche, kraushaarige Ahuwia, der alle kennt, sogar Berl Kaznelson, denkt jetzt nach und sagt, es gebe Orte, die erreiche man nicht, es sei denn, die ganze Gruppe ströme gemeinsam dorthin. Einzelne, sagt er, gelangen nicht hin. Und das Schöne an Tel Nordau ist, sagt er, daß hier eine solche Gruppe heranwächst, die gemeinsam strömen und gemeinsam ankommen wird, und wo? Natürlich in der *Hachschara*. Wer hat das bestimmt? Aber doch natürlich die Realität, die Lage, so atmet man hier, und so geht man hier vor, und so wird es geschehen.

Sie sitzen und schweigen, sitzen und grübeln angesichts der sinkenden Sonne. Alles hier, die guten Häuser, die guten Menschen, die guten Kinder und alles, was man tagtäglich tut – alles arbeitet auf die gute Gruppe hin, die wächst und als Ganzes in gläubiger Hingabe dahinströmt, wohin? Welche Frage, zur *Hachschara*. Und nicht jeder einzeln und nicht einer so, einer so, die Zehnjährigen werden zu Fünfzehnjährigen heranwachsen, und die Zwanzigjährigen werden schon das Joch mittragen, was denn sonst? Ja. Der Mensch wächst heran, um das Joch zu tragen, groß sein bedeutet am Joch zu tragen, und gut sein bedeutet am Joch zu tragen, das Joch der Gebote, das Joch der Pflichten, das Joch der Arbeit, das Joch des Lebens, das Joch der Familie, ein Leben des Jochs. Was ist ein Joch? Das ist wie das Joch auf den Nacken der pflügenden Rinder. Ganz einfach, denn die Menschen werden geboren, um das Joch zu tragen, und leben, um das Joch zu tragen, und so ist das. Und Ahuwia redet jetzt weiter und erklärt, daß es ein paar Worte gibt, die einen immer in Erregung versetzen, ein Wort wie «Aufbau», sagt er, bringt uns Schauer, und ein Wort wie «Schößling» bringt Schauder, und Worte wie «nur ein Pfad, nur ein Schößling» bringen Schauder und Schauer, erklärt er, und mehr noch als alles andere, sagt er, ein Wort wie «Eroberung», Eroberung der Arbeit, Eroberung der Ödnis, Eroberung des Menschen, Eroberung des Geistes, Eroberung des Juden, Eroberung des Sumpfes, steuert plötzlich auch der vergessene Jigeal bei, und es gibt bei uns keine stärkeren Worte, ergänzt Gerschon, als *Kewisch, Kibbusch* und *Kiddusch* (Fahrstraße, Eroberung und Weinsegen), und prustet los, daß er richtige Schlitzaugen kriegt, als stamme er von Chinesen ab oder was, mach ein Lagerfeuer, setz Kinder ringsum und stimm ein Lied an, *Kewisch Kewisch, Kibbusch Kibbusch, Kiddusch Kiddusch*, und schon treten alle Divisionen des Morgen, all die Goelim und Geulot, mit mächtigem Gesang ihren Weg an. Und alle lachen mit ihm, obwohl – was ist daran lustig?

Jemand kommt jetzt, ein Unbekannter, ein breitschultriger Bursche mit weißzahnigem Lachen. Ich bin Elijahu Herschkowitz, sagt er und lacht, aus Ekron, aus dem Süden, auch er werde nach Mikwe gehen, zusammen mit dem Bruder, wo steckt er denn? Mutter, die herausgetreten ist, um zu sehen, wer da kommt, mustert ihn und fragt, welche Nachricht er uns denn bringe, worauf er lacht, nein, nein, er habe nichts zu berichten, wolle nur, wie vereinbart, ihren großen Sohn sprechen, wenn er nicht gerade in Nikosia oder Larnaka sei, hungrig und naß und womöglich interniert, sagt er lachend. Ja wovon redest du denn, fragt Mutter erschrocken, was hast du uns zu erzählen? Gar nichts, lacht Elijahu, er ist sicher schon unterwegs und wird gleich dasein, wir haben uns doch hier verabredet, und es gibt nichts zu berichten, lacht er (er weiß noch nicht, und wie hätte er auch wissen können, daß nicht er jener Verkünder der Nachricht sein würde, der

Mutter an jenem Tag heimsuchen sollte, jenem furchtbaren Tag, möge er nicht zählen unter die Tage des Jahres), Elijahu, ein kräftiger Bauernsohn, ein gesunder Bursche, verschmitzte Augen, starke Arme, quadratische Schultern, und auch er geht nach Mikwe, und zur Hagana, und Unterricht an Kleinwaffen geben, und an großen (und natürlich weiß auch er noch nicht, daß er einmal zu den größten Waffenbeschaffern gehören wird, von den Arabern und von den Engländern und von wem sonst nicht noch allem, ein lachender Bursche, auf den man sich verlassen kann, hundertprozentig, und er weiß auch noch nichts von der «Brigade» und von Italien, und davon, wie auch er... gut, nicht jetzt). Alle blicken auf den Sonnenuntergang, der Rosatöne an den Himmel zu werfen beginnt, und alles ringsum ist noch so klein und unscheinbar zwischen den Dünen, und alles so sehr am Anfang, erst am Beginn eines Anfangs, und bald wird der große Bruder kommen, und Vater wird zurückkehren, und wieso denn plötzlich Nikosia und Larnaka, wo liegen die überhaupt, und wenn sie kommen, werden Elijahu und der große Bruder gemeinsam ins Volkshaus gehen, denn heute abend wechselt dort das Programm, und es wird dort der Film der Filme laufen, *Ben Hur*.

Und was macht ihr, fragt Elijahu und setzt sich zwischen die drei, die gerade eben, über ihre Kräfte hinaus, dem reißenden Strom nachgeforscht haben, der sie alle unweigerlich in die *Hachschara* schwemmen wird, wir gehen zur Schule, aber zur Zeit sind Ferien, antwortet Ahuwia ihm scharfsinnig, ja, sagt Elijahu, man lernt und lernt dauernd, aber ohne jegliche Ferien und Freiheit, und was lernt man? Er macht eine Kunstpause, um den Eindruck zu verstärken, eines lernt man, man lernt das Joch zu tragen. Und als habe er gehört, was sie vorher geredet hatten, sagt er lachend, mit vielen Lachfalten um die Augen, ja, bei uns braucht man nur das zu lernen, sagt er, das Joch zu tragen, es gibt ein Joch, sagt er, es ist schwer und hart, und man muß den jungen Hals hineinstecken, will aber nicht, drückt sich, doch das hilft nichts, niemandem, es bleibt keine Wahl, keinem, stimmt das nicht, Mutter? Und da, wie eine Silhouette gegen die Sonne, die nun schon fast das unsichtbare Meer berührt, kommt ein großer Starker mit einem Lockenschopf wie ein Strahlenkranz im Licht des Sonnenuntergangs, ruhige Jugendkraft auf seine Umgebung ausstrahlend – der von den um ihn Bangenden sehnlich und ungeduldig erwartete Bruder, ah, Elijahu, begrüßt er ihn, und ist was zu essen da, Mutter? Geh weg, sagt Mutter, ich hab mich so um dich gesorgt, schmollt sie, komm, ich geb dir einen Kuß, mein Liebster, was ist das mit Nikosia, was hat uns Elijahu erzählt? Elijahu, erwidert der Bruder wegwerfend, der ist aus Ekron, ein Lügenmaul wie alle dort, und auch ein Schildbürger wie die, und jetzt sehen sie, daß er einen Karton mitgebracht hat, dem er Stück für Stück Kaktusfrüchte entnimmt, die er unterwegs gepflückt und bereits im Sand gewälzt hat, so daß die Stacheln weg sind, und bei jeder Frucht macht er mit der leicht gekrümmten Klinge seines Taschenmessers zwei Schnitte quer, einen nahe dem Fruchthals, einen an der Basis, und einen Längsschnitt über den Bauch, drückt dann mit gekrümmten Daumen die eierförmige Frucht, auf daß sie ganz und gar golden ins Abendlicht hinauskomme, und geht von einem zum andern, bitte, bedient euch, sagt er großzügig, und jeder nimmt und leckt sich die Lippen nach diesem körnigen, säuerlichen Süßen, außer Mutter, die behauptet, das bewirke Verstopfung, *pardon*, und außer Jigeal aus Nordia, der rasch gleich zwei bekommt und sie auf der Stelle aus der Hand verschlingt und noch eine dritte kriegt, um was in der Hand zu haben, bis er die ersten zwei ganz hinuntergeschluckt hat, soweit er nicht vorher erstickt, und dieser große Bruder reibt sich die Hände und strahlt Mutter an, stell was zu essen hin, Mutter. Wollen wir nicht auf Vater warten? fragt sie, und das ist eine Art Wink für die drei Kleinen, sich zu verabschieden und zu verschwinden, wobei Jigeal allerdings kurz zögert, vielleicht laden sie ihn doch ein, dann aber sofort auf und davon ist, wie verdunstet unter der großen Glocke von Rot, die strahlt, als sei alles andere unwirklich, und auch Vater taucht von der Seite her auf, kommt leise und sagt leise Schalom, und zu Elijahu sagt er, seinen Vater würde er gut kennen, Herschkowitz aus Ekron, aber was tut das zur Sache.

Sogar Vater kann nicht umhin zu lächeln und auch ab und zu mal zu lachen, ein bißchen schief, wie jemand, der lange nicht mehr gelacht hat und kaum noch weiß wie, und Mutter bricht in ihr Geh-weg-Gekreisch aus angesichts all des jungen, ausgelassenen Spotts um ihren Tisch, und ihr Fisch wird rasch vertilgt mitsamt dem Salat und den Bratkartoffeln, sie tischt gern solchen guten Essern auf, die jeden Bissen genießen, eßt viel Brot dazu, ermuntert sie die mit dem jugendlichen Appetit, und der Krug mit dem kalten Wasser macht die Runde und hält am öftesten bei dem kleinen Zi, weil er all die andern Eßsachen verabscheut, nur zum Schein mit den Vorderzähnen kaut, damit sie nicht auf ihn achtgeben, und die Mahlzeit endet mit dem Flammeri, einem gelben Pudding, den Mutter *Kissel* nennt, und sie verputzen den ganzen *Kissel*, der für die gesamte Woche gedacht war, in einem großen Happ, die beiden künftigen Mikwaer, denen bald nur noch grobe Frikadellen blühen oder das, was sie hier und da werden abstauben können, abgesehen von Brot, aber die Großherzigkeit der beiden ist damit nicht beendet, denn sie laden auch den Jüngsten, der weder geschlemmt noch gebechert hat, mit ins Kino ein, ohne Einschmuggeln, vielmehr wohlig mit einem heißen Maiskolben auf der Bank zu sitzen und nicht wie Frösche im Sand zu hocken, immer auf dem Sprung vor den Ordnern, die Eindringlingen nachspionieren, sondern so, wie es sich für die Prinzen von Tel Nordau und deren Gäste ziemt, und Vater steht in der Tür, um sie gehen zu sehen, gebeugter als früher, ein schiefes Lächeln unter dem graumelierten Schnurrbart, in dem auch ein Stückchen Fisch hängengeblieben ist, und Mutter wischt sich die Hände an der Schürze ab, während ihre Augen immer noch tränen, vor Lachen und wegen des plötzlichen Zurückbleibens ohne die Jugend, die zwei Großen mit fast tänzelnden Schritten, und der schmächtige Junge springt ihnen nach, um nicht zurückzubleiben, nur hörend und lauschend, wie es sich für einen Kleinen in Anwesenheit von Großen ziemt, so biegen sie in die Sirkin-Straße ein, zwischen deren paar Häusern noch viel golden leuchtender Sand übrig ist, der das Rot des erlöschenden Sonnenuntergangs erwidert, gehen dann rechts ab in die Bograschow- und sofort wieder links in die Ben-Jehuda-Straße, und schon sind es nur noch ein paar Hopser bis zum Volkshaus mit dem Film *Ben Hur*, als etwas geschieht, das einen von ihnen stoppt, den jüngsten von allen, und es vergeht ein bißchen Zeit, bis sie merken, daß ein dünner Strich sich von ihnen gelöst hat und nicht mehr hinter ihnen herstapft, was ist denn mit dir los, fragt der große Bruder, hast du keine Lust, fragt auch Elijahu aus Ekron, gewiß erleichtert, denn er hat noch Pläne für nach dem Film, hat sogar schon mit einer gewissen Adina und einer gewissen Bilha gesprochen, daß man sich vielleicht hier an der erleuchteten Kasse träfe, wobei der dünne Strich dieser Verbindung nicht unbedingt dienlich wäre, geht ihr schon vor, ich komm bald nach, zwitschert der Junge, und sie drängen ihn nicht, haben vielmehr zwei gute Gründe, sich zu beeilen, und er hat einen guten Grund, stehenzubleiben, Klavierklänge, die aus einem Haus links in der Ben-Jehuda-Straße kommen, genau die gleichen, über die er schon viele Tage nachgesonnen hat, ohne zu wissen wie und wann, und mit einem Schlag hat ihn klare Einsicht befallen, von erregtem Echo erwidert.

Ja, hier ist es, jubelte er, ja genau hier, wußte er mit traumwandlerischer Sicherheit, das sind die Känge ihres Klaviers, und das ist sie, und hier ist es, nicht an der Front des Hauses, sondern natürlich an der Hofseite, und als sei er hier schon mal gewesen, ist er mit einem Satz dort, und dort gibt es einen sanften Sandhügel, der noch nicht abgetragen ist, und den ganzen Raum zwischen ihm und dem Haus füllt ein junger Maulbeerbaum, der sich mühelos erklimmen läßt, und schon bist du mitten drauf, in Höhe ihres Fensters, gewiß ist es deines, strecktest du nur die Hand aus, würde uns nichts mehr trennen als die zarte Spitze der Gardine, ständest du auf, fiele dein Schattenriß auf das wehende Gespinst, offenbar hat sie das vorige Stück zu Ende gespielt, denn jetzt reden sie dort, ihre Lehrerin oder ihre Mutter, und bald, geb's Gott, wird sie wieder anfangen, und da hat sie tatsächlich bereits begonnen, drei Töne ganz leise, und noch mal dieselben drei ganz leise, und noch ein bißchen, und wieder hat sie aufgehört, vielleicht hat sie einen Fehler gemacht und die Lehrerin korrigiert jetzt, obwohl, wieso sollte sie denn Fehler machen, und wieder dieselben drei, so, papapam papapam, und noch mal papapam papapam, und weiter geht's mit ähnlichen, aber langsam wechselnden Tönen, als könnte man ganz langsam mehr sagen, und plötzlich berührt dich das so sehr, daß du dich vom Baum hinab in den Sand wirfst und gleich wieder hochschwingst vor lauter Erregung, ruhige Töne spielt sie jetzt, ohne daß er wüßte, daß sie ein Notenblatt vor sich hat und daß nicht sie das erfindet, was sie spielt, und ohne zu wissen oder zu ahnen, daß man eine Vorstellung haben muß, von diesem Jahr 1801 zum Beispiel, und von einem gewissen Beethoven, und von zwei ehrenwerten Damen, der Gräfin Therese und ihrer Schwester Josefine von Brunswick, von denen er mal die eine, mal die andere irrsinnig liebte, jedesmal war eine seine große Liebe, und zum Schluß heirateten natürlich beide andere Herren, die nichts im Kopf hatten als Pferde, Gelage und Geld, und gewiß ohne zu wissen, daß du etwas von einem Opus 27, Nr. 2 in cis-Moll wissen solltest, denn solche Dinge sagen dir nichts, fangen nicht mal an, dir was zu sagen, denn du bist nichts als ein Ignoramus aus Tel Nordau, bloß weit offen für die Töne selbst, ohne jegliche Zusammenhänge darüber hinaus, sitzt im Maulbeerbaum vor Michaelas Fenster und hast nicht den Schimmer einer Ahnung von jenem Einunddreißigjährigen, der einmal dasaß und an eine Sechzehnjährige schrieb, und daß von da an bis auf den heutigen Tag jede Sechzehnjährige es an jedem Ort spielt und hört, wie er speziell sie anspricht, und daß nur sechzehnjährige Mädchen die Mondscheinsonate richtig und in ihrer Tiefe spielen können, aber keine Neunjährige, selbst wenn sie einen Zopf auf dem Rücken hat und so hochmütig ist, aber jetzt hörst du nur sie, und das ist sie, nur Tonleitern laufen vor dir rauf und runter im Eilschritt, mit jähen, kühn brausenden Donnerwirbeln, die du jetzt wunderbar machst, so beglückend, wie sie da auf und ab laufen, von dir erzeugt, so erfüllend, daß man kaum glauben kann, daß nur ein unwirklicher Spitzenvorhang uns trennt, und auch du ahnst nicht, daß ich in deinem Maulbeerbaum versteckt sitze, ebenso wie du sogar dann nie von mir Notiz genommen hast, wenn du mich fast berührtest, bloß an mir vorbeigerauscht bist, als wäre ich gar nicht vorhanden.

Drei leichte Trommelschläge und noch drei leise, und wieder drei und noch drei leise, und dann wechseln sie in längere Motive über und variieren, spielen gewissermaßen mit dem ersten Motiv, und plötzlich ist der Moment gekommen, und sie stürmen ins Freie los, wie Pferde, denen man aufgetan hat, und auch schön wie rennende Pferde, und unten die ganze Zeit zwei niedrige Töne, tief und dröhnend, und es braucht niemand zu kommen und von einem verwunschenen See bei Nacht zu erzählen und von einem schwankenden Boot und von zwei Liebenden, deren Atemzüge allein den Widerschein des Mondes im Wasser kräuseln, alles ist leicht verständlich, alles nah und anrührend, und wer kann heute wissen, was er erst in sieben Jahren zu verstehen beginnen wird, daß nämlich das Papapam, das er auf dem Maulbeerbaum gehört hat, nichts anderes ist als sol-do-mi, oder genauer gesagt, sol-des do-des mi, und daß die dröhnenden Bässe unten in Halb- und Ganztönen dröhnen, und es würde sich auch herausstellen, daß diese Sonate nach wie vor drei getrennte Teile hat und daß jeder Teil einen Namen trägt, Adagio sostenuto, Allegretto und Presto agitato, schnell und unverzagt, erregt und unverzagt, ja sogar begeistert und unverzagt, und da singt er laut und unverzagt, und auch unbesorgt, was man von ihm sagen wird, und unverzagt, als plötzlich saftiges Bellen aus dem Zimmer schallt, offenbar Zi, der von den erregten Donnertönen im Zimmer aufgewacht ist und nun den Zi auf dem Baum anbellt, und von Zi zu Zi, wäre ich doch an deiner Stelle, und man schilt ihn, er solle ruhig sein, und er wird auch ruhig, ein guter Hund aus gutem Hause, und nur der im Baum, der Zi auf den Maulbeerbaum, kann nicht ruhig sein, versteckt und unbemerkt außer von dem verstummten Hund, und er weiß nicht einmal, daß nicht weit von hier, genau zu dieser Stunde, genau hier in Tel Nordau, jetzt dieser sonderbare Mann sitzt, der zweite sonderbare, der immer hinter dem ersten sonderbaren einhergeht, jenem ersten, dem Feuer im roten Kopfhaar flammt, während seine Füße ihm vergessen nachschleifen, weil er nichts von dem Sand wissen will und den Blick nicht auf ihn senkt, ja der, würden seine Füße nicht im versenkenden Sand schlurfen, längst ganz und gar im Feuer auf und davon geflogen wäre, daß also dieser zweite, der ihm immer nachtappt, immer zugeknöpft, immer mürrisch und immer den Kopf zum Sand und seinen Mühsalen im ermüdenden Sand gebeugt, genau jetzt in seinem Zimmer sitzt und für ihn *Johann Christof* übersetzt, der genau für Sechzehnjährige geschrieben ist, die den Einunddreißigjährigen hören, der sich bei ihnen einschmeicheln, ihrer Schönheit näherkommen möchte, krank vor Lieben und Enttäuschungen, von Sturm zu Sturm gerissen, und ein Kapitel des *Johann Christof* beginnt mit dem Ruf «Hab einen Freund», «Hab einen Freund», genau wie dieses Papapam Papapam, das wir hier gehört haben, wobei man nicht an sich halten und das Schluchzen unterdrücken kann, wenn man so sehr darin liest und plötzlich weiß, wie richtig und wie präzise, und jetzt, da man hier auf dem Baum hinter ihrem Fenster hängt, jenseits von allem hier, fertig bebaut oder noch wildes Wüstenland, mit dem ewigen Meeresrauschen, und ganz klar weiß, daß auch ich, seht her, auch ich, daß auch ich so was Großes Schönes machen werde, wartet nur, auch ich werde so was machen, vielleicht nicht auf dem Klavier, aber es so richtig wie er sagen, genauso groß wie man es empfindet und so echt und so fließend, und so singend, wobei er nicht mal weiß, wie er heißt, aber genauso will er werden, und daß man auch ihn mal so nennt, und ohne jedes Zaudern, presto agitato und unverzagt, wartet ab und seht.

FÜNF - Dagon

Das ist das Rabbinerhaus. Man steht morgens im Rabbinerhaus auf. Wenn man gefragt wird, erklärt man, wir wohnen im Rabbinerhaus, und die Frager sagen, aha, im Rabbinerhaus. Obwohl es in Wahrheit gar keinen Rabbiner darin gibt und keine Überreste eines Rabbinerhaushalts und keine Form eines Rabbinerhauses, vielleicht hat hier mal ein Rabbiner gewohnt, nicht klar welcher, und sein Name ist untrennbar am Haus hängengeblieben, als Ortsbezeichnung, als Wegweiser, statt einer Nummer an diesem Haus am Ende der langen Jaakow-Straße, auf der Friedhofsseite, auf dem flachen Hügel, etwas aus der Landschaft emporragend, auf einem Fundament aus rotweißen Kurkarsteinen, kalkweißem und blaßrotem Bruchgestein, so daß man ein paar Stufen hochsteigen muß, um zur Haustür zu gelangen, und tiefe Stille herrscht immer ringsum, besonders nachts, wenn man aus der Nähe die nächtlichen Schakale hungrig ankommen hört, auf der Suche nach etwas zu beißen, und alle Hunde stürmen mit wütendem Gebell los, und man kann das gleichmäßige Pochen der Motorpumpen in den Zitruspflanzungen hören, rhythmisch wie Herzschläge, aber in unterschiedlichen Tonfarben, und natürlich das Muhen der Kühe aus dem Kuhstall des Bauern Jehuda gegenüber, den frühmorgens der Hirte Atiya in unveränderlichem Ton beim Namen ruft, wie das Knarren eines zu fester Stunde aufgehenden Tores, so ein «*Hawadscha* Jutahahaha», damit er nun seine Kühe von der leeren Nachtkrippe losbindet und sie in ihrer gewichtigen Pracht mit der Wichtigkeit und Größe hoher roter Damaszenerkühe lostraben läßt, sei es, daß sie frei ihre dicken, feuchten Fladen fallen lassen, sei es, daß sie alle gleichzeitig zum Tor drängen, um sich unter Reiben ihrer großen Leiber den übrigen Kühen anzuschließen, die der Hirte Atiya bereits entlang der erwachenden Straße eingesammelt hat, und mit dieser von Hof zu Hof wachsenden Herde zieht er nun weiter hinaus, am Friedhof vorbei und weiter zu den Zitrusplantagen und Weingärten am Ostrand der Kolonie und zu den Grasflächen, die schon ziemlich verdorrt sind jetzt am Ende des Sommers, der mit seiner Hitze alles offene Land jenseits der bebauten Flächen müde und apathisch gemacht hat, und erst gegen Abend kehren sie zurück, wobei die Herde sich zusehends wieder in Einzeleinheiten aufspaltet, Kühe, die den Futtertrog ihrer Eigentümer kennen, und wieder mit diesem schnarrenden Jutahahaha, und von Hof zu Hof werden sie weniger bis hin zur allerletzten, worauf der Hirte wie durch Zauber verdunstet, unsichtbar wird bis zum Aufstehen am nächsten Morgen, und dann, in der Abenddämmerung, wenn sie wieder am Trog angebunden sind, aus dem träge der Duft gestoßenen Johannisbrots wabert, in der stickigen Hitze, die sich dumpf in dem stickigen Stall mit den andern penetranten Gerüchen gefangen hat, beginnen sie dort sogleich ihre Milchstrahlen in den Eimer zu sprühen, mit ihrem melodischen tsss, das immer alle möglichen Begleitempfindungen in die eine oder andere Richtung weckt, nicht alle gut erklärlich, während des Sprühens der Milch, die in den Eimer gemolken wird, in stetigem Takt, mit Schaum, der sich am Eimerrand sammelt, was auch das Herz irgendwie berührt, und dann bleibt es ruhig die ganze Nacht bis zum Aufstehen, außer sehnlich gedehntem Muhen ab und zu, und außer den Krährunden der Hähne Runde auf Runde die ganze Nacht hindurch, und außer den unendlich vielen Grillen, die die ganze Nacht mit eintönigem, unermüdlichem Eifer die Dunkelheit zersägen, mal als wollten sie Dinge vertuschen, die im Dunkeln geschehen, mal als seien sie wirklich und wahrhaftig ein Gesangschor, und außerdem, weit jenseits all dessen, fern und matt plötzlich auch das Meeresrauschen, das die Nacht mal fern und ungewiß, mal klar und nah herüberträgt, wenn auch nie so klar und gewiß nicht so nah wie noch vor ein paar Monaten, am Ende des Winters, als das Meer dauernd rauschte und toste, fast zum Greifen nah, und als man zwischen Wüten und Wispern immer fast wirklich sehen konnte, wie seine flachen Wellen mit warm schmeichelndem, salzigem Lecken und diesen Gischtschleiern ankamen, genau dort unterhalb des Balkons von Jigeals Haus, das sein Vater Muntschik von einer wunderbaren Arbeiterinnengruppe hatte bauen lassen, doch nun seit einigen Monaten, seit dem Winter, ist es in die Ferne gerückt, und sein Rauschen gelangt nur noch her, wenn die Stille voll ist und das Meer voll Rauschen, und nur zu dem, der sich die ganze Nacht schlaflos im Bett wälzt, und dazu gesellt sich auch das trübsinnige Knacken in der Holzdecke dieses Rabbinerhauses, einer hohen Decke, ohne jeden Lüster mit leise klinkernden Glastropfen, das dem schlaflosen Herz noch eine weitere Portion Wehmut verpaßt, aber gleichzeitig auch tröstet, als sei nichts das Ende vom Lied, einschließlich des Zerfalls dieses alten Hauses, der nachts noch schneller fortschreitet, ohne etwas zu leugnen oder zu bestätigen, und das ist vielleicht auch ein Gewinn, vielleicht ist das Unglück doch noch nicht besiegelt, wenn man die ganze Nacht schlaflos liegt in diesem fremden Haus, in dem sie jetzt wohnen, im Rabbinerhaus, in Rechovot.

Er wird auch nicht mehr Zi genannt, man weiß hier gar nicht, daß das sein allgemein anerkannter Zweitname gewesen ist, so wie alle sich einig wagen, Serubawel Tschipaf zu nennen und dergestalt den Namen zu korrigieren, den die Eltern ihm in mangelnder Voraussicht provisorisch gegeben hatten, oder jenen Jigeal Gallegulle zu rufen, auch wenn er dann wütend wurde und vergeblich Steine, Strohbüschel, Zweige oder was ihm sonst in die zornigen Finger fiel, warf und auch Fußtritte an jeden austeilte, der ihn weiter Gallegulle rief oder in Verdacht stand, ihn so gerufen zu haben, was ihm aber alles nichts half, das ist der Lauf der Welt, also jetzt heißt er Dagon, auch in der Schule, nicht zu Ehren des Philistergötzen, der vor langen Zeiten genau hier in Bet Dagon gen Norden und in Ekron gen Süden und in Aschdod gen Westen und in Gat irgendwo gewohnt hat, dem man Weihrauch in die Nase steigen ließ und vor dem man mit aller Kraft hüpfte und sprang, mit den Feuchtbeulen und Hämorrhoiden und Goldmäusen und alldem, und nicht Dagon als Verkleinerungsform von *Dag* – Fisch, nach den Jungfischchen, die scharenweise zwischen den grünen Felsen am Strand umherflitzen, abwechselnd abtauchen und wieder zum Vorschein kommen, Wolken von transparenten Winzlingen, bei denen man fast alle Eingeweide ihres winzigen, geschmeidigen Bäuchleins sieht, ohne je einen zu fassen zu kriegen, denn sie sind schlüpfrig und flitzen in flinken Scharen im seichten Wasser umher, sausen durch diese flachen Pfützen, eine Myriade hierhin, eine Myriade dorthin, keineswegs nur eine Art Trugbild des staunenden Beobachters, sondern schlüpfrig und entschlüpfend mit ihrer ganzen Kleinheit, durch die man ihre bläulich transparente Gräte sieht, nein, Dagon wieder mal wegen eines Hundes, ist das nicht sonderbar? Wieder ein Windhund, von Zilla diesmal, Zilla aus seiner Klasse, in der nur drei Mädchen sind, Zilla, Schlomit und Batja, die Baschke genannt wird, Dagon ist auch ein Jagdhund, lendenstraff, dünnbeinig, langohrig, feuchtnasig und mager, dürr, dünn und schmal, wobei schwer begreiflich ist, daß ein derart hohes und sensibles Geschöpf wie er weder Körperwirklichkeit noch Körpergestalt besitzt, sondern nur solche dünnen Stelzenbeine und solche großen schwarzen Augen, traurig oder vielleicht klug, die aus einem Nichts gukken, abgesehen von dem schwarzen Fleck unter ihnen, der seine immer empfindsam schnuppernde Nase ist, und so läuft er nun in der Außenwelt als Dagon herum, beziehungsweise läuft nicht herum, denn er ist nur sehr selten draußen, wäre gern noch seltener draußen, am liebsten bloß zu Hause, ein

Buch auf dem Schoß und den Kopf in die Hände gestützt, kommt fast nie aus dem Rabbinerhaus hervor, und dann ohne irgendwen, all die Tel Nordauer Kinder sind mit einem Schlag von ihm abgeschnitten, als hätte man einen Wasserhahn zugedreht, er hat keine Kinder mehr um sich, man geht nicht mehr zu Kindern, immer nur einzeln, einsam und allein, und selbst wenn er in die Schule geht und unter all die Kinder kommt, sind sie für sich und er ist für sich, und er und alles, was er ist, interessiert die andern nicht, und sie und alles, was sie sind, schließen ihn nicht ein. Und so ist das.

Die Schule ist einstöckig unter staubigen Eukalypten und Kasuarinen, jeder Klassenraum hat zwei Fenster mit hohen staubigen Läden zur Jaakow-Straße, und in der 7. Klasse sind nur drei Mädchen und dann die andern Jungen, überwiegend schon stramme Burschen, drei Benjamine, der rote, der schwarze und der kräftige, dazu Dow, Arie und Zwi, Mosche, Aharon und Jehoschua, Jigael, Goel und Jigeal, und auch Rechawja, Petachja und Amazja, und das sind, soweit ich mich erinnern kann, alle, und diese drei Benjamine sind stark wie die Ringer, die man im Kino sieht (wenn der Motor, der den Strom erzeugt, an jenem Abend nicht versagt, und wenn der Vorführer Amram es schon geschafft hat, den Text zu übersetzen und die Übersetzung auf einen Begleitstreifen zu malen, der zusammen mit dem Film abläuft, mal hinterherhinkt, mal vorauseilt, ohne daß jemand groß darauf achtet, nur wenn es jedes Maß übersteigt, pfeift man ihm auf zwei Fingern und krakeelt auch, Amram, wach auf!), und man erzählt, der eine Benjamin habe tatsächlich mal ein Pferd geschnappt und an den Vorderbeinen hochgehoben, so daß der verblüffte Gaul Mühe hatte, sich auf den Hinterläufen zu halten, und ein Benjamin habe sogar den Wagen hochgestemmt, um ein Rad zur Reparatur abzunehmen, und ein Benjamin, heißt es, habe mit einem Faustschlag einen Dieb fertiggemacht, der in den Weingarten seines Vaters eingedrungen war, bevor er noch einen Mucks von sich geben oder gar eine einzige Traube pflücken konnte, Geschichten, die allgemeines Gelächter, allgemeine Bewunderung und auch Vorsicht vor ihnen auslösen, damit sie nicht Lust bekommen, dich zum Scherz mal im Ringkampf zu prüfen, und sie sind den meisten Tag über gelangweilt, ohne es zu verbergen, nicht nur im Unterricht, außer allerdings beim Fußball, und außer bei der Arbeit in der väterlichen Zitruspflanzung, denn jeder fürchtet seinen Vater, trotz all ihrer wilden Kraft, und sie spucken vor Langeweile vier, fünf Meter weit und sind gut darin, vor versammeltem Publikum ihr Wasser in langem Bogen zu lassen, und außer wenn sie weißzahnig die Mädchen anlachen, die bedeutungsvoll zurückkichern, während die Burschen mit einem in der Hosentasche gehüteten Kamm ihre glänzend schwarze, gelbe oder braune Tolle ordnen, ja endlose Geschichten ranken sich um sie, nicht im einzelnen nachgeprüft, und auch nicht im einzelnen verständlich für den frisch eingetroffenen Neuen, Geschichten von jedem einzelnen von ihnen und den Töchtern der arabischen Plantagenwächter hier und da, sei es Legende oder Wunschtraum, oder allerlei erprobte Ratschläge, wie man billig und mit ein bißchen Kraft an sehr verlockende verbotene Dinge herankommt, wobei sie, sobald er naht, aus irgendeinem Grund verstummen, als müsse man mit ihm rechnen, auch wenn er nur so ein kleiner Dagon ist, ohne jeden Wert und ohne jeden Nutzen, höchstens vielleicht, daß er zu irgendeinem Lehrer petzen rennt oder was, und sie scheren sich nicht um David Schimonis Gedicht «Jubiläum der Fuhrleute», das der Lehrer Bechor Levi ihnen mit ausgezeichneter Betonung vorliest, und nicht um Isaak Leib Perez' Erzählungen, von denen ihnen eine langweiliger als die andere ist, und sie tun sich schwer, auch nur eine halbe Seite mit dem geforderten Aufsatz zu füllen, bis die Pause kommt, in der sie rauchen und frei Arabisch und Hebräisch sprechen, untermischt mit Jiddisch und ein paar russischen Prachtbrocken, einzelne Worte, von eindrucksvollen Pausen umgeben, eherne Worte, und wollte man jemanden absolut für null und nichtig erklären, sagte man von ihm, mit großer Verachtung, er sei wirklich «nicht nützlich», *binfa'esch*, was die Verneinung des arabischen Verbs *NaFaA'* – nützen ist, *lo mo'il* auf gut hebräisch, nützt als Nichtsnutz, eine Null-und-nichtig-Erklärung ersten Ranges, und dieses feste Urteil hatten sie über den schmalen, schmächtigen Dagon gesprochen, daß er vollständig *binfa'esch* sei, wenn da sein Bruder nicht wäre, der großartige Fußballspieler, rechter Verteidiger von Makkabi Jehuda, der mit einem Schuß von Tor zu Tor Makkabi Rischon und Makkabi Nes Ziona besiegt, ja sie derart endgültig schlägt, daß sie geduckt und gedemütigt vom Platz schleichen und sich vor Sonntagabend nicht wieder blicken lassen – dank seiner nehmen sie sich auch mit dem unnützen Bruder in acht, selbst wenn der nützliche Bruder die ganze Woche in Mikwe Israel ist und nur ab und zu über Schabbat nach Hause kommt, gehüllt in den Ornat derer aus Mikwe Israel, die stolz sind, Mikwaer zu sein, und umgeben von Geschichten über süße, verbotene Dinge, die verstummen, sobald der Nichtsnutz harmlos in Hörweite gerät.

In einem Jahr werden sie mit der Schule fertig sein und ihr Leben endlich nicht mehr in deren Mauern verbummeln, hier wie in Tel Nordau, nur daß sie dort sofort zur Hagana, zur Hachschara und zur Bewegung gegangen wären, in jeden großen Ferien vom Herzlia-Gymnasium, und hier werden sie das ganze Jahr in die Zitruspflanzungen gehen, in die Lagerhäuser von *Pardes*, und zwei sogar nach Beirut, «um Rechtsanwalt zu studieren» – abgesehen von den Mädchen, die Kindergärtnerin und Klavier in der großen Stadt lernen werden, außer Batja, genannt Baschke, bei der sogar die Lehrer schelten, Eisen im Kopf, ein bißchen, weil sie wirklich nicht viel drin hat, und ein bißchen, weil ihr Vater dieser mächtige Schmied ist, mit dem mächtigen Schnauzbart, mit dem dröhnenden Russisch, auch ein mächtiger Hufschmied, und sie ist schon heiratswillig – und abgesehen von noch einem, Petachja, von dem längst bekannt ist, daß er nach London fährt, um Handel zu lernen, daß man vom Esel aufs Pferd und aufs Motorrad umsteigen werde und dann, bequemer und respektabler, auf amerikanische Limousinen, Chevrolet oder Ford, bald, wenn die Zitrusplantagen erst *prosperity* bringen, das heißt Hochkonjunktur der Märkte in England. Und welchen Weg wird Dagon einschlagen? Von den Kindern, die gemeinschaftlich zu Hagana, Hachschara und Bewegung gehen werden, hat er sich gelöst, ebenso wie er sich davon gelöst hat, die bestehende Wirklichkeit in die richtige Wirklichkeit zu verwandeln, die man allein durch die Beschwörungen und den Zauber der wunderbaren Worte bewirkt, im Schatten der Baracke mit der grünen Kletterpflanze, Zauberformeln, die sie aus den rot gebundenen Büchern und aus den Flammenblitzen ihrer blühenden Phantasie schöpften, gelöst auch von der Gemeinschaft, die den einzelnen umgab und ihn nur zu einem weiteren Kern in einer großen kernreichen Frucht machte, wie bei der Wassermelone oder beim Granatapfel, so daß fortan kein einzelner mehr irgendwohin ginge, sondern immer nur alle als Gruppe gemeinsam, immer zusammen überallhin, und schließlich würden sie unweigerlich auch in den Kibbuz Maos gelangen und in den Kibbuz Bet-Haschita und in den Kibbuz Chamadia und in den Kibbuz Bet-Alfa und hier- und dahin, auch in den einen oder andern Moschaw und in die Hagana und die Palmach allesamt, doch diesen kraftprotzenden Kindern hier kann er sich nicht anschließen, sie brauchen ihn nicht, und er braucht sie nicht, auch nicht die Geschichten, die mit grandioser Lässigkeit und grandioser Verachtung jedes vollständigen oder sonstigen Satzes erzählt werden, wobei jedes Wort schleppend herauskommt, weil es schön so ist, und schön, auf das nächste, ebenfalls schleppend kommende Wort zu warten, denn so reden die Nützlichen, sogar wenn sie von irgendeiner Malka, einem dicken, kleinen, dummen Malkale, reden, mit der man alles anstellen kann, sogar ihr das Kleid über den Kopf ziehen, sie angucken und gucken lassen, für eine Handvoll Bonbons, und sie brauchen nur ein paar Gebärden, um freigiebig alle möglichen kurvenreichen Vorzüge zu beschreiben, die es am Körper des immer lachenden Malkale gibt, der der Schleim trieft, oder sie erzählen von den herrlichen Streichen, die sie irgendeiner Alten gespielt haben, die für ihren Alten gekocht hat, worauf sie es ihr aus der Küche klauten und den Hunden zu fressen gaben, während die Alten heute noch suchen, oder sie gaben's dem arabischen Hirten und verpfiffen ihn sofort, so daß er gefaßt wurde, oder sie wetteifern, wer den neuen Pfosten ausreißen könne, den Soundso nach mühsamem Schaufeln an seinem Hoftor eingerammt hatte, ihn mit einem Ruck ausreißen und wie ein verächtliches Reis wegschleudern, oder Schabbat im Hof der Synagoge, wo man wartete, daß sie dort fertig wurden, und dann, daß es endlich Nachmittag wurde und man zum Fußball gehen konnte, und daß es Abend wurde und man in Amrams Kino Strom machte und einen Film zeigte, und dann wippten sie an der Straßenecke unter der schummrigen Laterne, vor lauter Größe und lauter Kraft, standen wippend da oder kamen heraus und knackten Sonnenblumen- und Kürbiskerne und zündeten mit großspuriger Geste Zigaretten an, die sie nicht fertiggeraucht im hohen Bogen wegwarfen, und sagten mühsam bemühte Worte, bis es irgendwie Mitternacht wurde und sie schlafen gingen, und so ist das.

Denn zum Schluß war die Krise eingetreten, trotz aller Bemühungen von Onkel David, diesem guten, sauberen Mann, Mitglied vieler Vereinigungen von Guten, die Gutes tun, und auch trotz all des guten Willens von Herrn Dizengoff, es blieb keine andere Wahl, Herr Dizengoff versuchte es allerdings ein wenig zu versüßen und versprach, bei der ersten Gelegenheit, wenn es nur wieder aufwärtsginge, alle schätzten ihn ja sehr, nur die Notzeit eben, was könne man machen, sämtliche Haushaltsgelder seien verbraucht, und man schließe und kündige und schicke weg und sperre zu, da sei nichts zu machen, nicht etwa aus Hartherzigkeit, sondern wirklich nur wegen der Not der Zeit, so sei das nun mal. Was blieb da zu tun? Es blieb nichts anderes übrig, als sich an Onkel Mosche zu wenden, den zornig dreinschauenden Onkel, dessen Gesicht seit dem Unfall, den er erlitten hatte, etwas entstellt war, mittendrin eine dunkle Brille mit ledernen Seitenlaschen, und mit dem immer schwer zu reden ist und jetzt noch mehr, und wenn man nicht an seinem guten Tag kommt, trifft man ihn verschlossen an, griesgrämig, wortkarg und manchmal auch ein hartes Wort hinwerfend, das man schwer überwindet oder vergißt, selbst wenn es sein eigen Fleisch und Blut ist, der Sohn seines Bruders, mit dem er all die schweren Anfänge durchgemacht hatte, seitdem sie gekommen waren und gemeinsam dieses harte Land aufgebaut hatten, fast siebenunddreißig volle und harte Jahre, harte Jahre im harten Land Israel, der eine auf seine Weise, Bauer und Pflanzer und Mann des öffentlichen Lebens und Führer der Landwirte und Verfasser von Aufsätzen und Erzählungen, den viele aufsuchen, in der Hoffnung, ihn nicht an seinem unguten Tag anzutreffen, und der andere auf seine Weise, Arbeiter unter Arbeitern, mehr am Wegrand als auf den Wegen, jede Arbeit anpackend, in der der hebräische Arbeiter sich bewähren muß, Landarbeiter, Schmied und Hufschmied, Kindergärtner und Lehrer für Arbeiter, erforscht bei Nacht die Wirtschaft des Landes im Vergleich zu den Volkswirtschaften der Welt, spricht niemals in der Öffentlichkeit, bewahrt im Innern und läutert siebenfach und schreibt präzise und wäre gern all seinen Freunden gefolgt, mit denen gemeinsam er all die schweren Prüfungen der Freundschaft bestanden hat, wie seine Gefährten von den Mühsalen dieses Landes gezeichnet und geprägt, hätte gern in Nahalal angefangen, wie er es sich letzten Endes immer erträumt hatte, mit Ben-Jischai und Ben-Barak und Natan Chofschi und all den andern, aber es wurde nichts, und er ging nach Tel Aviv, über Newe Schalom, und baute ein Haus in der Mendele-

Straße für mehr, als er hatte, und gründete diese statistische Abteilung, die sich einen hervorragenden Ruf unter Wirtschafts- und Finanzexperten erwarb, so daß schließlich kein neuer Investor mehr handelte, ohne vorher seine Zahlen studiert zu haben, ein bescheidener Mann, der alles allein machte, bis man ihn fast in seinem Eckchen vergaß, sich seiner nur erinnerte, um ihn zu entlassen, mitten während er dasaß und Zahlen in langen sauberen Kolonnen aneinanderreihte, und so traf eines Tages ein, was er immer befürchtet hatte, und die schwarzen Visionen der schlimmen Nächte ohne Schlaf bewahrheiteten sich letzten Endes, denn über die Stadt kamen Krise, Rezession, Not, Hunger, aus dem Land Flüchtende, Hand an sich Legende, Arbeitslose, Sozialhilfe, Armenküchen und Entlassungen Entlassungen Entlassungen, und eines Tages nach Hause kommen und aus ist es, mit leeren Händen, hoffnungslos überschuldet und ohne alles, und eines Tages nach Hause kommen und fertig aus, und man mußte das Haus verkaufen, halb umsonst wegen der Rezession, und schnell suchen, wenn auch nicht für ihn, der jetzt auf alles hätte verzichten und sterben können, ja, gewiß, so doch um der Kinder willen, er selbst ist ein gebrochener Mann von fünfundfünfzig Jahren, der Körper gebrochen und die Gestalt gebrochen und die Haltung gebrochen, schleppt sich nur mühselig vom Tag zur Nacht und übersteht nur mit Mühe die Nacht, und es bleibt ihm nichts anderes übrig, als sich zu überwinden und in die Kolonie zu Onkel Mosche zu fahren und mit ihm zu sprechen, vielleicht, Gott allein weiß, wie ungern er hinfährt, kein Mensch weiß, wie ungern, und wie Onkel Mosche kein leichter Mensch ist, wie er an einem unguten Tag mit einem Wort, das ihm herausrutscht, bewirken kann, daß es danach nicht mehr geht, doch Onkel Mosche war an jenem Tag nun gerade froher Botschaft, wer weiß, wie die Dinge so rollen, denn eben jetzt war eine Gruppe Juden aus England mit ihm, dem Onkel Mosche, übereingekommen, große Zitrusplantagen anzupflanzen, da die Jaffa-Orangen neuerdings sehr gefragt waren auf der nebligen Insel, die nach dieser goldenen Frucht dürstete, sowohl nach ihrem besonderen Geschmack als auch nach ihrer vorzüglichen Wirkung gegen Skorbut, Erkältung und sonstige Gebrechen von Leib und Seele, bei ihrem ewigen Schmuddelwetter dort, sie würden investieren, und Onkel Mosche sollte in ihrem Auftrag aktiv werden, nämlich Böden erwerben, Baumschulen für Wildorangen- und Süßzitronenbäume anlegen, die Grundstücke tief umpflügen mit riesigen Pflügen, die von riesigen Zugmaschinen gezogen wurden, «auf modernstem agrotechnischem Stand», wie es in den Anzeigen heißt, und das Gelände mit endlosen Reihen von Holzpflöcken, schnurgerade wie eine Einheit Paradesoldaten, abstecken, die sich aus verschiedenen Winkeln zu allen möglichen überraschenden Diagonalen und Geraden verbinden, und würde die beiden großen Landstreifen bepflanzen, den einen bei Kubeba, erworben von dem großen Effendi, dem König der Böden zwischen Ramla, Jaffa und Aschdod, Abdul Rachman Beck el-Tadschi, dessen Palast und Harem auf dem luftigen Hügel in späteren Zeiten eine Wandlung erfahren und zum Wohl der geistigen Gesundung einiger derer dienen sollten, die sich, neu eingewandert, zum Nulltarif auf all seinen verlassenen Besitztümern ansiedelten, nachdem der Effendi selbst nur mit seinem Goldsäckchen in der Hand noch hatte flüchten können, unter all den andern Flüchtlingen mit nichts in den Händen, und den zweiten Landstreifen bei Sarnuga, während man den luftigen Hügel, der diesen neuen, bald zu bepflanzenden Geländestreifen überblickt, dieser Tage Givat Brenner (Brennerhügel) nennen wird, denn eine Gruppe junger, äußerst ernsthafter Pioniere, die sich erst kürzlich auf deutschen Bauernhöfen, wohl in Sachsen irgendwo, in Schnee und Kälte, vorbereitet haben, werden jetzt keine Schwierigkeit mehr scheuen.

Für dieses Riesenprojekt, an dem das Besondere ist, daß ihm weder Wohlfahrt noch Spende oder Almosen zugrunde liegen, sondern die Investition besonnener Kapitalinhaber, die Vermögen machen wollen und den Worten von Onkel Mosche trauen, der sie mit gesundem Menschenverstand und mit Zahlen überzeugt hat und auch durch Zitate aus dem Buch des Propheten Jesaja und aus den Lehren Achad Haams, zu dessen begeisterten Gefolgsleuten er zählt, und da sie als wirtschaftlich denkende Geschäftsleute nachgeforscht und Forderungen gestellt haben, um nun Zitruspflanzungen zu Gewinnzwecken zu betreiben, braucht Onkel Mosche genau jetzt ehrliche, fleißige und versierte Helfer, derentgleichen man «Arbeitsleiter» oder noch einfacher «Aufseher» nennt, die über die Arbeiter wachen, damit sie gut arbeiten und ihren Lohn nicht umsonst bekommen, und es sollen, nach den festen Vorstellungen des Onkels Mosche, zur Hälfte Araber und zur Hälfte Juden eingestellt werden, fünfzehn Ägyptische Grusch für erstere, zwanzig für letztere, und für die Jemeniten siebzehneinhalb, genau, weil dies ein Land ist, in dem Juden und Araber leben, und so ist es gehörig und so wird es sein, diese werden jene nicht enteignen, und diese werden jene nicht vertreiben, und der Aufseher muß dann wissen, wer was machen soll, wer die Hacke und wer die Baumschere nimmt, wer abmißt und wer Bewässerungspfannen gräbt, und aufpassen, daß alle Anweisungen Onkel Mosches sorgfältig, fleißig und genau ausgeführt werden, damit keiner von ihm etwas abbekam, wenn er so dastand und alles überwachte, unter seinem sehr tiefsitzenden Tropenhelm und hinter der sehr dunklen, sehr abschließenden Sonnenbrille, jeden Morgen, wenn er sehr seufzte und aus seiner Kutsche stieg, ein Seufzen um des Seufzens willen, dieser Kutsche, die bereits die Eselin abgelöst hatte, die bis gestern noch für den Ritt zu seiner Pflanzung vor Sarnuga genügt hatte, aber nicht mehr für die beiden fernen Zitruspflanzungen genügen würde, und bald würde die Kutsche durch den Studebaker ersetzt, den er für seine Fahrten mit Chauffeur Gross kaufen würde, während die Arbeiter von einem großen neuen Lastwagen Marke White, den man bei einem Bekannten des Onkels, dem Ingenieur Levinson in Tel Aviv, gekauft hatte, befördert werden würden, ein großes, stabiles Gefährt ohne jede Gefahr, in irgendwelchem Sand steckenzubleiben, und gesteuert von Jirmijahu, genannt Ema, einem gewieften Mann, und man müßte die Arbeiter registrieren, ihre Tätigkeiten und ihren Lohn und die Tage, an denen sie abwesend oder verspätet gewesen waren, und ihre Trägheit beziehungsweise ihren Fleiß, und über jede Panne berichten und für jede Not einen Rat finden, und darauf sehen, daß alles pünktlich erledigt wird, und sich persönlich um die neue Brunnenpumpe kümmern, die mit dem elektrischen Strom von Pinchas Ruthenberg, einem Freund des Onkels, betrieben werden soll, eine Antriebsart, die nicht nur sauber und leistungsstark ist, sondern auch nicht mehr Tag und Nacht singen wird, nicht laut pulsiert und nicht mehr diesen Flötenton abgibt, der der Gegend ihre Prägung verliehen hatte, und beim morgendlichen Klingelzeichen zur Arbeit hinausgehen und bis zum Mittagsklingeln arbeiten, das hier keinen Menschen überrascht, weil die Eisenbahn aus Ägypten jeden Tag um Punkt Viertel vor zwölf durchkommt und tutet, weswegen es allerlei Meister darin gibt, diese Viertelstunde blauzumachen, wenn nicht das Auge des Aufsehers wacht, und abends um vier Uhr zum Arbeitsende klingeln, worauf alles sich plötzlich leert und sich mit einemmal über alles diese Stille legt, die hier noch aus Wüstenzeiten verborgen geblieben ist, als noch alles nur Kurkargestein war und nur der alte Scheich Abu Hatab jäh auftauchte und auf seinem edlen Pferd von wer weiß woher nach wer weiß wohin stürmte.

All dies nun erfuhr Vater auch an jenem Tag von Onkel Mosche, der ihn sogar fragte, ob er schon gegessen habe und wie es den Kindern gehe, und alles sah nach außen so aus, als sei er in letzter Minute gerettet worden, doch warum kehrt Vater dann trübsinnig zurück und bleibt es, als er Mutter alles erzählt, auch daß es siebzehn Pfund im Monat wären, und daß man das Rabbinerhaus mieten könnte, und daß das Kind in die Schule aufgenommen werden würde, warum ist er niedergeschlagen? Nicht nur wegen des Mißerfolgs in Tel Aviv, nicht nur wegen des Verkaufs der Mendele-Straße 22, nicht nur, weil er sich als Versager erwiesen hat, als ein Vater, auf den kein Verlaß ist, als Ehemann einer Frau, die seine Schwäche nicht respektiert, sondern auch, und vielleicht hauptsächlich, wegen Onkel Mosche, bei dem es nicht gut ist, sein Angestellter zu sein, und nicht gut, ihn als Arbeitgeber zu haben, und auch, und das ist vielleicht wirklich das schwerste von allem, wegen der Aufseherposition. Daß Vater plötzlich Aufseher sein soll, Aufseher über Arbeiter, Aufseher über Arbeiter, der aufpaßt, daß sie arbeiten, er beaufsichtigt sie, sie arbeiten, und er ist über sie gesetzt, die Arbeiter arbeiten, und er beaufsichtigt sie, er drängt sie, er treibt sie an, er ist der Mann des Ausbeuters, der Mann des Patrons, der Mann des Kapitalisten, der Mann des Plantagenbesitzers, genau der, der Arbeit in Kapital verwandelt, der Mann, den die Arbeiter fürchten, bei dessen Näherkommen sie verstummen, die andere Seite der Klassenfront, das ist der Aufseher, den die auf Ausbeutung beruhende Wirtschaft geschaffen hat, jener, den es weder in der Kwuza noch im Moschaw gibt, nicht in der Arbeitergruppe und nicht in der Arbeitsbrigade, ja nicht einmal, als er an seinem kleinen Tisch bei der großen Stadt Tel Aviv saß, und nun soll er Aufseher über Arbeiter sein, er, der erklärt hat, die Arbeiter seien eigentlich mehr Herren der Plantage als die Plantagenbesitzer selbst, und der Arbeiter, nicht der Grundeigentümer, werde letzten Endes auch die Kontrolle innehaben, wie fällt ein Mensch und alle seine Götter fallen in Scherben auf ihn, wie stürzt sein Glaube über ihm ein, alles, wofür er bisher seine Seele hingegeben, alles, was hoch über allem Schweren in diesem schweren Land gewesen war, Arbeiter, hebräischer Arbeiter, hebräischer Arbeiter im Land der Hebräer, Landarbeiter, Arbeitersiedler, der Ehrentitel, Arbeitersiedlungswesen, Arbeiterzeitung, Arbeiterkultur, Arbeiterbücherei, Arbeitertheater, der Arbeiter, die Arbeiterin, und jetzt Aufseher über Arbeiter, was also bleibt dem Menschen von seinem ganzen Glauben, von der Sauberkeit seiner Ideale, sein Haar wurde weiß, schon nicht mehr grau, sein Schnurrbart weiß, nicht mehr grau, ein gebeugter grauer Mann, und das ist schon nicht mehr Krise und nicht Rezession und nicht die Lage und nicht die Sorge, was sein wird, das ist, seht bloß, wie er aussieht, seht, was von dem ganzen Vater übriggeblieben ist, dem Mann, der das harte Land hatte sprießen lassen, und nun entglitt es ihm plötzlich, sackte ihm unter den Füßen weg, und da unten war nichts mehr, er hatte keinen Boden mehr unter den Füßen, doch warum sich länger damit aufhalten? Er steht jeden Morgen auf, er geht jeden Morgen zur Arbeit, nimmt im Weidenkorb sein in Zeitung verpacktes Mittagessen und die Flasche lauwarmen Tee mit und kehrt abends heim, liest die Zeitung, seufzt nicht, hat manchmal sogar ein schiefes Lächeln, für das Kind. Und so ist das.

Und Mutter, in der Küche, wenn er kaum noch lebendig heimkehrt, wie hat die Stadt Tel Aviv dir das antun können, und Vater, wie allen, und Mutter, aber du hast schon 1890 geschuftet, daß das Land was wird, ausgerechnet dich, was wär denn ohne dich hier gewesen, was sind das bloß für Menschen, und Vater, die Lage, und Mutter, was heißt Lage, man hat ja nicht alle entlassen, viele haben ihren Posten behalten, und Vater, die Krise, und Mutter, die Krise hat nicht alle hinausgeworfen, die schämen sich überhaupt nicht, wenn die Leute wüßten, und Vater, allen geht es so, allen, und Mutter, du hättst zu Berl Kaznelson gehen sollen, hättst an den *Davar* schreiben sollen, damit die Leute es erfahren, und Vater, alle wissen alles, und Mutter, die Menschen haben kein Schamgefühl, wen werfen sie denn raus, und Vater, alle hat man rausgeworfen, und Mutter, und all die Freunde, wo war mein Bruder Josef, und dein Bruder

David, was geht hier vor, und Vater, das ist ein Wirtschaftszusammenbruch, wie er noch nie dagewesen ist, und Mutter, nein, nicht für alle, für viele nicht, die arbeiten normal weiter, Muntschik wie gewöhnlich und Jatta wie gewöhnlich, bloß du, da muß man nicht schweigen, da darf man nicht schweigen, was ist das denn hier, was geht hier vor sich, und Vater, so ist das eben, und Mutter, was heißt hier, so ist das, einfach Respektlosigkeit, nicht nur dir gegenüber, mangelnder Respekt für all die Ersten, für die Väter, für die Gründer des Landes, und sie kann nicht fortfahren, ihre Schultern beben, und so verstummen sie, es bleibt nichts mehr zu sagen, und so ist das. Und Mutter beruhigt sich nicht und findet nicht ihren Platz, und Vater will nicht mehr sein. Und so ist das.

Wenn man vom Rabbinerhaus zur Jaakow-Straße hinuntergeht und dort nach links, kommt man zu den Häusern der Kolonie, klein und aus unverputztem Bruchstein, mit roten Ziegeldächern und vielen Eukalypten, kugelig beschnittenen Maulbeerbäumen und auch Kasuarinen und ein paar Grevilleen, und tief hinten in den Höfen die Pferde- und Rinderställe, aber wenn man vom Rabbinerhaus hinunter und dann nach rechts geht, kommen nur noch drei, vier Häuser, und plötzlich hört die ganze Kolonie auf, und der gesamte Osten tut sich auf, mit den Zitruspflanzungen und den Weingärten und den Mandelbäumen, die überraschend mitten im Winter ausschlugen, mit diesen unglaublichen Blütenwolken, und jetzt mitten im Sommer sackweise Mandeln liefern, zum Schälen auf den Höfen unter den riesigen, nicht beschnittenen Maulbeerbäumen, die im Innern des Hofes, zwischen Wohnhaus und Rinderstall stehen, wie schon in einer vergessenen Geschichte beschrieben, *Die Prachtkäferjäger* oder so, und die Rebgärten, von denen man bereits angefangen hat, Wagen um Wagen einzufahren, schier im Sand versinkend unter den schweren Körben voll reifer Trauben, die schon unterwegs gären und ein bißchen beschwipst machen, und mit den unbestellten Feldern, die man im Frühjahr umgepflügt hat, bis das wunderbare Rot hervorbrach, das in der Seele dieser Rotlehmerde liegt, mit eben diesem Weltgrundrot, der Roterde, *Admat Ha'adom*, aus dem ja der Adam, der Mensch geschaffen wurde, und weiter nach Osten bis zu den Maulbeerfeigenbäumen an der Grenze und bis zu den Olivenbäumen dahinter, und jenseits davon zeichnen sich schon die judäischen Berge ab, immer bläulich, immer wie in leichtem Rauch, und immer segeln Wolkenschattenfetzen über sie dahin, als sei dort schon das Ende der Segelpartie (und wer aus irgendeinem Grund mehr Einzelheiten wissen möchte, kann sie wiederum in Geschichten finden, die jemand mal veröffentlicht hat, warum also noch einmal erzählen, und dazu ist auch keine Muße heute, denn wie lange bleibt uns schon noch, wie zum Beispiel die Kinder in die Wasserbassins schwimmen gegangen sind, unter jenen Grevilleen in dem alten Zitrushain von Miller, oder von Jakobson, oder von den Förderwaggons beispielsweise, die man früher unter den Orangenlaubdächern sausen ließ, in den Tiefen der schamhaften Zitruspflanzungen, in der Tiefe des tiefblauen Schattens, mit den Nasen die Gespinste dösender Spinnen durchschneidend, und von den duftenden Akazienhecken, die die Sandwege unter sich einschlossen, sie in mit tanzenden Lichttupfern gesprenkelte Tunnelpfade verwandelten, oder über den Dung zum Beispiel, den man einst frühmorgens im Herbst von den Beduinen kaufte, die sich mit ihren vor Wut und Angst brüllenden Kamelen aus den ganzen Weiten des Südens versammelten, wobei alles abgewickelt sein mußte, bevor die Sonne am gleißenden Himmel zu stark wurde, und sie schließlich einen Riesenhaufen Dünger zurückließen, mit der Verheißung schöner Ernten an Jaffa-Orangen, hochgerühmt auf den Märkten Liverpools und Londons).

Bloß klingt das heute alles überflüssig, wie übertriebenes Schwelgen in vergangener Pracht, oder als versuche man etwas aufzuhalten, das zum Vergehen bestimmt ist, als wolle man sich über die Neuen erheben, die damals nicht hier waren, oder als ziehe man das Nichtvorhandene dem Vorhandenen vor, wieder dieses bekannte Klagelied für das, was einmal war, das wie alles Klagen die Hörer nur vergrault und im Verdacht einer schiefen Betrachtungsweise steht, die von vornherein alles Heutige ablehnt, und sowieso bleibt nicht mehr viel Geduld für all das, wir sind schließlich weder der Naturschutzverein noch die Landesdenkmalspflege oder die Gesellschaft für Archäologie von gestern. Auch von Onkel Mosche wollen wir hier lieber nicht weiter erzählen, nicht etwa, weil es nichts Erzählenswertes über ihn gäbe, diesen besonderen Menschen, Bauer und Dichter, Idealist und Mann der Tat, mit Herz und Seele dabei und doch seelisch zerrissen, feinfühlig, aber auch aufbrausend und verbohrt und sogar grob, der Prophet Jesaja ist ihm nicht weniger bestimmendes Faktum als die Bank der Anglo-Palestine Company, er kauft von den Arabern Böden, läßt es aber nicht zu, die Araber zu vertreiben, ist gegen die klassenbewußte Arbeiterbewegung, aber für die Verwurzelung des hebräischen Arbeiters in der Besiedlung des Landes, Mann des Friedens und Mann des Krieges, wortkarg bis zu dem Grad, daß er die Menschen verscheucht, und ein Redner, der die Empfindungen aller ausdrückt, gilt als wohlhabender Landwirt und ist doch immer in Bedrängnis, verbirgt seine Gefühle im Innern und weint plötzlich inmitten aller seiner Brüder wie einst Josef, und dann Onkel Mosches Haus, mit den immer kühlen roten Fliesen, und mit dem Eukalyptusbaum, der riesiger war als alle Bäume des Landes, ja vielleicht der Welt, und die friedlichen Spiele im Schatten dieses Riesen mit Jischai, wobei er aus all seiner Höhe nur leise über ihnen rauschte, mit den Nestern der schlauen Raben hoch droben in der Krone, und weder er noch sie ahnten etwas von dem, was ein paar Jahre später über sie kommen sollte, als man sich über diesen größten aller Bäume hermachte, ihn abhackte und umstürzte und entwurzelte und nicht eher ruhte, bis er nicht mehr war und sie ihn Stück für Stück zersägt hatten, damit nichts länger von seinem Vorhandensein zeugte und nichts mehr von ihm übrig blieb außer diesem Wohnblock, den man an seiner Stelle hochzog, ohne daß der wiederum wußte, worauf er stand, auch an Stelle des Hauses von Onkel Mosche mit seinen dicken Mauern, den roten Fliesen und dem engen Gürtel aus Eukalypten, der die Fenster rings umgab, ein festgefügtes, unerschütterlich stehendes Haus, Heim eines glücklich zu preisenden Mannes, das nun natürlich ebenfalls ausgelöscht ist wie alles andere, und der Wohnblock umfaßte sowohl das Haus als auch den Kuhstall dahinter und den Pferdestall, in dem zum Schluß nur Onkel Mosches Eselin stand, von der man noch ein, zwei Dinge wird erzählen müssen, ehe man zur Ruhe kommt, und die Hühnerställe und den Weingarten, der dahinter anschloß, und die Zitronenbäume, zu denen man immer geschickt wurde, um Tante Zilla in der Küche ein oder zwei Zitronen zu holen, sie alle hat der Wohnblock verschluckt, sie allesamt, ehe sie sich's versahen, und so ist das, und eine alte Geschichte, *Der Sturz aus der Krone*, scheint mir, berührt ein wenig diese Dinge, so braucht man keine langen Worte zu machen.

Auch über Onkel Mosches Touren zu den neuen Zitruspflanzungen ist doch schon irgendwo erzählt worden und über seine stattliche Kutsche, die im Fortschritt der Zeit und im Wandel der Epochen durch die Studebaker-Limousine mit Chauffeur Gross ersetzt wurde, und wie Vater dort ziemlich erledigt zwischen all den Neuerungen und all den wohlgedeihenden, schön grünenden, gut gedüngten und gutes Einkommen verheißenden Zitrusbäumen herumlief, und wie – vor allem andern und ohne jeglichen Zusammenhang, gewissermaßen eine vergessene Wahrheit, die sich als die größte aller Wahrheiten entpuppt –, wenn alle bereits gegangen waren und die Stille des Abends anbrach, dort am westlichen Saum der, den die Dinge dazu bewegten, auch vom Rand der Kolonie aus, die Sonne auf ihrer Bahn zum Untergang zwischen jenen Hügeln sehen konnte, über den Zitruspflanzungen, in einer sanften Mulde zwischen zwei schlicht gerundeten Hügeln genau am Horizont, der sich mit sommerlicher Trägheit rosa zu färben begann, und wie die Sonne sich dann in einen großen roten Ball verwandelte, der sich ohne jede Scham seiner ganzen gleißenden Hitzegrelle entkleidet und einen Moment später mit seinem ganzen königlichen Funkeln, schön und leicht und nackt, immer weiter herabsenkt, immer näher kommt und in diese Senke zwischen den Hügeln eindringt, die ihm von Urzeiten bereitet zu sein scheint, immer weiter eindringt, langsam und weiter und weiter, immer weiter dort hinein, in diese Wölbung, die offen ist, ihn zu empfangen, ihn in ihr bereites Inneres aufzunehmen, und einen Moment später wird der ganze heiße volle rote Ball in ihr sein, in der Mulde zwischen diesen Hügeln, und sie wird ihn völlig aufnehmen, und er wird völlig in sie kommen, ganz rot und ganz ganz heiß, und dann wird eine Fülle sein, wie es sie voller nicht gibt.

Eselin

Nein? Erinnert sich keiner? An Avdon, den Sohn Hillels aus Piraton? Er hatte doch vierzig Söhne und dreißig Enkel, und das Land geriet in Erregung, als die Sache bekannt wurde, wie all die siebzig hinauszogen, auf siebzig Eseln reitend, und das ist auch alles, was das heilige Buch über jenen Richter zu erzählen fand, der Israel acht Jahre nacheinander richtete, keine weitere Geschichte und kein größeres Ereignis als dieses, weder Sieg noch Niederlage, sondern nur, wie sie in wunderbarem Zug in langer Reihe, die vierzig Söhne voran und die dreißig Enkel hinter ihnen, auf siebzig Eseln ritten, und das war all sein Ruhm und Glanz, denen nichts mehr hinzuzufügen ist, oder Jair aus Gilead, klingt schon vertrauter, der ebenfalls Söhne hatte, allerdings nur dreißig, und ohne Enkel vorerst, und was taten all diese Gepriesenen anderes, als wiederum alle dreißig in langer Reihe auf dreißig Eseln auszureiten, und nach dieser besonderen Heldentat schweigt das heilige Buch und fügt nichts mehr hinzu, weder über den Mann mit dem leuchtenden Namen Jair («er wird erleuchtet») noch über seine dreißig prächtigen Söhne auf den dreißig Eseln, auch wenn wir etwas mehr von ihm erwartet hätten, und wie er zum Schluß nach den zweiundzwanzig Jahren, die er Israel richtete, ebenfalls zu seinen Vätern versammelt wurde, wie viele der Großen Israels, und in Kamon begraben liegt, wohl ein Ort in Gilead.

Und dann all jene Eselinnen, die Saul, Sohn des Kisch, suchen sollte, wobei er nicht ruhte, ehe er die Königswürde erlangt hatte, und der Esel unseres Vorvaters Abraham auf seinem gebeugten Gang zum Berg Morija, und die Prophetin Debora, deren Herz denen gehörte, die auf weißen Eselinnen ritten, und der Prophet Sacharja, der immer noch harrt des gerechten Königs, der auf einem Esel reitet, auf einem Fohlen, dem Jungen einer Eselin, und dann erst jene Eselin, die einmal den Mund auftat und vernünftige Worte sprach: Was habe ich dir getan, daß du mich jetzt schon zum drittenmal schlägst – doch wer weiß denn andererseits nicht, was so ein Esel gilt, wo es doch nichts Elenderes gibt als einen Esel, keine größere Schmach als ein Esel zu sein, ja daß da nichts Dürftigeres ist als eine Eselin und auch nichts Billigeres, daß ein Eselsfüllen weiter nichts ist als ein *Dschachsch*, wie die Araber sagen, und daß du mit zwanzig Pfund und ein wenig Geschick beim Handeln einen Esel dein eigen nennen kannst, der sich mit dem, was das Pferd übrigläßt, und Küchenabfällen begnügt, und man reitet auf ihm ohne Sattel zwischen Rücken und Hinterbacken, und außer einigen lautstarken Brüllern hier und da, die nur ganz langsam ersterben, trägt dieser Elende seine Last schweigend, ja man redet nicht einmal mit ihm, sondern es genügt schon ein schmatzendes

Schnalzen ntz ntz ntz oder ein anspornender Schrei, der sich etwa wie ein langgezogenes, gutturales chaaah anhört, und es braucht nur ein peinliches Pieken mit einem Zweiglein an peinlicher Stelle und ein aufreizendes sarrr, damit er anfängt zu brüllen oder begierig ist, eine Eselin zu bespringen, und er hört nicht, sondern senkt nur den großen, schweren Kopf und verfällt in ein Sinnen, das dem Prediger Salomo nachzueifern scheint, ganz und gar grau, weder weiß noch schwarz, abgesehen vielleicht von den Ehrwürdigen in den Geschichten und den Teuersten und Höchsten unter den Jungen einer Eselin sowie denen, die die Esel Pferdestuten machen, damit sie zu ihrer Herzenswonne ein Maultier gebären, doch der, der hier überlebt hat, ist nur so mausgrau, mit weißem Bauch, einen schwarzen Streifen auf dem Rückgrat, schwarze Kringel um die Nüstern, das ist alles, und auch das Gesagte ist schon zuviel.

Und Onkel Mosche hatte, wie gesagt, eine Eselin. Abdul Aziz, der Mann, der Hof und Haushalt unter sich hatte, ein ehrlicher Mensch von würdevollem Auftreten, ein sauberes Tuch um den Kopf geschlungen, grauer Schnurrbart und traurige Augen, legte ihr zunächst den plumpen Sattel auf den Rücken und den unnötigen Zaum ins Maul, dann seufzte Onkel Mosche, stieg auf einen Stein, schwang ein Bein über den Sattel, gewann Halt und richtigen Sitz und sprach sie kurz mit dem Gebot *yallah* an, worauf er erneut seufzte, und die Eselin, die immer die Oberschenkel der Hinterbeine mit dem schwarzen Fleck über dem rechten Huf eng zusammenhielt, so daß sie beim Gehen fast aneinanderrieben, schüttelte ihren großen Kopf und machte sich auf den Weg, vergeblich alle Versuche, sie zur Eile anzutreiben, mit allen bekannten Beschleunigungstricks, vergebens auch Stock oder Peitsche, sie trabte gut und willig und kannte den ganzen Weg von selbst, bis sie bei der Zitruspflanzung ankam und an dem Pfosten hielt, an den man sie anband, mit der Futterwanne fertig vor sich, und nie und nimmer rannte sie, es sei denn auf dem Heimweg, wenn man bereits das Zuhause roch, dann brach sie plötzlich in einen Rittergalopp aus, als sei sie ein schnelles Rennpferd im Finale, keine Macht der Welt konnte sie dann bremsen, der Kluge, der richtig saß, blieb oben, der Dummkopf, der ob des Laufs erschrak, fiel hinunter, und selbst wenn der Weg menschenleer schien, brach von allen Seiten schadenfroher Jubel über den schmählichen Sturz aus, ja dergleichen hat es schon auf der Welt gegeben, und es ist auch klar, wer jener elende Purzelbaumschläger war.

So eben, in einer Welt, in der plötzlich alles zu laufen, sich rasch zu verändern begonnen hatte, man abends schon keine Petroleumlampe mehr anzündete, sondern elektrisches Licht, und das Wasser im Zitrushain neuerdings strombetrieben gepumpt wurde, so daß die Flötentöne in den Pflanzungen langsam abnahmen, man dort auch kein Wasser mehr in Bassins aufzustauen brauchte, die den Lausbuben der Kolonie nebenbei als Schwimmbecken dienten, und viele bereits Pferde und Esel durch Autos ersetzt hatten, nicht durch das Ford-T-Modell, sondern durch richtige Fords und Chevrolets, ersetzte auch Onkel Mosche seine Eselin durch die berühmte schwarze Kutsche und diese wiederum durch den Studebaker mit Chauffeur Gross, ließ dabei aber die Eselin als Denkmal in dem leeren Pferdestall auf dem Hof stehen, wo sie Häcksel fraß, ohne etwas zu tun, außer kurzen Ausritten mit dem jungen Taleb ben Abdul Aziz, der zum Lebensmittelladen des lila bebrillten Padowa geschickt wurde, der Öl in die Flasche abmaß, mit einem großen Messer ein Stück Halva zersäbelte und aus weit offenen Säcken auf den Waagschalen mit den Rotel- und Unzengewichten haargenau Reis, Erbsen und Buchweizen abwog und in braune Papiertüten füllte, denen er in Landschaftsbilder verpackte Schokoladentäfelchen hinzufügte, und von dort weiter zur Bäckerei oder auf die Post, würdelos dahintrottend, ohne daß er etwas dagegen tun konnte, und erst auf dem Heimweg, wenn die

Eselin bereits die Krippe roch, brach sie überraschend in ritterlichen Galopp aus, und der stürzte schmählich von ihrem Rücken, wobei der Lebensmittelkorb sich um ihn her in den Sand entleerte, und so, da die Eselin gewissermaßen aus der Mode und ein gewisser Junge damals ohne seine angestammte Gruppe war, nicht mehr den ganzen Tag von ihr umringt und nicht mehr allenthalben mit ihr strömend, und eine neue Gruppe noch nicht gefunden hatte, da die andern nichts für ihn waren und er nichts für die andern, verwundert es nicht, daß diese beiden verlassenen Nichtsnutze einander fanden, anfangs noch zaghaft, nach Bitte um Erlaubnis von Abdul Aziz, der die Hauswirtschaft unter sich hatte und fast immer einwilligte, und dann erfüllte sogar Onkel Mosche ihm eines Tages, der nicht sein unguter war, den Wunsch, musterte ihn ernsthaft, wenn auch mit einem Lächeln, wie man es Kleinen gegenüber aufsetzt, stellte dazu die schicksalsschwere Frage, und wohin wendest du dich?, worauf der Angesprochene auf der Stelle erwiderte, an den Scheideweg, in der Sprache Achad Haams, zu dessen Schülern und Bewunderern Onkel Mosche zählte, und da lächelte der Onkel, sagte auch *nu nu* und seufzte, und fortan war es gewissermaßen von höchster Stelle genehmigt, daß die zwei, der Junge und die Eselin, zu jeder Stunde, in der die Welt die beiden vergaß und ihnen keine überflüssigen Botengänge auftrug, gemeinsam ausreiten durften, mit der vollen Absicht, sich die Welt anzugucken, zuerst nah, um die Häuser der Kolonie, dann zu den Zitruspflanzungen und danach tief in die leeren Flächen jenseits der Plantagen, in die Wein- und Ölgärten und zwischen den Maulbeerfeigenbäumen an der Grenze hindurch, ja sogar über die Grenze des bebauten Landes hinaus, sei es auf die Sykomoren Ramlas zu, sei es zum Tel Batiach bei Satariya, und ganz bis an die schönen leeren Hügel, über denen sich plötzlich in fast rauchigem Blaßblau und mit darauf wandelnden Schatten die Berge abzeichneten, in Richtung auf das unsichtbare Jerusalem.

Und es gibt Stunden des Schweigens. Plötzlich stoppt die Eselin bei etwas, das ihr probierenswert aussieht, plötzlich hält er sie bei etwas an, das ihm prüfenswert erscheint, mal eine Agame, die betend vor einem schiefen Zaun auf und ab wippt, mal die Schlängellinie einer im Sand entglittenen Schlange, oder ein Eisvogel, der auf einem Pfosten steht und nach einem dummen Frosch ausspäht, oder sie beide an einem Hahn im Zitrushain, er aus der hohlen Hand, und für sie sucht er einen herumliegenden Eimer oder Topf, Menschen sind fast keine da, alle irgendwo beschäftigt, nur verborgene Turteltauben verstreuen eintönige Ketten von Gurrs und Garrs, drei und drei, und noch drei und drei, als hätten sie unendlich viele Drei-und-dreis auf Lager und als hätte jemand Gefallen an all der Fülle ihrer vergeudeten drei und noch mal drei, und manchmal stoppt sie plötzlich und wölbt den Rücken nach innen, um aus ihrem Hinterteil einen dikken gelben Strahl nach Art der Eselinnen zu schütten, und er steigt taktvoll ab, greift die Idee auf und läßt die Hose hinunter, um nach Jungenart einen dünnen Strahl Pipi zu machen, und manchmal reitet er nicht und trägt sie ihn nicht, sondern Seite an Seite, ohne daß sie ihm entfliehen oder er ihr nachjagen würde, trotten sie in völliger Übereinstimmung mit sechs dünnen Beinen über Sand und Rotlehmboden zwischen Akazienhecken, und die Welt bietet sich mit verdächtiger Sorglosigkeit dar, völlig gleichgültig und unbekümmert, ist nur wohlig hingestreckte Erde, fest und ganz diesem klaren Hitzebrand hingegeben, den nichts stört, weder der Flügelschlag eines Schmetterlings noch der Flug eines vergessenen zarten Sängers zwischen den Hecken, und sie sind nicht erpicht darauf, Schatten zu finden, was soll an der Sonne schlimm sein, und auch nicht, eine Ruhepause einzulegen, was soll am Laufen schlimm sein, was denken die beiden, worüber sinnen sie nach, die Eselin gewiß über den Prediger Salomo und der Junge wohl über das Schweigen des Rotlehms, und es ist auch nicht weiter wichtig, bis sie plötzlich merken, daß sie zurückkehren müssen, und sie, diese mausgraue Eselin, weiß von jedem noch so fernen Ort den kürzesten Weg heimwärts zu ihrem Futtertrog in Onkel Mosches leerem Pferdestall, in dem von allen Gerüchen nur noch der Muff des Trogs und der öde Hauch von Spinnweben übriggeblieben ist, und zu dem sie nun in letzter Minute noch in irren Lauf ausbricht, den man ebenfalls hinnehmen muß. Und so ist das.

Und was war vor den Spaziergängen durch die Welt mit dieser Eselin, die Welt und ihre Wunder haben doch nicht mit der Eselin angefangen – jetzt kann man's erzählen, wenn auch mit etwas gedämpfter Stimme, denn bevor die Eselin frei war, mit ihm durch die Welt zu spazieren, doch immerhin ein lebendes Wesen, spazierte er auch schon durch die Welt, ganze warme Nachmittage, mit oder ohne genügende Ausrede für Mutter, und nicht allein, sondern mit einer kleinen hölzernen Schubkarre, auf zwei Rädern, weil der Mensch immer noch jemanden braucht, um gemeinsam zu gehen, selbst wenn es nur jemand augenscheinlich ganz Hölzernes ist, um bloß nicht mit sich selber zu reden, wovor es sowieso kein Entrinnen gab, Reden und Gespräche, manchmal sogar ziemlich drangvoll hier und da, man schämt sich direkt, es zu erzählen, weil das alles so dumm aussehen kann, wenn herauskommt, daß ein großer Junge allein herumläuft und eine kleine Schubkarre vor sich herschiebt, mit der er sich schweigend unterhält, er sagt etwas und antwortet für sie, und sie versteht immer, bis in die Wurzeln der verborgenen Dinge, wie sonst keine, und es ist auch beschämend, einzugestehen und zu erzählen, wie er sie hingebungsvoll und erfindungsreich zusammengebastelt hatte, aus zwei verwaist aufgefundenen Rädern, zwei glatt geschmirgelten Griffen und einem hölzernen Ladebecken in Form eines Bootes, dem von Robinson wahrscheinlich, und alles wirklich gut gearbeitet ohne Schreinerwerkzeuge, und man konnte sie nehmen und über die Pfade schieben, folgsam und geölt und gehorsam und lautlos rollend und laufend, und ihre Spuren auf die vermuteten Fährten der großen Entdecker lenken, Schlängellinien mit ihr fahren auf diesem geraden, flachen Pfad, der verschlafen vor sich hin döste mangels Nutzen und Nutzern, wenn wir von den Ameisen absehen, die niemals ruhen, oder von einer überraschten Eidechse, die einen Moment aus ihrer nachmittäglichen Trägheit aufschreckte, sich immer weiter übers Flachland schlängeln wie über gefährlich steile Hänge an Abgründen entlang, mit Mühe verlorene Spalten umgehen und als erster unbekannte Länder entdecken, wobei die verblüffendste Erfindung gewiß die Bremsen waren, die er jener kleinen Schubkarre anmontiert hatte, die man doch leicht im Ganzen auf die Schulter nehmen konnte vor lauter Leichtigkeit, die du dir aufladen konntest, ohne daß sie sich je etwas aufgeladen hätte, außer einmal vielleicht diesen Welpen, den er verlassen und elend jaulend auf dem Weg gefunden hatte, bald darauf aber, noch bevor er zu Mutter heimkam, mit Verlaub wieder absetzen mußte, nicht nur wegen eines ekligen Flohs, der auf ihm krabbelte, sondern vor allem wegen dieses lauten Jaulens, das sich durch nichts abstellen ließ, auch nicht mit ein bißchen Kondensmilch, das er in einer verbeulten Dose fand, die er seinetwegen mit Nagel und Stein aufgemacht hatte, hervorragende Bremsen, die auf leichten Druck kraft einer mächtigen Feder vorschnappten und die beiden Räder mit einem einzigen triumphalen Streich bremsten, und warum in aller Götter Namen braucht ein kleiner Handkarren Bremsen – das ist genau der springende Punkt, Bremsen um ihrer selbst willen, *l'art pour l'art*, für den Sieg des Fortschritts vermutlich, denn eine Schubkarre braucht ja Bremsen wie ein Vogel eine Gangway, ein Ulk, der kaum für ein sechsjähriges Kind paßt und sonderbar anmutet, wenn nicht gar unbehagliche Befürchtungen weckt, wenn von einem Zwölfjährigen die Rede ist, das muß man sich erst mal überlegen, wahrlich eine Verbesserung um der Verbesserung willen, und mit dieser besonderen, perfektionierten Schubkarre streifte er ganze Nachmittage durch die Zitrushaine und über die leer und bloß in der Sonne liegenden Flächen, wobei der eine närrisch Dinge zwischen ihm und ihr murmelte, obwohl sie ihm nichts antwortete, er nur ihre Worte aufschnappte und ihren Part an der Unterhaltung mit übernahm, und so zogen sie weiter, die Welt zu erobern, nicht weniger als jeder Vasco da Gama, nur vielleicht mit einem gewissen Maß an Bescheidenheit, dennoch, und wenn die Welt es nicht nötig hatte oder sich nicht darum scherte, daß sie etwas in ihr entdeckten, ein Geschöpf und seine Schubkarre, so war es ihnen selbst doch sehr wichtig und angelegen, mehr an ihr zu entdecken, ja ehrlich gesagt gingen sie auch hin und entdeckten jeden Tag mehr und mehr, das läßt sich nicht leugnen.

Doch jetzt war alles in rascher Veränderung begriffen, und nur einige hinkten noch hinterher, als habe man ihnen eine Atempause zwischen den Zeiten gewährt, wer weiß wie lange, und es kann auch kein Mensch heute erraten, was zum Beispiel morgen aus diesen behäbigen Zitruspflanzungen mit ihrem tiefen Grün und den markterobernden Früchten wird, oder aus den Weingärten, die derzeit in ihrem Schoß ein paar zuckersüße Träubchen verbergen, glücklich, wer diese Vollreifen ergattert, oder was mit diesen Brachflächen wird, von der Welt gelegentlich heiß angepustet und angeprustet, auf denen sich sonst nichts bewegt oder verändert, außer gemächlich von Jahreszeit zu Jahreszeit, mit all den Mohnblumen und all der Hundskamille und den dichten Heerscharen herrlicher Lupinenblüten, die nachher von allen möglichen Hasenschwänzchen und andern Zittergräsern abgelöst werden, was wird an ihre Stelle treten, denn sie werden nicht bleiben, als sei das hier keine flache Ebene, sondern ein steiler Felsen, von dem alles abzugleiten und wegzurutschen beginnt und einen Moment später weg und verschwunden ist, und vielleicht ist es ein Glück, daß kein Mensch es weiß und kein Weiser das Kommende voraussieht, so daß es vorerst, solange die großen Ferien andauern, noch möglich ist, daß ein Junge und eine Eselin weiter jeden Tag hinausziehen, zu nichts aufgefordert, zu nichts nütze, zu nichts ausgesandt, die Sand-, Kurkar- und Rotlehmwege entlangschlendern und dabei lernen, daß die Mineralien, aus denen die Welt besteht, Sand, Kurkargestein, Rotlehm und deren Verbindungen sind, die weder mit Mensch noch Esel reden, nicht mit dem oder jenem debattieren, und wenn sie zuweilen an einer altmodischen Zitruspflanzung vorbeikommen, die noch von einer veralteten Dieselpumpe bewässert wird, mit dem alten Glaszylinder, der dem Auswerfer hoch überm Dach aufgestülpt ist, befestigt mit einem alten Drahtende, das der Mechaniker umgewickelt und so lange ausgerichtet hat, bis der Zylinder im richtigen Winkel zu den ausgestoßenen Dämpfen stand, damit diese vergnüglich ihre Flötentöne darauf blasen können, in rhythmischen Schlägen und in der gewählten Tonfarbe, dann staut sich das Wasser auch immer noch altmodisch in dem vergessenen Bassin, weshalb der junge Bursche mit zwei Schüben das bißchen Kleidung ablegt und mit einem Kopfsprung ins Wasser gleitet, direkt eine Schande zu erzählen, wie wohl ihm dabei ist, und dann klettert er halb erfroren heraus und legt sich so, wie er ist, in den lockeren, warmen Sand, geborgen und liebkost, den Rücken der warmen Sonne zugewandt, den Bauch zum nachgiebigen Sand, der warm ist und auch warm kitzelt hier und da.

Und wie kam es, daß kein Mensch auf der ganzen weiten Welt war, kein Mensch was oder wie fragte, daß sie jeden Tag ein weiteres verborgenes Plätzchen entdeckten, von dem sie weder gewußt noch geträumt hatten, und niemanden zu fragen brauchten, wie man hin und wieder zurück gelangte – ganz einfach, so war's eben. Und in einem Packhaus besserte ein einsamer Arbeiter mit seinem uralten Beil Feldkisten für die nächste Saison aus, und auch er ließ sich nicht träumen, daß man bald in den mechanisierten Packhäusern an der Bahnstation abpacken und ihn mitsamt seinen Feldkisten nach Hause schicken würde, weder Kisten noch Flicken noch Hammer noch Beil noch Arbeiter, denn die Früchte würde man im größten der Riesenbehälter geradewegs zu dem breiten Förderband bringen, das sie im Handumdrehen zum Waschtrog und zu den Reinigungsbürsten und zum automatischen Sortieren und Packen befördern würde, fast ohne menschliche Berührung, eben diese teuren Orangen, bei denen man alle Arbeiter wieder und wieder ermahnt hatte, ja behutsam mit ihnen umzugehen, als seien es rohe Eier, als löse ein klein wenig stärkeres Drücken oder ein nicht ganz streichelndes Angreifen der Frucht eine Beinahschadstelle aus, die ein winziges Tröpfchen absondere, worauf beim ersten Beinahfunkeln augenblicklich eine Million Läuse, Pilze und sonstige Höllenkreaturen heranstürzten und die Fäulnis einleiteten, die sich auf dieser einen Frucht ausbreiten würde, um dann die andern, sie berührenden anzustecken, und die Kiste, die über das ganze große, stürmische Meer bis nach England fährt, mit Bahn, Schiff und wieder Bahn, wird dann endlich aufgemacht, und siehe da, alles verfault, und weiter so von Kiste zu Kiste, die ganze Sendung verfault, und nicht nur, daß der Bauer die Hände vors Gesicht schlägt und keine Agura bekommt, sondern der gesamte Markt für Jaffa-Apfelsinen kollabiert, und hierzulande wird große Hungersnot ausbrechen nebst Arbeitslosigkeit und furchtbarer Verzweiflung, und da seht euch an, wie sie sie heute pflücken und ohne viel Federlesen in den Behälter werfen, und dann kommt ein Kran und hebt sie leichtweg auf einen Lastwagen, der leichtweg mit tausend Behältern, zu höchsten Höhen aufgestapelt, losfährt, und dann mit einem Schwupp hinein in die große Trichtervorrichtung, und von dort weiter bis zum Ende des Weges, nicht etwa in Holzkisten, die ein geübter Schreiner mit seinem alten Beil in langjährig gesammelter Erfahrung zusammenzimmert, sondern einfach in maschinell gefalzten Kartons, nicht in Schmuck- oder Seidenpapier gewickelt, sondern nackt wie am Tag ihrer Ernte, nur mit irgendeinem stinkenden Greuel besprüht, gegen all jene Höllenkreaturen, die das Menschenwerk verfaulen lassen, und von dem Augenblick an, da sie den Baum verließen, haben sie sich in ein Industrieprodukt verwandelt, das zum Teil in der Schale, zum Teil in Dosen und Flaschen verkauft wird.

Dabei hatte er doch noch im Winter, gleich nach ihrem Eintreffen aus Tel Nordau, staunend an der Tür des Packhauses in Onkel Mosches alter Zitruspflanzung gestanden und unverwandt bewundert, was da endlos vor sich ging, denn das Packhaus war nicht, wie es auf den ersten Blick schien, irgendein Lagerhaus aus Wellblech und Zementblökken mit großen geteilten Fenstern, sondern – nicht zu glauben – ein wahrer Tempel, dämmrig, ernst, still, weich ausgepolstert, weiche Matten, weiche Wandverkleidungen, Sackröhren gefüllt mit Weichem, und rings im Kreis sitzen die Leviten, Diener des Heiligtums, und in der Mitte, die Beine untergeschlagen, sitzt der Hohepriester beim Packen, vor dem man nichts sagen, nichts tun und nichts wollen darf, ohne daß er ein Zeichen gibt, die offene Kiste ist schräg vor ihm aufgestellt, innen mit weichem Papier ausgekleidet und in zwei Kammern unterteilt, und er nimmt von dem Haufen der Eingewickelten vor sich die ihm erwünschte Frucht und legt sie flink mit Meisterschaft und weiser Begabung dergestalt hinein, daß in jede Kammer genau gleich große Reihen von gleicher Zahl zu liegen kommen, fehlt etwas, wird mit Kleinerem aufgefüllt, ist es zuviel, wird ausgetauscht, behutsam mit glatt gestutzten Fingernägeln, doch all seine Flinkheit gleicht nicht jener der einwickelnden Mädchen um ihn her, deren Hände fliegen, wenn sie die Frucht aufheben und in Papier einrollen, ein Vorgang, zusammengesetzt aus mehreren Bewegungen, die wie zu einer einzigen flinken verschmelzen, wobei ihre Oberkörper vor lauter Geschwindigkeit im Takt auf und ab wippen, und dann plazieren sie, ohne zu werfen, die eiergleich zerbrechliche Frucht auf den nach Größe sortierten Haufen, während der nackte Stapel, von dem sie hastig zum Einwickeln greifen, von den Sortiererinnen aufgetürmt wird, die jede nackte Frucht in ihre schmale

Frauenhand nehmen, letztere bereits mit einer ätherischen Feuchtigkeit gesalbt, die trotz aller Vorsicht von der Frucht herrührt und nun schwarz und klebrig wird, rollen jede Orange und drehen sie, ob kein Befall daran ist (der die Kiste, die ganze Sendung zugrunde richten und dem Land Hungersnot bringen würde), schleudern die Verdächtigen erbarmungslos zur zweiten Wahl hinaus, am Abend kommt der Jemenite vom Markt und nimmt sie mit, und wenn der pakkende Hohepriester, von gewichtiger Stille umgeben, die kein Mensch zu stören wagt, weder durch Reden noch Singen, durch kein Husten und kein Niesen, fertig wird und die Kiste schon gänzlich mit hübsch aufgereihten Eingewickelten gefüllt ist, klopft er mit der Hand auf ihre Seitenwand, worauf der Schreiner sich im Nu niederbeugt, sie aufzuheben, trotz ihres Gewichts ohne Grimasse, und sie an seine Schürze gedrückt hinausträgt, auf seinen Schreinertisch abstellt und zurückhastet, in der Hand bereits eine leere Kiste, die schon mit Seidenpapier ausgekleidet ist, und dann, wieder zurück, legt er dünne Latten über den offenen Schlund der vollen, ordnet sie in gebührenden Abständen an und schlägt von den Nägeln in seinem Mund jeden mit einem gezielten Beilhieb genau am richtigen Platze ein, um die Kiste zu schließen, legt die Weidenbeschläge um, angefeuchtet, um sie geschmeidig zu machen, und befestigt sie mit Nägeln ohne Fehlschlag, denn falls auch nur eine Nagelspitze eine einzige Orange beschädigen sollte, würde sie faulen und dann die ganze Kiste und die ganze Sendung, und Hunger würde im Land ausbrechen, und nun, da die Kiste vernagelt und bereift für ihre lange Reise fertig ist, kommt der «Heber» und hebt die Kiste, leicht unter ihrem Gewicht taumelnd, trägt sie vorsichtig, denn Apfelsinen sind wie Eier, und setzt sie auf den Kistenstapel, der immer höher wird, ohne umzukippen, holt nun die Stempel und notiert sorgfältig Anzahl und Größe der Früchte und die Nummer der Pflanzung (denn wem sollen sie sonst zahlen?), und ob die Kiste *large* oder *medium* ist, Kiste auf

Kiste klar beschriftet, bis dann die Kamelkarawane kommt, und das ist die Stunde des großen Brüllens, die Treiber sind die Schlagenden und die Kamele die Geschlagenen, und die Treiber schreien auf sie ein, bis sie endlich die Knie beugen und sich richtig niederlassen, nicht ohne dabei möglichst eine verirrte Orange zu schnappen, sie mit ihren beängstigenden gelben Zähnen zu zermalmen und dafür von den Erzvätern aller Kamele und deren Göttern, soweit Kamele einen Gott haben, eins auf den Hut zu bekommen, und wenn alles schon aufgeladen und gut verzurrt ist, vier Kisten zur Rechten, vier Kisten zur Linken und eine dazwischen auf dem Sattel, fangen sie an sich darüber zu erbosen, daß sie wieder aufstehen sollen mit all der Last auf dem Rücken, und eines hinter dem andern angebunden, ein Treiber vorn, einer am Ende der Karawane, machen sie sich auf den Weg zur Bahnstation, trampeln unter den Akazienhecken durch den tiefen Sand, in dem ihre breiten Hufe kaum versinken, und das Leitkamel beginnt schon mit seiner großen Glocke zu bimmeln, wie auf dem Bild auf den Einwickelpapieren und den Kisten unter dem Firmennamen *Pardes* – ein kistenbeladenes Kamel bimmelt mit seiner Glocke, und auch all die andern Kamele auf dem Bild tragen bimmelnde Glocken –, und dann packt dich plötzlich die unleugbare Angst, daß all das zugrunde gehen wird, zugrunde gehen muß, da gibt es keinen Ausweg.

Falls jemand jedoch aus irgendeinem Grund noch weitere Erinnerungen wecken möchte vom Tempel mit dem Hohepriester und den Leviten, die um ihn her im Heiligtum dienten, wird er unschwer einige Geschichten finden, darunter *Onkel Mosches Kutsche*, über das bereits erwähnte Gefährt, oder *Die Geschichte von den Pflanzungsbähnchen* oder *Die Prachtkäferjäger* und all die andern, die einmal erschienen und dann entschwirrt sind, wie diese Glühwürmchen, die aus- und angehen, oder wenn jemand unbedingt begreifen will, was es dort gibt in den Zitruspflanzungen und den Weingärten und auf den Brachflächen dazwischen, die die beiden nicht müde werden, wieder und wieder zu durchstreifen, nur sie beide allein, während alle Welt hinausgeht und arbeitet und Nutzen bringt, oder warum sie nur zwischen Himmel und Erde herumlaufen, nur zwischen Bäumen und Gräsern und nur zwischen der Farbe der Rotlehmerde und deren besonderem Geruch, und nicht wie alle andern, die sich besonders gern unter Menschen bewegen, beziehungsweise unter Eseln, so läßt sich dafür schwer eine gute Antwort finden, außer daß es so offenbar gut war, und außer daß Himmel und Erde und Bäume und Gräser und die Farbe der Rotlehmerde und ihr Geruch anscheinend eine Art haben, sämtliche Lebenssäfte eines gewissen Jungen im Innersten zu berühren, und außer daß die Eselin ohne besondere Absicht ein unbelastetes Zusammengehörigkeitsgefühl schafft, ohne mehr als jede gewöhnliche Eselin zu tun, gleichgültig gegenüber allem, abgesehen von einem Gräschen hier, einem Gräschen dort, das ihr offenbar lieber ist als fades Häcksel in der Enge des leeren Pferdestalls, und daß dieser Junge, wenn er nicht still auf seinem Platz sitzen mag oder doch einen oder zwei Freunde sucht, vorerst aber keine hat, ohne Worte und Reden sich mit nicht vorhandenen Zuhörern anfreundet, zu ihnen spricht, zu dem Nichts und zu dem Offenen vor sich, und zu den besorgten Ohren der Eselin, als setze er eine Unterhaltung fort oder lasse sie wieder aufleben, viele Dinge, die gesagt werden müssen, darunter fertige Dinge und Dinge in ihrer Entstehung, stellt auch Fragen, die sonst kein Mensch fragt, und beantwortet sie, doch wenn die Frage lautet, warum er so ist, ist sie vergeblich, denn wer könnte das beantworten, vielleicht einfach, weil er nun mal so ist, und daß etwas in seinem Innern sich füllt, etwas, bei dem gut ist, daß es sich füllt, ohne daß er wüßte, was dieses sich Füllende ist, aber es füllt sich, füllt sich und ist begierig, sich noch weiter zu füllen, und zu sehen, gut zu sehen, detailliert zu sehen, und Worte zu suchen, und Sehen ist wie Berühren, und Berühren ist wie Sein, und Sein ist wie Machen, und Machen ist wie richtig Sagen, ohne Abstriche, wie zum Beispiel an einem Feldrain sitzen und nur aufsaugen, aufsaugen, wie die Blätter der Pflanzen das Licht absorbieren, das bekanntlich Chlorophyll in ihnen herstellt, ohne das es ja kein Leben gibt, oder auf einem hohen Zweig sitzen, während die Eselin unten grast, und auch dort aufsaugen, und an der Wegbiegung anhalten und aufsaugen, wie sie sich biegt, oder aufsaugen, wie die Dächer der deutschen Farm bei Beer Jaakow unter jenen Eukalypten plötzlich ein stilles Eckchen schaffen und aus irgendeinem Grund an Chorgesang erinnern, auch wenn die ganze Zeit eine Art tiefes Summen nicht aufhört, vielleicht wie eine verborgene Drohung, und ehrlich gesagt, unter all dieser trägen Spätsommerhitze ist es die ganze Zeit kalt, unter der scheinbaren Hitze, obwohl es in der Tat heiß ist, lauert Kälte. Gewissermaßen.

Doch eines Tages, ohne Vorankündigung, entdeckte er Herrn Millers Bibliothek (ist nicht auch das schon mal irgendwo erzählt worden?), eines Tages plötzlich, ohne daß er noch wüßte, aus welchem aller möglichen Gründe eigentlich, er wird hineingebeten, steigt die Holztreppe hinauf zum ersten Stock dieses besonderen Hauses in der Nenucha-Wenachala-Straße, die auch Straße der Millionäre genannt wird, eben weil dieses Haus so besonders ist, zwei Stockwerke hoch, umringt von Washington-Palmen, die auf ihren masthohen, geschmeidigen Stämmen schwanken, die immer feucht aussehenden Wedel ständig in voller Größe im Wind fächelnd, umgeben von einem Rosen- und Blumengarten, und immer wird dort dauernd alles reichlich bewässert, und alles ist feucht und duftend. Man geht hinauf und auch hier kühle rote Fliesen und eine hohe, weiß gestrichene Decke, dazu fundamentale Stille, und er wird gebeten einzutreten durch die hohe weiße Tür und einen Augenblick zu warten, und das ist auch leicht und still zu bewältigen, und es scheint angebracht, hier nur leise auf Zehenspitzen zu gehen, weil es wirklich so richtig ist, als plötzlich, drinnen, schwer zu sagen, der Atem stockte plötzlich, denn dort drinnen, groß und ganz ringsum war die Bibliothek mit unzähligen Borden, von denen nichts mehr in Erinnerung ist als ihre horizontalen schwarzen Linien, auf und unter denen aufrecht die Buchrücken standen, Hunderte, Tausende, Myriaden, mehr noch, Bücher über Bücher, die meisten dunkel, und die paar roten, blauen oder grünen dazwischen unterstrichen nur das Dunkel der Bücher im Ganzen, Abertausende von Bänden, kerzengerade, einer neben dem andern, in diesem riesigen Zimmer, das wie ein Saal wirkte, als nähme es den gesamten zweiten Stock ein, als übersteige es jede menschliche Vorstellungskraft, großer Gott, Bücher bis an die Decke, Bücher ringsum an allen Wänden, und nicht unordentlich oder unachtsam übereinandergestapelt, auch nicht kalt und verschlossen und weggestellt, sondern warme Bücher, in denen die lesen, die sie lieben, und plötzlich gibt es auch Fenster in der Wand, gen Westen, nach der Sonne zu urteilen und nach dem Wedeln der Palmen und dem Wehen der Gardine in der Brise vom Meer, und auch gen Osten, nach dem offenen Blick in Richtung auf die fernen Jerusalemer Berge, und dann entdeckt man noch einen schwarzen Schaukelstuhl in der Ecke und einen Riesentisch mit Büchern darauf, als plötzlich jemand eintritt, von dem nicht mehr erinnerlich ist, wer oder was, und in jenem Augenblick war es auch egal, vermutlich Herr Miller selbst, ein nicht sehr großer Mann mit kleinem Bärtchen, ein großer Zitruspflanzer, dessen Söhne auf Pferden reiten und in dessen großer Zitruspflanzung dieses große Wasserbassin liegt, er redet nicht viel, aber er ist ein guter Freund von Onkel Mosche, und manchmal schließen sie sich ein, und man darf sie nicht stören, darf kaum atmen, und wenn es erlaubt gewesen wäre, hätte er gebeten, zu seinen Füßen hier auf dem Teppich sitzen zu dürfen, ja wenn man ihm doch ein bißchen Wasser geben wollte, denn er ist ganz ausgedörrt, nur sich einen Moment beruhigen und alles genauer angucken, mit der erforderlichen Ruhe, was aber nicht drin war bei dieser Schockbegegnung, nach der er taumelnd und torkelnd wie ein Betrunkener heimkehrte und weder Mutter noch Vater was zu erklären vermochte, nur schlafen ging, und erst einige Zeit später erteilte man ihm lächelnd Erlaubnis, und Frau Miller war leise und freundlich, und nur nichts anfassen oder durcheinanderbringen, eine Schandtat, für die er persönlich jeden hingerichtet hätte, der ihrer überführt worden wäre, und obwohl er jetzt wußte, was sich vor seinen Augen auftun würde, als diese hohe weiße Tür aufging und er auf Zehenspitzen hineintappte, traf der Schock ihn erneut, und nicht auf dem Teppich, sondern gleichsam schwebend ging er zu dem schwarzen Schaukelstuhl, und dort auf den Rand seines schmalen Pos, und nur ringsum blikken, um und um, Bord auf Bord, Regal auf Regal, und die waren unzählig und unermeßlich, wie wenn jemand von einer Bühne auf die Menschenmassen blickt, die sich zu einer großen Feier versammelt haben und, auf den Beginn wartend, wie eine einzige geschlossene Masse wirken, sehr viele einzelne und noch mehr, ohne Ende, die meisten natürlich nicht auf hebräisch, und nur mit Mühe vermochte er ein paar große Wörter auf den Rücken der hohen Bände zu entziffern, offenbar Wörterbücher, oder Enzyklopädien, oder riesige Atlanten, einheitlich gebunden, mit Goldschnitt, und oben Grüppchen über Grüppchen, noch und noch, und zur Seite noch eine Abteilung und noch eine, Bücher noch und noch, wer las sie, wer schlug sie auf, wer blätterte in ihnen, wer kannte jeden einzelnen Band, das sind keine Fragen, nicht seinerzeit jedenfalls, und dann fanden sich plötzlich auch zahlreiche Bekannte gemeinsam in einer Abteilung, Schrank auf Schrank, alle möglichen Talmud- und Mischnabände und Gebetbücher und Bücher, die er noch nie aus der Nähe gesehen hatte, weil Vater so was nicht besaß, und auch Bibelausgaben, vollständige und in Pentateuch, Propheten und Hagiographen unterteilte, Reihe auf Reihe, und Bücher auf hebräisch über Erez Israel, Berichte über Forschungen, Ausgrabungen und Entdeckungen, und Landkartensammlungen, und dahinter waren plötzlich auch Freunde aus dem Stybel-Verlag und dem Mitzpeh- und dem Moriah-Verlag mit vertrauten Titeln, danach kamen wohl Bücher über Landwirtschaft und über Pflanzen und Forschungsarbeiten, und alles drehte sich plötzlich, das ganze Zimmer kreiste, die Bücher kreisten, und ohne Vorahnung schluchzte er plötzlich los, saß da mit der Pokante auf dem Rand des Schaukelstuhls, unfähig, das Weinen zu unterdrücken.

Waren die Bücherregale aus Mahagoni? Er wußte nicht, was Mahagoni war, hatte im Leben nichts davon gehört, auch daß die Bücher, wie sich viel später herausstellen sollte, nach Sachgebieten geordnet standen, unter den Rubriken Soziologie, Psychologie, Philosophie, Naturwissenschaften, Agronomie, Judentum, Literatur und ähnliches mehr, konnte ihm nicht in den Sinn kommen, denn er hatte es nie gehört, dazu fehlten ihm die nötigen Worte und Kenntnisse, und er las auch nichts, was nicht hebräisch war, war ja erst ein Siebtkläßler in der Schule der Kolonie, würde erst in einem Jahr Bar Mizwa sein, aber er weiß, daß das ein von der ganzen Umgebung getrenntes Reich ist, im Umkreis von hundert Kilometern, wenn nicht tausend, und doch wieder mit der Umwelt verbunden durch zwei große, stets offene Fenster, eines, das die Seebrise von Westen hereinläßt, und eines, das sie nach Osten weiterschickt, ein Reich für sich, das der Pflanzer Herr Miller eingerichtet hatte, weil er so leben wollte, von Büchern umgeben, die sich unablässig ansammelten, wie er einige Zeit später erfuhr, dauernd trafen weitere Bücherkisten ein, und wenn er ins Ausland reist, schickt er sofort noch welche ab, und das nimmt kein Ende, weil es da tatsächlich kein Ende gibt, und trotz all seiner Geschäfte setzt er sich jeden Tag auf seinen Schaukelstuhl, Bücher in den Händen, Bücher auf dem Tisch vor sich aufgestapelt, zwischen denen auch ein Glas Tee abkühlt, liest vergnüglich hier, blättert vergnüglich dort, steht auf und nimmt da eines zum Vergleichen, erinnert sich an etwas und schlägt in einem weiteren nach, nimmt zwischendurch einen Schluck Tee, und das ist haargenau so, wie es sein sollte, so präzise und so zwingend, und vor allem so schön, allein schon ihr lebendiges Dasein rings um ihn her und inmitten der ganzen Welt, die durch die Fenster hereinschaut, ohne jedoch irgendwelchen Bedarf an seinen gesammelten Schätzen zu haben (wie sich einige Jahre später herausstellen sollte, als seine Erben nicht wußten, was mit all diesen nicht enden wollenden Bücherleichen anfangen, wie diese prachtvoll gebundene, unverlangte Flut loswerden), was nun gerade ein Es-lohnt-sich-dennoch in ihm auslöst, und dazu plötzlich den festen Wunsch, daß auch eigene Bücher von ihm einmal hier in der Bibliothek stehen sollen, daß auch er einmal zu denen gehören möchte, die Eingang in diese Regale finden, und daß der kleinwüchsige Herr Miller, gemütlich in seinem Schaukelstuhl sitzend, umschmeichelt von der Meeresbrise, die die Gardine bauscht, das Teeglas vor sich, mit seinen schmalen Fingern auch in Seiten blättern möge, denen er zum Dasein verhelfen wird, schön und zwingend geschrieben, nicht weniger schön und zwingend als all das Schöne und Zwingende, das es hier gibt, wobei sich schwer sagen läßt, wie sehr, weil hier wieder alles so erregend, so offen, so beseelt ist und so ganz, ganz voll.

Und erst als er ein wenig benommen nach Hause tappt, mit den Sandalen durch den warmen Sand die Straße der Millionäre hinunterschlurft und unter den gelbbraunen Gravileen in die Jaakow-Straße einbiegt, kapiert er plötzlich, wie unrecht es ist, daß Vater das nicht hat, daß sein Vater das nicht hat, daß er richtigerweise auch eine Bibliothek haben müßte, und sei's eine kleinere, eine Bibliothek, in der er sitzen und arbeiten könnte, denn Vater hat sich doch sein Leben lang vorbereitet, *Hachschara* und noch mal *Hachschara*, mit schwerer Arbeit, mit ehrlicher Arbeit, mit Arbeit zur Vervollkommnung, dreißig oder vierzig Jahre hat er sich vorbereitet, um nach Nahalal zu gehen, sein ganzes Leben war eigentlich

Hachschara, um Nahalal zu erreichen, und er hat es nicht erreicht, und nur das, was er sein Leben lang nicht wollte – das hat er erreicht: Aufseher über Arbeiter, und wenn schon nicht Nahalal, hätte er doch in jener Bibliothek sitzen können, ruhig dasitzen und arbeiten, dieser arbeitende Vater, nicht sitzen und blättern und nicht sitzen und genießen, sondern sitzen und arbeiten, dann würde er plötzlich wieder zu sich kommen, würde wieder aufblühen, ein arbeitender Mensch blüht, und plötzlich wäre er wieder richtig da, plötzlich wäre sein Vater wieder ganz da, sieh dir doch an, wie er jetzt aussieht, wie die Boote auf dem Jarkon, im Sand gestrandet, steckengeblieben zum Nicht-mehr-Weiterfahren, gekentert, am Uferrand, Leib ohne Geist, und jetzt begreift man auch, daß Nahalal nicht nur ein Landwirtschaftsbetrieb ist, sondern auch eine Gesellschaftsordnung, die dem Menschen Sicherheit gewährt, daß man ihn nicht fallenläßt, daß man ihn in schwerer Stunde unterstützt, und man begreift auch, durch Ableitung des einen aus dem andern, daß Dinge auf der Welt nur rein durch Zufall geschehen, daß kein Wille die Welt zwingen kann, wie erwartet zu handeln, und daß kein Mensch auf der Welt mehr erreicht als den einmal erreichten Punkt, und daß er von da an höchstens noch das zu rechtfertigen versuchen kann, was aus ihm geworden ist, es ist ein sonderbarer Gedanke, daß es so ist, aber es scheint hier kein Irrtum vorzuliegen, so ist es eben, und auf einmal fällt das Weitergehen schwer, man hält inne und setzt sich plötzlich, hier nahe am Rabbinerhaus, auf den Erdhügel des Leergrundstücks und guckt bloß, wie die Sonne untergeht.

Und schon sieht man tatsächlich, wie die großen Räder der Erde anfangen, sich zu verlangsamen und anzuhalten, oder wie sie gewissermaßen an Höhe verlieren, um zur Landung anzusetzen, der halbe Himmel ist schon ganz in Vorbereitungen auf den Untergang begriffen, hoch über allem und ohne sich im geringsten darum zu scheren, ob ja oder nein, nur beschäftigt, seinen Untergang über alles auszubreiten, der nichts Körperliches ist, sondern ganz und gar nur Lichtreflexionen und Lichtsplitter und sonst nichts, so ein riesiges Nichts, das sich jetzt mehr und mehr über die Erde breitet, ohne sich um was zu scheren, breitet sich einfach nur nach und nach schweigend in Gänze über alles, wendet sich nach oben, nicht nach unten, nur Farbe in Farbe gelöst, die ganze Zeit, mit jener friedlich gleichgültigen Beleuchtung über der Welt, so gleichgültig und so schön, über alles schön, weder traurig noch nicht traurig, nur schön, niemandem etwas verheißend, nur vollkommen schön und sauber, nur ein sauberes, immer rosiger werdendes Nichts, unten orange und oben beinah grün, in einer aus nichts bestehenden Sauberkeit, und nur die Rosatöne wechseln die ganze Zeit in vollkommenem Schweigen, ein Rosa gegen ein anderes, in genialer Überlegenheit und für sich selbst, nicht um jemanden zu beeindrukken, als bärgen sie eine zwingende höchste Wahrheit in sich, derart hoch, daß sie dieses Gleichgültige von allen Seiten gänzlich vollkommen werden läßt.

Meerzwiebel

Dostojewki, *Schuld und Sühne*, im innersten Innern, Moka hatte eines Tages in der Schule erzählt, in seinem Vaterhaus gäb's auch endlos viele Bücher, und dauernd noch mehr, und ja, warum nicht, er könne mitkommen, kein Problem, und warum nicht jetzt, gut, mal nachsehen, was da sei, und man würde ihn auch in Ruhe lassen, er dürfe sich angucken, was er wolle, bekäme sogar Trauben vorgesetzt, ja, warum nicht, gleich, sobald sein Vater von seinem heiligen Mittagsschlaf aufstände, und dann zwischen all den vielen Borden, ohne jeden Vergleich zur Bibliothek des Herrn Miller und auch ohne jede Größe über alle Wipfel der hohen, ewig sich im Wind neigenden Palmen hinweg, vielmehr im Büroraum von

Mokas Vater, der Großhändler ist, für Baumaterial, und Petroleum, und Benzin, und Öle, und chemische Düngemittel, und Vertreter für alle möglichen Firmen, mit Telefon und allem, Borde über Borde ringsum, und Bücher, Bücher, die schon keinen Platz mehr haben, so daß die neuen hier und da dazwischengezwängt sind, und darunter plötzlich, mit einemmal, an Form und Geruch und den Abständen zwischen den Zeilen erkennt man, daß das genau das Buch ist, Dostojewski, *Schuld und Sühne*, und ohne lange Umschweife, darf man das mitnehmen? Und Moka, warum nicht. Nur für ein, zwei Tage? Nimm. Bis nach Schabbat? In Ordnung. Darf ich wirklich? Es liest hier ja sowieso niemand, nicht Amikam und nicht Asrikam und nicht Mattitjahu und nicht Efratja, weder die Kleinen noch die Großen, wer hat denn Zeit, nimm, nimm, zeig mal einen Moment, was du genommen hast, was ist das denn, ein Krimi, *Schuld und Sühne*? Interessant zu lesen? Sag halt, wenn du's wiederbringst, prima, auf Wiedersehen, bitte bitte, alles in Ordnung – und jetzt, auf seinem Stammplatz, auf der Bettkante, die Beine untergeschlagen, das Gesicht in die Hände gestützt, und nur die Augen flitzen unablässig, bis in die sich ständig verdichtende Dunkelheit hinein, vieles erfaßt er nicht, vieles versteht er nicht, Wörter, Orte, Ereignisse, Taten, vieles entgeht bei der voraneilenden Lektüre, aber lechzend von Seite zu Seite hastend, erfaßt er die sich mehr und mehr verdichtende Bedrängnis, den schweren Ort, an dem man sich mehr und mehr festfährt, und die Macht, in deren sich langsam schließende Hände der Mensch mehr und mehr gerät, wie die Beute in den Klauen des Raubtiers, und die ausweglose Verstrickung in den Zwang, etwas Verbotenes zu tun, und in den panischen Willen, schnell da herauszukommen und sich reinzuwaschen, und auch die Erkenntnis, daß man nicht herauskommt und nicht reingewaschen wird und daß du schon nicht mehr arglos und rein und klein bist, wie du mal warst oder wie man von dir gedacht hat, und das ist sowohl schade als auch wunderbar, und es gibt bei alldem etwas, das die ganze Zeit unaufhaltsam näherkommt, beängstigend und richtig zugleich und so, wie man es letzten Endes erwartet.

Und das weckt mit einem Schlag eben das, mit dem er noch nicht umzugehen weiß, sowohl den Entschluß, sich von der erworbenen Erkenntnis reinzuwaschen, als auch die Neugier, noch mehr zu sehen und zu verstehen, und zwar aus der Nähe – vor ein paar Tagen nämlich, als er aus dem Rabbinerhaus gekommen und auf den mächtigen Feigenbaum im Hof des Bauern Jehuda gegenüber geklettert war, um die vor praller Süße schier Platzenden zu kosten, blaulila und dünn vor lauter dunkler Reife, aber nicht von den Zähnen jener goldenen Summerinnen gestochen zu werden, er also noch auf der Glätte der ergrauenden Zweige saß, da sah er die beiden zwischen den dichten Thujasträuchern hervorkommen, sie zweifellos das dicke Malkale, das sich das schäbige Kleid ausschüttelte und glättete und zurechtzupfte, mit rotem Gesicht und strähnigem Haar und sonderbarem Lachen, und er hinter ihr, zieht noch die Hose hoch und geht schnurstracks auf den Wasserhahn im Hof zu, um sich dort, offen für jeden, der zuschauen will, Lenden und Schamteile zu waschen, sprengt sich auch Wasser aus dem sprudelnden Hahn ins Gesicht, das nicht von dem großen Australierhut verdeckt wird, der neue Winzer ist es, der König der Rebenleser, und ohne sich abzutrocknen, zieht er die Hose hoch, schließt den breiten Gürtel, verbirgt seinen behaarten Bauch und all die schimmernde männliche Blöße über dem schwarzen Haargewirr, geh, geh, fährt er Malkale an, füllt seine hohlen Hände mit Wasser und klopft sich wieder und wieder das Gesicht, geh, geh, schilt er sie, die am Tor steht und nur rotgesichtig lacht, dick und klein, sich nicht regt, und plötzlich packt ihn Angst, daß sie ihn bloß nicht sehen, daß sie nicht merken, daß er da ist und es weiß, etwas weiß, das er nicht wissen möchte, wobei ihn plötzlich die wilde Begierde würgt, noch mehr zu wissen, aber auch die Wut über das Wissen um die Erniedrigung, die sich vor ihm abgespielt hat, und auch die Scham darüber, daß er etwas erfahren hat, das er nicht hätte erfahren dürfen und lieber nicht erfahren hätte, und wie der Mann seine Schamteile unter dem sprudelnden Hahn gewaschen hatte, und auch diese schändliche, düstere Neugier, was er ihr da wohl getan hat, und wie er in ihr gewesen ist, und alles, worüber die Jungen verstummen, sobald er in die Nähe kommt, weil er so einer ist, und wie das alles wegschließen, als sei es nie gewesen, ja wäre er doch bloß nicht hier gewesen, hätte nichts gesehen und nichts gewußt, nur daß es nicht so ist, daß es nicht so sein muß, und daß das, was er gesehen hat, etwas Schmutziges war, das alles Wasser aus dem Hahn nicht wegwaschen kann, und sein großes Dingsda, das er festhielt, um es abzuspülen, und diese Dicke, der man's gemacht hat, mit ihrem blöden Lachen, mit dem Unrecht, das man ihr getan hat, und wenn doch jemand käme, um ihn zu verprügeln, ihr Bruder oder ihr Vater oder wer, damit er's weiß, und wenn man alles wegwischen könnte, als hätte er's nie gesehen, was soll er mit dem anfangen, was er eben erfahren hat, all dem Widerlichen, und mit dem in ihm aufwallenden Protest gegen etwas Böses und Unrichtiges, und wie kann er sich befreien von dem unanständigen Verbotenen und von dieser schlimmen Neugier, mehr zu erfahren, alles, und wie leicht hier jeder Junge, bei dem sich Drang in den Lenden gesammelt hat, hingehen und ihn in ihr abladen kann, und sie nur lacht, daß ihr der Mund trieft, und aufsteht, sich das armselige Kleid glattstreicht und mit einer Handvoll Bonbons weggeht, und mit dem: Geh, geh, das man ihr an den Kopf wirft, damit sie sich trollt.

Alles verheddert sich. Wohin genau gehen? Alles, was eben noch möglich schien, wirkt jetzt leer und öde. Mit jemandem sprechen. Jemanden fragen. Wenn's nur möglich wäre, wenn er Schreiner wäre, würde er jetzt hingehen und einen Stuhl oder Tisch zimmern, mit allem Elan, damit er schön wird, und wäre er Schmied, würde er jetzt auf der Stelle Hufeisen schmieden, mit aller Kraft auf das Eisen einschlagen, aber ein Junge, der nichts tut und nichts zu tun weiß? Übrigens derzeit, ab und zu, schreibt er Gedichte, in ein Heft, das er Blatt für Blatt selbst ziemlich krude zusammengeheftet hat, immer in Reimen, in Vierzeilern, mit schönen Worten, schöner Wortwahl, über die Natur, und über den Sonnenuntergang, und darüber, wie traurig es ist, und ähnliches mehr, er ist sicher, daß sie nicht gut sind, aber schön, die Verse schön, die Wörter schön und die Bilder schön, bloß ist es jetzt langweilig, alles, und manchmal schreibt er aus dem Gedächtnis eine schöne Zeile ab, beendet sie aber nach eigenem Belieben, warum sollte das verboten sein, wie *wenefesch ascher alu scheoneha* (und eine Seele, deren Tosen schwoll), was er beendet mit *ana tastir jegoneha* (wo sie wohl ihren Kummer verbergen soll), und nicht wie Ibn Gabirol mit *ana teschalach rajoneha* (wohin sie wohl ihre Gedanken schicken soll), was er einmal in einem von Herrn Millers Büchern gefunden hat, in dem er blätterte, atemlos von dem Richtigen, das in ihnen so richtig war, und gleich wußte er es auch auswendig, *wenefesch ascher alu scheoneha*, sowohl im Wortlaut als auch in der Kenntnis dieses Tosens, das in der Seele schwillt, wenn es schon zuviel wird und man's nicht mehr ertragen kann, und nicht mit einem Schrei, sondern in wohlerwogenen Worten, mit dem wiederkehrenden sch-Laut, und er hat es nur ein wenig abgeändert, hör, wie das klingt, *wenefesch ascher alu scheoneha – ana tastir jegoneha*, sehr schön, sehr lyrisch, nur schade, daß nicht alles von ihm stammt, dennoch, und plötzlich war auch Michaela bei ihm, bei Nacht wohl, im Traum offenbar, und er erinnert sich nur noch, daß sie es war, gekleidet, als sei's Winter, in einen langen warmen Mantel, grau und weich, und ihr Zopf auf dem Rücken dieses weichen, langen grauen Mantels, der sie ganz einhüllte und umschloß, bis zum Aufwachen, so sehnsüchtig, so erregt, so vergeblich, denn nichts wird draus, bloß kann man's nicht vergessen, wie sie dasteht, in diesem grauen Mantel, ihrem langen, warmen, weichen.

Wieder kalt bei aller Hitze, gegen Morgen sucht man schon das Laken, um sich darin einzuwickeln, Morgenkühle vor dem Rabenkrähen, und von weitem hört man dann das ferne Schluchzen derer, die die Bußgebete sprechen, dort im Jemenitenviertel Scha'araim, in dumpfem, fernem Singsang, doch in der Jaakow-Straße gibt es keine Jemeniten, abgesehen von Kadja, Chamama und Mass'uda, die jeden Morgen zu den feinen Damen in der Straße kommen und abends wieder heimgehen, in ihren langen roten Hosen mit den gestickten Kleidern darüber und den Hauben auf den Köpfen, und abgesehen von den Jemeniten, die morgens mit ihren Körben auf dem Weg in die Zitruspflanzungen vorbeigehen, mit wippenden Schläfenlocken, schlank und flinkhändig, verdienen bloß weniger, weil sie Jemeniten sind, und auch Sepharden gibt es keine in der Jaakow-Straße, abgesehen vielleicht von Herrn Bechor Levi, dem Lehrer, und dem Friseur Chabibi, der wohl aus Persien stammt, doch all die andern heißen Rabinowitz oder Kanterowitz oder haben Namen, die mit -ski, -ow oder -stein enden, und Vater hat ihm im Gebetbuch die Bußgebete gezeigt, die Verse des Verzeihe uns, unser Vater, und des Wie sich ein Vater über seine Kinder erbarmt, und die Pijutverse Es komme vor dich unser Gebet und entziehe dich nicht unserem Flehen, und all die Akrostichons des *Ansche emuna awdu* (Menschen des Glaubens waren verloren), und des Um mich her drängten Wasser bis ans Leben, und des Erhöre unser Gebet, merk auf unser Flehen, und des Zürne uns doch nicht allzusehr, und mal müßte man näher nachlesen, und herausfinden, was in dir plötzlich so sehr auf diese verschnörkelten Worte anspricht, es liegt etwas in ihnen verschlossen, das dein Inneres für sie öffnet. Aber nicht jetzt, so leer ist es jetzt, was kann man tun, daß es anders wird, plötzlich gibt es kein Wohin, keinerlei Wohin, nichts, das etwas wert wäre, und so ein Einsamsein, eine Einsamkeit, die nichts ist als ein kaltes, langweiliges, leeres Allein und Will-gar-nichts.

Das Gebrummel des Bülbüls ist jetzt flach, unmelodisch, als sei ihm das Singen vergangen und nur sein Murren über den Ausklang der Jahreszeit geblieben, läuft einfach so herum, und sogar die gelbe Bachstelze, deren Eintreffen immer eine Botschaft mit sich brachte, wie etwa der Herbst ist da, das Jahr vorüber, alles geht zu Ende und wird sich wandeln, stolziert tänzerisch gelb mit zuviel Schwanzflippen dahin, armselig anzusehen, und es gibt kein Wohin, für niemanden, und der Herbst kommt sowieso von selbst, und sowieso schert es keinen, und wenn jener Raskolnikow hier ankommen würde, wüßte er nicht, was er machen und wohin er gehen sollte, in der Jaakow-Straße sind sie alle Zitruspflanzer, oder Zitruspflanzer und Weinbauern, oder Zitruspflanzer und Weinbauern und Mandelgärtner, abgesehen von ein paar Krämern, und ein paar Händlern in Pflanzerbedarf, und abgesehen von dem Sattler unten an der Straßenecke, und keiner wird hier jemanden ermorden, und keine Alte, sei sie noch so geizig und reich, wird hier ermordet werden, höchstens schleift der Winzer, König der Rebenleser, das Malkale zwischen jene Thujasträucher, nicht ganz klar, was er ihr da tut und wie er's macht – er will's gar nicht wissen, obwohl es furchtbar neugierig macht und man diese nervende Erregung nicht los wird, zwischen Ekel und Faszination, und es gibt jetzt keinen Menschen auf der ganzen Jaakow-Straße, sogar die Raben auf dem Baum schweigen, diese Schlauen, auch sie sind alles leid, und auch Jehudas großer, schmächtiger Hund hat genug und schläft wie ein Sack in einer Sandmulde, oder vielleicht auf die Spitze des Eukalyptus klettern und von dort will nicht schreien, will und will nicht, weiß nicht, was nicht, bloß will nicht, will und will nicht, geh, Bachstelze, lauf weg, kein Mensch interessiert sich für dich, eine freudlose Bachstelze, und ein freudloser Bülbül, und eine wunschlose Jaakow-Straße, wertlos und unnötig, und wie ein riesiger weißer Wurm hat sein Dingsda auf dem Schwarzhaar am Unterbauch geschimmert, und er hat es mit den Händen unter das sprudelnde Wasser vom Hahn gehalten und es schamlos abgespült, sogar mit lässigem Stolz, wie jemand, der eine Großtat vollbracht hat, so was Beängstigendes, irgendwie Skandalöses, und so schade, schade, daß sich alles verheddert hat, und er weiß nicht, wie er da rauskommen soll, und wozu er das alles gebraucht hat, und was alle von ihm wollen, und mit der andern Hand hat er ihr geh weg bedeutet, damit sie sich trollte, geh, geh, hat er sie angeschnauzt.

Bauer Jehuda vom Hof gegenüber dem Rabbinerhaus tritt heraus, um die Jaakow-Straße auf und ab zu gucken, wartet auf jemanden, der nicht beikommt, was tust du gerade, wendet er sich plötzlich an Dagon, den untätigen Windhund, vielleicht wärst du bereit – Jehudas stark runzliges Gesicht, in dem nur der dicke Schnauzbart glatt grau ist, leuchtet jäh auf – vielleicht wärst du bereit, diesen Wagen hier zu nehmen und zum Weingarten zu fahren, konkretisiert er sein Gesuch, dort wartet man darauf, die Körbe mit den Muskattrauben aufzuladen, die wir für die Feiertage hängengelassen haben, und wenn ihr von dort zurückkommt, kriegst du einen Shilling, vielleicht wärst du bereit, hast du mal Pferd und Wagen gelenkt? Ach, er ist ja ein Göttergesandter, der Jehuda, Bauer Jehuda, der auch nicht ahnt, was man an seiner Hofecke unter jenen Thujasträuchern gemacht hat, und obwohl er im Leben noch nicht Pferd und Wagen gelenkt, es sich immer nur von Herzen gewünscht hat, warum nicht jetzt damit anfangen, schließlich gibt es nichts Größeres, als Wagen und Pferd zu führen, ein uraltes Verlangen, das sich überraschend erfüllt, allein über die Feldwege zwischen den Zitruspflanzungen zum Weingarten von Bauer Jehuda zu fahren, der ihm jetzt eigens beschreibt, wie man dorthin kommt, mit viel Gestikulieren und einer flüchtigen Skizze mit dem Schuh im Sand, und auch sagt, man könne es nicht verfehlen, und man erwarte ihn dort, und wenn sie alle zusammen vollbeladen zurückkehrten, bekäme er einen Shilling, sei er bereit? Darauf betreten sie den Hof, und da ist das Pferd bereits angeschirrt, so ein Rotschimmel, weiß mit roten Tupfen, rote Mähne und roter Schweif, und wenn er mit diesem Schweif wedelt, scheint er Flammen zu sprühen, und schon fertig angeschirrt zwischen den Deichseln, schwenkt den Kopf vor Ungeduld loszulaufen, und da sitzt er schon auf dem Kutschbrett über den zwei Längslatten, hält schon die Zügel in beiden Händen und braucht weder Startsignal noch Anfeuerungsruf zu wählen, denn schon hat das Pferd sich in Lauf gesetzt, zieht mühelos den Wagen nach sich, verläßt mit scharfem Linksschwenk das Hoftor, wobei die Radnabe nur um Haaresbreite den Pfosten verfehlt, überquert unbekümmert die leere Sandstraße und verfällt nun in immer schnelleren Trab, als hätte es bloß auf diesen Moment gewartet, unter völliger Nichtbeachtung seines Lenkers, der nicht besonders groß auf dem Kutschbrett sitzt, die Zügel krampfhaft in beiden Händen, und gut, daß kein Mensch in der Nähe ist, der sehen könnte, wie unerfahren er im Lenken von Pferden ist, doch nun laufen sie wie vom Teufel getrieben, ohne ein Wort und ohne einen Zug an den Zügeln, lassen die Dinge laufen, die keinen Fuhrmann der Welt brauchen, um voll und ganz einzutreten, wie sie eben kommen mußten, und es ist, als hätten die großen Muskeln des Pferdes nur auf diese Freiheit gewartet, die Schwanzfackel hoch erhoben wie eine rote Sturmfahne, und aus dem Trab wurde Rennen wurde Galopp, und auf einmal war alles wie umgekrempelt, sah nicht mehr aus wie ein Kutschspiel mit Pferd und Wagen, sondern wie ein wildes Abenteuer, begleitet von einer gewissen Sorge ums Überleben und vom Festhalten an dem Trost, daß der Sand weich ist und man immer noch in den Sand runterspringen kann, soll der Weißrote halt wie verrückt laufen, und du hast auch nicht den Mut, den Kopf zu wenden, um zu sehen, ob Bauer Jehuda, während sie da in unbändigem Lauf zwischen den Akazienhecken durch die Zitronenpflanzung fegen, ihnen von seinem Tor aus nachblickt, sich womöglich vor Lachen ausschüttet, dieser Bauer, oder von Grauen gepackt wird, was dem Jungen zustoßen könnte, voll Reue, wem er die Spätlese seiner Muskattrauben anvertraut hat, die den Markt vor den Feiertagen sprengen sollen, doch so oder anders ist der Sand des Weges schon tiefer geworden, auf dem Weg zum Friedhof, der Lauf wird durch den losen Sand etwas gebremst, und das große Brachfeld, ganz rot vor lauter Rotlehm, ist völlig nackt, hat nichts darauf als ein bißchen Liebesgras und ein paar schneckenbehangene Disteln, und da lugen schon, lebendiger Gott, die neuen Meerzwiebelsprossen hervor, wenn nur Zeit wäre, was zu unterscheiden, doch allein die Tiefe des angesammelten Sandes auf dem Weg zügelt jetzt diesen Lauf des leeren Wagens mit seinem unscheinbaren Lenker, dessen flammengetriebenes weißes Pferd in völligem Triumph über beide sonst alles getan hätte, was ihm und seinen freiheitsliebenden Muskeln gefällt, und erst jetzt, durch den tiefen Sand abgebremst, beginnt der Junge die Zügel richtiger zu halten, tiefer zu atmen, sich durchzusetzen und zum Mann zu werden, und obwohl er vergessen hat, Jehuda nach dem Namen des Pferdes zu fragen, ruft er es jetzt schon Lawan, Weißer, nicht ohne die Absicht, sich mehr mit ihm anzufreunden, mal auch Lawnuni, und als die Räder fast bis zur Achse im Sand einsinken, öffnet sich in seinem Innern etwas, das sehr verkrampft war, und als das Rennen in schwieriges, mühsames Ziehen übergeht, um aus den lockeren Tiefen loszukommen, nennt er das Pferd schon Lawantschik, und der Sand ist nicht golden, sondern richtig rot, ohne jegliche Pünktelung durch blinkende Muscheln, wie sie der Meeressand aufweist, ganz und gar saubere, rotglänzende Masse feinsten Mehls, und das bis zum Hang jenes sanften Hügels, an dem der feste Rotlehm wieder freiliegt und das Pferd erneut die freiheitsdurstigen Muskeln spannt, den rotgoldenen Schweif hebt und sein großes muskulöses Hinterteil mit einem Schwung nach vorn bewegt, um den zwangsläufigen Lauf wieder aufzunehmen, der nun ganz heiterer Freudengalopp ist, wobei Wagen und Fuhrmann mit allem Drumherum völlig unwesentlich werden, als seien sie nur noch eine dünne Feder an seinen Fersen, und wieder rast es mit rot wedelndem Schweif in vollem freiem Lauf dahin, und Dagon, dieser Knabe, für den es schon zu spät zum Stoppen ist, fängt nun zu singen an, unglaublich, alle möglichen Hos und Hes, und alle möglichen egal was, und es ist jetzt auf diesem offenen Feld hier nichts mehr als nur ein offener Lauf und ein Lerchengesang.

Wozu hat Bauer Jehuda einen Fuhrmann gebraucht, warum hat er sich bemüht, ihm den Weg zu erklären, ihn sogar mit der Schuhspitze in den Sand gezeichnet, wenn dieses Pferd ihn von allein kennt und in einem Schwung loszieht, mal wie der Sturm rennt, mal die Muskeln spannt und kraftvoll zieht, jung und seinen roten Schweif wedelnd, überhaupt mit dem Bauern gemeinsame Sache zu machen scheint, entschlossen, schnell hinzukommen und schnell wieder zurückzukehren mit der vollen Ladung Trauben, ehe sie in der Sonne zu gären anfangen in ihren großen Körben, und kraft dieser gut eingefahrenen Partnerschaft hätte er weder Zügel noch Zügellenker, weder Zaum noch Zaumzeug gebraucht, vielmehr hätte es genügt, dem Pferd auf die empfindsamen muskulösen Schenkel zu klopfen, auf das seidenweiche, glatte weiße rotgetüpfelte Fell, und schon wäre es losgesaust bis zum Halt bei den Körben im Weingarten, und dort hätte es sich ohne jedes *Ahalan* und *Sahalan* den Weinlesern zugesellt, hätte alles aufgeladen, kehrtgemacht und wäre sogleich in stürmischen Lauf ausgebrochen, heim zum Futtertrog seines Besitzers, deshalb kann der Fuhrmann die Zügel völlig schleifen lassen und dabei seine Augen auf das richten, was ringsum ist, sehen, wie die Zitruspflanzungen aufhören und die Weingärten anfangen, die keine besonderen Brunnensysteme brauchen und als letzte vor der Koloniegrenze liegen, hinter der man nicht mehr viel sieht, aber die

Gefahr und das Geheimnisvolle des jenseits der Grenze Liegenden wittert, und auch sie, die Weingärten, heißt es, würden dem Wandel der Zeiten nicht lange standhalten, bald werde man die Reben herausreißen, Brunnen graben und Zitrusplantagen an ihrer Stelle anlegen, wie man vorher die Mandelbäume abgeholzt und Weinstöcke an ihrer Stelle gesetzt hatte, wie man den Tabak, der früher hier angebaut wurde, aufgegeben hatte, um Weinreben an seiner Stelle zu pflanzen, wie man von der Gerste abgegangen war, die man einst im Winter säte und im Sommer schnitt, und vielleicht bleibt nur die Erde ewig, wechselt lediglich ihr Gewand je nach Ausgaben- und Einnahmeraten, jene Rotlehmflächen, mal mit laufhemmendem rötlichem Staub bedeckt, mal fest und bloß, so daß das Rennen darauf verwegener wird, mal mit fast dürrem Gras bewachsen, auf dem die Kühe weiden, die der Hirte Atiya morgens bringt, mal einfach der Sonne ausgesetzt, ohne jede Bedeckung, so daß die Sonne alles sieht und der Wind alles streichelt, und hier plötzlich, am Feldrain, ein Trupp Meerzwiebeln, eine ganze Schar, da stehen sie auf ihren nackten Stengeln, schimmern im lauteren Glanz ihrer weißen Blütensterne, und das ist schon wirklich eine Vorankündigung des nahenden Herbstes, Schalom dir, Herbst.

Und es scheint, wir sind angekommen, denn plötzlich hält das Pferd, der Bundesgenosse des Bauern, bleibt stehen am Rand eines Weingartens mit welkenden Blättern, obwohl hier kein Mensch und keine Spur von Körben zu sehen ist, steht da und scharrt mit einem Vorderhuf im Staub, was ein vereinbartes Zeichen zu sein scheint, denn sofort taucht ein Araber auf, sein Tuch um den Kopf geschlungen, und sagt lächelnd *Ahalan* und sagt *Schalom* und sagt *kif halak* und sagt *ta'al insl*, und hält das Pferd mit der einen Hand am Zaum, tätschelt ihm mit der andern den schwitzenden Hals, sammelt die Zügel auf, legt sie zusammen und hängt sie über den Sattelknauf, denn man braucht dieses partnerschaftliche Pferd nicht anzubinden, damit es nicht etwa etwas tut, das der Partnerschaft Abbruch täte, und gewiß würde es nicht eine Minute vor dem Aufladen flüchten, und Dagon, der Masselose, steigt ab und gesellt sich zu dem großen, massigen Mann, und in dem Fleckchen Schatten unter einem prächtigen Rebstock gibt es eine rußige Mulde im Staub und darin einen Dreibock aus Lehm, denn Steine findest du nur, wenn du bis zu den Füßen der Berge rennst, und einen schwarzen Topf über glimmendem Feuer mit brodelndem Kaffee, und *tischrab nitfat kahawe* sagt der große Mann, und der Gast mit den mageren Schenkeln in den weiten Hosenbeinen nickt zustimmend, obwohl, was soll er mit Kaffee, schlägt die Beine unter und hält behutsam das kochendheiße Täßchen, das vor seinen Augen mit Wasser aus dem *Liberik* oder *Ibrik* ausgespült worden ist, unter Daumenkreisen, das alle Spuren der Vorgänger wegwischte, um es dann in präzisem Träufeln mit dem bestens gebrauten Kaffee zu füllen, etwa eine Dritteltasse, alles nach rechter Sitte an den guten Orten, an denen die Regeln des Anstands noch nicht in diesem Wandel der Zeit verlorengegangen sind, und dann tut der Mann einen wohlgeübten Seufzer, worauf ungeübt auch der Junge seufzt, und danach erklärt der Mann, da kämen sie, die Korbträger, aus den Tiefen des Weingartens, weil sie Spättrauben gelesen hätten und dafür Reihe für Reihe hätten absuchen müssen, ein Träubchen hier, ein Träubchen da, wie bei der Nachlese, wenn die Ernte vorbei ist, zwei, drei Traubenstengel an den oberen Ästen, vier oder fünf an den Seitenzweigen, wie wohl der Prophet gesprochen hat, und warm und gut ist es auf der Welt, und nur Grillen reden jetzt, und mit voller Kraft.

Eine kleine Schar Meerzwiebeln verneigt sich hier wahrlich über seiner Schulter, und wenn man sich ihnen ein bißchen zuwendet, lächeln sie zurück, bloß geben sie gar nicht auf ihn acht, nur der Stengel, oder der glatte graugrüne und braune Stab, ziemlich kalt und marmorn, bewegt sich sanft, wie auf ihn zu, und der Blütenstand an seiner leicht gebeugten Spitze neigt sich im Bogen nach unten, birgt gehäuft, zusammengedrängt, noch ungeöffnet, winzige Perlchen in Grün gefaßt, und an seiner Basis liegen schon dreieckige grüne Früchtchen in den bereits bestäubten Fruchtknoten erloschen, während in dem ganzen Mittelstück, zwischen den Abgeblühten und den noch nicht Aufgeblühten, strahlend weiß all die vielen offenen Sterne leuchten, mit ihren grüngold changierenden Staubgefäßen, um die allerlei Bienen schwirren, trunken vor Blütenstaub und Nektar, und jeden Tag steigt die Blütenflamme eine Stufe höher, löscht unter sich zugehende Früchte und entzündet über sich erblühende Sterne, je sechs hauchdünne Blütenblättchen in strahlendem Weiß mit einem grünen Strich in der Mitte und grün oder golden tragenden Staubgefäßen dazwischen, und sie alle stehen in der Generationenfolge, Abgeblühte, Blühende und Geschlossene, an der Spitze der fünf hohen Blütenstengel, und zwei, drei kleine daneben, lugen aus dem Boden, sind aber noch nicht hochgewachsen, vielleicht sprießen sie noch in die Höhe, oder vielleicht sind sie zu spät gekommen und dazu geboren, stummelig zu bleiben, hier an der Ecke des Weingartens, bezeichnen wohl seit Generationen die Grundstücksgrenze, dunkelgrün zur Zeit des Pflügens, in weißem Feuer blühend zur Erntezeit, und solange sie nicht ausgerissen werden im Wandel der Zeiten, sind sie die Grenzsteine, unveränderliche und unverrückbare Wegzeichen, bloß schade, daß er nicht weiß, was er genau tun soll, ehe ihn wieder die Traurigkeit befällt.

Aber jetzt klingt lautes Rascheln zwischen den Rebreihen hervor, und die Korbträger kommen, brechen schier zusammen zu beiden Seiten des schwarzen Binsenkorbs, der schwer und voll zwischen dem Flechtwerk dicken schwarzen Saft triefen läßt, ein Mann rechts, einer links, schleifen sie mehr, als sie tragen, und mit bauchzerreißender Anstrengung hieven sie ihn hoch und schwingen ihn direkt auf den Wagen, erst jetzt drehen sie sich herum, um zu gucken was, und erst jetzt stellt sich heraus, daß der eine der beiden kein anderer ist als jener Winzer, König der Rebenleser, schwitzend und müde, ganz außer Atem, heiß ist ihm, und aus der Nähe merkt man, daß er weder jung noch jugendlich noch rasiert ist, und daß er schwer nach Schweiß riecht, und daß sein großer Australierhut ihm gewissermaßen am Schädel klebt, er sagt kein Wort, keiner redet etwas, als kenne jeder seine Aufgabe und sei in ihr geübt, die zwei machen kehrt, gehen zwischen die Rebreihen zurück, um einen weiteren schweren Korb zu holen, und jetzt krachen wieder die welken Blätter, noch ein schwarzer Korb kommt an, doch den tragen mit zähneknirschender Anstrengung zwei Araberinnen zwischen sich, und ohne ein Wort zu sagen, sammeln sie alle Kräfte zusammen und heben ihn zuerst auf die Radfelge, dann mit neuer Schwungkraft über die Seitenlatte hinein, und nun wird ihnen so leicht, daß sich ihnen ein Seufzer entringt, beide schwarz gekleidet bis zu den Füßen, alterslos, ein weißes Tuch auf dem Kopf, das sie jetzt zurechtrücken und besser zubinden, und wortlos machen auch sie kehrt und gehen zurück unter dem Geraschel ihrer langen schwarzen Kleider, die an den welken Blättern hängenbleiben, säuerlichen Schweißgeruch hinterlassend, und einen Moment später kommen die beiden Männer wieder, weich in den Knien zu beiden Seiten ihres schweren, safttriefenden schwarzen Korbes, und schwingen ihn auf den Wagen, und jetzt nehmen sie sich einen Augenblick frei für den Wasserkrug, den *Liberik* oder *Ibrik*, trinken wortlos einer nach dem andern, und dann kommen auch die zwei Frauen und hieven den Korb in einer Anstrengung aufs Rad und mit noch einer in den Schoß des Wagens hinein, der natürlich nichts sagt, auch nicht das Pferd, und keiner der Umstehenden, die nur die Arme hängenlassen, nur atmen, und nur heiß und nur still und nur leer ringsum, und das ist alles.

Wie kann das eine Pferd all das durch den tiefen Sand ziehen, und wo sollen all die Arbeiter und Arbeiterinnen auf dem vollen Wagen sitzen, und was ist, wenn sie aufhören zu schweigen, nicht klar, sie kauern sich nur einer nach dem andern ringsum zu einer kurzen Pause nieder, hocken in der Sonne, als sei alles, was es auf der Welt zu sagen gibt, bereits gesagt, sitzen alle da und schweigen, die beiden Frauen ein Stück abseits, wie es sich gehört, und ein Rabe krächzt plötzlich – gewissermaßen, wenn ihr nichts zu sagen habt, ich schon, solche langgedehnten Schreie, ein wenig heiser, die sich verschieden auslegen lassen. Und vielleicht sieht er wirklich weiter, weiß vielleicht etwas, das andere nicht wissen oder nicht zu wissen wagen, aber auch er hätte sich nicht vorstellen können, wie dieser Mann, der jetzt aus der Nähe so ist, am Morgen ganz anders war, und obwohl sein Gesicht unter dem Hut jetzt welk, unrasiert, schweißverklebt und müde ist, war sein Körper unter der Kleidung jung und behaart und hell, ja strahlend männlich unter dem sprühenden Wasser, kraftstrotzend, und sein Fleisch frisch, gerade eben erst ihrem weißen Fleisch entschlüpft, während seine andere Hand sie wegschickte, geh, geh, als sei's nicht derselbe Mann, was weiß der Rabe, der doch der klügste aller Vögel ist, von ihm, vergreift er sich nicht auch hier an diesen schwarzgewandeten Frauen, die wortlos und mit letzter Kraft schwere Körbe schleppen und unter deren Kleidern vielleicht ebenfalls überraschende Blöße steckt, wer weiß, und wer weiß, wieso ihm plötzlich Gedanken aufsteigen, von denen er nie geahnt hat, daß sie ihm mal kommen würden, nicht weil sie nicht hätten kommen dürfen, sondern weil sie nicht kamen, und nun verheddert er sich nur immer mehr in etwas, das schwerer als er selber ist, und da sitzen drei Männer und zwei Frauen und ein Kind, und ein Pferd steht, und sagen gar nichts, nur der Rabe meldet sich von Zeit zu Zeit mit großer Aufregung, als wüßte er etwas, und verstummt wieder, und dann hört man die Grillen und jenseits davon die Stille, die bis zum Himmel reicht, und über die Schulter hinweg stehen aufrecht die Blütenstände der Meerzwiebeln, und Bienen schwelgen im Nektar, der die Innenhäute jener weißen Sterne füllt, die zwischen den bestäubten erloschenen und den noch nicht geöffneten jungfräulichen Blüten leuchten.

Doch plötzlich, in all dem Schweigen und Redemangel jetzt, sei es aus Müdigkeit oder vom Schleppen oder was, weiß er auf einmal mit Gewißheit, ohne daß er Gewißheit in Händen hielte, denn woher hätte er es plötzlich mit Gewißheit wissen sollen, oder wer hätte es überhaupt wissen können, ja während er jetzt seine Augen über die Umsitzenden schweifen läßt, die schwerfällig und schweigend ohne jeden Schatten über sich dahocken, weiß er plötzlich, daß bald, und fast unmerklich, hier weder dieser Weingarten noch dieser Sandweg bleiben werden, nichts von alldem wird bleiben, und selbst Bauer Jehuda, der alle hergeschickt hat, um Spättrauben zu lesen und sie ihm aus seinem Weinberg zu bringen, hängt nicht gerade an diesem oder jenem Weinberg und auch nicht an den Muskattrauben, die jetzt Marktschlager sein werden, oder an sonstwelchen Trauben, auch nicht an diesem oder einem andern Pferd, und auch nicht an diesen oder sonstwelchen Weinbergarbeitern, hängt überhaupt an keinem Weinberg und keinerlei Trauben oder Winzern, und nicht, weil sie nicht gut wären, sie alle arbeiten ja mit ganzer Kraft, das Pferd und die Menschen, sondern weil alles hier zeitweilig ist, ohne jeden Zwang, gerade so zu bestehen, der Weingarten, auf den die Zitruspflanzung kommt, und die Baugrundstücke, die auf die Pflanzung kommen, und die Gebäude, die auf die Grundstücke kommen, weil dies hier kein Ort ist wie all jene Orte, an denen Jahr für Jahr seit endlosen Generationen die Olivenernte zu ihrer Zeit wiederkehrt und vorübergeht, und in denen seit endlosen Generationen zu seiner Zeit das Dreschen auf der Tenne beginnt und endet, und an denen man Jahr für Jahr von alters her einfach immer wartet und sie auch pünktlich kommen, die Meerzwiebel wie die Bachstelze, und man sein Herz in Sicherheit wiegt, daß alles friedlich seinen Lauf nehmen wird, daß es jedes Jahr von neuem solche Sonnenuntergänge zu dieser Zeit geben wird, und daß die Tage stetig kürzer werden, wie sie immer schon kürzer geworden sind, und so auch alles andere, nichts von dem wird hier bestehen, denn alles hier ist zeitweilig, und der alte Jahreslauf, nach dem sich die Welt dreht, ist hier nicht zwingend, dringt nicht in Mark und Blut der hiesigen Existenz, in das immerwährende Dasein dieses Ortes, es gibt hier keine Zwangsläufigkeit, die sich immer von neuem im Jahreszyklus bestätigt, der jedes Jahr wiederkehrt, sich mit einer Zwangsläufigkeit wiederholt, die feststehender als alles Zeitweilige und Vorübergehende aussieht, während alle hier nur einstweilen sind, sich nur als Bauern ausgeben und nur einstweilen Weingärten sind, nur einstweilen Zitruspflanzungen, nur einstweilen hier in den grundlosen roten Sandwegen einsinken und zwischendurch über den bloßen festen Rotlehm eilen, alle sind da, aber nicht in Mark und Blut, nicht als unverrückbarer Grundsatz, und nichts ist festgefügt hier, der Weingarten hat kein festes Fundament, und die Spättrauben für die Feiertage sind keine feste Einrichtung, auch der Bauer nicht, und es ist unklar, ob seine Söhne es sein werden, und all die Festigkeit dessen, was hier festzustehen scheint, ist nur die luftige Festigkeit der hiesigen Existenz, des Wer weiß, vielleicht ja, vielleicht nein.

Aber wer weiß wirklich, daß es so ist, daß dieser Weingarten hier jetzt zum letztenmal abgeerntet wird, und daß Bauer Jehuda an seiner Stelle eine Zitruspflanzung anlegen und einen Brunnen graben wird, um goldene Kisten zu verschikken, die ihm silbriges Geld einbringen, kein Mensch hier ist ja Prophet, und selbst ein Prophet hätte es nicht gewußt, nur ein Kind vielleicht, in unverdorbener Rechtschaffenheit, doch als hätte er gelauscht und gehört, wußte er, ohne jegliche Bestätigung zu haben, daß nicht nur dieser Weingarten nicht bleiben würde, sondern ebensowenig diese Grenze zwischen der Ortschaft und dem gefahrdrohenden, geheimnisvollen Schweigen jenseits davon, und daß diese Araber nicht bleiben würden, die Männer und Frauen, daß Saranuga nicht bleiben würde und Kubeba nicht und nicht Jibne, daß alle fortan in Gaza leben würden, wehe für sie, und daß auch die alten und die neuen Zitruspflanzungen keine goldenen Früchte mehr tragen und kein silbriges Geld mehr einbringen würden, man sie vielmehr alle verdorren lassen würde, weil der Bodenpreis die Einnahmen aus der Pflanzung übersteigen würde, und daß auf diesem Erdboden nur ein oder zwei oder allerhöchstens zweieinhalb Generationen standhalten würden, nur eine Generation von Bauern oder zwei, allerhöchstens zweieinhalb, und daß eines Tages alle weggehen und den Ort wechseln würden, und daß auch der Ort selbst den Ort wechseln würde, als sei alles nur ein wechselndes Bühnenbild, weil diese Welt alsbald völlig durcheinandergemischt werden wird, nichts Festgefügtes mehr fest, nichts Klares klar, nichts Undenkbares undenkbar bleiben wird, und auch die Meerzwiebeln nicht bleiben, weil man auf ihnen bauen wird, und auch die Rotlehmerde nicht, weil man auf ihr bauen wird, und auch nicht die roten Staubwege, weil man sie asphaltieren wird, und nicht das Pferd, weil man die Obstbehälter erst auf gummibereifte Wagen und gleich danach auf traktorgezogene Anhänger verladen wird, und bald darauf wird man nichts mehr in irgendein automatisiertes Packhaus verbringen, da es nichts mehr zu verbringen geben wird, und nur die Erinnerungsvollen werden den widerstrebend Zuhörenden erzählen, was es hier früher für Zitruspflanzungen gegeben hat, einstmals vor der Sintflut, womit sie sämtliche Zuhörer in Langeweile versetzen, was weiß heute der kluge Rabe auf dem Baum, was kann er sehen, was weiß man von dem Mann, der da sitzt, wenn man ihn jetzt sieht, wie er ist, müde, welk und wortlos, wo er morgens noch das Fleisch einer Frau liebkost und ihr mit aller Lebenskraft seinen Großen reingesteckt und furchtbare Neugier in das Herz eines Widerwilligen gesät hat, und jetzt wissen nur alle, daß es Zeit ist zurückzukehren, und ohne ein Wort zu sagen, denn redeten sie, gäben sie vielleicht etwas preis, was man lieber nicht sollte, sie deuten dem Jungen auf das Kutschbrett, verabschieden sich nur mit Blicken von dem Mann, der im Weingarten bleibt, und alle übrigen, die beiden Männer vorn, die zwei Frauen hinten, fassen mit einer Hand an jeweils eine der vier Ecken des Wagens und geleiten ihn rechts und links, gehen mit ihm durch den Sand, und wenn er einsinkt, packen sie mit beiden Händen zu und schieben mit aller Kraft, gemeinsam und ohne ein Wort, und der ziemlich abgesackte Wagen unter den vier schwarzen Binsenkörben voll saftpraller, schier mostberstender Trauben, schwer wie ein Bleigewicht, wenn nicht noch schwerer, kommt jetzt schon flott und ruckt an, und das Pferd biegt vor Anstrengung den Rücken durch und braucht nicht angetrieben zu werden, denn es ist ein voller Partner und versteht das ganze Unternehmen, das Ziehen des steckengebliebenen Wagens aus dem Sand und weiter über den festen Rotlehm, gemächlich über all die Pfade mit lockerem Sand oder festem Rotlehm, durch Zitruspflanzungen mit oder ohne Hecken, und hier und da blühen noch Meerzwiebeln in Grüppchen, immer weiter gehen und fahren sie, gehen und streben jenem Bauern Jehuda zu, der am Tor seines Hauses auf sie wartet, als sei er ein Leuchtturm.

Auf den Stufen des Rabbinerhauses, sein Gesicht gen Westen dem nahenden Sonnenuntergang zugewandt, der lange Tag entfernt sich schon, schwindet dahin, und zwei Stufen unter ihm sitzt krumm sein Freund Moka, der ihn besuchen gekommen ist, eine Minute bevor er mit seinen Freunden ins Kino geht, eine Minute nachdem Amram, der Vorführer, den Elektromotor einschaltet und die Lichter am Eingang des Volkshauses angehen, und sie unterhalten sich ein bißchen, Moka wundert sich sehr über seinen Freund da zwei Stufen über ihm, denn unter all seinen Freunden ist kein zweiter wie dieser Dagon, er selbst und die andern sind immer zusammen, immer miteinander, wissen immer gemeinsam, was man den ganzen Tag machen soll, jedenfalls keine Zeit mit Lesen vermiesen, denn abgesehen von dem, was die Schule einem aufzwingt, so gerade eben, und außer ein wenig Sport in der Zeitung oder was über Filmstars oder Mord- und Raubnachrichten lassen sie ihre Augen nie über Gedrucktes schweifen, spielen vielmehr am Schabbat gemeinsam Fußball, gehen am Freitagabend gemeinsam mit den Mädchen aus, fahren gemeinsam nach Tel Aviv zum Einkaufen oder Schlemmen, und gemeinsam reiten sie auf Eseln und Pferden manchmal bis Nebi Rubin am Strand, um den Tänzen der Araber im Gastzelt zuzugucken, das sie jedes Jahr nach beendetem Dreschen errichten, bei Jubel und Musik und frisch geschlachteten Hammeln mit Reis und Zimt, bei Volkstänzen und Bauchtänzen und noch ein paar verbotenen Dingen, die es dort offenbar gibt, ohne daß man ihm etwas davon erzählt, lieber verstummen sie, wenn er in die Nähe kommt, gemeinsam wissen sie immer alles, und gemeinsam lernen sie alles über das Leben direkt aus dem Leben, über die Arbeit, die sie einmal aufnehmen werden, und über die Erfolge der Eltern bei ihren Tätigkeiten, und über Rennpferde und sogar Motorräder, und auch den Markt an nützlichen Informationen, die sie über alle Mädchen und einige im besonderen besitzen, und immer gibt es unter ihnen Experten, die mehr über Mädchen und Mädchendinge wissen, geradezu undenkbare Dinge, und jetzt sitzt er hier auf der Stufe unten, weil er diesen Freund sonderbar findet, der nicht mit allen zusammen ist, nur sein gutes Herz hat ihn hergeführt, um ihn zu besuchen, ein paar Worte mit ihm zu wechseln, baß zu staunen über Dinge, die er von ihm hört, und sein gutes Herz hat ihn auch veranlaßt, ihm, Dagon, ein kleines Geschenk in einer alten Schuhschachtel mitzubringen, bei der sie beide wissen, was drin ist, ein Buch aus den Bücherregalen von Mokas Vater, das keiner gelesen hat und auch keiner je lesen wird, einmal, weil man nicht liest und schon der Titel des Buches komisch ist und nicht zum Lesen anregt, und zum andern, weil das ganze Buch in seine Einzelhefte zerfallen ist, die der Einband nicht gehalten hat, alles in einzelne Druckbogen aufgelöst, und nur dieser Dagon war angesichts des zerfledderten Packens in Sammlergeschrei ausgebrochen, oh, wie schade, oh, nicht wegwerfen, gebt's mir und ich bind's euch zusammen, und solche sonderbaren Ausrufe mehr, und der gute Moka hatte versprochen, wenn sein Vater nichts dagegen hätte, und warum sollte er, die Bücher kämen ja die ganze Zeit, nachdem sie sie einmal abonniert hätten, als der fliegende Buchhändler zu ihnen ins Haus gekommen war und sie gedrängt hatte, beim Stybel-Verlag und beim Mitzpeh-Verlag zu abonnieren und die Kultur zu unterstützen und mehr solcher Überredungskünste, denen sein Vater mühelos nachgegeben und es dann im selben Augenblick vergessen hatte, und nun treffen sie weiter pünktlich ein, man packt sie aus, blickt kurz hinein und stopft sie irgendwo rein, wo schon fast kein Platz mehr ist, bis dieses Buch in zwei Bänden ankam und einem schon in den Händen auseinanderbrach und beiseite gelegt wurde, um es wegzuwerfen, bevor die Mäuse davon Wind bekamen, und nun ist es ja in dieser Schuhschachtel, liegt vollständig da, bisher unschädlich und ungeordnet, und nimm's dir, wenn du es noch haben möchtest, und er hebt den Deckel ab, und da offenbart sich wirklich die erste Seite, und darauf steht in dieser Reihenfolge: Charles Dickens, *Schriften aus dem Nachlaß des Pickwick-Klubs*, übersetzt von H. Tabjow und B. Krupnik, Stybel-Verlag, 5684 (1923/24), nicht zu viele Worte, aber bestens geeignet, jeden Burschen mit gesunden Sinnen abzuschrecken, und ohne jeglichen Nutzen für einen nützlichen Menschen, wahrhaft *binfa'esch*.

Magst du wirklich so ein Buch, fragt Moka reinen Herzens, und wirst du's ganz lesen, gewiß, antwortet Dagon, was hast du denn davon, forscht Moka, wozu brauchst du das, warum, antwortet ihm Dagon, weil das einfach wunderbar ist, was Mokas Augen nicht wirklich glauben, man sieht die Welt, versucht er ihm zu erklären, aber Moka nimmt ihm das nicht ab, die Welt ist seines Erachtens in keinem Buch enthalten, die Welt ist doch hier draußen, wie sie ist, und nicht wie ein Bild, das nicht die Welt ist, sagt Moka treffend, warum im Buch lesen, wenn du's in Wirklichkeit hast, sagt er, zum Beispiel Mädchen, sagt er plötzlich, was ist besser, in Büchern über sie zu lesen oder es ihnen im Leben zu machen, worauf Dagon nichts antworten kann, ihm fällt nur plötzlich Michaela ein, die ihm auf einmal im Traum erschienen war, in einem warmen Wintermantel, grau und dick und geschlossen und weich, so weich, bis er aufgewacht war, willst du nicht ins Kino mitkommen, fragt Moka, als plötzlich unten in der Jaakow-Straße die Lichter im Hof des Volkshauses angehen, sagt es und übergibt ihm die Schuhschachtel, mitsamt dem Schatz darin, und Dagon gesteht nicht, daß er keine drei Grusch hat und sie nicht von Mutter erbitten will, die nichts hat, dankt nur Moka und dankt ihm noch mal, daß das furchtbar nett von ihm sei, worauf Moka großherzig und mit gutem Lächeln sagt, das ist gar nichts, und du bleibst immer so allein und gehst nicht mit den andern, fragt er, und gefällt es dir wirklich so, fragt er, und Dagon weiß nicht recht zu antworten, ob es ihm wirklich so gefällt, und sie verabschieden sich, Moka steht auf und geht hinunter, wendet das Gesicht und lächelt und winkt zum Abschied, groß und breitschultrig, und entfernt sich, und die untergehende Sonne, die jetzt stark rosa wird, empfängt seine gehende Silhouette, die ein wenig schwankt, vor lauter Jugendkraft offenbar.

Der eine guckt sich einen Film an und der andere den Sonnenuntergang, der jetzt die Farben wechselt, die Gestalt eines mächtigen Schlachtengetümmels annimmt, Riesenkräfte, von denen den ganzen Tag keine Kunde war, überschreiten alles Bekannte, eröffnen ein großes Szenario im Westen, mehr als man für möglich gehalten, mehr als man sich als möglich erträumt hätte, als werde eine weitere Wahrheit, wahrer als jede bekannte, jetzt immer wirklicher, und jede Minute überrasche mit noch einer ungeahnten Möglichkeit, schade nur, daß alles in einer kurzen Weile zusammenbrechen, sich als unwirklich erweisen wird, als sei es nie gewesen. Danach wird sich die Dunkelheit verdichten, und sie werden Abendbrot essen, jeder mit seinen Sorgen, jeder am Ende seines vergangenen Tages, nur ein paar Worte hier und da, und dann wird er mit der Petroleumlampe ins Bett gehen, weil es im Rabbinerhaus noch keinen elektrischen Strom gibt, wird ehrfürchtig die bedruckten Seiten vor sich hinlegen, und alles daran ist genau nach seinem Herzen, die Papier- und Druckfarbe und die Buchstaben, die sich dehnen, um die Zeile zu füllen, und die Angabe unter jeder Kapitelüberschrift, wovon dieser Abschnitt handelt, und das Schmunzeln, das gleich zu Anfang beginnt, und die Art, wie die Geschichte nach und nach erzählt wird, ja von jenem Abend an wird kein Abend mehr vergehen, an dem er nicht eines dieser Teilhefte nimmt, um es vor dem Einschlafen zu lesen, und er wird nicht lesen, ohne daß sein plötzliches Losprusten die still zerbröselnde Zimmerdecke aufschreckt und auch Vater und Mutter im andern Zimmer, die den Blick heben und wissen, der Junge lacht, und er wird die Sprüche von Sam Weller finden, über den Soldaten, der da sagte, ich habe viel, nachdem er dreihundert Hiebe eingesteckt hatte, und jenen Vater, der zu seinem Sohn sagte, jetzt sähe er gut und passend aus, nachdem er ihn geköpft hatte, um ihn vom Schielen zu kurieren, oder, komm mal auf einen Sprung zu mir, wie die Spinne zur Fliege sagte, und noch weitere solche Glanzstücke zuhauf, und Mr. Pickwick und Mr. Tupman und Mr. Snodgrass und Mr. Winkle, und die Postkutschen, und all die Menschen, die nichtige Taten vollbringen, von denen höchst gewichtig erzählt wird, und plötzlich ohne den düsteren Ernst des Lebens, ach das Leben, und der Welt, ach die Welt, und ohne sich dauernd die Seele zu verzehren, und ohne das Jammern der Einsamen und Entwurzelten und ewig Enttäuschten, nicht auf Dostojewskis Dachboden oder in seinem Keller, wo die Schwörenden immer durch Schwur gebunden sind und mit Gott hadern und immer und ewig Schuld tragen, düstere Schuld, Schuld und Verzweiflung, Verzweiflung und Zerrissenheit im Herzen, Männer, die keinen Weg zu andern Männern und erst recht nicht zu Frauen finden, und denen alles alles, alles immer entwurzelt und zerrissen ist, das Herz zerrissen, und die Seele und das Leben und die Liebe, und dann der Morast und das Speien, pfui Teufel, und plötzlich erscheint alles in neuer Sicht, mit der Einsicht, daß es mehr Dummheit als Weisheit auf der Welt gibt, und zwar eine Dummheit, über die man lachen kann, auch ohne sie zu vergeben, und daß all die Bösewichte nur vermeintlich böse und zum Schluß allesamt geschlagen sind, womit beschäftigen sie sich denn dauernd, wenn nicht vornehmlich mit Torheiten, verwickeln sich in Dummheiten und sonstige menschliche Schwächen, in ihre kleinen Anmaßungen, die mehr lächerlich als gefährlich sind, und keiner wartet dort darauf, daß ein gequälter, selbstquälerischer Bursche aufsteht und eine knauserige, geizige alte Frau ermordet und seine und die Seele seiner Zuhörer verzehrt, vielmehr sieht man, daß alles auch eine Kehrseite hat, ein bißchen dumm, ein bißchen anmaßend, wert, darüber zu lachen, was wiederum die Sicht reinigt, und wenn der Mensch einmal Dinge schreiben sollte, sollte er wie Dickens schreiben, die Dinge nicht mit Haß bewegen, sondern mit Weitblick und ruhiger Hinwendung, die Welt nicht verbessern, sondern durchschreiten, und die Sätze sollten weder gewaltsam noch aggressiv sein, weder demaskieren noch Verbrechen aufdekken, sollten nur wie hier in melodischem Fluß sein, in freudig strömendem Wortstrom, in freudig fließendem Fluß, mit all der Schilderung von Einzelheiten, die richtig zu erzählen ein Vergnügen ist, und alles soll in Bewegung sein, alles quirlen, alles noch und noch kommen und voll die ganze Zeit, und so ist es schön zu schreiben, und so nimmt er Abend für Abend ein Einzelheft aus der Schuhschachtel, die ihn von nun an immer überallhin begleiten wird, bis zu ihrem Verschwinden irgendwann, nicht erinnerlich wie, vielleicht doch die Mäuse, so daß Moka recht behalten hat, wickelt sich jeden Abend ein und liest und findet, wie man schön richtig erzählt über die Fülle der Dinge, die da sind, mit Vergnügen eine richtige Farbe neben die andere setzt, dann zwei Schritte zurücktritt und weiß, so, da, genauso ist es.

Nachklang

Und eines Tages, noch vor den Feiertagen, kam Vater zurück und hatte weniger Falten, und in den verbliebenen Falten lag weniger Dunkel, und Vater sagte zu Mutter, gut hörbar, die Sache, von der sie seit längerem gesprochen hätten, sei anscheinend möglich, sie könnten und würden ein neues Haus in der Kolonie bauen, denn eben jetzt habe sich herausgestellt, daß *Pardes* auf Onkel Mosches Empfehlung eine Anleihe gewähren werde und daß Onkel David, dieser gute Mensch, dafür gesorgt habe, daß der Verband der Guten, dem er an vorderster Stelle angehört, fünfundzwanzig Pfund als Darlehen gibt, beinah ohne Zinsen, dazu ein bißchen von dem restlichen Geld, das vom Verkauf des Hauses in der Mendele-Straße übriggeblieben ist, und noch eine Hypothek, die die Spar- und Kreditkasse für fünfzehn Jahre bei acht Prozent Zinsen zeichnen wird, über die Summe von zweihundertvierzig Ägyptischen Pfund, auf Bürgschaft von Onkel Mosche, Onkel David und Onkel Josef, und vielleicht von hier und da noch was, Aufsatzhonorare oder ein Zimmer vermieten, und striktes Sparen mit jeder Pruta, und am Schabbat würden sie sich das betreffende Grundstück ansehen, ein Dunam und noch siebenhundert Quadratmeter, also genau zwei türkische Dunam, und momentan sei nichts darauf außer einem aufgegebenen Kurkarsteinbruch, alles spitze, bröselige Steine, und wegen dieses Kurkar hätten Ester und Nechemja Dundikow sich bereit gefunden, das Grundstück für weniger zu verkaufen, auch weil es ein abgelegenes Grundstück weit vom bebauten Grund ist, direkt an der Grenze der Zitrushaine, so daß man durch Sand und Rotlehm stapfen muß, bevor man ins Herz der Kolonie gelangt, und die Schakale einem nachts ins Fenster lugen, und wer weiß, ob nicht auch die tolle Hyäne, und daß man das Grundstück ebnen und planieren muß, bevor man mit dem Bau beginnt, als versuchten sie, wieder Grund zu fassen, Mutter und Vater, sich von neuem einzufügen, wieder den Kopf zu heben und so zu tun, als könne man sagen, was war, ist gewesen, könne gewissermaßen immer von neuem anfangen, obwohl das ein allzu bekanntes Spiel ist, und schon nächste Woche werde man sich mit dem Genossen Ben-Zion Horowitz, dem Mann von *Solel Boneh* in Verbindung setzen und einen Vorvertrag über das Haus unterzeichnen, das auf Parzelle 260, Block 16 des Verwaltungsbezirks Ramla entstehen wird, drei Zimmer und offener Balkon, ein zementarmes graues Haus mit roten Ziegeln, wie es talentiert der Architekt Tainer gezeichnet hat, der direkt aus Prag hergekommen ist, und an der Front des Hauses würde das Mittelzimmer einen vorspringenden Erker bilden, wie eine Schildkröte, die den Kopf aus dem Panzer streckt, und so würde das Haus dastehen und all das Nichts um sich her überragen, all die Pflanzungsränder, das letzte am Ende des Besiedelten, Bebauten, gar kein großes Haus, nach vierzig Jahren wackeren Pionierwanderlebens in dem harten Land, an der Grenze dieses blauen, grünen, dunklen, dichten Meeres von Zitrushainen, dahinter schon die Araber mit ihren Dörfern Sarnuga und Kubeba und Jibne, und dahinter Nebi Rubin und die Dünen und dahinter bereits das große Meer, das man nicht sieht, aber hört in vollen Nächten, und nachdem es gebaut ist, wird man es umgeben mit lila Jakaranda und rotem Flammenbaum und Orkaria, die jedes Jahr noch eine Generation runder Borstenblätter hervorbringt, und mit Zypressen am Zaun entlang und auch hier und da, von denen eine für immer krumm wächst, und einem mächtigen Maulbeerbaum, der prachtvoll in die Höhe strebt, obwohl er nur männlich ist und keine Früchte trägt, ein Glück, denn dadurch zieht er auch keine Fliegen an, und verschiedene Zitrusbäume und ausgedünnte Weinstöcke, und dazu ein Hühnerstall und ein Pferdestall für den Esel, und vielleicht auch eine Ziege, und alle möglichen Gemüse würde man anbauen und Blumen, je nach Jahreszeit, mal in Fülle und mal welkend, je nach Wasserpreis und Erschöpfung, ein neues Haus, das dort vierundsechzig Jahre stehen sollte, gute und nicht so gute, bis es zum Abriß verkauft wurde, und dreizehn Jahre nach seiner Errichtung würde man den Bruder mit dreißig, fünfzehn Jahre nach seiner Errichtung den Vater mit dreiundsiebzig und neunundvierzig Jahre nach seiner Errichtung die Mutter mit siebenundachtzig auf ihrem letzten Weg hinaus zum alten Friedhof bringen, doch all das ist jetzt am Vorabend des Neujahrsfests, jetzt, da Tag und Nacht bald gleich lang werden, jetzt, da die Sonnenaufgänge wunderbar und die Untergänge herrlich sind, natürlich noch unbekannt, kommt einem überhaupt nicht in den Sinn, zum Glück aller, die arglos und ohne trübe Gedanken nicht weiter denken als bis zum Tag der ersten Abzahlung auf die Hypothek, und bis zum Abschluß der Landwirtschaftsschule in Mikwe Israel im folgenden Jahr, wonach sie alle plötzlich zum Wachdienst in Kfar Tavor und in Sedschera einberufen werden, all jene kräftigen Mikwaer, einschließlich Elijahu Herschkowitz, und zurück kehren sie mit Photos von sich und den Mädchen Untergaliläas, jenen Wildäpfeln, oder Wildrosen, eng umschlungen und sehr strahlend und ganz jung, und hier, hier wird eines Nachts im Monat Aw der halbe Osthimmel im furchtbaren Rot des Scheunenbrands von Chulda entflammen, und zur Bar Mizwa wird der Junge eine Kodak-Boxkamera bekommen, vielleicht auch eine Uhr, alles zu seiner Zeit im Lauf des Jahres, das uns zum Guten gereichen möge, amen, und auf diesem neuen Grundstück an der Grenze aller Zitrushaine wird ein Haus errichtet werden, das von nun an einfach heißen wird – Moskowitz-Straße 14.

Sommer 1991

Glossar

Achusat Bait, Name der Siedlungsgesellschaft, die die Stadt Tel Aviv gründete.

Adar, der sechste Monat des jüdischen Kalenders (Februar/März).

Agamen – Agamidae, Familie der Echsen mit etwa 300 Arten, nur in warmen Gegenden der Alten Welt.

Aggada, Legende. Sammelbegriff für den gesamten nicht religionsgesetzlichen Teil des Talmuds. Zugleich Bezeichnung des Hauptinhalts des Midrasch.

Agura – Mehrzahl *Agurot,* kleine israelische Münze (1 Schekel = 100 Agurot).

Alija, «Aufstieg», Bezeichnung für die jüdische Einwanderung ins Land Israel.

Anglo-Palestine Company (A.P.C.), 1903 durch die zionistische Organisation als Tochtereinrichtung des Jewish Colonial Trust in Jaffa begründetes Bankinstitut, das bald von großer Bedeutung für die wirtschaftliche Entwicklung Palästinas wurde.

Aw, der elfte Monat des jüdischen Kalenders (Juli/August).

Bigtan und *Teresch,* zwei unzufriedene königliche Kämmerer, die zu den Türhütern gehörten und einen Anschlag auf König Ahasveros planten (Ester 2,21 und 6,2).

Bilu, Organisation junger russischer Juden, die sich 1882 zusammenschlossen, um nach Palästina auszuwandern. Sie bildeten den Anfang der sogenannten 1. Alija, gründeten zunächst die Kolonie (und heutige Stadt) Rischon Lezion und danach noch weitere drei Kolonien.

Bischlik, türkische Münze.

Josef Chaim Brenner (1881–1921), hebräischer Erzähler und Kritiker mit nachhaltigem Einfluß vor allem auf die jüdische Arbeiterbewegung.

Cheder, «Stube», traditionelle jüdische Elementarschule für Knaben vom 4. bis 13. Lebensjahr.

Chedera, 1890 gegründete landwirtschaftliche Kolonie im Scharon zwischen Tel Aviv und Haifa. Heute Kleinstadt.

Choni der Kreisdreher, ein frommer Mann aus dem 1. Jahrhundert, der für seine Wundertaten, besonders die Erflehung von Regen, berühmt war.

Dabur, arabisch für Hornisse.

Dunam, für Grundbesitz übliche Flächenmaßeinheit (1000 qm).

Emek, «Tal», hier kurz für Emek Jisrael, Jesreelebene.

Galutjude, Diasporajude, vor allem im Gegensatz zum «neuen Juden» in Palästina/Israel.

A.D. Gordon (1856–1922), geistiger Führer der Arbeiterschaft in Palästina, der in seinen Schriften eine Religion der Arbeit propagierte.

Hachschara, «Vorbereitung», Bezeichnung für landwirtschaftliche oder handwerkliche Ausbildung künftiger Palästina-Pioniere.

Hagana, die offizielle Untergrundarmee des jüdischen Bevölkerungsteils im Palästina der Mandatszeit. Sie bestand von 1920 bis 1948 und ging nach der Staatsgründung in den regulären israelischen Streitkräften auf.

Hakoach, jüdischer Sportclub in Palästina und später Israel.

Hapoel Hazair, («Der junge Arbeiter»), 1905 in Petach Tikva gegründete palästinensische Arbeiterpartei, die sich stark an den Idealen A. D. Gordons orientierte und 1930 in der Mapai aufging. Gleichzeitig Name der Wochenschrift dieser Vereinigung.

Haschomer, («Der Wächter»), 1909 in Galiläa gegründete jüdische Selbstschutzorganisation, die die bis dahin beschäftigten arabischen Wächter entbehrlich machen sollte.

Histadrut, die 1920 gegründete israelische Gewerkschaft.

Berl Kaznelson (1887–1944), Arbeiterführer, u. a. Gründer der Arbeiterzeitung Davar und des Arbeiterverlags Am Oved.

Kiddusch, «Heiligung», Weinsegen an Sabbat und Feiertagen.

Kwuza, «Gruppe», kleiner Kibbuz. Historisch gesehen die Frühform des Kibbuz (ab 1909) mit begrenzter Mitgliedszahl, um den Charakter einer großen Familie zu wahren.

Makkabi, jüdischer Sportbund (Weltverband und Ortsklubs).

Makom chasser Makom, «Ort ohne Ort», oder auch «Ort ohne Gott».

Midrasch, Schriftauslegung, eine Gattung jüdischen exegetischen Schrifttums, das sich vom 3. Jahrhundert an bis ins Mittelalter aus den gottesdienstlichen Vorträgen der alten Synagoge entwickelte. Die hier genannten *Midrasch Rabba* und *Midrasch Tanchuma* enthalten Aggadot (Legenden) vor allem zum Pentateuch.

Minjan, Mindestzahl von zehn Betern, die für den Gemeindegottesdienst vorgeschrieben ist.

Mischna, Sammlung von Lehrsätzen, die im 2. Jahrhundert in Palästina entstanden, in ihrer überlieferten Form von Rabbi Jehuda Hanassi kompiliert wurden und das Kernstück des Talmuds bilden.

Moschaw, israelisches Gemeinschaftsdorf, bei dem jede Familie ihren Hof auf volkseigenem Boden möglichst ohne Lohnarbeit selbst bestellt, Einkauf und Vermarktung aber genossenschaftlich erfolgen und die Einwohner zu gegenseitiger Hilfeleistung verpflichtet sind. Die ersten beiden Moschawim, Nahalal und Kfar Jecheskel, wurden 1921 in der Jesreelebene gegründet.

Muschellosziehung, bei der Gründung Tel Avivs wurde die Grundstücksverteilung durch Los entschieden.

Nahalal, 1921 gegründeter Moschaw im «Emek», der eine neue landwirtschaftliche Siedlungsform, neben Kibbuz und Kolonie, initiierte.

Pardes, «Zitruspflanzung», hier Firmenname eines Packhauses für Zitrusfrüchte.

Poale Zion, («Arbeiter Zions»), Arbeiterbewegung der zionistischen Sozialisten, die von Rußland ausging und ab 1906 in Palästina tätig wurde. Ihr Haupttheoretiker war Ber Borochow (1881–1917).

Pruta – Mehrzahl *Prutot*, ehemalige niedrige palästinensische Münze.

Purim, auf dem biblischen Buch Ester beruhendes karnevalsähnliches jüdisches Fest im Monat Adar.

Revisionist, Anhänger der 1925 von Seew (Vladimir) Jabotinsky gegründeten Revisionistischen Partei, die schon früh die Schaffung eines großisraelischen Staates propagierte und zur erbitterten Gegenspielerin der Arbeiterbewegung wurde. Nach der Staatsgründung ging sie in Menachem Begins Cherut-Partei auf.

Solel Boneh, gewerkschaftseigene Hoch- und Tiefbaufirma.

Tammus, der zehnte Monat des jüdischen Kalenders (Juni/Juli).

Tannaiten, die jüdischen Gesetzeslehrer des 1.–3. Jahrhunderts, deren Lehren den Inhalt der Mischna bilden.

Traktat Sanhedrin, *Traktat Schabbat*, Einzelbücher des Talmuds.